A Nova Execução
Trabalhista de Sentença

ANDREA CARLA BARBOSA
*Advogada e Mestranda em
Direito Processual pela UERJ.*

A Nova Execução Trabalhista de Sentença

Editora
LTr
SÃO PAULO

Dados Internacionais de Catalogação na Publicação (CIP)
(Câmara Brasileira do Livro, SP, Brasil)

Barbosa, Andrea Carla
A nova execução trabalhista de sentença / Andrea Carla Barbosa. — São Paulo : LTr, 2010.

Bibliografia.
ISBN 978-85-361-1461-3

1. Direito processual do trabalho — Brasil 2. Execução (Direito do trabalho) — Brasil 3. Execução da sentença (Direito do trabalho) I. Título.

09-06488   CDU-347.952:331(81)

Índices para catálogo sistemático:

1. Brasil : Execução trabalhista : Processo trabalhista   347.952:331(81)

2. Brasil : Processo de execução trabalhista : Processo trabalhista 347.952:331(81)

Produção Gráfica e Editoração Eletrônica: **Peter Fritz Strotbek**
Capa: **Fabio Giglio**
Impressão: **HR Gráfica e Editora**

© Todos os direitos reservados

LTr

EDITORA LTDA.

Rua Jaguaribe, 571 – CEP 01224-001 – Fone (11) 2167-1101
São Paulo, SP – Brasil – www.ltr.com.br

DEDICATÓRIA

Às mulheres da minha vida... Em ordem meramente cronológica.

À minha avó. In memoriam. Que lutou bravamente pela vida. Sempre. Pela força. Pela preocupação incessante com todos. Pela sabedoria de quem viveu muito. Pelos bolinhos (deliciosos) de bacalhau! Hummmmm...

À querida tia Irene, minha segunda mãe, amor da minha vida, ser humano excepcional. Verdadeira fada-madrinha.

À minha mãe. Emilia. Mulher-guerreira. De fibra. Mulher que eu amo. Mulher que é, para mim, inspiração.

À minha irmã, Ingrinha, alegria dos meus dias. Minha vida. Meu amorzinho...

AGRADECIMENTOS

A meu pai, Luiz. Homem lutador. Por tudo o que sou. Por sua persistência em querer sempre o melhor para nós. Pelo sacrifício de toda uma vida. Meu herói. Jamais poderei agradecer-lhe tudo o que fez. Espero, contudo, saber retribuir-lhe.

À minha mãe, mais uma vez, pela paciência em ver espalhados pela casa montes de livros, papéis, anotações... Pela torcida (às vezes, exageradamente!) vibrante... Pelo cuidado de mãe-coruja.

À minha irmã, Ingrinha, alegria da casa, minha alegria, que mesmo sem entender nada de Direito, sempre me ajudou. Incrível. Em tudo. Sem ela, simplesmente não saberia viver.

À vovó Cândida, in memoriam, que, com suas orações e lucidez impressionante, certamente abençoou este trabalho, tornando-o mais bonito do que realmente é. Ao meu avô, in memoriam, pelo exemplo de caráter. Pela fé em sua ideologia.

Mais uma vez, à minha madrinha, "Tona" Irene, simplesmente por estar presente em minha vida. Um doce de pessoa.

À minha querida amiga Keila Anibolete. A "Bo". Meu anjinho da guarda. Super-amiga. Super-mulher. Minha confidente de todas as horas. Boas e más. Amiga incondicional... Que só quer meu bem.

Ao Professor Fábio Leite, de quem tive a honra de ser monitora da Cadeira de Constitucional III, durante a Graduação. Sou grata especialmente por haver incentivado o sonho de ser professora. À Professora Regina Soares, por sua devoção ao ofício de ensinar. Um exemplo.

Ao membro do Ministério Público do Trabalho, Professor João Batista Berthier. Por seu brilhantismo acadêmico e atuação viril em defesa do trabalhador. Por toda a ajuda empenhada na confecção deste trabalho. Não poderia ter feito escolha melhor...

À querida Carolina Tupinambá, que mudou para sempre e radicalmente minha vida, em todos os aspectos. Devo-lhe muitas das lições que aqui estão. Lições de garra, profissionalismo, de Direito. Quem já esbarrou com ela com certeza sabe do que estou falando. Algo assim não se agradece com palavras, retribui-se em gestos. Conte comigo. Sempre!

Ao Daniel. Meu segredo. Meu presente. O pedacinho mais gostoso do meu dia. Por todos os toques. Pelas gargalhadas no ponto de ônibus, onde tudo começou. Por haver revisto pacientemente cada nota de rodapé deste trabalho. Por ser inacreditavelmente apaixonante (pronto, falei!). Mas, sobretudo, por me fazer feliz. Muito.

SUMÁRIO

Introdução 17

Capítulo 1 — Delimitação de premissas metodológicas em prol da construção de uma nova execução trabalhista 23

1.1. A identificação da problemática envolvendo a aplicabilidade do Processo Cível ao Processo Laboral: o conflito entre Justiça e segurança jurídica 23

1.2. O direito fundamental de acesso à Justiça como o direito à tutela jurisdicional específica, justa e tempestiva. A tutela executiva como componente essencial do direito de acesso à Justiça 27

1.3. A evolução histórica do direito material e o seu refletir na forma de ser do processo: apontamentos iniciais 37

1.4. Uma necessária e breve digressão histórica: a modificação do perfil do Estado como resultante do turbilhão do movimento operariado 39

1.5. A perspectiva igualitária dos novos direitos constitucionais como responsável pela aproximação entre a Processualística Comum e Laboral 43

1.6. Concluindo esta primeira etapa: o movimento inverso. A influência que, hoje, o Processo Cível deve exercer sobre o Processo do Trabalho 50

1.7. Ainda um último argumento em prol da aplicação do CPC ao Processo do Trabalho: o dever de o Magistrado atuar no delineamento, caso a caso, do que seja o devido processo legal em prol de um efetivo acesso à Justiça. O controle de constitucionalidade dos procedimentos legais 53

Capítulo 2 — Conceito de execução 59

Capítulo 3 — Execução, cumprimento de sentença e processo de execução: sinônimos? 64

Capítulo 4 — Principiologia afeta à execução 69

4.1. Princípios gerais 69

    4.1.1. Devido processo legal em execução 69

    4.1.2. Princípio da proporcionalidade 72

4.2. Princípios setoriais 74

    4.2.1. Princípio da efetividade da execução 74

    4.2.2. Princípio da natureza real da execução 75

    4.2.3. Princípio da limitação expropriatória 77

    4.2.4. Princípio da utilidade para o credor e da menor onerosidade possível para o devedor 77

    4.2.5. Princípio do desfecho único da etapa executiva de um processo sincrético .. 79

Capítulo 5 — Legitimidade ativa e passiva para a execução trabalhista 80
5.1. Legitimação ativa 80
5.2. Legitimação passiva 81

Capítulo 6 — Títulos executivos judiciais trabalhistas 83
6.1. Sentença (ou acórdão) transitada em julgado ou contra a qual tenha sido recebido recurso no efeito apenas devolutivo 84
    6.1.1. Classificação das sentenças de procedência quanto ao seu conteúdo 84
    6.1.2. A nova redação impressa ao art. 475-J do CPC 88
6.2. Decisões interlocutórias, decisões ainda não transitadas em julgado e sentenças terminativas 96
6.3. As decisões que homologam acordos entre as partes e que tenham conteúdo obrigacional 97
6.4. Créditos previdenciários decorrentes de sentenças (ou acórdãos) condenatórias ou homologatórias de acordos entre as partes 99

Capítulo 7 — Execução provisória: as mudanças ocorridas no processo cível e sua aplicabilidade à processualística laboral 100
7.1. Apresentação de uma nova proposta de execução provisória para o Processo do Trabalho: abordagem prospectiva e esperançosa de efetivação dos direitos trabalhistas 100
7.2. Conceito 101
7.3. Fundamentos 103
7.4. Tratamento da temática no CPC e na CLT 104
7.5. As técnicas executivas e o seu *modus operandi* 106
    7.5.1. Execução provisória limitada à penhora: o modelo (anacrônico!) da CLT ... 106
    7.5.2. Execução provisória com caução (o modelo ideal, que, porém, não condiz com a realidade das relações de trabalho) 108
    7.5.3. Execução provisória sem caução: o modelo ideal para o Processo do Trabalho 113
7.6. O limite de sessenta salários-mínimos 117
7.7. Execução na pendência de julgamento de Recurso Extraordinário: provisória ou definitiva? 118
7.8. Execução na pendência de julgamento de embargos do executado, agravo de petição e agravo de Instrumento: provisória ou definitiva? 120
7.9. Pendência de agravo de Instrumento no TST e STF 121

Capítulo 8 — Liquidação de "sentença" no processo do trabalho 123
8.1. Conceito e finalidade 123
8.2. Natureza jurídica da liquidação 126
8.3. Natureza da decisão que resolve o incidente de liquidação 128
    8.3.1. Quanto à classificação dos provimentos jurisdicionais 128

8.3.2. Quanto à eficácia do provimento jurisdicional 129
8.4. Legitimidade ativa para a liquidação 130
8.5. Momento para se requerer a liquidação 130
8.6. Espécies de liquidação 130
    8.6.1. Liquidação por arbitramento 131
        8.6.1.1. Procedimento 132
    8.6.2. Liquidação por artigos 133
        8.6.2.1. Procedimento 134
    8.6.3. Liquidação por cálculos: a sua permanência no Processo do Trabalho 135

Capítulo 9 — Procedimento executivo das obrigações de fazer e de não fazer fundado em título executivo judicial 137
9.1. Considerações iniciais 137
9.2. Cumprimento ou execução? 139
9.3. O procedimento "passo a passo" 140
    9.3.1. Tutela específica ou efeito prático equivalente 140
    9.3.2. Adoção de técnicas sub-rogatórias da vontade do devedor renitente 142
    9.3.3. Por fim, conversão da obrigação de fazer ou não fazer em perdas e danos 142
9.4. Tutela específica 144
9.5. Início do prazo para cumprimento da decisão: a intimação do demandado 145
9.6. A aplicabilidade da multa por tempo de atraso no procedimento executivo das obrigações de fazer e não fazer 148
9.7. Sistematização do procedimento apresentado conforme a natureza fungível ou infungível da prestação: síntese conclusiva 150
    9.7.1. Execução das obrigações de fazer de prestação fungível 151
    9.7.2. Execução das obrigações de fazer de prestação infungível 152
9.8. Sistematização do procedimento executivo das obrigações de não fazer conforme admitam ou não desfazimento 154

Capítulo 10 — Procedimento executivo das obrigações de entregar coisa fundado em título executivo judicial 156
10.1. Considerações introdutórias 156
10.2. Execução das obrigações de entregar coisa certa 158
10.3. Execução das obrigações de entregar coisa incerta 160
10.4. Medidas de apoio 162

Capítulo 11 — Procedimento executivo das obrigações de pagar quantia certa contra a Fazenda Pública 164
11.1. Disposições legais pertinentes: a Lei n. 11.232/2005, que não alterou a vetusta sistemática executiva contra a Fazenda 164
11.2. Peculiaridades do procedimento 166

11.3. Execução contra a Fazenda calcada em título executivo extrajudicial: apenas uma explicação 171
11.4. Os embargos à execução opostos pela Fazenda: 30, 20, 10 ou 5 dias? 173
11.5. Embargos à execução 174
11.6. A sistemática dos precatórios 178
11.7. Execução provisória contra a Fazenda: pode? 180

Capítulo 12 — O procedimento executivo por quantia certa contra o devedor empresário falido 182
12.1. Considerações gerais acerca do processo falimentar 182
12.2. Impacto da decretação de falência no processamento das reclamações trabalhistas 184
    12.2.1. Decretação da falência antes ainda do ajuizamento da reclamação trabalhista 184
    12.2.2. Decretação da falência no curso da fase de conhecimento 184
    12.2.3. Decretação da falência após iniciada a execução trabalhista 185
12.3. Natureza privilegiada dos créditos trabalhistas 186

Capítulo 13 — Enfim, o procedimento executivo por quantia certa contra devedor solvente, fundado em título executivo judicial: uma proposta a se pensar 190
13.1. Considerações introdutórias: o novo processo sincrético como etapa integrante da série de reformas do CPC conduzidas pelo ideário instrumentalista 190
13.2. Execução trabalhista: fase de um processo sincrético ou processo autônomo? .. 198
13.3. O (novo?) conceito de sentença 204
13.4. O começo de tudo: a intimação do demandado para cumprimento da sentença e não mais citação 209
    13.4.1. Necessidade de requerimento do credor para início da etapa de cumprimento voluntário da sentença? 211
        13.4.1.1. Sentenças provisoriamente exequíveis 211
        13.4.1.2. Sentenças definitivamente exequíveis 218
    13.4.2. A necessidade (ou não) de intimação do devedor para cumprimento da sentença e a maneira de realizá-la: pessoal ou por DO? 223
    13.4.3. A aplicação do art. 475-J, primeira parte, ao Processo do Trabalho 233
13.5. Multa do art. 475-J do CPC: a desejável aplicação à Processualística Laboral 235
13.6. Mandado de penhora e avaliação 257
    13.6.1. Conceito de penhora 259
    13.6.2. Intimação da penhora 261
    13.6.3. Efeitos da penhora 261
        13.6.3.1. Garantia do juízo 262
        13.6.3.2. Individualização dos bens (do devedor ou de terceiro) que sofrerão a atividade executiva 263

13.6.3.3. Direito de preferência (se e enquanto não sobrevier insolvência do devedor) 264
13.6.3.4. Perda, pelo devedor, da posse direta do bem penhorado 266
13.6.3.5. Ineficácia dos atos de alienação ou oneração dos bens penhorados relativamente ao credor 267
13.6.4. Bens impenhoráveis 267
    13.6.4.1. Bens absolutamente impenhoráveis 270
    13.6.4.2. Bens relativamente impenhoráveis 275
    13.6.4.3. Impenhorabilidade provisória 275
    13.6.4.4. Bem de família e Processo do Trabalho 276
13.6.5. Ordem dos bens a serem penhorados 279
13.6.6. Forma de realização da penhora 284
13.6.7. Substituição, ampliação e redução da penhora 285
13.7. Defesa do executado no Processo do Trabalho: (os velhos) embargos do executado ou (a nova) impugnação ao cumprimento de sentença? 286
    13.7.1. Considerações iniciais 286
    13.7.2. Intimação 288
    13.7.3. O tratamento da matéria na CLT: o que muda? 289
    13.7.4. Matérias passíveis de alegação em embargos (ou impugnação) 291
        13.7.4.1. Falta ou nulidade de citação, se o processo correu à revelia (CPC, art. 475-L, inc. I) 292
        13.7.4.2. Inexigibilidade da obrigação (CPC, art. 475-L, inc. II) 294
        13.7.4.3. Penhora incorreta ou avaliação errônea (CPC, art. 475-L, inc. III) 294
        13.7.4.4. Ilegitimidade das partes (CPC, art. 475-L, inc. IV) 295
        13.7.4.5. Excesso de execução (CPC, art. 475-L, inc. V) 296
        13.7.4.6. Causas impeditivas, modificativas ou extintivas da obrigação, desde que supervenientes à sentença (CPC, art. 475-L, inc. VI) .. 296
    13.7.5. Os embargos do executado continuarão a possuir efeito suspensivo no Processo do Trabalho? 297
    13.7.6. E a "exceção de pré-executividade"? Acabou? 300
13.8. Atos de encerramento da execução: expropriação e pagamento 313
    13.8.1. Adjudicação 313
    13.8.2. Alienação particular 314
    13.8.3. Arrematação 314

Conclusão 317

Bibliografia 321

A mente que se abre a uma nova ideia jamais voltará ao seu tamanho original.

(Albert Einstein)

INTRODUÇÃO

O Direito do Trabalho, de uma forma geral, e o Processo do Trabalho, particularmente, sempre se vangloriaram de estar à frente de seu tempo. Promulgada em 1943, em plena ditadura Vargas, a CLT, visionária e vanguardista, até hoje, comparativamente ao Processo Civil, alvo de uma série de "minirreformas", manteve-se praticamente inalterada.

Apenas algumas poucas reformas pontuais, que, entretanto, jamais modificaram, ou melhor, jamais sentiram a necessidade de transformar a fundo a sistemática e logística processual trabalhista. Realmente, para o bem ou para o mal, o Direito do Trabalho sempre se manteve conservado, e, o mais impressionante, sem a necessidade de intervenção cirúrgica relevante do legislador.

Com efeito, em momento histórico de profunda injustiça social, quando nenhum texto legal, ou mesmo a Constituição, liberal e formalista, demonstravam preocupação com as desigualdades reais existentes entre os homens, e, inclusive, as negavam, pressupondo-os, ao contrário, abstrata e perversamente iguais, desponta, majestoso, o Direito do Trabalho, especificamente arquitetado a defender o fraco contra o forte. O trabalhador contra o empregador. Corajoso e pioneiro, o Direito do Trabalho passa a lidar com homens de feições precisas e bem definidas[1].

A partir daí, o turbilhão do influxo trabalhista no Processo Civil fez-se sentir, cada vez mais e de maneira mais explícita, nas inúmeras reformas por que passou o Código de Processo Civil. Mundialmente, de maneira bem resumida, o contexto propício à influência crescente trabalhista sobre o Processo Civil coincide com a introdução de direitos sociais prestacionais na Constituição[2], inclusive o direito de acesso à Justiça, além dos direitos coletivos *lato sensu*[3], para cuja

---

(1) Acerca da história do surgimento da Justiça do Trabalho no Brasil, TUPINAMBÁ, Carolina. *Competência da Justiça do Trabalho à Luz da Reforma Constitucional*. 1. ed. Rio de Janeiro: Forense, 2006.
(2) Acerca da classificação das normas constitucionais, v. BARROSO, Luís Roberto. *O Direito Constitucional e A Efetividade de suas Normas*. 8. ed. Rio de Janeiro: Renovar, 2006.
(3) Diante da coincidência de objeto entre as diversas lides que se poderiam instaurar ter-se-ia uma multiplicidade, a princípio desnecessária, de ações, quando, justamente para estas hipóteses, foram previstos mecanismos coletivos de acesso à justiça. Foi na CLT que apareceu, pela primeira vez, a preocupação com a questão da defesa dos direitos metaindividuais, isto é, dos direitos que transcendem a esfera de interesses do indivíduo pontualmente considerado. O dissídio coletivo (arts. 856 e ss.) é forma de defesa, na Justiça do Trabalho, de direitos difusos e coletivos *stricto sensu*. Apesar do pioneirismo da CLT, foi a Lei de Ação Civil Pública (Lei n. 7.347/85) o primeiro diploma a regular, de forma sistemática, a defesa judicial dos direitos metaindividuais. Como que reafirmando a importância dos procedimentos coletivos de acesso à justiça, a Constituição Federal de 1988 trouxe normas de Processo Civil coletivo, isto é, normas para a defesa de direitos metaindividuais (difusos e coletivos) em juízo. Finalmente, em complemento à Constituição

efetividade foi preciso render-se, em parte, à sistemática coletiva típica do Processo do Trabalho, instrumental ao propósito necessário e esperançoso de se otimizar a tutela judicial. Internamente, por exemplo, o Código de Defesa do Consumidor deixou-se iluminar pela ideia de hipossuficiência estruturante de todo o Processo Laboral.

Mas não foi só. Os Juizados especiais, com seu procedimento resumido e enxuto, permeado pela oralidade, rapidez e informalidade, importaram para si, *grosso modo*, a mesma mecânica das audiências trabalhistas, quando se tratasse de resolver casos de menor complexidade, a fim, principalmente, de se evitar que o benefício econômico a ser obtido ao final do processo não fosse consumido pela demora excessiva em sua tramitação. A própria execução, desde as origens do Processo do Trabalho, sempre foi fase de um processo sincrético.

As duas causas mais importantes deste aparentemente inesgotável vigor e permanente atualidade do Processo do Trabalho, e que se imbricam, até certo ponto, em verdadeiro círculo virtuoso, são (i) a consciência de sua vocação natural à resolução de lides envolvendo parcelas de cunho alimentar[4] e (ii) a

---

Federal e Lei de Ação Civil Pública, surgiu o Código de Defesa do Consumidor (Lei n. 8.078/90), que acabou por consolidar o Processo Civil coletivo no Brasil. O CDC, além de trazer previsão expressa de normas procedimentais voltadas à tutela de direitos difusos e coletivos, inovou ao permitir também a tutela coletiva de direitos genuinamente individuais, mas que, em decorrência de um fato gerador comum, como, por exemplo, um acidente, um acordo coletivo de trabalho etc., viabilizam defesa coletiva em juízo (fala-se, por isso, em direitos episodicamente coletivos). O CDC, em seu art. 81, parágrafo único, estipula que a jurisdição coletiva será acessada para defesa de direitos difusos, coletivos e individuais homogêneos. Direitos difusos são direitos cujos titulares são insuscetíveis de identificação (fala-se em direitos subjetivamente transindividuais). Trata-se, por exemplo, do direito ao meio ambiente equilibrado e saudável. Impossível, logicamente, conseguir precisar todos os interessados na defesa do meio ambiente. É ainda direito materialmente indivisível, pois que não há uma cota-parte de interesse na defesa do meio ambiente. Ou se tutela o direito na sua globalidade, ou não se tutela. Não há interesse de "Fulano" em proteger um metro cúbico da camada de ozônio, mas toda ela. Direitos coletivos propriamente ditos são aqueles cujos titulares são apenas determináveis. Trata-se de categorias, classes ou grupos de pessoas que se ligam por uma relação jurídica base. É o caso das associações, agrupamentos de pessoas criadas com vistas à promoção de interesses não lucrativos. Direitos individuais homogêneos, por fim, são aqueles que, muito embora divisíveis e titularizados por pessoas que podem ser identificadas (direitos subjetivamente individuais), nascem de uma situação fática ou jurídica comum, e, por isso, sem perder sua natureza de direito individual, possibilitam a defesa judicial coletiva. Os titulares de tais direitos são pessoas que estão ligadas por laços comuns com o agente causador da sua ameaça ou lesão, e que, por isso mesmo, atingidos em sua esfera jurídica patrimonial e/ou moral, podem, individual ou coletivamente, postular sua reparação em Juízo. As normas de defesa do consumidor, muito embora possa parecer estranho, são plenamente aplicáveis ao Processo do Trabalho, especialmente quando se trate de ações que visam à defesa de direitos coletivos *lato sensu*. Daí, a possibilidade de propositura, na Justiça do Trabalho, de ação civil coletiva em prol de direitos individuais homogêneos, não apenas por sindicatos, como já previsto na CLT desde 1943, mas também por associações civis regularmente criadas. Acerca da distinção entre direitos coletivos e direitos individuais homogêneos e dos respectivos mecanismos de tutela de cada um desses direitos e interesses, ZAVASCKI, Teori Albino. Reforma do processo coletivo: indispensabilidade de disciplina diferenciada para direitos individuais homogêneos e para direitos transindividuais. In: GRINOVER, Ada Pellegrini *et al. Direito Processual Coletivo e o anteprojeto de Código Brasileiro de Processos Coletivos*. São Paulo: Revista dos Tribunais, 2007. p. 33-38.

(4) De acordo com a Constituição Federal, o salário-mínimo deve ser capaz de atender às necessidades vitais básicas do trabalhador e de sua família com moradia, alimentação, educação, saúde, vestuário, lazer,

aplicação subsidiária, naquilo que seja compatível com a processualística laboral, do processo cível, regra que vem disposta no art. 769 da CLT[5].

O Processo do Trabalho, pela natureza das pretensões deduzidas, não podia se dar "ao luxo" de ser vagaroso, e, por isso, sobretudo, em suas origens, precisou ser pensado de maneira simplificada, a partir de premissa absolutamente diversa daquela que informou a construção do Processo Civil. Enquanto o Processo do Trabalho deixou-se cativar principalmente pela ideia da celeridade, o Processo Civil, diversamente, priorizou a segurança jurídica.

Ademais, sempre que o Processo Civil avançava em alguma conquista em termos de racionalização dos procedimentos, como aconteceu com a tutela antecipada[6], com a nova sistemática impressa ao Agravo de Instrumento[7], com as tutelas sancionatórias[8], com a possibilidade de julgamento monocrático, pelo relator, de recursos, inclusive, para negar-lhes ou dar-lhes provimento, com a ampliação do âmbito de devolutividade horizontal dos recursos[9] etc., o

---

higiene, transporte e previdência social, prestações consideradas pela doutrina como mínimas à dignificação da existência humana. A esse respeito, v. SARLET, Ingo. *A eficácia dos direitos fundamentais.* 7. ed. Porto Alegre: Livraria do Advogado, 2007.

(5) "Art. 769. Nos casos omissos, o direito processual comum será fonte subsidiária do direito processual do trabalho, exceto naquilo em que for incompatível com as normas deste Título."

(6) Hoje há diversos tipos de tutela jurisdicional. Dentre elas, a tutela antecipada, espécie de tutela sumária, que veio a permitir fosse proferida decisão satisfativa, quando presentes os requisitos especificados no art. 273 do CPC, antes mesmo da formação do juízo de certeza acerca da existência do direito alegado e da parte a quem assiste razão no conflito.

(7) O agravo é o recurso que se interpõe contra decisões interlocutórias, isto é, decisões que contêm teor decisório, proferidas no curso do procedimento, mas incapazes de pôr termo ao processo ou a qualquer de suas fases. Atualmente, salvo em três hipóteses específicas, quais sejam (i) provimento capaz de trazer dano de difícil ou impossível reparação; (ii) pronunciamento que determina os efeitos em que é recebida a apelação e, por fim, (iii) que inadmite apelação, o agravo fica retido nos autos e só será julgado, eventualmente, se reiterada a questão em preliminar de apelação. A ideia é a de que só se julgue imediatamente o agravo quando a sua retenção nos autos não trouxer qualquer utilidade à parte, isto é, quando a postergação de seu julgamento para momento futuro trouxer prejuízo ao processo ou ao próprio direito material em debate. Vale registrar que, desde o seu nascimento, o Processo do Trabalho, na vanguarda de providencial e esperançoso intuito instrumentalista que hoje irradia suas luzes sobre o Processo Civil, estruturou os procedimentos de molde a concentrar atos e imprimir maior velocidade à resposta judicial. As decisões interlocutórias, em princípio, não se sujeitam à impugnação imediata.

(8) Em prol de processo de resultados surgem as denominadas tutelas sancionatórias, que buscam repreender a má-fé processual, o abuso no exercício do direito de ação e de defesa. Surgem mecanismos passíveis de serem utilizados pelo Judiciário, como forma de se dar cumprimento às suas mais intuitivas decisões. Trata-se, essencialmente, do *contempt of court*.

(9) O art. 515, § 1º, do Código de Processo Civil, no intuito instrumental esperançoso de racionalizar o tempo de duração dos processos, dispõe ser possível, ao órgão jurisdicional de Segunda Instância conhecer de questões de mérito não decididas em Primeira Instância, e prolatar decisão a seu respeito, sempre que o órgão julgador *a quo*, estando em condições de julgá-las, por qualquer razão, não o tenha feito. Permite ao tribunal, prosseguindo no exame de pontos do mérito que não tenham sido julgados na instância inferior, apreciar questões acerca das quais o órgão jurisdicional *a quo* não tenha, por qualquer razão, se pronunciado e, destarte, finalizar julgamento da lide, sem necessidade de retorno dos autos à Instância jurisdicional de origem, sempre que a causa estiver madura para julgamento. De forma mais técnica, admite-se que o tribunal siga adiante no julgamento das questões de mérito se forem unicamente de

Processo do Trabalho se aproveitava das mudanças, naquilo que fosse compatível e proveitoso.

Ocorre que a regra da subsidiariedade acabou por tornar "preguiçoso" e "acomodado" o Processo do Trabalho, que, ademais, preso à ideia fixa e "arrogante" de ser o ramo do Direito de vanguarda, acabou por ser superado em inventividade pelo Processo Comum. Se é verdade que até hoje o Processo do Trabalho se mantém atual, tal se deve muito mais à oxigenação vinda do Processo Civil que do próprio Processo do Trabalho. Paradoxalmente, portanto, a mesma regra que permitiu ao Processo Trabalhista manter-se atualizado foi, também, em parte, a responsável por seu estrangulamento. Em movimento reverso, é a seara cível que passa a influenciar o Processo Trabalhista, muito mais que o contrário. A tartaruga, enfim, venceu a corrida contra a lebre.

O grande problema, contudo, é que, em alguns aspectos, o Processo Civil avançou tanto que deixou para trás o Processo do Trabalho. Isto porque, de acordo com a regra da subsidiariedade, as normas processuais comuns só se aplicam na omissão da CLT. Havendo regra específica, é a CLT que irá incidir e não o CPC. A regra da supletividade, portanto, em princípio, acaba barrando a possibilidade de se introduzir no Processo Laboral as novidades do CPC. Exemplo disto ocorre na execução por quantia certa contra devedor solvente, a qual sofreu inúmeras alterações produzidas pela Lei n. 11.232/2005, e que propugnamos, feitas as devidas adaptações, sejam aplicadas à processualística laboral, especialmente a multa do art. 475-J do CPC.

A aplicabilidade dessas inovações ao Processo Laboral, mesmo quando derrogatórias de normas da CLT, se fará a partir de compreensão do procedimento executivo à luz da principiologia ínsita ao devido processo legal, autorizativa de aferição jurisdicional da adequação das normas processuais ao ideário de acesso à justiça inteligido desde um prisma instrumental, de efetividade da prestação jurisdicional.

Propõe-se, enfim, e este é o objeto principal deste estudo, releitura do Processo Trabalhista à luz da norma constitucional que propugna pela duração razoável do processo[10], a fim de se afastar, quando vantajoso, a regra da supletividade

---

direito ou, sendo de direito e de fato, não houver necessidade de produção de mais nenhuma prova além daquelas já produzidas. A esse respeito, CÂMARA, Alexandre Freitas. *Lições de direito processual civil*. 13. ed. Rio de Janeiro: Lumen Juris, 2006.

(10) Compreende-se, para fins deste estudo, duração razoável do processo como a busca do equilíbrio entre celeridade e segurança. O movimento instrumental de racionalização do tempo de entrega da tutela jurisdicional induz, neste sentido, à otimização dos atos processuais, isto é, à obtenção de um máximo de resposta jurisdicional, no menor intervalo de tempo possível, e com menor esforço das partes. Não se trata, necessariamente, de um processo rápido, mas de um processo que dure o tempo indispensável a que seja outorgada tutela adequada ao problema que o Judiciário é chamado a solucionar. A ideia é a de que o processo não dure mais do que o necessário a que seja prestada satisfatória tutela de um direito, pena de se comprometer sua própria efetividade, ou ser tão rápido a ponto de se suprimir garantia constitucional a procedimento que viabilize o exercício do indispensável direito de defesa. Com efeito, enquanto cabível

em benefício de um processo mais efetivo, utilizando-se para tanto da técnica da ponderação[11], a partir dos parâmetros oferecidos pelo princípio da proporcionalidade[12]. Neste particular, com o intuito de delimitar a abordagem, focaremos nossas atenções no procedimento executivo de obrigações de pagar quantia contra devedor solvente, apontando para as possibilidades de se utilizar norma do Processo Civil, ainda quando contrarie expressa previsão normativa da CLT. A abordagem a ser empreendida, portanto, será sempre reconduzida à ideia central de instrumentalidade processual.

recurso previsto em lei, do qual possa advir alguma utilidade para a parte prejudicada com a decisão proferida, por menor que seja, é legítimo o atraso provocado pelo incidente. Tais "percalços", provocados naturalmente pelos recursos e que encontram justificativa no devido processo legal e princípio da lesividade, são tidos por óbices legítimos ao desfecho do processo, porque permitem sejam desfeitos eventuais vícios contidos nas decisões proferidas e, por conseguinte, não podem ser tachados de abusivos. Imbuído, porém, ao mesmo tempo, da preocupação de que "Justiça que tarda falha", não é Justiça, o legislador procurou reprimir as condutas que atentassem contra o regular desenvolvimento do processo em contraditório, como é o caso da interposição de recursos manifestamente protelatórios, sem que do ato possa advir qualquer utilidade para a parte, isto é, uma posição jurídica processual mais favorável do que aquela proporcionada pela decisão contra a qual se recorre, com o único intuito de postergar trânsito em julgado da decisão. É neste sentido que se fala, hoje, em direito a um processo sem dilações indevidas, correlato ao dever estatal de distribuição de justiça em tempo razoável, compatível com a especificidade da relação de direito material deduzida. A preocupação, enfim, é com a eficácia e utilidade das decisões judiciais, com sua repercussão no mundo dos fatos, de forma que toda conduta que faça o processo se prolongar mais do que o necessário a que as partes (i) apresentem suas versões acerca do caso, (ii) influam no convencimento do julgador e, (iii) eventualmente, manifestem sua insatisfação e descontentamento com decisão injusta, incompleta, confusa, ou errada, utilizando-se das vias de defesa prescritas em lei, é tida por temerária e deve ser reprimida.

(11) A ponderação é técnica de resolução de conflitos entre enunciados normativos situados em um mesmo patamar normativo hierárquico, que apontam para soluções diferenciadas e que incidem simultaneamente sobre um mesmo conjunto de fatos. Para estas hipóteses, em que mais de uma norma se aplica a uma mesma circunstância fática, torna-se inadequada utilização do método subsuntivo, que pressupõe incidência de uma única regra — premissa maior — ao caso concreto — premissa menor, produzindo-se uma conclusão. Por força do princípio da unidade da Constituição, não se pode simplesmente optar por uma norma em detrimento da outra, como se houvesse hierarquia entre elas. Ambas são, em tese, aplicáveis. A ponderação, portanto, é técnica de resolução de conflitos entre princípios constitucionais, que consagram valores muitas vezes contraditórios entre si. A se considerar que princípios são normas de otimização, ou seja, realizáveis na maior medida do possível, a depender de outros princípios e das condições materiais para sua realização — fala-se muito hoje em reserva do possível, limitações orçamentárias, tem-se que sua eficácia está condicionada às possibilidades jurídicas, isto é, ao conteúdo de regras e princípios opostos, sem que isto afete a sua validade. As regras, ao contrário, se aplicam na forma do *tudo ou nada*. Ocorrendo o fato previsto na norma, ela incide, produzindo-se os seus efeitos. Do confronto entre duas regras, apenas uma terá validade e será aplicada. A ponderação, ao contrário, surge para solucionar conflitos em que normas de um mesmo escalão hierárquico apontam para soluções diferenciadas, o que exige se atribua, à luz das circunstâncias particulares do caso concreto, pesos distintos aos diversos elementos normativos em jogo. Acerca da técnica da ponderação, BARROSO, Luis Roberto. *Interpretação e aplicação da Constituição:* fundamentos de uma dogmática constitucional transformadora. 6. ed. São Paulo: Saraiva, 2006; obra que com absoluta certeza servirá de fonte de consulta a este trabalho.

(12) A proporcionalidade é princípio instrumental de que se utiliza o Juiz, mas não só ele, para decidir casos que envolvam aplicação simultânea de princípios disjuntivos. Assim, o magistrado deve se perguntar em sequência lógica se (i) o meio é adequado à consecução do fim pretendido; (ii) se a medida é mesmo necessária, ou, o que dá no mesmo, se não é excessiva e, por fim, (iii) se os benefícios obtidos compensam os prejuízos ao princípio preterido (relação de custo-benefício). Há autores que se referem ao princípio da proporcionalidade como aquele que veda o excesso e também como proibitivo da proteção insuficiente.

Capítulo 1

DELIMITAÇÃO DE PREMISSAS METODOLÓGICAS EM PROL DA CONSTRUÇÃO DE UMA NOVA EXECUÇÃO TRABALHISTA

1.1. A identificação da problemática envolvendo a aplicabilidade do Processo Cível ao Processo Laboral: o conflito entre Justiça e segurança jurídica

A principiologia constitucional condensa diretrizes de cunho instrumental as quais iluminam toda a processualística pós-moderna. A dogmática processual se desenvolve toda ela, na estruturação de seus procedimentos, a partir de arcabouço principiológico constitucional comprometido principalmente com o ideário de acesso à justiça pelo canal do devido processo legal.

Todo o Direito Processual, como qualquer outro ramo do Direito, público ou privado, encontra na Constituição Federal suas linhas fundamentais, cujas normas: (i) distribuem parcelas do poder jurisdicional por entre órgãos componentes da estrutura do Poder Judiciário, a partir de critérios variados de fixação de competência (objetivo, funcional etc.) e organizam o desempenho da judicatura (CF, arts. 92 e ss.); (ii) se constituem em garantias fundamentais do processo, denominadores comuns a todos os ramos processuais — civil, trabalhista e penal, expressas no superprincípio do devido processo legal (CF, art. 5º) e (iii) explicitam os fins a serem promovidos pelo atuar público, o que, inevitavelmente, abrange o exercício da função jurisdicional e, portanto, o próprio processo como instrumento da jurisdição, condensados em normas ditas programáticas, dentre os quais a consecução da Justiça social (CF, art. 3º).

Desta inter-relação sistêmica entre Constituição e Processo, em sua dupla vertente — Constituição e Processo; Processo e Constituição —, deriva não um ramo autônomo do Direito — o Direito Processual Constitucional —, mas um ponto de vista metodológico, isto é, uma nova forma de se inteligir o Direito Processual.

Destarte, analisadas as relações mútuas entre Constituição e Processo, é possível falar-se, de um lado, na tutela constitucional do processo e, de outro, na tutela processual da Constituição. Inserido naquela perspectiva encontra-se um conjunto de garantias do processo, uma constelação principiológica estruturante da própria relação jurídica processual, que permeia todo o processo, constituindo-o em instrumento democrático de realização dos escopos jurisdicionais: o chamado devido processo legal. Assim, se o que o processo objetiva é a justa composição da lide, a realização do direito material com justiça, ele próprio deverá se formar e desenvolver com observância daquelas mínimas garantias abrangidas na cláusula do devido processo legal.

Pressuposto de concretização do direito material violado ou suscetível de sofrer violação é o acesso à Justiça, identificado não apenas como a possibilidade de se acessar o Poder Judiciário e dele obter uma resposta à pretensão veiculada e o de resistir à pretensão deduzida (direito de ação como direito abstratamente reconhecido tanto ao autor quanto ao réu), mas o direito ao adequado exercício da jurisdição, a um processo informado pelas garantias constitucionais que defluem da garantia genérica do devido processo legal.

Acepção possível do direito de ação, portanto, é aquela que o identifica ao próprio direito de acesso à tutela jurisdicional efetiva. Isto é: direito de ação compreendido como direito ao processo justo, ao devido processo legal. Em suma, processo perpassado pela constelação principiológica abrangida na garantia-síntese do devido processo legal, estruturado à confecção da tutela jurisdicional efetiva, de cujos componentes mais adiante se tratará.

No sentido oposto — Processo-Constituição —, é possível identificar a existência de instrumentos asseguratórios da supremacia da Constituição e, portanto, da compatibilidade vertical entre seu texto e as normas situadas em nível hierárquico inferior. Fala-se, destarte, em jurisdição constitucional, que abrange não só o controle de constitucionalidade dos atos normativos primários, mas também os denominados remédios constitucionais processuais (os *writs*). Apenas nos interessam os instrumentos de controle da constitucionalidade. O parâmetro para se aferir a constitucionalidade da normação processual prevista na Consolidação será sempre a Constituição Federal, mais especificamente as normas que se traduzem em garantias formativas do devido processo legal.

É o devido processo legal o maior dos princípios do sistema constitucional processual, pois que abrangidos em sua extensão axiológica princípios disjuntivos por essência, de existência naturalmente conflitual, cuja convivência não constitui em si uma antinomia, mas antes pressupõe exercício ponderativo conciliatório. Daí a corriqueira referência aos princípios como normas de otimização: normas que se efetivam, na maior medida do possível, à luz de limitações fáticas (limitações orçamentárias, por exemplo) e jurídicas (contraposição a outros princípios também aplicáveis e as regras jurídicas limitadoras de seu conteúdo).

Cada vez mais, as normas processuais são introduzidas ao sistema jurídico em forma de princípios. E, como cediço, princípios, diferentemente das regras[13],

---

(13) "As regras são enunciados que estabelecem desde logo os efeitos que pretendem produzir no mundo dos fatos, efeitos determinados e específicos. (...) As regras enunciam desde logo efeitos determinados

são normas que, por essência, não explicitam o caminho a ser trilhado em busca da concretização dos fins que enunciam. Não bastasse a dificuldade, há ainda o problema de definir com precisão quais os efeitos pretendidos pelo princípio. E, ainda quando se consiga identificar o efeito pretendido, haverá outro aspecto a se considerar: dentre tantos caminhos possíveis para se atingir aquele fim, qual a melhor via a se percorrer, quais medidas tomar? Evidente que a resposta a tal indagação, para além de aspectos puramente jurídicos, remeterá a critério axiológico, que variará em consonância com quem esteja interpretando a norma[14].

A execução, tema central deste trabalho, é toda ela perpassada por conflito principiológico representado, de um lado, pelo valor justiça, e, de outro, pelo valor segurança. Destes valores emanam princípios correlatos, como o da efetividade das decisões judiciais e o da previsibilidade dos atos do processo. Quer-se, evidentemente, que a execução das sentenças produza resultados práticos no menor intervalo de tempo possível, mas respeitado o direito fundamental do executado (e também do exequente) à observância dos procedimentos tal como postos pelo legislador. Como, então, modificar-se o procedimento previsto pela Consolidação das Leis do Trabalho para o cumprimento das sentenças, derrogando-se, inclusive, normas especiais de processo, para permitir a aplicação do Código de Processo Civil?

E aqui iniciamos abordagem necessariamente principiológica, a ser engendrada à luz de duas premissas fundamentais, intimamente ligadas.

A primeira diz respeito à compreensão do ideário de acesso à Justiça à luz do momento metodológico vivenciado pelo processo: como instrumento de realização dos escopos da jurisdição, dentre os quais o de efetivação do direito material com justiça. A segunda, estritamente conectada àquela, refere-se ao consequente incremento dos poderes do juiz, face à constitucionalização de normas gerais de direito processual no formato de princípios, exigindo-lhe sempre, na definição da norma a prosperar, a formulação de juízos ponderativos, iluminado por um critério de proporcionalidade e, inclusive, na explicitação do conteúdo mínimo de cada uma das garantias abrangidas na cláusula do devido processo legal.[15]

---

e o caminho que os liga às condutas por eles exigidas pode ser mais ou menos longo, mas em todo caso trata-se de um único caminho. Os princípios, todavia, funcionam diversamente. (...) Se há um caminho que liga o efeito às condutas no caso das regras, há uma variedade de caminhos que podem ligar o efeito do princípio a diferentes condutas, sendo que o critério que vai definir qual dos caminhos escolher não é exclusivamente jurídico ou lógico. (...) O efeito pretendido não é totalmente definido e sua definição depende de avaliações que não são propriamente jurídicas. Fenômeno semelhante se passa quando, embora o efeito pretendido pelo princípio sobre o mundo dos fatos seja perfeitamente definido, há uma multiplicidade de condutas em tese possíveis e adequadas para atingi-los, sem que a Constituição tenha optado por qualquer uma delas." BARCELLOS, Ana Paula de. *Ponderação, racionalidade e atividade jurisdicional*. Rio de Janeiro: Renovar, 2005. p. 171 e ss.

(14) Para uma análise profunda a respeito das distinções entre princípios e regras, consulte-se BARCELLOS, Ana Paula de. *Ponderação, racionalidade e atividade jurisdicional*. Rio de Janeiro: Renovar, 2005.

(15) A esse respeito, consulte-se, por todos, LIMA, Marcio Kammer de. O princípio da proporcionalidade na execução civil. In: *Revista dos Tribunais*, São Paulo, v. 95, n. 848, p. 66-88, jun. 2006: "(...) Abandona-se, então, o paradigma do 'sistema fechado', que para cada fato exibiria a consequência jurídica decorrente,

Destarte, antes de, pura e simplesmente, afirmar ser possível ao Processo Laboral absorver as inovações advindas da processualística comum, procuraremos justificar, à luz do momento pós-positivista de compreensão da Ciência Jurídica, como é possível a interferência do Processo Cível no Trabalhista, com derrogações daquele sobre este. Para tanto, em primeiro lugar, procuraremos desenvolver o conceito de acesso à Justiça no atual estágio de desenvolvimento da ciência do processo: a partir de um prisma predominantemente externo, da efetividade prática das tutelas jurisdicionais. Trata-se da compreensão do direito de acesso à justiça como o direito à tutela jurisdicional efetiva. O ponto ajudará a compreender o estreitamento dogmático ocorrido, principalmente nos últimos anos, entre o Direito Processual do Trabalho e o Direito Processual Civil, desde o triunfo do neoconstitucionalismo no Brasil, provocado pela compreensão da Constituição Federal como a matriz, a fonte primeira a que remonta toda a ordem jurídica, inclusive a processual. A descoberta de um substrato normativo comum para a processualística como um todo, representado pelas garantias fundamentais do processo, torna possível falar-se em uma Teoria Geral do Processo, abrangente do Processo Cível e Laboral. Ver-se-á que ambos os "Processos" estão voltados, precipuamente, embora cada qual limitado à sua esfera competencial, ao cumprimento do mais nobre fim da jurisdição, o de pacificar conflitos com justiça, resguardando a autoridade do direito positivo. Em seguida, se tratará, em pormenores, da possibilidade de o juiz, no caso concreto, a partir dos parâmetros ofertados pelo princípio-síntese do devido processo legal, realizar controle de constitucionalidade dos procedimentos legais. É que, como visto, consubstanciadas em normas de *status* constitucional, as garantias fundamentais do processo têm o condão de afastar quaisquer disposições com elas incompatíveis, inclusive processuais. A antinomia resolve-se pela aplicação do critério hierárquico, cujo fundamento é justamente a supremacia constitucional. Assim, se entenderá como é possível ao magistrado trabalhista inovar no procedimento da execução das sentenças, sem que se tenha por desrespeitado valor estruturante do Estado Democrático de Direito: a segurança jurídica.

para adotar-se o paradigma do 'sistema de autorreferência relativa', com modelos normativos forjados a permitir o ingresso, no ordenamento jurídico, de pautas valorativas, *standards*, padrões de comportamento, viabilizando a sua sistematização no ordenamento positivo. Nessa contextura, avulta a importância dos princípios, não mais vistos como puros mecanismos de heterointegração, no processo de colmatação das possíveis lacunas da fonte formal prevalente, mas de par com isso reconhecendo-lhes, por sua larga generalidade e vagueza, a função de abrir campo para o intérprete incluir todas as situações e acompanhar, mais por miúdo e de espaço, as transformações sociais e os novos valores. Num sistema jurídico não mais fechado na extensão de suas regras casuísticas, mas dotado de permeabilidade para a recepção e sistematização de modelos valorativos externos, os princípios oxigenam o repertório normativo (...). Assim porque os direitos fundamentais hospedam-se em princípios de existência conflitual e a proporcionalidade aparece como princípio maior de calibragem e harmonização desses princípios contrapostos, otimizando na medida em que se acata prioritariamente um e desatende o mínimo possível o outro princípio. (...) o princípio da proporcionalidade estará presente em toda a produção normativa. Seja o legislador, na lavra de normas gerais e abstratas, seja o administrador ou o juiz, na dicção de normas individuais e concretas, toda a produção normativa que se proponha a estar afeiçoada à Constituição há de passar pelo crivo da proporcionalidade".

A máxima a reger a possível aplicabilidade do Processo Civil ao Direito Processual Obreiro, premissa fundamental do presente trabalho, será a seguinte: aplicam-se as normas do CPC à CLT, não apenas quando omisso o texto celetista, no sentido da falta de enunciado normativo apto a reger determinada matéria afeta à execução. Mas sempre que a norma do CPC mostrar-se mais eficaz ao propósito de se assegurar efetivo acesso à Justiça. A omissão, portanto, de que tratam os arts. 769 e 889 da CLT, deixa de ser compreendida como simples vácuo normativo a disciplinar certa matéria, para se transformar em algo mais sutil e grandioso: em omissão principiológica, em deficiência procedimental.

Logo, a análise irá desbordar dos limites estreitos da própria CLT, para alcançar compreensão do Direito Processual Trabalhista à luz do que preconiza a Constituição Federal, especificamente a partir da principiologia polarizada em torno do princípio-síntese do devido processo legal, o qual propugna pela efetividade da tutela jurisdicional. Para usar expressão da moda: a análise resultará, ao menos no que toca à execução, na constitucionalização do Direito Processual do Trabalho.

Com tais premissas em mente, dando seguimento ao roteiro anunciado, aprofundaremos, a seguir, a noção tão difundida de acesso à Justiça.

1.2. O direito fundamental de acesso à Justiça como o direito à tutela jurisdicional específica, justa e tempestiva. A tutela executiva como componente essencial do direito de acesso à Justiça

O acesso à Justiça pode ser abordado sob dois aspectos distintos. Na verdade, como dois momentos de um mesmo fenômeno que se irão complementar. O primeiro, já ele envolto em uma série de dificuldades, remete à ideia de se poder acessar o Judiciário no caso de existir uma lide. Um conflito de interesses qualificado por uma pretensão resistida. Deste ponto de vista, pode-se dizer que também o direito de defesa encontra-se abrangido no conceito. É o direito de poder se defender, de resistir a uma pretensão.

O fenômeno, porém, assim compreendido, oculta parte da significação e complexidade existentes por detrás do conceito. O acesso à Justiça, para além da possibilidade de se provocar o Judiciário a deixar a inércia característica da função jurisdicional e movimentar-se rumo à formulação da norma jurídica concreta disciplinadora da situação trazida à apreciação, à cognição do juiz, quer significar, no contexto instrumentalista em que inserida a ciência do processo, que a tutela jurisdicional ofertada deve ser específica, justa e tempestiva. Tal concepção remete, invariavelmente, para a análise do processo em seu interior. Para a forma de ser dos atos que o compõem. Em suma, para a análise da estrutura dos procedimentos.

A tutela específica de um direito compreende a produção, pelo processo, dos mesmos resultados preconizados pelo direito material ou dos efeitos mais parecidos possíveis àqueles. Concretiza-se especificamente um direito quando o processo logra outorgar ao credor o mesmo resultado que obteria se o devedor houvesse cumprido sua obrigação de maneira espontânea. Para tal desiderato, desempenharam papel primordial as reformas promovidas na forma de se operar o cumprimento das sentenças condenatórias de obrigações de fazer, não fazer e entregar coisa. Buscou-se, com o auxílio de medidas coercitivas, máxime a multa periódica por tempo de atraso, compelir o devedor à realização da própria prestação devida, ao invés de pura e simplesmente ressarcir-se o credor do inadimplemento. Prestam-se a papel similar as tutelas inibitórias, que, em linhas gerais, por seu caráter primordialmente preventivo, visam a evitar a prática de ilícito, que, consumado, levaria ao perecimento do direito, tornando destituída de utilidade a tutela jurisdicional.

A cláusula do acesso à Justiça implica ainda que a tutela jurisdicional deve ser justa. A justiça é fim do Estado Brasileiro e, por assim ser, também da função jurisdicional. A noção do justo depreende-se, em primeiro lugar, do que a sociedade aceita como razoável a partir daquilo que foi positivado pelo legislador. Mas, no desempenho da função jurisdicional, ao juiz é dado criar a norma concreta, a partir de influências externas emanadas da sociedade. A reaproximação entre Direito e Moral, propiciada justamente pela transposição, em formato de normas--princípios, de valores aos textos legais, torna a hermenêutica jurídica suscetível a influxos os mais diversos. Pela indefinição própria dos princípios a respeito de quais condutas devem ser observadas para sua efetivação ou dos efeitos por eles visados, abre-se ao julgador uma infinidade de interpretações passíveis de serem extraídas de um mesmo enunciado normativo, sem que se possa falar, a não ser em hipóteses mais óbvias, envolvendo aplicação de regras, na correção ou não do julgamento prolatado. O referencial, portanto, no controle de juridicidade das decisões judiciais que envolvam aplicação de princípios ou direitos fundamentais de mesma magnitude hierárquico-normativa, deixa de ser o do certo e errado e passa a ser o do razoável. Controle que, hoje, se faz à luz dos parâmetros ofertados pelo princípio da proporcionalidade, inclusive no tocante aos procedimentos judiciais, tema de que mais adiante se tratará.

Por fim, pressupõe-se como inerente ao conceito de acesso à Justiça a prolação de decisões no menor intervalo de tempo possível. O tempo é fator avesso à efetividade das decisões judiciais. A demora excessiva do processo acaba por não permitir, na prática, a efetiva tutela do direito, sobretudo daqueles direitos cuja efetivação é pressuposto de realização de outros direitos também fundamentais. Daqueles direitos compreendidos como essenciais à existência com um mínimo de dignidade (direito à moradia, à educação fundamental, à saúde etc.). A ordinarização dos procedimentos e a forma como ocorria a efetivação das sentenças condenatórias — mediante processo executivo autônomo, diverso daquele em que certificado o direito —, simbolizavam a opção do sistema processual pela primazia de amplas garantias de defesa em detrimento da efetividade da tutela jurisdicional: como regra, apenas após exaurido o contraditório, isto é, depois de formado juízo de certeza a respeito da adequada solução da lide, é que poderia a sentença surtir efeitos práticos. A cognição profunda, exauriente, constituía-se em pressuposto de satisfação do direito. Ainda assim, na hipótese de a sentença que impunha prestação (sentença condenatória, portanto) não ser cumprida espontaneamente pelo réu, o autor deveria iniciar novo processo (o de execução), exercitando novamente o direito de ação (demanda executiva), para que, então, finalmente, pudesse satisfazer-se. A tutela executiva obtinha-se, por conseguinte, a partir de processo autônomo, precedido, na maioria dos casos, de um outro, voltado à formação da sentença condenatória, título judicial necessário à instauração daquele que seria o processo executivo (efetivação *ex intervalo* da decisão judicial).

O advento, contudo, de uma nova dimensão de direitos, vinculados ao projeto de justiça social, repercutiu imensamente no modo de ser do processo. Nos procedimentos. Alguns direitos simplesmente não se compadeciam com a ideia de se ter de aguardar até o julgamento definitivo da causa, com trânsito em julgado da sentença de mérito, para só então concretizarem-se. Passou-se a admitir, destarte, em algumas hipóteses bem específicas, que, havendo risco de que o próprio direito material viesse a perecer ou de que fosse lesionado gravemente em virtude da demora inerente ao procedimento ordinário, o juiz pudesse, avaliando a probabilidade da existência do direito afirmado, satisfazer o autor antecipadamente, ainda que irreversíveis os efeitos decorrentes da antecipação da tutela. Por conseguinte, o processo passaria a produzir efeitos práticos antes ainda do final da etapa de conhecimento. Ao adiantamento dos efeitos da tutela, com satisfação plena do autor, deu-se o nome de antecipação de tutela, espécie de provimento jurisdicional proferido com base em cognição sumária. Arma poderosa contra os males da demora do processo, prevista, atualmente, no art. 273 do Código de Processo Civil.

Mas, ainda que específica, justa e prolatada em tempo ótimo, a verdade é que, se a decisão jamais se transformasse em realidade prática, de nenhuma serventia seria o processo. É por isso que a execução pode ser qualificada como o componente essencial integrante da garantia do acesso à Justiça. Permita-nos desenvolver a ideia.

Ajuizada uma demanda (ou, exercitado o direito de ação constitucionalmente previsto), em primeiro lugar, é preciso averiguar se, de fato, ocorreu a alegada transgressão ao direito material ou se há ameaça de lesão. É o que ocorre no processo (ou fase) de conhecimento, pelo acertamento, certificação da existência do direito e de sua titularidade. Terminada a atividade cognitiva, ou seja, a atividade de análise de alegações e provas, com vistas à formulação da norma jurídica concreta que irá disciplinar a situação levada à apreciação do juiz (cognição, portanto, como técnica que permite a formulação de juízos de valor a respeito das questões apresentadas) é preciso tornar realidade o comando condenatório consubstanciado na sentença. A decisão que certifica a existência de um direito à prestação, ao contrário do que ocorre com as sentenças declaratórias e constitutivas, não se efetiva automaticamente, sendo necessário, portanto, algum comportamento ou atividade por parte do réu ou ainda uma abstenção. Como é cediço, toda sentença condenatória é dotada de comando dirigido ao réu, para que adote certa conduta. Portanto, além da carga declaratória, o provimento que atesta a existência de um direito a prestação impõe ao réu o dever de prestar. É justamente com respeito à tutela destinada a eliminar a crise de inadimplemento que se verifica, comumente, a necessidade de atividade posterior à cognitiva, voltada a fazer com que a decisão judicial produza seus efeitos[16]. Isto é, se efetive. À atividade que visa a concretizar a norma jurídica concreta inserida em um provimento judicial denomina-se execução.

No caso de resistência do réu ao cumprimento da decisão judicial condenatória, torna-se indispensável o emprego de medidas destinadas a realizar concretamente o comando judicial nela consubstanciado. São necessários atos materiais (do próprio réu ou do Estado-juiz, em substituição) para efetivá-la. A mera tutela condenatória não satisfaz o direito do credor. Havendo o reconhecimento, na sentença, de um direito a prestação, a atividade estatal deverá providenciar a satisfação do direito, sem o que não se pode afirmar tenha o Estado-juiz cumprido com seu desiderato de prestar jurisdição. A atividade jurisdicional somente se encerra com a efetivação do provimento judicial. Com o cumprimento da sentença. O escopo principal do processo é a efetivação do direito material reconhecido em um provimento condenatório, de forma que a tutela executiva apresenta-se como compenente essencial do direito de ação. Logo, há por parte do magistrado um poder-dever de efetivar as suas decisões, utilizando-se, para tanto, das medidas executivas que se revelem mais adequadas ao propósito de se assegurar efetivo acesso à justiça ao litigante vitorioso. Se o provimento jurisdicional revela carga condenatória, não se pode dizer que a tutela jurisdicional seja efetiva, se, à falta de adimplemento espontâneo por parte do obrigado, aquele a quem beneficia não disponha de instrumentos processuais adequados e eficazes capazes de concretizar a condenação[17].

---

(16) "Dúvida não há de que a sentença condenatória não apresenta o mesmo grau de efetividade da declaratória e constitutiva, pois sua realização prática requer a realização de atividades complementares. Mas isso se deve à própria natureza da crise de direito material, não ao tipo de tutela jurisdicional." BEDAQUE, José Roberto dos Santos. Algumas considerações sobre o cumprimento da sentença condenatória. In: *Revista do Advogado*, São Paulo, v. 26, n. 85, p. 63-77, maio 2006.

(17) Como ressalta o Professor José Roberto dos Santos Bedaque: "A simples certeza advinda da tutela declaratória, portanto, é suficiente para satisfazer quem pretende o reconhecimento da existência ou inexistência de um direito. Se a pretensão refere-se a uma modificação jurídica, basta a certificação do direito potestativo apto a propiciar a alteração. Em ambos os casos, a função cognitiva do juiz é suficiente para eliminar a crise apresentada. Nos casos de inadimplemento das obrigações, todavia, só a cognição não é suficiente à solução do problema. Tendo em vista o objeto do processo, representado pela situação de direito material litigiosa, a simples tutela condenatória não satisfaz o titular do direito. Será necessário complementá-la com atos materiais destinados a efetivar praticamente o comando nela contido. (...) Enquanto a tutela declaratória é suficiente, por si só, para conferir a certeza deseja pelo autor, a condenatória requer um comportamento ulterior dos sujeitos vinculados à obrigação cujo adimplemento se reconhece. Essa distinção, insiste-se, está diretamente relacionada ao próprio direito material objeto do

A forma como são efetivadas as decisões judiciais, a técnica empregada no cumprimento forçado das sentenças é etapa crucial do sistema processual. A efetividade do processo depende da maneira de ser da própria execução. Uma execução que não se preste a converter em realidade o que se contém na sentença, a alterar o plano material, não atende ao ideal de acesso à Justiça na acepção ampla de que aqui se está a tratar e, precisa, destarte, sofrer reparos à luz da principiologia que deflui do princípio-síntese do devido processo legal. Princípio maior do sistema processual, que atende ao ideário de acesso à Justiça.

A previsibilidade do conjunto de atos que compõem o procedimento é, sem dúvida, garantia fundamental do jurisdicionado. No entanto, o procedimento, tal qual posto pelo legislador, não pode ser compreendido como sequência rígida e, portanto, imune a alterações. Procedimentos que não atendam ao ideário de acesso à Justiça podem e devem ser alterados pelo juiz, a partir do conjunto de garantias constitucionais do processo. A flexibilização procedimental, como resultante do controle judicial de constitucionalidade dos atos do processo à luz da constelação garantística derivada do *due process of law*, exprime a necessidade de acomodação do processo às exigências de efetividade.

O Direito Processual do Trabalho, pode-se dizer, com o tempo, afastou-se desse ideário. Principalmente no que respeita à execução. A realidade do foro, conhecida por quem quer que busque satisfação do seu crédito na Justiça Laboral, é a de que as empresas, como regra, ou litigam abusivamente até a última instância de Jurisdição, antes de se curvarem, finalmente, ao comando judicial, ou já estão insolventes quando o processo chega ao seu fim, sem nenhuma possibilidade de se satisfazer o trabalhador. É verdade que muitas das premissas da execução trabalhista vieram a inspirar o legislador reformista do Processo Cível. Veja-se que, por exemplo, a maior das inovações introduzidas à execução cível — o sincretismo processual —, já há muito habita a processualística do trabalho, em que o cumprimento das sentenças é etapa de um processo único. Apesar disto, o fato é que as inovações aportadas ao Processo Cível no que tange à execução, consideradas em seu conjunto, especialmente a multa prevista no art. 475-J, têm o potencial de imprimir uma maior efetividade à execução das sentenças prolatadas na Justiça Comum do que aquela observada, atualmente, na Justiça do Trabalho. O que significa dizer que a execução cível, hoje, está bem mais próxima do ideário de acesso à Justiça que a trabalhista. O disparate histórico--legislativo deve, então, ser corrigido com auxílio da cláusula fundamental do

---

processo. Em um caso, a incerteza objetiva; no outro, o inadimplemento. Se a resistência do réu persisitir, sua atividade será substituída por atos de sub-rogação, a serem praticados segundo a forma prevista pelo legislador processual. Em algumas situações, atos de sub-rogação são inadmissíveis, em razão da natureza da obrigação descumprida. Muitas vezes, a realização prática do preceito substancial depende exclusivamente da vontade do obrigado, que não pode ser substituída por atos materiais praticados pelos órgãos jurisdicionais. Daí a opção por comandos acompanhados de penas, com o fim de influir psicologicamente na vontade do devedor". BEDAQUE, José Roberto dos Santos. Algumas considerações sobre o cumprimento da sentença condenatória. In: *Revista do Advogado*, São Paulo, v. 26, n. 85, p. 63-77, maio 2006.

devido processo legal, permitindo-se o preenchimento da lacuna axiológica por certo a partir de compreensão garantística, constitucionalista do Processo Laboral. A partir de uma visão de sistema em que os institutos próprios da execução cível ligados diretamente à garantia constitucional da duração razoável do processo sejam compreendidos como de domínio comum a toda ciência processual, como institutos verdadeiramente integrantes de uma teoria geral do processo, independentemente da natureza da relação jurídica de direito material subjacente e de eventuais incompatibilidades ideológicas, e, por conseguinte, possam também ser aplicados ao Processo Trabalhista, na qualidade de medidas de instrumentalidade[18]. Concretizadoras do ideário de acesso à Justiça.

Como já dito, tal ideário revela-se, em paralelo à confecção de leis e implementação de políticas públicas, em importante meio de concretização do direito material, especialmente dos direitos fundamentais, em prol da realização dos objetivos delineados no art. 3º da Constituição Federal[19], dentre os quais bem-estar social e felicidade, escopos para os quais converge toda a atuação estatal, e para cujo incremento também desponta o processo[20].

É que, sendo o processo instrumento da jurisdição, e tendo a atividade estatal jurisdicional por fim precípuo efetivar o direito material com justiça, ao processo, consequentemente, também irá tocar o desiderato.

Em perspectiva simplista, como se viu, um tal ideário compreende o alargamento das vias conducentes à jurisdição[21]; a permeabilidade das decisões ao

---

(18) José Antonio Callegari, como nós, situa algumas das inovações aportadas à execução cível como integrantes da Teoria Geral do Processo, e justamente por não pertencerem unicamente aos domínios do Processo Cível, plenamente aplicáveis ao Processo do Trabalho. Adverte o doutrinador: "Muito do que se invoca no CPC como fonte supletiva está mais relacionado ao fato de que nele encontramos vários institutos da Teoria Geral do Processo. Logo, não se trata de verdadeira colmatação de lacunas, vez que a Teoria Geral do Processo comunica os seus efeitos conceituais em ambos os processos". CALLEGARI, José Antônio. Execução: inovações no âmbito do direito do trabalho. In: *Revista LTr: Legislação do Trabalho e Previdência Social*, São Paulo, v. 72 , n. 2, p. 154-166, fev. 2008.

(19) "Art. 3º Constituem objetivos fundamentais da República Federativa do Brasil: I – construir uma sociedade livre, justa e solidária; II – garantir o desenvolvimento nacional; III – erradicar a pobreza e a marginalização e reduzir as desigualdades sociais e regionais; IV – promover o bem de todos, sem preconceitos de origem, raça, sexo, cor, idade e quaisquer outras formas de discriminação."

(20) No mesmo sentido do texto, o Professor Leonardo Greco, *verbis*: "No Estado Democrático Contemporâneo a eficácia concreta dos direitos constitucionais e legalmente assegurados depende da garantia da tutela jurisdicional efetiva, porque sem ela o titular do direito não dispõe da proteção necessária do Estado ao seu pleno gozo. A tutela jurisdicional efetiva é, portanto, não apenas uma garantia, mas, ela própria, também um direito fundamental, cuja eficácia irrestrita é preciso assegurar, em respeito à própria dignidade humana". GRECO, Leonardo. *Estudos de direito processual*. Campos dos Goytacazes: Editora Faculdade de Direito de Campos, 2005. p. 225 e ss.

(21) "A universalidade da tutela jurisdicional constitui acentuadíssima tendência generosa da atualidade e está presente nas preocupações e nos movimentos dos processualistas mais modernos. As tradicionais limitações ao ingresso na Justiça, jurídicas ou de fato (econômicas, sociais) são óbices graves à consecução dos objetivos processuais e, do ponto de vista da potencial clientela do Poder Judiciário, constituem para cada qual um fator de decepções em face de esperanças frustradas e insatisfações que se perpetuam; para a sociedade, elas impedem a realização de práticas pacificadoras destinadas ao estabelecimento de

sentimento de justiça pulverizado[22]; a forma como se desenrolam e se imbricam os atos processuais[23] e a efetividade das decisões judiciais[24].

---

clima harmonioso entre os seus membros; para o Estado, é fator de desgaste de sua própria legitimidade e da dos seus institutos e do seu ordenamento jurídico. Existe um leque mais ou menos aberto de causas dessa lamentada estreiteza. Situam-se no campo econômico (pobreza, alto custo do processo), no *psicossocial* (desinformação, descrença) e no *jurídico* (legitimidade ativa individual). (...) Além disso, falar do acesso ao processo não significa somente cuidar da possibilidade de valer-se dele como demandante, mas igualmente da *defesa*, a qual também sofre limitações de ordem psicossocial e econômica. (...) Quando o investimento no processo aparece aos olhos da pessoa como desproporcional ao proveito a postular e em face do risco assumido, ele constitui freio inibitório ao exercício da ação e possivelmente será mais um fator de permanência de insatisfações. A esses óbices, somem-se aqueles relacionados com o modo de ser dos processos (lentos na apresentação de resultados e fonte de incômodos para as próprias partes, testemunhas etc.) e ter-se-á como avaliar todo o custo social a que eles estão sujeitos. (...) Causa jurídica de estreitamento da via de acesso à Justiça é a disciplina da *legitimatio ad causam*, no Processo Civil individualista que herdamos e praticamos. Em princípio, por expressa disposição legal, a cada um cabe defender em juízo somente os seus próprios direitos, reputando-se excepcionalíssimos e de direito estrito os casos de substituição processual. Tal disciplina consiste numa interpretação acanhada e insuficiente da garantia constitucional da ação e da inafastabilidade do controle jurisdicional, em contraste com as tendências solidaristas do Estado e do direito contemporâneos. Hoje, importa menos *dar a cada um o que é seu*, do que promover o bem de cada um através do bem comum da sociedade, tratando o indivíduo como membro desta e procurando a integração de todos no contexto social. Aquela linha de legitimação individual, válida na maioria dos casos, corresponde ao tratamento *atômico* tradicionalmente dado aos conflitos, sem cogitar da dimensão supraindividual que estes podem muitas vezes apresentar; sucede-lhe agora o impulso doutrinário no sentido da *molecularização* do direito e do processo, ou seja, do tratamento dos conflitos a partir de uma ótica solidarista e mediante soluções destinadas também a grupos de indivíduos e não somente a indivíduos enquanto tais. (...) No Brasil, depois da instituição da ação popular, a primeira experiência legislativa séria nesse sentido reside nas leis que conferem legitimidade ao Ministério Público e outras entidades, inclusive associações qualificadas, para as causas relativas à tutela do meio ambiente, de certos patrimônios comuns (artístico, estético, histórico, turístico e paisagístico) e do consumidor. Na concessão dessa tutela, está presente o reconhecimento de que existem bens não incluídos na esfera jurídica de qualquer pessoa, mas representativa de valores que pertencem à comunidade, por ela são fruídos e em benefício dela e de cada uma dos seus membros também merecem preservação por via judiciária. (...) O *acesso à Justiça* é, mais do que o ingresso no processo e aos meios que ele oferece, modo de buscar eficientemente, na medida da razão de cada um, situações e bens da vida que por outro caminho não se poderiam obter. Seja porque a lei veda a satisfação voluntária de dadas pretensões (*v. g.*, anulação de casamento), seja porque a pessoa de quem se poderia esperar a satisfação não satisfez (inadimplemento), quem não vier a juízo ou não puder fazê-lo renunciará àquilo a que aspira." DINAMARCO, Cândido Rangel. *A instrumentalidade do processo*. 12. ed. São Paulo: Malheiros, 2005. p. 335 e ss.

(22) "Foi dito que, em paralelismo com o bem comum como síntese dos fins do Estado contemporâneo, figura o valor justiça como objetivo-síntese da jurisdição no plano social. A eliminação de litígios sem o critério de justiça equivaleria a uma sucessão de brutalidades arbitrárias que, em vez de apagar os estados anímicos de insatisfação, acabaria por acumular decepções definitivas no seio da sociedade. Foi dito, ainda, que as disposições contidas no ordenamento jurídico substancial constituem para o Juiz, em princípio, o indicador do critério de justiça pelo qual determinada sociedade optou, em dado quadrante de sua história; mas, se só à lei estiver o Juiz atento, sem canais abertos às pressões axiológicas da sociedade e suas mutações, ele correrá o risco de afastar-se dos critérios de justiça efetivamente vigentes. (...) É certo que o juízo do bem e do mal das condutas humanas é feito em primeiro lugar pelo legislador e depositado no texto da lei, mas também ninguém desconhece que esta, uma vez posta, se destaca das intenções de quem a elaborou e passa a ter o seu próprio espírito; a *mens legis* corresponde, assim, ao juízo axiológico que razoavelmente se pode considerar como instalado no texto legal. Ao Juiz cabe esse trabalho de descoberta. Mesmo não sendo legislador ou a ele equiparado, mesmo negando-se que o Juiz seja substancialmente criador de direitos e obrigações (repúdio à teoria unitária do ordenamento jurídico), mesmo desconsiderando-se a influência que emana do 'direito jurisprudencial' (*Richterrecht*),

Propugna-se pela absorção crescente de conflitos e pessoas pelo Judiciário, através de mecanismos de otimização da ação, que alberguem em um único processo, ou melhor, que estendam os efeitos da decisão judicial a uma constelação de pessoas em idêntica ou semelhante posição jurídica, papel muito bem desempenhado pelos instrumentos coletivos de tutela de direitos[25][26], aptos a discernir entre

---

ainda assim sempre é preciso reconhecer que o momento de decisão de cada caso concreto é sempre um momento valorativo. Como a todo intérprete, incumbe ao Juiz postar-se como canal de comunicação entre a carga axiológica atual da sociedade em que vive e os textos, de modo que estes fiquem iluminados pelos valores reconhecidos e assim possa transparecer a realidade de normas que contêm no momento presente. O Juiz que não assume essa postura perde a noção dos fins de sua própria atividade, a qual poderá ser exercida até de modo mais cômodo, mas não corresponderá às exigências de justiça." *Ibidem*, p. 359-360.

(23) "(...) o *procedimento* é o amálgama que funciona como fator de coesão do sistema, cooperando na condução do processo sobre os trilhos dessa conveniente participação do Juiz e das partes (aqui, incluído o Ministério Público). Compreende-se que seja relativo o valor do procedimento em face desses objetivos, sendo vital a interpretação inteligente dos princípios e a sua observância racional em cada caso; é a instrumentalidade do próprio procedimento ao contraditório e demais valores processuais a serem preservados em prol da efetividade do processo. Em razão dela, o procedimento há de afeiçoar-se às peculiaridades de cada litígio, mediante aplicação do princípio da *adaptabilidade*. É indiscutível que tal princípio tem aplicação constante na experiência empírica dos juízos, uma vez que não é sequer concebível um sistema inflexível de normas procedimentais disciplinadoras de *todos* os sujeitos. O que varia é o grau de plasticidade desse arcabouço, que deve ser o mais elevado possível para permitir que pelos atos e fases do procedimento flua com eficiência e celeridade o exercício correto da jurisdição, da ação e da defesa — mas tudo sem prejuízo substancial ao clima de segurança que há de imperar nas atividades estatais (*due process of law*). As mesmas regras procedimentais que constituem penhor da efetividade do contraditório poderiam tornar-se empecilhos a ele, se enrijecidas; e também constituiriam fator de distanciamento entre o Juiz e a causa, além de propiciar delongas desnecessárias." *Ibidem*, p. 356.

(24) "Propugna-se pela admissão do maior número possível de pessoas e conflitos ao processo (*universalidade da jurisdição*), indicam-se caminhos para a melhor feitura do processo e advertem-se os riscos de injustiça, somente porque de tudo isso se espera que possam advir resultados práticos capazes de alterar substancialmente a situação das pessoas envolvidas. Não é demais realçar uma vez mais a célebre advertência de que o processo precisa ser apto a dar a quem tem um direito, na medida do que for praticamente possível, tudo aquilo a que tem direito e precisamente aquilo a que tem direito. (...) Onde for possível produzir precisamente a mesma situação que existiria se a lei não fosse descumprida, que sejam proferidas decisões nesse sentido e não outras meramente paliativas. (...) A propósito, é bastante expressiva a linha de evolução das técnicas jurídicas a partir do número fechado das *actiones* prometidas pelo pretor romano, que eram típicas e restritas, e chegando à ampla e universal garantia do direito de ação: onde houver uma insatisfação lamentada, uma alegação de direito inobservado, ali terá lugar a atividade jurisdicional e ela há de endereçar-se, sempre que possível, ao mesmíssimo resultado jurídico-material específico pelo qual o direito objetivo material haja manifestado sua preferência." *Ibidem*, p. 364 e ss.

(25) A respeito do Processo Civil Coletivo, consulte-se a obra organizada pelos Professores GRINOVER, Ada Pellegrini; MENDES, Aluisio Gonçalves de Castro; WATANABE, Kazuo. *Direito Processual Coletivo e o anteprojeto de Código Brasileiro de Processos Coletivos*. São Paulo: Revista dos Tribunais, 2007.

(26) Ao referir-se à acessibilidade como um dos princípios informadores da nova concepção de acesso à Justiça, Paulo Cezar Pinheiro Carneiro apresenta três componentes essenciais, quais sejam: (i) a inexistência de óbices de natureza financeira a que as partes possam, cada qual, defender seus interesses em juízo; (ii) a escolha do legitimado ativo mais conveniente a estar em juízo (denominada legitimação adequada), com mitigação da regra da coincidência absoluta entre quem seja o titular da pretensão de direito material deduzida em juízo e o legitimado para agir e, (iii) por fim, o direito à informação a respeito da titularidade de direitos e da maneira como exercitá-los em juízo. CARNEIRO, Paulo Cezar Pinheiro. *Acesso à Justiça:* Juizados Especiais Cíveis e Ação Civil Pública. Uma nova sistematização da Teoria Geral do Processo. 2. ed. Rio de Janeiro: Forense, 2000.

o titular do direito material lesado ou em risco e aquele legitimado para figurar em juízo na sua defesa, em rompimento ao dogma da necessária identidade entre ambos.

Pela inteligibilidade das leis à luz dos influxos axiológicos provenientes do lado de fora do processo. Sentença. Do latim, *sentir*. A etimologia do termo é indicativa bastante do escopo precípuo da função jurisdicional: julgar com justiça. Quer-se que a sentença seja o produto da lei, adocicada a sua frigidez com "pitadas" de sensibilidade do magistrado[27].

Pela estruturação dos procedimentos à luz de um critério de proporcionalidade, de modo que sejam fabricadas tutelas várias, tecidas casuisticamente e voltadas à especificidade da relação jurídica de direito material apresentada ao Judiciário[28]. Isto é, pela confecção de tutelas que sejam o produto da adaptação do instrumento — o processo —, aos sujeitos que o manejam, ao objeto sobre que atua e aos escopos visados. Diferentes formas de prestação da justiça, para diferentes necessidades manifestadas, cada qual correspondendo a uma pretensão deduzida. Técnicas as mais variadas, forjadas, inclusive, pontualmente pelo Juiz, para dissolver as diversas crises que venham a aflorar dos contatos intersubjetivos, superando-se a ideia de correspondência necessária e exata entre direito e ação. O direito fundamental de ação entendido, destarte, como o direito do cidadão à tutela efetiva do seu direito, inobstante a ausência de medida legal especificamente voltada a resguardá-lo.

Nesse sentido, as tutelas de urgência, de inspiração italiana, de cunho ora cautelar, ora eminentemente satisfativo, concedidas com base em cognição sumária, possibilitando resguardar a eficácia do direito material sobre que se controverte, pelo adiantamento dos efeitos práticos prováveis da sentença, os quais só adviriam

---

(27) Interessante a observação de José Carlos Barbosa Moreira, ao analisar a postura do Juiz na direção do processo, de que o compromisso do magistrado é com o justo e que, por isto, teria ele, a despeito da existência de forte corrente em sentido contrário, apelidada neoprivatista, o poder-dever de proceder espontaneamente à colheita probatória, sempre que entendesse necessário a que o seu convencimento a respeito dos fatos fosse o mais próximo possível da verdade. MOREIRA, José Carlos Barbosa. *Temas de Direito Processual Civil*. 9. ed. Rio de Janeiro: Saraiva, 2007. p. 87-101.

(28) "(...) O tema suscita, como se pode depreender desde logo, uma adequação da tutela jurisdicional às necessidades práticas do autor que maneja a ação. Aduz-se, neste passo, à expressão 'tutela jurisdicional de direitos' para revelar a premente intimidade entre o processo e o direito que lhe serve de objeto, concretizando o preceito de que 'a todo direito corresponde uma ação específica que o assegura' numa explicitação infraconstitucional da regra maior de que 'nenhuma lesão ou ameaça a direito escapará à apreciação do Poder Judiciário'. A garantia constitucional do art. 5º, inciso XXXV, da Constituição Federal encontra o seu correspondente na legislação ordinária, desde o art. 75 do Código Civil anterior, que realizava a promessa legal da 'tutela adequada'. É que de há muito assentou Chiovenda que o 'processo deve dar a quem tem direito tudo aquilo e precisamente aquilo a que tem o direito de obter' (...). A relação imanente entre o direito e o processo, antes de resolver e nulificar a superada doutrina concreta do direito de agir, revela, apenas, quão prejudicial restou para o processo esse *apartheid* entre a relação substancial e a forma processual porquanto a ideologia da ordinariedade, dentre outras causas, acarretou a insuficiência das espécies tradicionais de prestação jurisdicional, fazendo exsurgir o movimento de busca das tutelas diferenciadas (...)." FUX, Luiz. *O novo processo de execução*. O cumprimento da sentença e a execução extrajudicial. Rio de Janeiro: Forense, 2008. p. 294-295.

ao final da execução, se procedente o pedido, ainda quando irreversíveis as consequências produzidas. As tutelas cautelares, eminentemente instrumentais, tendentes a assegurar, por sua vez, a eficácia da tutela jurisdicional pretendida no processo principal[29].

As tutelas executivas específicas, voltadas, com apoio de medidas de coerção ou de sub-rogação, a proporcionar efeito idêntico ao que regularia do cumprimento voluntário da obrigação inadimplida ou resultado prático equivalente, independentemente daquele que realiza a atividade almejada[30].

As tutelas sancionatórias, preocupadas com a correção da postura das partes ao longo do procedimento em contraditório, em deferência a padrões éticos mínimos[31].

Ainda, as tutelas inibitórias, concedidas com o fito de evitar a prática de conduta lesiva, sua continuação ou repetição, condutas que, uma vez consumadas, tornam simplesmente impossível, ou, ainda, difícil ou incompleta a reparação do dano[32].

---

(29) "(...) Ela [tutela antecipada, acrescentamos] pode ser concedida não só nas situações que possam determinar dano irreparável para uma das partes, mas também naquelas hipóteses em que fique caracterizado o abuso do direito de defesa de uma das partes, ou o propósito protelatório do réu. A tutela antecipada vem preencher uma importantíssima lacuna naquelas situações nas quais existe, à semelhança da ação do mandado de segurança, a demonstração de um direito líquido e certo do autor, conjugado com os requisitos de que antes falávamos, e que por isso não seria razoável esperar o esgotamento do procedimento para que determinados efeitos pretendidos pudessem ser, desde logo, concedidos. (...) o pedido de antecipação de determinados efeitos do futuro provimento possa ser atendido, ainda que de forma irreversível, na medida em que a sua não concessão, ou a sua falta, possa acarretar, em função dos interesses em jogo, prejuízo igualmente irreversível e de maior monta para o autor." CARNEIRO, Paulo Cezar Pinheiro. *Acesso à Justiça:* Juizados Especiais Cíveis e Ação Civil Pública. Uma nova sistematização da Teoria Geral do Processo. 2. ed. Rio de Janeiro: Forense, 2000. p. 82-83.

(30) "No âmbito do princípio da utilidade, aqui utilizado como sinônimo de efetividade, é preciso considerar a chamada execução específica. Ela permite que a pessoa possa efetivamente alcançar o direito material que o Estado-Juiz lhe concedeu. No campo das obrigações que levam à execução por quantia certa, condenações em dinheiro, ou mesmo na entrega de coisa, é mais fácil alcançar a satisfação material do que naquelas de condenação de obrigação de fazer. Nesta última hipótese, como não se pode compelir que o vencido realiza à força a atividade a que fora condenado, é preciso verificar se ela pode ser alcançada sem a sua cooperação. O que importa é o resultado da atividade, e não quem a realiza. Nessa linha, a preocupação do legislador nas execuções de obrigações de fazer e não fazer tem sido com os meios de substituição ou de sub-rogação e os meios de coerção. Esses últimos animam o vencido a cumprir, ele próprio, espontaneamente a sua obrigação (...)." CARNEIRO, Paulo Cézar Pinheiro. *Acesso à Justiça:* Juizados Especiais Cíveis e Ação Civil Pública. Uma nova sistematização da Teoria Geral do Processo. 2. ed. Rio de Janeiro: Forense, 2000. p. 85.

(31) "(...) todos devem cooperar com as atividades destinadas à democratização do processo, tendo como meta ideal a participação de quem quer que seja, em igualdade de condições, de sorte a possibilitar a justa composição dos conflitos individuais ou coletivos que surjam em determinada sociedade. Seria um absoluto contrassenso imaginar que os fins sociais e políticos que informam o processo como instrumento de realização de uma das funções essenciais do Estado pudessem ser alcançados sem que os operadores e cooperadores da justiça participem de forma correta, ética (...)." CARNEIRO, Paulo Cézar Pinheiro. *Acesso à Justiça:* Juizados Especiais Cíveis e Ação Civil Pública. Uma nova sistematização da Teoria Geral do Processo. 2. ed. Rio de Janeiro: Forense, 2000. p. 63-64.

(32) "A alusão a uma tutela inibitória não induz à ideia de uma forma de prestação por si só, senão a uma espécie de tutela necessária a determinadas pretensões para as quais não são adequadas as formas tradicionais de resposta judicial. É que há direitos que necessitam de uma forma especial de intervenção

Por fim, as tutelas coletivas, cujo produto, por sua eficácia subjetiva expandida, e pela natureza indivisível da relação de direito material deduzida, é capaz de satisfazer a pretensão de uma série de pessoas, às vezes, sequer suscetíveis de identificação, de uma só vez, evitando a pulverização do litígio por entre diversas demandas (a ação coletiva jurisdicionaliza todo o litígio, não restando, como regra, espaço processual disponível para a propositura de uma nova ação versando a mesma pretensão de direito material).

Tudo isso, para que o processo externalize, em tempo razoável, resultados perpassados pelo senso dissolvido de justiça e propensos à realização do direito material, tal como idealizado pelos jurisdicionados, pacificando conflitos intersubjetivos surgidos de forma justa e mais breve possível[33]. Para este mister, como se viu, a atividade jurisdicional executiva revela-se de todo fundamental[34].

1.3. A evolução histórica do direito material e o seu refletir na forma de ser do processo: apontamentos iniciais

A consciência do processo como instrumental de realização do direito material[35] em prol da consecução dos objetivos delineados no art. 3º da Constituição

---

do Estado-Juiz. (...) A tutela inibitória tem por finalidade impedir a prática de um ilícito, não importando, num primeiro plano, a eventualidade da ocorrência de dano, mas antes o ato contra o direito. A sua proposta revela, assim, a inibição para que o ato não ocorra, não prossiga ou não se repita. Enfim, a probabilidade de que um ato venha a ser praticado contra uma conduta legal sancionada é o bastante para surgir o interesse processual no manejo da tutela de inibição. (...) A tutela inibitória (...) evita o ilícito, em vez de propor-lhe a reparação, garantindo o exercício integral da aspiração do jurisdicionado, rompendo o dogma de que o ressarcimento é a única forma de tutela contra o ilícito." FUX, Luiz. *O novo processo de execução*. O cumprimento da sentença e a execução extrajudicial. Rio de Janeiro: Forense, 2008. p. 294 e ss.

(33) Tal é a formulação do Professor Paulo Cezar Pinheiro Carneiro, ao referir-se ao princípio da utilidade como um dos princípios informadores da nova concepção, proposta em sua obra, de acesso à Justiça. Confira-se: "É fundamental que o processo possa assegurar ao vencedor tudo aquilo que ele tem direito a receber, da forma mais rápida e proveitosa possível, com menor sacrifício para o vencido. A jurisdição ideal seria aquela que pudesse, no momento mesmo da violação, conceder, a quem tem razão, o direito material". *Ibidem*, p. 79.

(34) O Professor José Roberto dos Santos Bedaque discorre a respeito das técnicas executivas empregadas na resolução das crises de inadimplemento de prestações de direito material, a que faremos menção mais adiante. Pela clareza com que expõe o tema, vale adiantar o que está nas páginas a porvir. Confira-se: "Verificada a crise de direito material representada pelo inadimplemento de uma obrigação e formulada a regra concreta, consubstanciada na sentença condenatória, inicia-se, a requerimento do autor, a prática dos atos necessários a torná-la efetiva. Poderão eles se realizar no mesmo processo ou em processo autônomo. Significa dizer que o legislador pode determinar sejam os atos executivos praticados em outra relação processual, para o que se torna necessária a propositura de ação, ou admitir a continuidade da mesma relação jurídica, passando-se imediatamente e sem solução de continuidade à fase satisfativa do comando emergente da sentença. E tem mais. Dependendo da natureza da obrigação, serão atos de sub-rogação (penhora, alienação do bem, realização do ativo e pagamento) ou de coerção (multa, ordem e sanções de natureza vária). Nada impede a combinação de ambas as técnicas. Só é preciso atentar para o fato de que algumas obrigações, como as de fazer infungíveis, não comportam sub-rogação. Para elas, só restam os atos de coerção." BEDAQUE, José Roberto dos Santos. Algumas considerações sobre o cumprimento da sentença condenatória. In: *Revista do Advogado*, São Paulo, v. 26, n. 85, p. 63-77, maio 2006.

(35) Acerca dos escopos da função jurisdicional, confira-se a obra magnífica do Professor DINAMARCO, Cândido Rangel. *A instrumentalidade do processo*. 12. ed. São Paulo: Malheiros, 2005.

Federal — bem-estar social, redução das desigualdades etc. — traz embutida em si um longo caminhar[36], o qual se imbrica intimamente com a própria evolução histórica da positivação do direito material em suas várias dimensões[37].

O ideal igualitário introjetado historicamente às Constituições de todo o mundo, pela positivação crescente de direitos de índole social (tais quais moradia, educação, saúde, *trabalho* etc.), repercutiu intensamente no modo de ser do processo. Tais direitos, como cediço, constituem-se em prestações materiais básicas de concretude do próprio catálogo de direitos individuais, e exigem, para sua efetivação, postura ativa do ente estatal. Por exemplo, só se instrumentaliza o direito individual à inviolabilidade do domicílio na medida em que se confira ao cidadão as condições mínimas a que tenha acesso à moradia.

Neste cenário, de judicialização do bem-estar social, também o Judiciário passa a ser compreendido como poder estatal institucionalmente envolvido no projeto constitucional de efetivação dos direitos materiais à luz daqueles objetivos traçados no art. 3º da Constituição Federal. Naturalmente, o processo, como instrumento de atuação do direito material, sofre os influxos de tais mudanças.

Como consequência necessária, o Juiz deixa de ser visto como o aplicador frio da letra da lei, para transformar-se no canal viabilizador da transfusão para a sentença da carga valorativa emanada da sociedade. A sentença é (ou ao menos deveria ser) o produto da lei humanizada pela interpretação que seja consentânea aos objetivos constitucionais definidos no art. 3º da Constituição Federal. Nem sempre foi assim, contudo.

---

(36) "A história do direito processual inclui três fases *metodológicas* fundamentais. Até meados do século passado, o processo era considerado simples meio de exercício dos direitos (daí, *direito adjetivo*, expressão incompatível com a hoje reconhecida independência do direito processual). A ação era entendida como sendo o próprio direito subjetivo material que, uma vez lesado, adquiria forças para obter em juízo a reparação da lesão sofrida. Não se tinha consciência da autonomia da *relação jurídica processual* em face da relação jurídica de natureza substancial eventualmente ligando os sujeitos do processo. Nem se tinha noção do próprio direito processual como ramo autônomo do direito e, muito menos, elementos para a sua autonomia científica. Foi o longo período de *sincretismo* (...). A segunda fase foi *autonomista*, ou *conceitual*, marcada pelas grandes construções científicas do direito processual. (...) A afirmação da autonomia científica do direito processual foi uma grande preocupação desse período, em que as grandes estruturas do sistema foram traçadas e os conceitos largamente discutidos e amadurecidos. (...) A fase instrumentalista, ora em curso, é eminentemente crítica. O processualista moderno sabe que, pelo aspecto técnico-dogmático, a sua ciência já atingiu níveis muito expressivos de desenvolvimento, mas o sistema continua falho na sua missão de produzir justiça entre os membros da sociedade. É preciso agora deslocar o ponto de vista e passar a ver o processo a partir de um *ângulo externo*, isto é, examiná-lo nos seus resultados práticos. Como tem sido dito, já não basta encarar o sistema do ponto de vista dos produtores do serviço processual (juízes, advogados, promotores de justiça): é preciso levar em conta o modo como os seus resultados chegam aos *consumidores* desse serviço, ou seja, à população destinatária." DINAMARCO, Cândido Rangel *et al. Teoria Geral do Processo.* 21. ed. São Paulo: Malheiros, 2005. p. 44-45.

(37) Acerca das várias dimensões do direito material, consulte-se BARROSO, Luis Roberto. *O direito constitucional e a efetividade de suas normas.* 8. ed. Rio de Janeiro: Renovar, 2006. E, também, TUPINAMBÁ, Carolina. *Competência da Justiça do Trabalho à luz da reforma constitucional.* Rio de Janeiro: Forense, 2006. p. 43-65.

1.4. Uma necessária e breve digressão histórica: a modificação do perfil do Estado como resultante do turbilhão do movimento operariado

A doutrina clássica da separação de poderes, tal qual teorizada por *Montesquieu*, procedeu à divisão das funções estatais por entre diversos órgãos, no intuito primordial de dispersar o poder outrora concentrado nas mãos do rei.

A cada órgão estatal caberia o desempenho de uma certa função de Estado. Assim, enquanto ao Poder Legislativo competiria fabricar as leis, canalizando para o interior dos textos as pressões axiológicas provenientes da sociedade, e ao Executivo, implementá-las, norteado pelo interese público, ao Judiciário restava, pura e simplesmente, subsumir a lei aplicável ao contexto fático que lhe fosse apresentado, sem qualquer possibilidade de alterar, ainda que minimamente, o conteúdo do direito posto. Toda a atividade criadora era reservada ao Legislativo.

Tal concepção restritiva da atuação do papel do Judiciário decorria principalmente da desconfiança nutrida pela burguesia francesa contra a magistratura, em parte decorrente da promiscuidade de suas relações com nobres e membros do clero durante o *Ancién Régime*[38].

Além do mais, como os membros do Poder Judiciário não eram eleitos pelo sufrágio universal, mas recrutados com base em critérios puramente meritocráticos, a possibilidade de alteração do sentido da lei pelos juízes "representaria indevida interferência com a soberana vontade popular, externada por intermédio do trabalho dos seus representantes políticos".[39] Por conseguinte, ao Judiciário restaria a função de simplesmente aplicar a lei tal como positivada, sem alterar nem um milímetro o seu conteúdo, por faltar-lhe legitimidade democrática para tanto[40].

---

(38) "(...) Tratamos de uma fase liberal-individualista, fruto de revoluções burguesas. O movimento pendular agudo que as revoluções produzem conduz, nessa fase, a uma reação contra o 'Poder Judiciário'. Com efeito, na fase anterior, os juízes reinícolas constituíam braço forte da opressão estatal. Com as revoluções, a reação é no sentido de retirar o poder desses juízes, reduzindo a sua função a declarar o conteúdo da lei." CARNEIRO, Paulo Cezar Pinheiro. *Acesso à Justiça:* Juizados Especiais Cíveis e Ação Civil Pública. Uma nova sistematização da Teoria Geral do Processo. 2. ed. Rio de Janeiro: Forense, 2000. p. 17.

(39) PUOLI, José Carlos Baptista. *Os poderes do juiz e as reformas do processo civil*. São Paulo: Juarez de Oliveira, 2002. p. 125.

(40) O problema da legitimidade democrática do Judiciário ainda hoje se apresenta, especialmente no que toca à sindicabilidade do mérito do ato administrativo e no controle jurisdicional de políticas públicas, temas que, inobstante instigantes, não poderão ser tratados na presente obra, por escaparem ao objeto central deste estudo. Veja-se que a sistemática processual contemporânea valoriza o contraditório participativo como fator legitimador da própria atividade jurisdicional. O produto final da jurisdição — a sentença, legitima-se na medida em que são franqueadas amplas possibilidades de participação aos litigantes, observado o devido processo legal. Daí a referência à legitimação pelo procedimento. Acerca do tema, consulte-se DINAMARCO, Cândido Rangel. *Instituições de Direito Processual Civil*. v. I, 4. ed. São Paulo: Malheiros, 2004. p. 214-225: "A participação a ser franqueada aos litigantes é uma expressão da ideia, plantada na ordem política, de que o exercício do poder só se legitima, quando preparado por atos idôneos segundo a Constituição e a lei, com a participação dos sujeitos interessados. Tem-se por ponto de partida a essencial distinção entre *atos de poder*, que atingirão a esfera jurídica de pessoas diferentes

Com o passar do tempo, porém, e mudança significativa do papel desempenhado pelo Estado, provocada pela ampliação das matérias elevadas ao seleto rol de direitos e garantias fundamentais, há sensível reviravolta quanto aos limites da atuação judicante.

A força inspiradora do movimento operariado europeu do século XIX e, na América, o exemplo pioneiro da Constituição Mexicana de 1917, culminaram com a positivação crescente, primeiro nas Constituições do Velho Continente e, mais tarde, no Brasil, de programas de governo sintetizadores de um ideal de justiça social, no formato de normas-princípios, propiciadoras de integração semântica axiológica do juiz. A consagração de direitos condensadores de um reclamo generalizado por justiça social engendrou a concomitante modificação do perfil do papel a ser desempenhado pelo Estado no tocante às relações jurídicas envolvendo particulares[41]. E, consequentemente, do próprio Judiciário.

---

de quem os realiza; e atos de vontade, ou negócios jurídicos, que se destinam à autorregulação de interesses e são realizados pelos próprios titulares destes (autonomia da vontade). A força vinculante dos negócios jurídicos tem origem e legitimidade na vontade livremente manifestada. A daqueles, na participação dos destinatários segundo as regras pertinentes".

(41) "A partir da segunda metade do século XIX, e já no século XX, principalmente com a influência da filosofia marxista, de fundamental importância para uma série de conquistas sociais que se seguiram, justamente pelas mazelas do capitalismo, da concentração da riqueza, da exploração dos trabalhadores, o grande empobrecimento da maioria do povo, tivemos uma nova disputa — burguesia *versus* proletariado, entre a classe abastada e a classe obreira. (...) As reivindicações do movimento marxista, especialmente no campo trabalhista, serviram de marco histórico em muitos países, para a discussão do significado de acesso à justiça, enquanto proteção do trabalhador. Podemos afirmar que o Direito do Trabalho foi o ponto de partida do verdadeiro acesso à justiça — o seu significado, no que se refere aos direitos individuais, pela facilidade do acesso, pela prevalência da mediação e da conciliação, pela índole protetiva, em especial no que diz respeito ao ônus da prova, do trabalhador, e mais do que isso, a visão da defesa coletiva da massa trabalhadora. A necessidade dessa intervenção do Estado no decorrer do período liberal, para assegurar direitos, principalmente no campo social, que o livre jogo do mercado não permitia, caracteriza uma nova fase, a histórica dos Estados desenvolvidos. Estamos no Estado social, o Estado intervém visando a assegurar não mais aquela igualdade puramente formal, utópica, concebida pelo Liberalismo, mas a procura de uma igualdade material, permitindo que os mais desfavorecidos tivessem acesso à escola, à cultura, à saúde, à participação, àquilo que já se sustentava no passado, a felicidade. A nova ordem resgata a dimensão social do Estado, com mais intensidade no que concerne à ordem jurídica. O Estado administrador assume feição cada vez mais intensa, notadamente protetiva. O modelo legal racionalista, a que basta a igualdade meramente formal e que se utiliza de conceitos quase casuísticos, como se observa com facilidade nas grandes codificações, não mais se satisfaz e é substituído por um novo modelo que vai buscar a igualdade material, e utilizar-se-á cada vez mais de conceitos jurídicos imprecisos (...), o que exige uma atuação mais efetiva do controle do poder, que será efetuado também pelos juízes, os quais deixam de simular a mera declaração do conteúdo da lei para se utilizar de instrumentos técnicos e dogmáticos para interpretar e aplicar a lei. Como não poderia deixar de ser, a reação também se projeta no plano teórico da justiça, numa visão mais crítica do positivismo extremado, e passa a enaltecer o valor de justiça, o valor homem (...). Esse arsenal teórico, que representa a superação do positivismo normativista, conduz a uma nova leitura e, por conseguinte, a uma prática renovada da prestação jurisdicional. (...) Esse novo posicionamento do aplicado da lei perante o fato representa uma das faces da noção de acesso à justiça dos dias de hoje. (...) O importante é que os direitos que promanam da liberdade e igualdade, como a cidadania, a saúde, a educação, a informação, possam, na prática, ser alcançados, e exigidos de quem está obrigado a fornecê-los. Assim é que o Poder Judiciário volta a ocupar lugar de destaque na busca para a realização dos direitos. Os assim chamados direitos sociais são objeto de conflito e necessitam de uma esfera estatal de conciliação e julgamento. Ao

Se os contornos da relação "autoridade-liberdade" estavam muito bem delineados pela constelação de direitos e garantias do indivíduo face ao Estado (*les droit de*), as relações "capital-trabalho" careciam de regulamentação que pudesse equacionar o desnível evidente, pela proteção da parte débil, ensejando pernicioso cenário de apropriação de riqueza por uns poucos em contraponto ao empobrecimento generalizado da massa operária nascente.

O indivíduo-trabalhador, enquanto tal, não tinha a proteção do Estado contra o empresariado. A consciência classista amplificada pela atuação dos trabalhadores reunidos em sindicatos, favorecida, na Europa, pela sua concentração em unidades fabris e a comunhão de interesses, fez germinar cenário de luta em prol da valorização do trabalho humano. De sua dignificação, posto indissociável o trabalho da própria pessoa do trabalhador.

Em assim sendo, de mínimo, o ente estatal passa a imiscuir-se cada vez mais nas relações intersubjetivas travadas, por intermédio de uma legislação fortemente intervencionista, a fim, principalmente, de mitigar as desigualdades substanciais existentes entre os diversos indivíduos.

O gigantesco contraste entre a opulência dos detentores dos meios de produção e os níveis de miséria daqueles que diretamente produziam a riqueza pelo trabalho, mas dela eram expropriados, levou à percepção de que a igualdade de que havia se valido a burguesia ao concitar o povo a pegar em armas não passara de mero "truque" de retórica.

O lema da Revolução Francesa trazia em si a promessa de construção de uma sociedade mais igualitária. Falava em liberdade, igualdade e fraternidade como sendo os objetivos primordiais visados pela Revolução. Ao propugnar, porém, o Estado Liberal pela mais ampla liberdade contratual, acabou, na prática, por aniquilar o ideal de construção de uma sociedade menos desigual[42]. O trabalhador, dependente de sua força de trabalho para viver, viu-se à mercê do capital. Era o começo do declínio do regime liberal...

A abstração das desigualdades materiais existentes para fins de confecção normativa e de sua posterior aplicação trazia em si o germe da contrarrevolução.

Judiciário compete assegurar o exercício pleno da liberdade (herança do Estado liberal), e também as condições materiais para este exercício. (...) Em curto espaço de tempo, o Judiciário converte-se, realmente, em instância de solução de conflitos de toda espécie. Passa a haver uma demanda muito grande por justiça. E assim, *pari passu*, as evoluções no seio da ciência do direito conferem ao aplicador da lei instrumentos teóricos e técnicos para produção de justiça, e não meramente de decisões." CARNEIRO, Paulo Cezar Pinheiro. *Acesso à Justiça:* Juizados Especiais Cíveis e Ação Civil Pública. Uma nova sistematização da Teoria Geral do Processo. 2. ed. Rio de Janeiro: Forense, 2000. p. 20 e ss.

(42) "A revolução burguesa, com absoluta necessidade de limitar os poderes do Estado, traz em seu arsenal teórico a teoria da separação dos poderes e o princípio da legalidade, este com uma visão absolutamente individualista, em especial da proteção à propriedade e autonomias privadas. Uma previsão utópica da igualdade formal, criada com a exclusão do Estado na intervenção de assuntos que digam respeito à sociedade. Enfim, o mercado é livre. O Estado não deve intervir. A igualdade das pessoas é absoluta." *Ibidem*, p. 16.

Assim, se a concentração do poder político nas mãos do monarca havia sido a responsável pela queda do Estado Absolutista e consequente ascensão do Estado Moderno, a concentração da riqueza nas mãos da burguesia fez alvorecer o Estado Social.

Acompanhando o devir histórico, para além de normas meramente organizacionais dos poderes estatais e assecuratórias de umas poucas liberdades negativas, as Constituições passaram a consagrar também direitos sociais, *les droit a*, para cujo incremento fazia-se mister a atuação positiva estatal, inclusive do Poder Judiciário. A igualdade, portanto, passa a ser promovida *pela* lei. E o homem passa a receber proteção do Estado na qualidade de trabalhador. O próprio caráter principiológico das novas normas, cujos efeitos ou condutas não eram inteiramente descritos pelo legislador, precipitou a mudança do papel do juiz na aplicação do Direito.

A mudança fez-se repercutir também no modo de ser do processo...

Evidentemente que, em sendo a igualdade objetivo a ser perseguido pelo Estado, o processo, como ferramenta de atuação estatal em prol da realização do direito material, como instrumento de exercício de uma das funções do Estado — a atividade jurisdicional, também vai se impregnando de tal valor em sua estruturação interna e, consequentemente, no delineamento dos procedimentos[43], a fim de oferecer tratamento diferenciado a sujeitos processuais econômica, social e culturalmente desiguais. À luz desta premissa fundamental, a Consolidação das Leis do Trabalho constrói processo protetivo do hipossuficiente, ele próprio estruturado no valor igualitário. O processo busca, com normas protetivas do "fraco", contrabalançar as desigualdades reais existentes.

Daí a interessante e perspicaz observação do Professor *Cândido Rangel Dinamarco*, quando se refere ao sistema processual como microcosmo da democracia. É que, sendo o processo instrumento de exercício da jurisdição, e esta uma das funções estatais primordiais, o próprio processo torna-se projeção do regime político, tal qual descrito na Constituição. Logo, como projeção do Estado Democrático de Direito, o processo deve não só reger-se internamente pelos valores democráticos fundamentais, mas também perseguir os mesmos objetivos de bem-estar e felicidade cometidos aos órgãos executores das funções de Estado. Estruturada a Teoria Geral do Processo em princípios pertencentes ao domínio comum ao Processo Laboral, Cível e Penal, como sói ser o da efetividade da tutela jurisdicional, expresso, em parte, na cláusula da duração razoável do processo, em si mesma conciliatória da problemática rapidez x segurança (repare-se: a

---

(43) Daí a observação de Cândido Rangel Dinamarco no sentido de ser dever do Juiz neutralizar as desigualdades de cunho econômico, cultural, social etc., porventura existentes entre as partes, a fim de que o produto final da atividade jurisdicional — a sentença — proporcione àquele que efetivamente tenha razão a proteção estatal pelo processo. DINAMARCO, Cândido Rangel. *Instituições de Direito Processual Civil*. v. I, 4. ed. São Paulo: Malheiros, 2004. p. 208 e ss.

garantia do art. 5º, inciso LXXVIII, fala em *razoável duração*, a significar que o processo deve ser o mais rápido possível, e não simplesmente rápido), o juiz passa a poder estruturar procedimentos que reflitam o ideário de acesso à Justiça, tal qual apresentado linhas atrás. Que, principalmente, atendam aos escopos fundamentais da jurisdição.

O processo é fundamentalmente instrumento de efetivação do direito material. A tutela condenatória cognitiva, porém, sem a ajuda do réu, não consegue, por si mesma, satisfazer a pretensão do autor de uma ação. É necessário, destarte, executar-se a sentença. Sendo falha a execução no desiderato precípuo a que se destina, qual seja, a efetivação prática do direito material, cuja existência foi certificada em sentença, pode-se dizer que o Estado falhou com seu dever constitucional de prestar jurisdição. Logo, por via reflexa, resta prejudicado o propósito estatal em assegurar o bem-estar social, a pacificação dos conflitos com justiça. Objetivos para os quais estão voltados todos os poderes estatais, inclusive o Judiciário.

É por isso que o acesso à Justiça não deve ser compreendido simplesmente como a possibilidade de se acionar o exercício da função jurisdicional ou de se resistir a uma pretensão, e o de receber um pronunciamento jurisdicional qualquer. O acesso à Justiça pressupõe que o produto jurisdicional final — a sentença — seja o resultado de um processo todo ele perpassado pelas garantias que defluem do devido processo legal e que a decisão final repercuta efeitos práticos na vida das pessoas[44]. Só assim, por intermédio de uma tutela jurisdicional efetiva, poderá o processo atender aos objetivos de felicidade e bem-estar previstos no art. 3º da Constituição Federal.

1.5. A perspectiva igualitária dos novos direitos constitucionais como responsável pela aproximação entre a Processualística Comum e Laboral

O estudo do Direito Processual apartado das peculiaridades do direito material que ele se propõe concretizar não possui nenhuma valia. O Processo é instrumento e, como tal, deve estar atento às características próprias da relação de direito material sobre que atua. O seu objeto de trabalho.

O que se tem colocado na doutrina, de modo geral, como um dos entraves à aplicabilidade das inovações da execução civil à processualística do Trabalho é, precisamente, o fato de o Direito Processual Laboral servir de instrumento à

---

(44) A conclusão é compartilhada por todos os processualistas, sem exceção. Confira-se, a título exemplificativo, a posição de Ada Pellegrini Grinover: "O tema do acesso à Justiça, dos mais caros aos olhos processualistas contemporâneos, não indica apenas o direito de aceder aos tribunais, mas também o de alcançar, por meio de um processo cercado das garantias do devido processo legal, a tutela efetiva dos direitos violados ou ameaçados". Direito Processual Coletivo. In: GRINOVER, Ada Pellegrini *et al.* (Org.). *Direito Processual Coletivo e o anteprojeto de Código Brasileiro de Processos Coletivos*. São Paulo: Revista dos Tribunais, 2007. p. 12.

concretização de direitos que, em sua essência, carregam ideologia igualitária, absolutamente diversa daquela perspectiva liberal ínsita ao Direito Comum. O argumento é falso. Nesta seção, procuraremos demonstrar como o Direito Material Comum, ao longo do tempo, absorveu a ideia de igualdade material típica dos direitos trabalhistas, afastando-se, cada vez mais, da premissa liberal-individualista presente em sua origem. O objetivo é demonstrar a existência de pontos de interseção maiores do que se poderia supor entre o Direito do Trabalho e o Direito dito Comum, como mais um argumento em favor da tese da possível repercussão das inovações da execução cível sobre o Processo do Trabalho. Aliás, ao final, se bem compreendido o ponto, ver-se-á que a norma da CLT que só admite aplicabilidade da legislação processual comum na omissão do diploma celetista e, ainda assim, desde que compatível a norma a ser aplicada com a principiologia laboral, ao invés de impedir que as novas normas da execução cível sejam aplicadas, levará ao seu ingresso, pela interpretação histórica evolutiva justamente do princípio tradicional trabalhista da proteção. Acompanhe a construção do raciocínio.

Superpostos aos direitos negativos, para cuja efetivação bastava um não atuar estatal, positivação de direitos sociais, muitas vezes em formato de princípios, nas Constituições, pontua historicamente a mudança institucional do papel a ser desempenhado pelo Estado, no Brasil e mundialmente.

Vivencia-se perceptível transformação na maneira de se relacionar o Estado com os particulares: se, antes, o Estado aparecia apenas excepcionalmente nas relações privadas, para assegurar a observância de mínimas regras do jogo, no Brasil, a partir da década de 1930, o Estado passa a imiscuir-se intensamente. Enfim, o que era exceção vira regra.

Passou-se a identificar no Estado principal agente de incremento do projeto constitucional de dignificação humana, pelo oferecimento de condições materiais básicas a se assegurar, ao menos, o denominado mínimo existencial.

O Processo Civil clássico, voltado apenas à resolução de conflitos envolvendo direitos titularizados pelo indivíduo singularmente considerado, não lograva tutelar, com a eficiência esperada, as novas situações conflituosas geradas pelo advento de direitos de inspiração igualitária e também coletivista.

Tendo sido agregados às Constituições direitos sociais e coletivos, o legislador sentiu-se premido a dotar o Processo Civil clássico de condições a que esses novos direitos pudessem ser adequadamente tutelados. É que, como todo instrumento que se preze, o processo, para além de simplesmente desembocar em uma decisão qualquer, tem de produzir decisão que seja consentânea à especificidade do direito material debatido.

E, por isso, na medida em que novas necessidades humanas por saúde, educação, moradia, melhores condições de trabalho etc. foram sendo transpostas às Constituições em formato de direitos sociais, a processualística civil clássica, fundada na premissa absoluta da igualdade de todos perante a lei e de segurança jurídica, deixou transparecer a sua inaptidão em tutelar satisfatoriamente os novos conflitos surgidos. E, aí, começou a mudar...

A legitimação ativa *ad causam* estritamente individual, a ordinarização dos procedimentos, a proeminência de tutelas ressarcitórias, a dicotomização "processo de conhecimento-execução", a impossibilidade de o Juiz adotar postura ativa na produção probatória etc., todos institutos atrelados ao ideário liberal de segurança jurídica, passam a ceder espaço a um modo de ser do processo (civil) mais preocupado com a efetividade das decisões judiciais.

Procura-se delinear, então, pouco a pouco, a partir da identificação dos pontos sensíveis do sistema, um novo processo, reformulando-se conceitos e institutos tradicionais, e aproximando-o da Processualística Laboral[45], a partir de premissa metodológica que repousa na compreensão do processo como instrumento de realização do direito material com justiça.

Imbuído de tal propósito, e ciente da necessidade de dar concretude a esses novos direitos sociais, o processo comum aproxima-se do Processo Trabalhista. Ainda que inconscientemente, busca-se inspiração na processualística laboral para resolver muitos dos problemas do Processo Civil. Em doses homeopáticas, a processualística clássica é reformulada.

A ideia de tutela coletiva de interesses tem sua origem na seara laboral. A CLT, desde que veio a lume, em 1943, já pensava os conflitos de forma molecular. A própria dialética envolta em sua gênese, marcada por embate de forças entre fracos e fortes, fez despontar a consciência classista, com reunião de trabalhadores em sindicatos. Agrupados, os trabalhadores deram-se conta de que poderiam lutar de igual para igual.

O processo comum importa o ideário coletivista ínsito à processualística laboral para si e vem a aprimorá-lo no trato das ações coletivas *lato sensu*, primeiro com a lei da ação popular e da ação civil pública e, depois, na proteção dos direitos dos consumidores.

Toda a processualística laboral erigiu-se iluminada por cenário de brutal disparidade de forças entre as personagens que originariamente delimitaram o âmbito competencial do Poder Judiciário Laboral. E, destarte, plasmou a CLT procedimentos nitidamente protetivos do trabalhador. Igualmente a processualística

---

(45) É o que também constata GENEHR, Fabiana Pacheco. A aplicação da multa do art. 475-J do CPC e seus reflexos no processo do trabalho: uma análise principiológica. In: *Revista LTr: Legislação do Trabalho e Previdência Social*, São Paulo, v. 72 , n. 4, p. 451-457, abr. 2008: "Os propósitos do legislador, quanto às alterações introduzidas no sistema de processo civil não impressionam aqueles operadores do Direito que lidam com o processo do trabalho. As muitas alterações promovidas no processo civil são espelhos dos princípios e regras que há muito vêm sendo aplicados no processo do trabalho. Não é exorbitante afirmar que os princípios e as regras, que orientam e inspiram o processo do trabalho, vêm infundindo muitas das alterações introduzidas no atual processo civil".

civil clássica adotou uma tal postura ao dar-se conta da existência de partes débeis e de partes mais fortes em lados opostos da demanda, como consumidores e fornecedores, por exemplo.

A concentração de atos é a tônica do procedimento laboral. Audiência una, irrecorribilidade imediata de decisões interlocutórias, a avaliação dos bens penhorados no próprio ato de realização da penhora etc. são exemplos emblemáticos de quão simples é o Processo do Trabalho. Optou-se por concentrar, até pela natureza das pretensões deduzidas, quase sempre alimentares, em um único momento, diversos atos, ao invés de esmigalhá-los.

A técnica também foi absorvida pelo Processo Comum. Basta lembrar da reformulação sofrida pela sistemática do Agravo de Instrumento, hoje apenas admitido contra as decisões interlocutórias de primeiro grau quando a sua interposição de forma retida torne destituído de qualquer utilidade o recurso. Ou da avaliação de bens penhorados, que antes era feita depois do julgamento dos embargos do devedor, e, agora, é realizada conjuntamente com a própria apreensão de bens, igualando-se a execução cível quanto a este aspecto ao Processo do Trabalho.

Pela natureza ínsita às pretensões deduzidas, o Processo do Trabalho foi idealizado a partir de uma premissa de celeridade, ao passo que o Processo Civil formulou seus procedimentos a partir de um ideal de segurança. O Judiciário apenas poderia proferir decisões que afetassem a vida dos particulares depois de atingido elevado grau de certeza a respeito da correta solução para a lide. E esta certeza, imaginava-se, somente seria obtida depois de se percorrer todo o *iter* procedimental ordinário. Qualquer que fosse a natureza da relação de direito material debatida, imaginava-se ser possível encaixar a disputa no procedimento ordinário, que funcionava como rito "coringa", supostamente capaz de dar solução a qualquer conflito de interesses que viesse a surgir[46]. Poucos eram os procedimentos especialmente voltados ao processamento de litígios determinados.

Um tal procedimento, porém, pleno em garantias de defesa, pontuado pela suspensividade que freava constantemente o devir processual, de tão demorado, comumente tornava destituída de utilidade a tutela jurisdicional afinal entregue. Tão grande era o tempo entre a lesão ao direito material e a resposta do judiciário que muitas vezes a tutela jurisdicional já não lograva ofertar às partes a solução ideal, mais próxima possível àquela que se obteria houvesse o direito material

---

(46) "No passado, a opção do legislador foi a de privilegiar o aspecto da segurança em detrimento da rapidez. Quanto mais longo o procedimento, quanto maior o número de oportunidades, de recursos, que as partes pudessem utilizar, possivelmente mais justa seria a decisão final. (...) Da exacerbação do fator segurança, como ocorre em regra no nosso sistema, não decorre maior justiça das decisões. É perfeitamente possível priorizar a rapidez e ao mesmo tempo assegurar justiça, permitindo que o vencedor seja aquele que efetivamente tem razão." CARNEIRO, Paulo Cezar Pinheiro. *Acesso à Justiça:* Juizados Especiais Cíveis e Ação Civil Pública. Uma nova sistematização da Teoria Geral do Processo. 2. ed. Rio de Janeiro: Forense, 2000. p. 79.

sido observado sem necessidade da interferência do Judiciário[47]. Isto, quando o direito já não houvesse perecido ou tivesse sido lesionado de modo tão grave, que a tutela jurisdicional já não pudesse reparar o dano ou apenas o pudesse de forma incompleta e insatisfatória, gerando um estado de frustração, pela forma inadequada como vinha solucionando as crises surgidas das relações interpessoais.

Os novos direitos, contudo, principalmente os de caráter social, inclusive os trabalhistas, por se constituírem em prestações indispensáveis à sobrevivência humana, não poderiam aguardar todo o *iter* procedimental ordinário para só ao final receberem a devida proteção do Estado. E daí a superveniência das liminares, das tutelas de urgência e, mais tarde, da chamada execução provisória completa.

Apenas para remarcar o disparate, registre-se que, enquanto a CLT idealizou sistemática recursal destituída de efeito suspensivo, o Processo Civil dispunha serem os recursos apenas excepcionalmente recebidos sem suspensividade. Mas não só. O próprio procedimento ordinário celetista era muito mais simples e breve que o previsto no CPC, que, preocupado excessivamente com a técnica processual, esquecia-se da própria utilidade prática dos pronunciamentos judiciais na vida das pessoas[48]. Daquilo que mais importa para o cidadão: a satisfação do seu direito.

Com o passar do tempo e o aporte de linha metodológica instrumental ao processo, permitiu-se que o sistema processual tutelasse não apenas direitos cuja existência se tivesse como certa, mas também direitos apenas prováveis. Surgem, destarte, as tutelas sumárias, outorgadas no limiar do processo, a partir de juízo de mera probabilidade a respeito da existência do direito material alegado, admitindo-se, inclusive, que, da antecipação da tutela, da concessão adiantada da proteção jurisdicional, pudesse resultar situação fática de irreversibilidade dos efeitos práticos pretendidos.

Depara-se a dogmática do processo com o tema central da necessidade de ponderação entre dois valores fundamentais: segurança e efetividade. Ou certeza, de um lado, e celeridade do outro. Tratando-se ambos de princípios constitucionais processuais de igual magnitude normativa não é possível abdicar integralmente de um em prol do outro. É, portanto, mister que o Juiz averigue, à luz da peculiaridade da relação de direito material narrada, qual deles haverá de preponderar em cada caso concreto (qual o melhor direito), delineando o que seja o devido processo legal pontualmente. Havendo o risco de que um direito venha a perecer em

---

(47) De acordo com Paulo Cezar Pinheiro Carneiro, "(...) a jurisdição ideal seria aquela que pudesse, no momento mesmo da violação, conceder, a quem tem razão, o direito material. Esse ideal de justiça instantânea, evidentemente, é impossível de ser alcançado, na medida em que as partes precisam de tempo para postular, demonstrar seus respectivos direitos e, finalmente, é preciso também um tempo para que o Juiz possa decidir". *Ibidem*, p. 79.

(48) "O maior inimigo da efetividade nos dias de hoje é o tempo. Quanto mais demorado for o processo, menor será a utilidade do vencedor de poder usufruir do bem da vida." *Ibidem*, p. 81.

virtude da delonga inerente à ordinarização do procedimento, é imperioso que o Juiz se valha de uma antecipação de tutela, a fim de salvaguardar aquele direito de existência probabilíssima, diferindo no tempo o contraditório.

Ainda com um tal propósito, o de conferir efetividade às decisões judiciais, o Processo Cível foi retirando dos seus recursos o efeito suspensivo, permitindo, inclusive, que, em execução provisória, fosse o credor satisfeito integralmente, observadas algumas condições. E aqui começa a grande virada do Processo Civil. Com a execução, que, mesmo provisória, ao contrário do que se via na CLT, admitia satisfação integral do direito do credor.

Por fim, reformulou-se a execução definitiva de sentenças, transformando-a em fase de um processo sincrético. Primeiro, com relação às sentenças condenatórias de obrigações de fazer e não fazer. Depois, com respeito às obrigações de entrega de coisa. Agora, no tocante às sentenças que reconheçam a existência de obrigações de pagar quantia certa contra devedor solvente.

A internalização da atividade executória para o processo de conhecimento não é novidade alguma para quem lida com o Processo do Trabalho[49]. A execução trabalhista sempre foi mera fase de um processo sincrético, iniciando-se com a "citação" (sic!) do executado para pagamento em 48 horas ou oferecimento de bens à penhora. Ocorre que a reforma promovida na execução cível trouxe inovações tais que superam em inventividade o Processo do Trabalho[50]. A multa prevista no *novel* art. 475-J do CPC, para se citar apenas um exemplo, não encontra precedentes de qualquer tipo na CLT.

Muito embora não se possa falar em omissão propriamente dita no diploma celetista, no sentido da falta de disciplina legal quanto aos efeitos do não cumprimento da decisão que imponha o pagamento de determinada quantia (veja-se que a CLT determina se proceda à penhora de bens do executado caso não haja pagamento em 48 horas a contar da "citação"), verifica-se defasagem histórica do Processo Laboral relativamente ao Processo Cível, o que autoriza sejam captadas pelo Processo Trabalhista algumas das inovações verificadas na execução cível, comprometidas com a efetividade processual, máxime em execução, procedimento voltado à satisfação do direito do credor.

Historicamente, a CLT, comparativamente com o Processo Cível, sempre se apresentou bem mais efetiva, inclusive no que toca à execução. Até firmar-se como instrumental de pacificação de conflitos com justiça, o Processo Civil antes precisou buscar sua afirmação como ciência de princípios próprios e metodologia particularizada, o que levou algumas décadas. Uma vez, porém, atingida a plena autonomia dogmática, o Processo Civil reaproxima-se do direito material, a fim de

---

(49) Como mais adiante se verá, a posição de que a execução trabalhista é fase de um processo sincrético está longe de ser unânime.
(50) Cada uma dessas novidades será tratada em pormenores ao longo deste Livro.

melhor amoldar-se à especificidade do sistema material de normas, fornecendo ao cidadão tutela jurisdicional que proporcione um efetivo acesso à Justiça. Dezenas de reformas fragmentárias remodelaram o Processo Civil, buscando transformá-lo em importante meio de acesso à Justiça.

O Processo Civil, outrora voltado à perfeição técnica de seus próprios institutos, volta-se, no momento metodológico instrumentalista contemporâneo, ao consumidor de justiça, às consequências de suas decisões no mundo dos fatos, reviravolta que inspirou os propósitos das inúmeras reformas por que passou o CPC ao longo dos últimos anos.

A CLT, diferentemente, parou no tempo[51]. Enquanto o Processo Civil reformulou-se rumo à efetividade, a CLT jamais experimentou qualquer mudança expressiva no conjunto das suas disposições. E, aqui, se chega ao entrave da regra celetista da subsidiariedade de que antes falávamos.

Em 1943, ano do advento da CLT, a regra da subsidiariedade lograva atender ao escopo idealizado perfeitamente, qual seja, o de impedir que o CPC pudesse influir negativamente no Processo do Trabalho, menos eficaz que era ao propósito de se assegurar efetivo acesso à Justiça, nos moldes anteriormente narrados. Mas, e agora, quando o que se vê é um Processo Civil bem mais instrumental que o trabalhista? Cruzam-se os braços e torce-se por uma reforma legislativa? Ou procede-se à leitura constitucional instrumentalista do Processo do Trabalho admitindo-se absorção pelo processo laboral das inovações? Melhor esta última opção[52].

A regra da subsidiariedade, pela qual só se admite se aplique ao Processo Laboral as normas do CPC na omissão do diploma celetista[53], idealizada justamente

---

(51) "Com o advento das novas normas processuais civis, o processo trabalhista que até então era vanguardista quanto à efetividade da prestação jurisdicional, eis que a execução era e é uma fase de uma única ação, está perdendo o seu lugar para o processo civilista." GENEHR, Fabiana Pacheco. A aplicação da multa do art. 475-J do CPC e seus reflexos no processo do trabalho: uma análise principiológica. In: *Revista LTr: Legislação do Trabalho e Previdência Social*, São Paulo, v. 72, n. 4, p. 451-457, abr. 2008.

(52) É a opção, também, da maior parte da doutrina trabalhista, que considera possível adotar-se o regramento do CPC ainda quando contra disposição expressa da CLT, como nos informa Fabiana Pacheco: "O processo trabalhista vem adotando a incidência de regras não omissas, porém aplicadas, eis que mais céleres e efetivas da prestação jurisdicional.Como exemplo, temos as restrições ao reexame necessário, que está regrado no art. 475, §§ 2º e 3º do CPC, em contraposição à necessidade de reexame sempre que a decisão seja desfavorável à Fazenda Pública. Tal matéria foi objeto de Súmula do Tribunal Superior do Trabalho, Súmula n. 303, onde regra a adoção do CPC, apagando o requisito da omissão e aplicando o CPC subsidiariamente. (...) Testemunha-se que, mesmo timidamente, a omissão está dando lugar à eficácia da prestação jurisdicional. A lacuna da lei não se trata mais em preencher o vazio da lei em comento, e sim buscar meios de cumprir com a eficácia da prestação. Mesmo que haja texto escrito na matéria, ainda assim, há uma omissão na lei se ela não atende à interpretação dos princípios constitucionais do amplo acesso à Justiça, da celeridade, da economia processual, e principalmente, da efetividade da prestação jurisdicional". *Idem.*

(53) "Art. 769. Nos casos omissos, o direito processual comum será fonte subsidiária do direito processual do trabalho, exceto naquilo em que for incompatível com as normas deste Título."

para conter intromissão de normas até então reconhecidamente menos efetivas, hoje, se inteligida literalmente, produziria o resultado oposto ao pretendido pelo legislador de 1943: o de ofertar ao cidadão um processo rápido e simples[54].

Se há no CPC, ao menos em tese, um procedimento executivo que promete realizar as decisões judiciais em tempo breve, não há razão para que o Processo do Trabalho não importe para si uma tal sistemática, até mesmo porque, pela natureza das pretensões deduzidas, o Processo Trabalhista precisa ser ainda mais rápido que o próprio Processo Cível. Mais vagaroso e ineficiente, nunca.

A intenção, em 1943, era a de se conter a aplicação das normas do Processo Civil ao Processo do Trabalho, especialmente porque as normas do CPC encontravam-se impregnadas de um ideário individualista absolutamente contrário ao espírito igualitário que impulsionou a criação do diploma celetista. Hoje, as normas do CPC ligadas à execução mostram-se instrumentalmente conectadas ao ideário de acesso à Justiça muito mais do que as próprias normas da CLT. E, por isso, barrar a sua importação pelo Processo Laboral vai de encontro ao propósito celetista de ofertar ao hipossuficiente um processo de duração razoável. De resultados. Finalidade que, historicamente, sempre foi perseguida pela Consolidação que, então, o processo trabalhista possa se valer do condomínio normativo, resultante da garantia do devido processo.

1.6. Concluindo esta primeira etapa: o movimento inverso. A influência que, hoje, o Processo Cível deve exercer sobre o Processo do Trabalho

A Consolidação das Leis do Trabalho veio a lume na década de 1940, mais especificamente em 1943. Tratava-se de diploma legal que compilava a fragmentária legislação social de distintos momentos políticos do País, congregando tanto normas materiais, quanto instrumentais. Singularizava-se de qualquer outro texto pelo propósito de que imbuída, qual seja, o de regulamentar as relações de trabalho a partir de perspectiva de disparidade abissal de forças entre os sujeitos que lhe delimitariam originariamente o objeto: empregados e empregadores. Já nasceu com o propósito firme de proteger o empregado.

Nunca um diploma legal fora tecido a partir de uma premissa tão nítida de disparidade. Ao contrário. Sempre se presumiu a igualdade de todos perante a

---

(54) No mesmo sentido do texto GENEHR, Fabiana Pacheco. A aplicação da multa do art. 475-J do CPC e seus reflexos no processo do trabalho: uma análise principiológica. In: *Revista LTr: Legislação do Trabalho e Previdência Social*, São Paulo, v. 72 , n. 4, p. 451-457, abr. 2008: "O fundamento histórico da proteção que rege o art. 769 da CLT está no sentido que no nascedouro da Consolidação das Leis do Trabalho, em 1943, era muito mais eficaz que as regras até então praticadas pelo Código de Processo Civil de 1939. A CLT era muito mais avançada que o CPC de 1939. Este era muito patrimonialista, ritualístico e ineficaz. Todo esse resguardo seria para proteger o sistema executivo trabalhista, que à época era a 'obra-prima' do legislador, com regras muito mais avançadas, modernas e eficazes que o então CPC de 1939. Como dito anteriormente, veio a resolver muitas dificuldades que até então inibiam a real efetividade da prestação jurisdicional, eis que o sistema executivo comum até então praticado intrincava a execução".

lei, inclusive para fins de confecção normativa. Não se distinguia claramente entre homens e mulheres, jovens e idosos, fortes e fracos, para fins de produção das leis e de sua posterior aplicação. O homem-substantivo, alheio a qualquer adjetivação, é o cerne da proteção estatal.

A CLT exsurge como instrumental a contrabalançar, em prol da parte débil, a disparidade de forças envolvendo as personagens que lhe demarcam o espectro de incidência. Articula um sistema normativo consciente da debilidade do trabalhador e da proeminência do incipiente empresariado nacional.

De feições bem definidas, o homem-trabalhador passa a ser o destinatário de leis especificamente pensadas a conferir-lhe um mínimo de proteção face aos proprietários dos meios de produção. Imiscui-se o Estado nas relações de trabalho, definindo um conteúdo contratual mínimo a ser necessariamente observado.

A consciência da gritante desigualdade material subjacente às relações de trabalho que deveria instrumentalizar inspirou a CLT a delinear cenário normativo deliberadamente protetivo do fraco — o empregado — contra o forte — o empregador. Também a processualística laboral, como reflexo direto do direito material que deveria concretizar, foi criada iluminada pela ideia de desequilíbrio de forças. O homem passa a ganhar a proteção jurídica do Estado pelo trabalho.

Com o passar do tempo, porém, e principalmente com o advento de novas formas de contratação de trabalho humano, ficou nítido o descompasso entre a realidade sobre a qual a CLT deveria atuar e o seu conjunto normativo — quase idêntico àquele positivado em 1943. O direito civil e Processo Civil, ao revés, modificaram-se, à luz, principalmente, de influência constitucionalista.

As normas introduzidas ao Código Civil, de conteúdo nitidamente aberto, a reboque de influxo humanístico proveniente da Constituição Federal, sintetizam proposta de se repensar as relações privadas à luz da constelação de princípios polarizada em torno da ideia-síntese de dignidade humana. Tudo desemboca para o ideal de se proporcionar existência digna. A absorção publicística de claro viés intromissivo estatal pelas relações entre iguais revoluciona os alicerces do direito privado, calcado, até então, na mais pura liberdade, para, injetando-lhe nuanças públicas, buscar ponto ideal de verdadeira igualdade material, o que representa um passo importante em direção à unificação do Direito em prol do que seja mais justo, ainda quando se trate de relação jurídica de equivalência de forças, em que aparentemente dispensável a interferência protetora do Estado.

O Processo Civil é então reformado em prol de um mais efetivo acesso à Justiça.

Com o Direito do Trabalho foi justamente o oposto. Ergueu-se todo ele em contexto histórico de luta desleal entre fortes e fracos. De um lado, o trabalhador, fraco e explorado. Do outro, a empresa, forte e exploradora. Desde sempre o Estado esteve presente. E, por isso, o caráter cogente de quase todas as suas disposições.

Nos mínimos detalhes, regulou-se o Direito do Trabalho, com quase nenhum espaço para a autonomia da vontade em matéria contratual. Desde que surgiu, portanto, e ao contrário do que aconteceu com o Direito Civil, o Direito do Trabalho sempre esteve à sombra do Estado, inserido em perspectiva igualitária muito mais que liberal. O problema é que, se o Processo do Trabalho em 1943 apresentava-se deveras progressista comparativamente ao processo Cível, hoje já não é mais assim.

O CPC, especificamente no que toca à execução, após reforma produzida pela Lei n. 11.232/2005, passou a albergar normas de nítida inspiração instrumental, cujos propósitos podem ser sintetizados na máxima de se efetivar o conteúdo das decisões judiciais em tempo ótimo, produzindo-se para o jurisdicionado que tenha razão os resultados mais parecidos possíveis com aqueles que ele obteria se o direito material tivesse sido cumprido sem a necessidade de intervenção do Poder Judiciário. A execução é, por assim dizer, mecanismo precípuo de realização do escopo jurisdicional prioritário, o de realização do direito material.

Tal compreensão da execução deflui do polo principiológico radicado principalmente em torno do princípio da duração razoável do processo, aportado à Constituição Federal recentemente, por obra do legislador constituinte derivado.

Mesmo após ampliação de competência levada a cabo pela Emenda Constitucional n. 45/2004[55], a qual passou a definir o âmbito competencial da Justiça do Trabalho fundamentalmente a partir de um critério objetivo — referente à natureza da relação jurídica — os conflitos decorrentes de relações de trabalho de maneira geral é que passam ao conhecimento da Justiça Laboral, independentemente de quem sejam os sujeitos desta relação, deve-se ter em mente que continuam a se desenrolar no Judiciário Trabalhista, em sua maioria, conflitos nos quais o trabalhador (*lato sensu*) é ainda o fraco e o tomador dos serviços, o forte. E, portanto, a pretensão, na maioria dos casos, denota caráter essencialmente alimentar.

Justamente porque deduzidas pretensões de caráter alimentar perante o Judiciário Trabalhista é que se propugna pela importação das inovações do CPC, no pertinente à execução, pelo Processo do Trabalho. Se a execução cível tem de ser eficaz, que dirá a trabalhista? Execução voltada a tornar concretos direitos trabalhistas, medida indispensável à valorização do trabalho. Do ser humano.

É a partir de uma compreensão integrada do sistema, iluminada pela ideia de instrumentalidade, que se sustenta que a omissão da CLT a autorizar a aplicabilidade dos institutos de Direito Processual Comum não se limita à existência de uma lacuna normativa, mas se dará sempre que os institutos de direito comum mostrarem-se mais eficientes que os próprios institutos de Direito Trabalhista ao fim precípuo de se entregar tutela jurisdicional específica, justa e tempestiva.

---

(55) Para uma visão global de todas as modificações levadas a cabo pela Emenda Constitucional n. 45/2004 sobre a competência da Justiça do Trabalho, consulte-se TUPINAMBÁ, Carolina. *Competência da Justiça do Trabalho à luz da reforma constitucional*. Rio de Janeiro: Forense, 2006.

O influxo trabalhista sobre o Processo Cível sempre foi notório. O que se propõe, agora, é o inverso: que o Processo Civil possa vir a influenciar a execução trabalhista, tanto quanto seja proveitoso a se assegurar ao trabalhador efetivo acesso à Justiça.

1.7. Ainda um último argumento em prol da aplicação do CPC ao Processo do Trabalho: o dever de o Magistrado atuar no delineamento, caso a caso, do que seja o devido processo legal em prol de um efetivo acesso à Justiça. O controle de constitucionalidade dos procedimentos legais

A Constituição Federal é o arcabouço normativo que confere unidade e sistematicidade a todo o ordenamento jurídico. Condiciona não apenas a validade da produção das normas de menor estatura à conformidade com o procedimento nela descrito e com o seu conteúdo, mas também lança luzes sobre a interpretação de todo o ordenamento infraconstitucional, inclusive sobre conceitos e institutos de Direito Processual.

As normas processuais, por sua vez, conferem concretitude à substância do ordenamento jurídico, inclusive à ordem jurídica constitucional, e são ao mesmo tempo plasmadas pelos influxos advindos do princípio-síntese do devido processo legal.

Assim compreendido o fenômeno, pode-se dizer que a Constituição exsurge como polo irradiador de constelação de princípios voltado ao delineamento de ciência processual que seja contributiva ao projeto de efetivação do sistema de direitos nela contemplado e também, evidentemente, dos direitos infraconstitucionais, como meio a se perseguir os objetivos maiores radicados no art. 3º do diploma constitucional. Objetivos de felicidade, bem-estar e Justiça social. Ao mesmo tempo, o processo, como instrumento de exercício da jurisdição, contribui para a definição do significado das normas constitucionais, não só das próprias normas principiais condensadoras de garantias processuais, mas também das normas de cunho material que se propõe concretizar.

Forma-se, então, verdadeiro círculo virtuoso. O processo recebe a todo tempo a influência da principiologia constitucional, a fim de que possa ele próprio concretizar os direitos previstos constitucionalmente. É concebido em suas premissas fundamentais pela Constituição e a instrumentaliza.

Sintetizadora, porém, de princípios disjuntivos, condensadores de valores dialéticos, tais quais livre iniciativa e a proteção ao trabalho, a Constituição é toda ela perpassada por normas que abstratamente conflitam entre si, inclusive aquelas que consubstanciam a própria principiologia estruturante da processualística. Emblemática a referência à tensão entre segurança e efetividade.

Inteligido à luz do regime constitucional sobre o qual se desenvolve, de nítido viés democrático, o processo, assim como a Constituição, também haverá de se deparar o tempo todo com choques entre valores opostos. Não só entre os valores embutidos nas normas de direito material que procura concretizar, mas também nas próprias normas pricipiais de caráter instrumental que condicionam a estruturação de toda a ciência processual.

Por via de consequência, há um largo espectro semântico deixado pelo Legislador ao Judiciário no momento de interpretar e aplicar a lei, inclusive aquelas leis de caráter procedimental, espaço suficiente a que maneje o ordenamento jurídico à luz dos influxos que brotam do contexto social, formulando juízos ponderativos iluminados por um critério de proporcionalidade[56].

Os princípios são um ponto de partida e também um ponto de chegada. Iluminam as decisões jurisdicionais e ao mesmo tempo validam as escolhas estatais tanto quanto sejam razoáveis à luz de um conteúdo mínimo que deles intuitivamente se possa extrair[57][58].

---

(56) O professor Paulo Cezar Pinheiro Carneiro refere-se ao princípio da proporcionalidade como um dos princípios informadores de sua concepção de acesso à Justiça. A respeito do princípio em referência, tece os seguintes comentários: "(...) Em algumas oportunidades, o Juiz tem de fazer uma escolha entre uma e outra interpretação; em outras situações, a opção não se coloca mais no campo da simples interpretação, mas alcança a disputa entre duas normas, entre dois princípios que se encontram em conflito. Para sair desse dilema, o julgador projeta e examina os possíveis resultados, as possíveis soluções, faz a comparação entre os interesses em jogo, e, finalmente, a opção, a escolha daquele interesse mais valioso, o que se harmoniza com os princípios e os fins que informam este ou aquele ramo do direito. Esta atividade retrata a utilização do princípio da proporcionalidade". *Acesso à Justiça:* Juizados Especiais Cíveis e Ação Civil Pública. Uma nova sistematização da Teoria Geral do Processo. 2. ed. Rio de Janeiro: Forense, 2000. p. 95.

(57) "(...) as normas constitucionais são, no mais das vezes, compostas por termos de sentido mais vago, ou, pelo menos, consubstanciam-se em princípios realmente pouco objetivos a serem, posteriormente, materializados: a) por leis emanadas do Poder Legislativo; ou b) por decisões judiciais que venham a, no caso concreto, dar contornos precisos ao preceito constitucional (por mais que esta constatação possa chocar uma mente acostumada a ver no Judiciário um poder sem função política). Daí se depreende que, em todo o julgamento no qual normas legais são interpretadas à luz de princípios constitucionais, para somente depois desse confronto inicial, serem aplicadas ao caso concreto, será muito maior o campo para uma mais aberta (para não se dizer criativa) interpretação do direito por parte dos juízes." PUOLI, José Carlos Baptista. *Os Poderes do Juiz e as Reformas do Processo Civil.* São Paulo: Juarez de Oliveira, 2002. p. 130.

(58) "Princípios e regras desempenham cada qual um papel diferenciado, porém da maior importância para manter esse equilíbrio [entre segurança e justiça]. Com efeito, é possível identificar uma relação, no âmbito do sistema romano-germânico ocidental, entre a segurança, a estabilidade e a previsibilidade e as regras jurídicas. Isso porque, na medida em que veiculam efeitos determinados, pretendidos pelo legislador de forma específica, as regras contribuem para a maior previsibilidade do sistema jurídico. A justiça, por sua vez, depende em geral de disposições mais flexíveis, à maneira dos princípios, que permitam uma adaptação mais livre às infinitas possibilidades do caso concreto que sejam capazes de conferir ao intérprete liberdade de adaptar o sentido geral do efeito pretendido, muitas vezes impreciso e indeterminado, às peculiaridades da hipótese examinada. Nesse contexto, portanto, os princípios são espécies normativas que se ligam de modo mais direto à ideia de justiça, ou, ao menos, são instrumentos mais capazes de produzir justiça no caso concreto. (...) Em uma democracia, é natural que apenas um sentido mínimo de determinado princípio seja definido constitucionalmente — e, portanto, seja oponível a qualquer grupo que venha a exercer o poder político —; o restante da extensão possível do princípio deverá ser preenchido pela deliberação majoritária, em função da convicção das maiorias em cada momento político (...)." BARCELLOS, Ana Paula de. *Ponderação, racionalidade e atividade jurisdicional.* Rio de Janeiro: Renovar, 2005. p. 186 e ss.

A abertura do sistema de normas à interpretação criativa do Juiz é um passo sem volta, que decorre da própria complexidade da vida social. O legislador simplesmente não consegue albergar nas hipóteses abstratas que idealiza e formula todas as situações da vida passíveis de ocorrerem, e daí por que a necessidade de o Judiciário, o qual não pode abster-se de decidir alegando lacuna na lei, criar, inclusive com supedâneo em princípios, a norma regedora do caso concreto. O mesmo se passa com o processo. Com o tempo, há o envelhecimento natural dos procedimentos postos, que, não mais atendendo ao escopo fundamental de se assegurar efetivo acesso à Justiça, devem ser reformulados, à luz da principiologia processual constitucional. Se a execução trabalhista não é tão efetiva quanto a cível, tem-se aí uma lacuna principiológica que precisa ser preenchida. Uma lacuna, portanto, que deve ser colmatada a partir do que preconiza a Constituição Federal. Não é o Judiciário, precisamente, o Poder encarregado de assegurar a primazia da Constituição, averiguando, no julgamento dos casos concretos, a compatibilidade entre o seu texto e as normas infraconstitucionais? Pois, então...

Ora, se uma norma procedimental trabalhista não se coaduna ao princípio da efetividade, não é o caso de se afastá-la por inconstitucional?

O devido processo legal é a síntese de toda a principiologia informativa da ciência processual. Encontram-se abrangidos em sua extensão axiológica, de um lado, a principiologia condensadora do valor segurança, desdobrada na garantia do contraditório, ampla defesa, inaproveitamento de provas ilícitas, motivação das decisões judiciais, juiz natural etc. e, de outro lado, princípios atrelados ao valor efetividade, tais quais o da celeridade, flexibilização procedimental etc.

Portanto, o princípio do devido processo legal encerra arcabouço normativo naturalmente conflitual, porém de observância obrigatória tanto no momento de feitura das leis processuais, quanto no momento de aplicá-las. Principalmente, quando da estruturação dos procedimentos pelo legislador, bem como quando postos em prática pelo Juiz.

Em um tal cenário, a atuação estatal, inclusive jurisdicional, é ela toda perpassada pelo instrumental ponderativo, operacionalizado a partir de um referencial de proporcionalidade.

Mais importante de tudo é que o devido processo legal fornece ao Juiz instrumental suficiente para que ele próprio possa verificar, caso a caso, se o procedimento vislumbrado pelo legislador, tal qual posto abstratamente, mostra-se contributivo ao fim precípuo da jurisdição: julgar com justiça. Trata-se do exercício de verdadeiro controle de constitucionalidade dos procedimentos, a partir da análise de sua compatibilidade com o acervo principial que deflui do devido processo legal.

Não se trata, evidentemente, de simplesmente ignorar o procedimento legal em prol de concepções próprias do que seja um procedimento adequado a conduzir a atividade estatal de cognição e satisfação. Mas de moldá-lo à luz da especificidade da relação de direito material que se apresenta ao Judiciário, tornando-o operativo ao fim jurisdicional de realização prática dos direitos[59]. Da mesma forma que é legítimo ao Judiciário afastar uma norma material que entenda incompatível com a Constituição Federal, também poderá fazê-lo relativamente às normas de direito processual, a partir, repita-se, de controle que terá por parâmetro o devido processo legal.

Daí ser possível ao Juiz trabalhista criar, suprimir ou modificar os atos integrantes do procedimento, a fim de se erigir um procedimento mais justo e eficaz. O procedimento deve ser objeto constante de preocupação do Juiz, o qual deverá verificar se o rito previsto está ou não atendendo às exigências do devido processo legal. Em execução, evidentemente, por ser procedimento estruturado com vistas à satisfação de um direito de crédito que já se provou existir, há de preponderar a principiologia afeta à efetividade[60]. O que não significa dizer que se possa proceder à execução de modo absolutamente desastroso para o devedor. O próprio procedimento executivo, tal qual posto pelo legislador, apresenta regras nitidamente protetivas do executado, possibilitando, inclusive, que se estabeleça contraditório mitigado, para discussão a respeito de matérias específicas de defesa. Ainda assim, a execução deve ser conduzida prioritariamente tendo em vista o seu escopo precípuo, que é a satisfação do direito do credor. Tal desiderato remete a juízo ponderativo prévio e abstrato em prol da celeridade: aquele que já provou, após exaustivo contraditório, ser merecedor da tutela jurisdicional tem direito a ser satisfeito no menor intervalo de tempo possível. É por isso que, reformulada a execução cível para torná-la mais célere, não há dúvidas acerca da possibilidade de aplicação de alguns de seus institutos ao Processo do Trabalho.

O que se propõe no presente trabalho, porém, é que, ao invés de o Juiz criar norma procedimental que supere a crise de efetividade da execução trabalhista do nada, utilize-se das inovações do CPC, introduzidas ao sistema processual civil na qualidade de verdadeiros institutos integrantes da Teoria Geral do Processo. Como domínio comum à Ciência Processual Cível e do Trabalho.

---

(59) No mesmo sentido do texto, GRECO, Leonardo. *Estudos de Direito Processual*. Campos dos Goytacazes: Editora Faculdade de Direito de Campos, 2005. p. 265-266: "A ritualidade do procedimento deve continuar sendo regida pela lei, que a determina para assegurar a necessária paridade de tratamento de todos perante todos os órgãos jurisdicionais e regular de modo equilibrado o encadeamento lógico dos diversos atos a fim de garantir o respeito às regras mínimas de um processo justo. Mas, o procedimento legal não pode ser rigidamente inflexível, devendo facultar ao Juiz uma certa margem de variação para estabelecer a necessária paridade concreta de armas, bem como para possibilitar o cumprimento de todas as atividades tecnicamente mais idôneas para permitir que cada uma das partes faça valer o seu direito ou demonstre a sua procedência. (...) O importante é que o procedimento seja adequado à necessidade concreta da tutela jurisdicional efetiva. Se não o for, o Juiz deve ajustá-lo a essa necessidade, desde que preserve o equilíbrio entre as partes e não crie situações absolutamente imprevisíveis para as partes".
(60) Trata-se da ponderação em abstrato de que fala BARCELLOS, Ana Paula de. *Ponderação, racionalidade e atividade jurisdicional*. Rio de Janeiro: Renovar, 2005. p. 146 e ss.

Sendo o processo instrumental viabilizador da jurisdição, natural que também ele seja orientado pela principiologia que deflui diretamente da Constituição e que condensa valores reputados como mais significativos para uma dada comunidade política em certo momento histórico. O da efetividade das decisões judiciais é um deles.

Ou seja, como instrumento por meio do qual é exercida a função jurisdicional, o processo está operativamente conectado ao projeto de efetivação de direitos. Os princípios constitucionais do processo, emanações do princípio-síntese do devido processo legal, fornecem, à estruturação dos procedimentos, poderoso arcabouço de realização de direitos em prol do fomento do desiderato constitucional de bem-estar social. Os propósitos do Estado acabam se confundindo com os próprios fins da jurisdição e o processo não pode manter-se alheio a esta constatação.

A compreensão constitucionalista do processo faz com que seja ele todo inspirado, tanto na sua formulação legal, quanto no seu operar, pela principiologia construída em torno do devido processo legal (daí a referência à tutela constitucional do processo), balizadora da atuação jurisdicional em prol da consecução dos próprios objetivos do Estado Democrático de Direito. A sentença, por conseguinte, deve ser o resultado direto de um processo que priorize, à imagem e semelhança do regime democrático, os valores de igualdade, segurança, liberdade, participação etc.[61]

Os procedimentos tal qual postos pelo legislador são, evidentemente, um penhor de segurança para as partes. As leis, entretanto, envelhecem ou podem ter sido mal elaboradas pelo legislador[62]. Repudia ao momento metodológico instrumental alcançado pela dogmática processual que o Juiz, ao se deparar com norma de direito processual defasada pelo decurso do tempo, opte simplesmente por aplicá-la em sua literalidade, ao invés de construir, a partir do arcabouço principiológico constitucional, norma procedimental consentânea com o ideário de acesso à Justiça. A própria Constituição Federal legitima o Judiciário a promover o controle das leis e atos normativos a partir de princípios constitucionais, normas com suficiente densidade. É, portanto, plenamente viável que o Judiciário afira da

---

(61) Tal conclusão, como evidente, é do Professor Cândido Rangel Dinamarco, que assim se refere às relações entre Constituição e processo: "Direito processual constitucional é o método consistente em examinar o sistema processual e os institutos do processo à luz da Constituição e das relações mantidas com ela. O método constitucionalista inclui em primeiro lugar o estudo das recíprocas influências existentes entre a Constituição e o processo — relações que se expressam na tutela constitucional do processo e, inversamente, na missão deste como fator de efetividade dos preceitos e garantias constitucionais de toda ordem (...). A tutela constitucional do processo é feita mediante os princípios e garantias que, vindos da Constituição, ditam padrões políticos para a vida daquele. Trata-se de imperativos cuja observância é penhor de fidelidade do sistema processual à ordem político-constitucional do país. Em sentido vetorialmente inverso ao da tutela constitucional do processo, apresenta-se o sistema processual como fator de efetividade das normas ditadas no plano constitucional, que ele promove de modo direto e indireto". DINAMARCO, Cândido Rangel. *Instituições de Direito Processual Civil*. v. I, 4. ed. São Paulo: Malheiros, 2000. p. 188-189.

(62) DINAMARCO, Cândido Rangel. *A instrumentalidade do Processo*. 12. ed. São Paulo: Malheiros, 2005. p. 361.

constitucionalidade dos procedimentos positivados a partir dos parâmetros ofertados pela principiologia ínsita ao devido processo legal. Propugna-se, destarte, pela revisão do procedimento executivo trabalhista, a partir de uma interpretação que seja conforme a Constituição Federal[63].

---

(63) No ano de 2007, entre os dias 1º de setembro e 23 de novembro, realizou-se a Primeira Jornada de Direito Material e Processual na Justiça do Trabalho, da qual resultou aprovação de uma série de Enunciados, alguns dos quais relativos à execução trabalhista. Um deles trata, especificamente, da aplicabilidade subsidiária das normas do CPC ao Processo Laboral. É o Enunciado de n. 66: "APLICAÇÃO SUBSIDIÁRIA DE NORMAS DO PROCESSO COMUM AO PROCESSO TRABALHISTA. OMISSÕES ONTOLÓGICA E AXIOLÓGICA. ADMISSIBILIDADE. Diante do atual estágio de desenvolvimento do processo comum e da necessidade de se conferir aplicabilidade à garantia constitucional da duração razoável do processo, os arts. 769 e 889 da CLT comportam interpretação conforme a Constituição Federal, permitindo a aplicação de normas processuais mais adequadas à efetivação do direito. Aplicação dos princípios da instrumentalidade, efetividade e não retrocesso social".

Capítulo 2

CONCEITO DE EXECUÇÃO

A relação jurídica obrigacional vincula o credor ao devedor em torno do cumprimento de uma prestação, seja ela de fazer, não fazer, entregar coisa ou de dar. O titular de uma pretensão de direito material resistida leva ao Judiciário, por meio da demanda (direito de ação concretamente exercido), o conhecimento do litígio, originando-se daí a lide. Pretensão é o poder de exigir de outrem o cumprimento de uma prestação[64]. Como, nem sempre, porém, o devedor cumpre espontaneamente a prestação a que se obrigou, e é vedada, salvo casos excepcionais, a autotutela, o ordenamento jurídico prevê a adoção de uma série de medidas, as quais visam a efetivar o direito contido em um título executivo[65], judicial ou extrajudicial. Reconhecida a existência de um direito pelo Judiciário, e, ainda assim, recusando-se o devedor ao seu adimplemento, origina-se uma pretensão insatisfeita, que terá na execução mecanismo técnico-processual adequado a assegurar-lhe cumprimento em benefício do credor.

Executar, como o próprio senso comum sugere, dá ideia de realizar, pôr em prática, concretizar. Tal o desiderato precípuo da execução: fazer com que a ordem contida na sentença[66] se efetive no plano dos fatos e, de preferência, sempre resguardada a maior coincidência possível entre o que apregoa o direito material e o resultado prático obtido com o processo[67]. Destarte, face ao inadimplemento do devedor — isto é, à falta de cumprimento espontâneo da obrigação —, a execução

---

(64) De acordo com José Carlos Barbosa Moreira, "na ideia de pretensão está ínsita a de exigência: o titular da pretensão exige que alguém faça ou deixe de fazer algo". O Novo Código Civil e o Direito Processual. In: *Temas de Direito Processual.* Rio de Janeiro: Saraiva, 2007. p. 7.

(65) Toda execução, seja ela fase de um processo unitário ou processo autônomo, tem como pressuposto o inadimplemento, bem como a existência de um título executivo.

(66) Fala-se aqui em sentença. Entretanto, não ignoramos que, em decorrência do princípio substitutivo, uma vez interposto recurso contra a sentença prolatada, o acórdão, ainda que de improcedência do pedido, substituirá a sentença, e é ele que se irá constituir em título executivo judicial, capaz de deflagrar o procedimento executivo.

(67) "Se é verdade, como vem sendo exposto, que o processo está sempre correndo atrás de resultados que nunca alcançarão o ideal de coincidência plena (no mínimo, por conta do tempo necessário para que o interessado solicite e a tutela lhe seja concedida), fica fácil concluir que o sistema processual será tanto mais apto a atingir seus objetivos de atuação da lei material e de pacificação com justiça, quanto menor for o "resíduo de discrepância" entre o resultado que tiver sido obtido pelo processo e aquele que teria sido verificado na hipótese de espontânea atuação da norma de direito material." PUOLI, José Carlos Baptista. *Os poderes do juiz e as reformas do processo civil.* São Paulo: Juarez de Oliveira, 2002. p. 35.

viabiliza, mesmo contra a vontade do obrigado, a obtenção do mesmo resultado para o qual ele não quis contribuir voluntariamente, através de técnicas de coerção e sub-rogação.

Em acepção ampla, portanto, execução é o conjunto de medidas do Estado--Juiz — de sub-rogação e de coerção — capazes de realizar o comando contido em uma decisão judicial (título executivo judicial) ou em outro documento a que a lei atribua eficácia executiva (título executivo extrajudicial), no intuito precípuo de satisfazer o direito do credor[68][69][70]. Esmiuçando o conceito, execução é atividade jurisdicional que tem por fim a realização de um direito de crédito, com ou sem colaboração do executado e mesmo contra ela, através, por exemplo, de atos de invasão ao patrimônio do obrigado (medidas de sub-rogação) ou pela utilização de medidas que induzam o próprio devedor ao adimplemento da prestação (medidas de coerção)[71][72]. É o conjunto de atos voltados a assegurar

---

(68) De modo bem semelhante, Alexandre Câmara define a execução em sentido amplo como "o conjunto de atividades (de sub-rogação ou de coerção), destinadas a transformar em realidade prática um comando jurídico contido em uma decisão judicial ou em algum outro ato a ela equiparado". CÂMARA, Alexandre. *Lições de Direito Processual Civil*. v. II, 14. ed. Rio de Janeiro: Lumen Juris, 2007. p. 158 e ss.

(69) "Enquanto o processo de conhecimento visa em substância à formulação, na sentença definitiva, da regra jurídica concreta, que deve disciplinar a situação litigiosa, outra é a finalidade do processo de execução, a saber, atuar praticamente aquela norma jurídica concreta. Bem se compreende que seja diversa a índole da atividade jurisdicional realizada num e noutro processo. No de conhecimento, ela é essencialmente intelectiva, ao passo que no de execução se manifesta, de maneira preponderante, através de atos materiais, destinados a modificar a realidade sensível, afeiçoando-a, na medida do possível, àquilo que, segundo o direito, ela deve ser." MOREIRA, José Carlos Barbosa. *O novo Processo Civil brasileiro*. Exposição sistemática do procedimento. 25. ed. Rio de Janeiro: Forense, 2007. p. 203.

(70) "Levando-se em conta que nem todas as obrigações são cumpridas espontaneamente pelo devedor, o ordenamento jurídico, ao disciplinar a execução, estabelece uma série de medidas imperativas de sub--rogação, ao lado de outras de caráter coercitivo. Estas, utilizadas em conjunto ou separadamente, visam a dar efetividade, isto é, a realizar concretamente os direitos que para o credor decorrem de um título executivo judicial ou extrajudicial. Neste sentido, diante do inadimplemento — da falta de cumprimento espontâneo de uma obrigação — o Código de Processo Civil possibilita, mesmo contra a vontade do obrigado, a produção do resultado para o qual ele não quis contribuir espontaneamente, qual seja, a satisfação do credor." PINHO, Humberto Dalla Bernardina de. *Teoria Geral do Processo Civil Contemporâneo*. Rio de Janeiro: Lumen Juris, 2007. p. 235.

(71) Para alguns autores, dentre os quais Alexandre Câmara, as medidas de coerção não se enquadram no conceito estrito de execução. Para ele, execução em sentido estrito compreende apenas os meios de sub--rogação através dos quais o Estado-Juiz, em substituição da vontade principalmente do devedor, invade seu patrimônio, a fim de satisfazer direito de crédito estampado em título judicial. Confira-se: "Os meios executivos se caracterizam por serem meios de sub-rogação, ou seja, meios pelos quais o Estado-Juiz substitui a atividade do executado, atuando até mesmo contra sua vontade, invadindo seu patrimônio e realizando concretamente o direito substancial do credor. Assim, por exemplo, a penhora de bens, a expropriação em hasta pública. Há, porém, meios de coerção, utilizados precipuamente na execução de obrigação de fazer e de não fazer, os quais, embora não tenham natureza executiva, são utilizados dentro da fase executiva de um processo ou durante o processo de execução. Assim, por exemplo, as *astreintes* (multas diárias pelo atraso no cumprimento de obrigação de fazer ou não fazer) e a prisão civil do devedor de alimentos". *Ibidem*, p. 159.

(72) Também Barbosa Moreira não vislumbra nos meios de coerção atividade executiva propriamente dita. Confira-se: "O emprego desses meios de coerção não constitui atividade complementar propriamente executiva. A execução forçada, em sentido técnico, tem como característica a virtude de atuar praticamente a norma jurídica concreta, satisfazendo o credor, independentemente da colaboração do devedor, e

a eficácia prática de uma decisão judicial; a concretizar aquilo que tenha ficado decidido na fase de conhecimento. Como mais adiante se verá, o executado tanto pode ser o devedor quanto um terceiro à relação jurídica obrigacional, como um fiador, por exemplo[73].

Assim, depois de ultrapassada a fase cognitiva, caracterizada, sobretudo, pela prática de atos intelectivos, isto é, de definição da parte que titulariza o direito em disputa (fala-se em etapa de certificação do direito), passa-se à etapa de implementação da ordem contida na decisão judicial, o que se fará independentemente da cooperação do devedor[74]. À tutela jurisdicional de conhecimento,

---

mesmo contra a sua vontade, que se despe de qualquer relevância. Aqui, bem ao contrário, em vez de prescindir-se da atividade do devedor, o que se procura é influenciá-lo psicologicamente, para que se disponha a realizá-la, ele próprio. Atividade executiva autêntica pode, sim, vir a realizar-se, quando se for cobrar do devedor, pelo procedimento da execução por quantia certa, o montante da multa em que porventura incorra, pelo atraso no cumprimento da condenação principal. Fora daí, o mecanismo que ora se estuda é menos uma execução propriamente dita do que um sucedâneo da execução". MOREIRA, José Carlos Barbosa. *O Novo Processo Civil Brasileiro* (Exposição sistemática do procedimento). Rio de Janeiro: Forense, 2007. p. 227-228.

(73) Trata-se da distinção entre débito e responsabilidade. O débito é o dever jurídico de realizar uma prestação objeto de uma relação jurídica obrigacional, enquanto a responsabilidade é a sujeição potencial de todo o patrimônio do devedor às medidas executivas a fim de se assegurar satisfação do direito do credor. O fiador, muito embora não participe da relação jurídica obrigacional como devedor principal, fica sujeito às medidas executivas, já que responde pelo pagamento da dívida e satisfação do direito do credor. A esse respeito, PEREIRA, Caio Mário da Silva. *Instituições de Direito Civil:* Teoria Geral das Obrigações. 20. ed. Rio de Janeiro: Forense, 2004. p. 24 e ss.: "(...) a doutrina moderna enxerga na obrigação um débito (*Schuld*) e uma garantia (*Haftung*). O primeiro é o dever de prestar, que facilmente se identifica, mas que não deve ser confundido com o objetivo da obrigação. Este *debitum* (*Schuld*) mora na sua essência mesma, e exprime o dever que tem o sujeito passivo da relação obrigacional de prestar, isto é, de realizar uma certa atividade em benefício do credor, seja ela um *dare*, um *facere* ou um *non facere*. Fundamentalmente traduz o dever jurídico que impõe ao devedor um pagamento, e que se extingue se esta prestação é executada espontaneamente. Em contraposição, o sujeito ativo tem a faculdade de reclamar do *reus debendi* a prestação daquela atividade ou de exigir o pagamento e mobilizar as forças cogentes do Estado no sentido de assegurar o cumprimento da obrigação. Nesta existe, portanto, um princípio de responsabilidade que o integra (*Haftung*) e permite ao credor carrear uma sanção sobre o devedor, sanção que outrora ameaçava a sua pessoa e hoje tem sentido puramente patrimonial (...). Embora os dois elementos Schuld e Haftung coexitam na obrigação normalmente, o segundo (*Haftung*) habitualmente aparece no seu inadimplemento: deixando de cumpri-la o sujeito passivo, pode o credor valer-se do princípio da responsabilidade. (...) Frequentemente, os dois fatores andam juntos, um ao lado do outro, um correlato do outro, pois que é pelo fato de haver um débito que o credor tem a faculdade de provocar a execução forçada. (...) Mas, se normalmente andam de parelha (...), às vezes podem estar separados, como no caso da fiança, em que a *Haftung* é do fiador, enquanto que o *debitum* é do afiançado".

(74) "O processo, como instrumento de realização de justiça, é servil à pretensão justa e resistida, passível de ser resolvida em nível de *definição de direitos*, bem como na hipótese de resistência à satisfação de um direito já definido a merecer pronta realização prática. No primeiro caso, a *definição judicial* é exteriorizada através da *tutela jurisdicional de cognição*, que consiste, basicamente, no conhecimento dos fatos e na aplicação soberana da norma jurídica adequada ao caso concreto. Na segunda hipótese, em que o *direito já se encontra definido à espera de sua realização* pelo obrigado, a forma de tutela não é mais de simples cognição senão de 'realização prática do direito' através dos órgãos judiciais. Assim, da mesma forma como o Estado-Juiz define a situação litigiosa com ou sem a colaboração das partes, também realiza o direito, independentemente da cooperação do obrigado. Esta é a essência satisfativa do processo de execução e da fase de cumprimento de sentença, porquanto executar e cumprir é satisfazer." FUX, Luiz. *O Novo Processo de Execução:* o cumprimento da sentença e a execução extrajudicial. Rio de Janeiro: Forense, 2008. p. 4.

resultante de lide de pretensão resistida, agrega-se tutela jurisdicional executiva, sempre que se instale lide de pretensão insatisfeita. Outrora, como já visto, a tutela jurisdicional satisfativa, que tem por escopo precípuo e fundamental tornar realidade prática o comando contido no título executivo que embasa a execução, transformando, pela prática de atos materiais, o mero dever-ser axiológico (isto é, o juízo de valor que é a sentença) em ser prático, obtinha-se, relativamente a algumas sentenças, pela via de processo autônomo. Hoje, com exceção da sentença arbitral, penal condenatória e sentença estrangeira homologada, e, ainda, das sentenças prolatadas contra a Fazenda Pública, todas as sentenças cíveis, qualquer que seja a natureza da prestação a que condenam, se efetivam no mesmo processo em que se originaram, tendo sido suprimido o anacrônico modelo "processo de conhecimento-processo de execução". Em um só processo, denominado sincrético, se declara e satisfaz o direito.

O ideal é que o credor receba especificamente aquilo e tudo aquilo que receberia se a obrigação tivesse sido cumprida de maneira voluntária. A assertiva traz embutida em si a ideia de instrumentalidade processual em execução: tanto mais efetiva será a execução quanto maior for a coincidência entre o que preconiza o direito material e o resultado prático obtido com o processo. Execução ideal é aquela que viabiliza satisfação plena e específica do direito do credor no menor intervalo de tempo possível.

Os meios de sub-rogação são aqueles que, praticados pelo Estado-Juiz em substituição à vontade do devedor e até mesmo contra ela, satisfazem o crédito exequendo pela invasão do patrimônio do devedor e apreensão de bens para entregá-los ao credor — o que ocorre no cumprimento de sentenças que condenam a entregar coisa —, ou ainda para transformá-los em dinheiro e posteriormente efetuar o pagamento do valor devido — o que acontece no procedimento da execução por quantia certa contra devedor solvente ou, ainda, quando a tutela específica se converte em tutela ressarcitória. Haverá, também, execução por sub-rogação quando um terceiro cumpre a obrigação em substituição ao devedor. Nesse caso, invade-se o patrimônio do executado a fim de que se satisfaça o terceiro que realizou a prestação a que se negara o devedor.

Os meios de coerção, por sua vez, são aqueles que visam a compelir o próprio devedor ao cumprimento específico da prestação sonegada. É o que se verifica em se tratando de cumprimento de sentenças que condenam o devedor a uma atividade, sempre que ao credor só interesse o adimplemento da prestação pelo próprio devedor.

Há, por conseguinte, execução por sub-rogação e execução por coerção.

Por fim e resumidamente, depois de resolvida lide de pretensão resistida, com acertamento da titularidade do direito material controvertido, e não cumprida espontaneamente a sentença (*lato sensu*) pelo devedor, inicia-se etapa procedimental de realização forçada do direito de crédito, a qual, dependendo da natureza da prestação inadimplida, comportará atividade estatal de sub-rogação ou de coerção e, noutros casos, de ambas ao mesmo tempo. Há hipóteses de procedimentos executivos em que as medidas coercitivas e sub-rogatórias são utilizadas conjuntamente. É o que ocorre, por exemplo, no cumprimento de sentenças que condenam a um fazer. Pode-se impor multa periódica a fim de se compelir o devedor ao adimplemento da prestação. Resistindo o devedor ao cumprimento, e não sendo possível obtenção, pelo Juiz, de efeito prático equivalente ao adimplemento, a prestação poderá ser realizada por terceiro à custa do devedor, hipótese em que a obrigação de fazer converte-se em obrigação de pagar. Haverá, destarte, atos de invasão ao patrimônio do devedor para satisfação do terceiro que, em substituição, haja realizado a prestação devida.

Para os fins do presente estudo, apenas nos interessa a execução de títulos executivos judiciais, mais especificamente das sentenças condenatórias, bem como das sentenças declaratórias e constitutivas, em relação às quais discute-se, hoje, se dotadas de força executória suficiente a deflagrar procedimento satisfativo, sem necessidade de instauração de prévio processo de conhecimento condenatório, que desemboque na formação de título executivo hábil a inaugurar execução de sentença[75].

Atualmente, salvo os casos de sentença penal condenatória, sentença arbitral e sentença estrangeira homologada, basicamente sentenças proferidas fora do Processo Civil estatal, cuja execução continua a ocorrer através de processo autônomo[76][77], a execução dos títulos executivos judiciais efetua-se no mesmo processo que dá origem à sentença condenatória, *sine intervalo*. A tal tipo de execução o legislador denominou genericamente cumprimento de sentença.

A execução se encerra normalmente com satisfação integral do direito do credor. Qualquer outro desfecho, como a extinção da execução sem a satisfação do crédito exequendo, em decorrência, por exemplo, do acolhimento das razões ventiladas pelo executado em sua defesa, é considerado anômalo.

---

(75) Em suma, discute-se, hoje, em decorrência da nova redação impressa ao art. 475-N, inciso I, do CPC, se as sentenças declaratórias e constitutivas são também, ao lado das sentenças condenatórias, título executivo judicial capazes de deflagrar o cumprimento de sentença. Isto é, se possuem eficácia executiva por si mesmas. Abordaremos o tema mais adiante.

(76) As sentenças proferidas contra a Fazenda Pública, que reconheçam a existência de uma obrigação de pagar quantia em dinheiro, também se realizam em processo executivo autônomo ao processo de conhecimento.

(77) Art. 475-N, parágrafo único: "Nos casos dos incisos II, IV e VI, o mandado inicial (art. 475-J) incluirá a ordem de citação do devedor, no juízo cível, para liquidação ou execução, conforme o caso."

Capítulo 3

EXECUÇÃO, CUMPRIMENTO DE SENTENÇA E PROCESSO DE EXECUÇÃO: SINÔNIMOS?

Instaurou-se, em decorrência da *novel* redação impressa ao art. 475-I, do CPC[78], certa confusão terminológica envolvendo execução, processo de execução e cumprimento de sentença. A confusão não se justifica e precisa ser aclarada. É o que se passa a fazer.

Execução, como já visto, é atividade jurisdicional que visa a tornar efetivo, a realizar praticamente um comando contido em título executivo, ou, parafraseando Liebman, *a fazer atuar concretamente a regra jurídica formulada ao cabo de atividade de conhecimento*. Assim, sempre que o devedor de certa prestação (de dar, fazer, não fazer ou entregar coisa) recusar-se ao seu cumprimento espontâneo, o Estado-Juiz intervirá, de molde a fazer respeitar o comando judicial, ainda que sem a colaboração do executado e até contra a sua vontade.

Portanto, sempre que verificada resistência do devedor de uma obrigação em cumprir com seu dever jurídico reconhecido em uma decisão judicial, haverá atividade executiva, independentemente de se operacionalizar em processo autônomo ou no interior do mesmo processo em que produzida a decisão que se executa. Não importa qual a técnica executiva empregada. O que a Lei n. 11.232/2005 fez foi simplesmente transformar a execução de obrigação de pagar quantia em mera continuidade do mesmo processo em que prolatada a decisão exequenda. Portanto, a partir de agora, também com relação às decisões judiciais que condenam a pagar quantia certa, haverá execução, só que sem processo de execução, o que há muito já se fazia em se tratando de decisões que determinam um fazer ou não fazer e a entregar coisa. A tal o legislador denominou cumprimento de sentença (*lato sensu*)[79].

---

(78) "Art. 475-I. O cumprimento da sentença far-se-á conforme os arts. 461 e 461-A desta Lei ou, tratando-se de obrigação por quantia certa, por execução, nos termos dos demais artigos deste Capítulo."

(79) "Na medida em que, para prestar ao litigante dotado de razão a tutela integral a que faz jus, não bastar a sentença e for preciso levar a cabo atos jurisdicionais complementares, tendentes a modificar o mundo exterior, nessa medida haverá execução, sem que a essência do fenômeno se altere minimamente pelo eventual emprego de outro *nomen iuris*, por exemplo o de cumprimento da sentença. Mudança de rótulo não influi no conteúdo da garrafa: colar a esta uma etiqueta de bordeaux em absoluto não transforma em vinho o refrigerante que ela porventura contenha, e vice-versa. De resto, o art. 475-N, n. I, na redação da Lei n. 11.232, enfeixa indistintamente as hipóteses de obrigação de fazer, não fazer, entregar coisa e

A execução, certamente, não acabou[80]. O que acabou com a Lei n. 11.232/ 2005 foi a necessidade de se instalar um novo e diferenciado processo para se transformar em realidade a ordem judicial embutida em sentença que condena a pagar. Destarte, agora, relativamente às sentenças proferidas no Juízo cível, que *reconheçam* a existência de obrigação de fazer, não fazer, entregar coisa ou pagar quantia a ser cumprida pelo réu, o que abrange, por certo, também as sentenças do tipo declaratórias e constitutivas, e não apenas as condenatórias, não será mais necessária instauração de novo processo para se satisfazer o direito do credor.

Todos esses títulos passam a se revestir de executoriedade intrínseca, capazes de propiciar ao credor toda a tutela jurisdicional a que faz jus, no interior da própria relação jurídica processual de conhecimento, seja porque a própria sentença basta à satisfação do crédito, seja em decorrência da prática de atos jurisdicionais complementares, voltados a modificar o mundo exterior, quando,

---

pagar quantia, ao arrolar as sentenças que constituem títulos executivos judiciais; ora, só tem sentido falar em 'título executivo' caso se reconheça que, em todas essas hipóteses, apesar de diferenças formais, há execução. A não ser assim, torna-se inexplicável o uso do termo 'executivo': título executivo ou significa título hábil para execução, ou nada de inteligível significa." MOREIRA, José Carlos Barbosa. A nova definição de sentença. In: *Revista IOB*. Rio de Janeiro, n. 41, p. 51-60, maio/jun. 2006.

(80) "Reformas legislativas modificaram a estrutura do Código no tocante à relação entre a atividade cognitiva e a executiva: primeiro, quanto às obrigações de fazer ou não fazer (arts. 644 e 461) e de entregar coisa (art. 461-A); agora, com a Lei n. 11.232, de 22.12.2005, também para as pecuniárias. De acordo com a nova sistemática, os atos executivos devem praticar-se à guisa de prosseguimento do processo em que se julgou, sem solução de continuidade. Em outras palavras: passa a haver um só processo, no qual se realizam sucessivamente a atividade cognitiva e a executiva. Cumpre sublinhar que essa mudança em nada influi na distinção ontológica entre as duas atividades. Cognição e execução constituem segmentos diferentes da função jurisdicional. A lei pode combiná-los de maneira variável, traçar ou não uma fronteira mais ou menos nítida entre os respectivos âmbitos, inserir no bojo de qualquer deles atos típicos do outro, dar prevalência a este sobre aquele, juntá-los, separá-los ou entremeá-los, conforme lhe pareça mais conveniente do ponto de vista prático. O que a lei não pode fazer, porque contrário à natureza das coisas, é torná-los iguais. Vale recordar a proposta de Liebman para conceituar a jurisdição — provavelmente a mais próxima da perfeição, dentre quantas vêm sendo sugeridas em doutrina: 'atividade dos órgãos do Estado ordenada a formular e a atuar praticamente a regra jurídica concreta que, segundo o direito vigente, disciplina determinada situação jurídica'. Da primeira função, a de formular a regra jurídica concreta, incumbe-se a atividade cognitiva; a segunda, a de atuar praticamente essa regra, cabe à atividade executiva. Ninguém ignora que, em certos casos, a primeira é suficiente para proporcionar ao litigante que tem razão toda a tutela a que faz jus: assim, nas sentenças meramente declaratórias e nas constitutivas, cuja eficácia se exaure no plano jurídico. Noutros, torna-se necessária a realização de atos materiais, concretos, sensíveis, destinados a modificar o mundo exterior; em linguagem carneluttiana, dir-se-á: destinados a fazer que aquilo que deve ser realmente seja. Ao conjunto desses atos, por meio dos quais se visa a 'atuar praticamente a regra jurídica concreta', uma tradição multissecular chama 'execução'. Para distingui-los dos primeiros, efetuados simplesmente com o escopo de 'formular' a regra, nada importa que entre eles se estabeleça ou não um distanciamento formal; que uns e outros se pratiquem no curso do mesmo processo ou em processos separados. Se a lei opta por aproximá-los ou juntá-los, diminuindo ou até eliminando o intervalo entre os atos executivos e os atos cognitivos, daí se pode tirar que ela prescinde de um processo de execução, formalmente diferenciado; mas lançará a barra longe demais quem concluir que a lei esteja abolindo a execução em si — coisa que com aquele de jeito algum se identifica." MOREIRA, José Carlos Barbosa. A nova definição de sentença. In: *Revista IOB*. Rio de Janeiro, n. 41, p. 51-60, maio/jun. 2006.

então, haverá atividade executiva dentro da mesma relação jurídica processual que conduziu à formação da decisão que embasa a execução (título executivo judicial). O fato de modificar-se a técnica de efetivação da tutela condenatória propensa a debelar a crise de inadimplemento não infirma a constatação de que a atividade jurisdicional é sempre executiva, seja no tocante ao cumprimento de sentenças que reconheçam a existência de obrigações de fazer ou não fazer ou de entregar coisa (as quais se utilizam de técnicas de coerção, preponderantemente), ou no que se refere às sentenças que impõem uma prestação de pagar (as quais observam, principalmente, as técnicas de sub-rogação)[81].

Por outro lado, para concretização de título executivo extrajudicial, posto que surgido à margem de qualquer processo anterior, haverá, como intuitivo, necessidade de se implementar a execução por meio de instauração de processo inédito. O credor de título executivo extrajudicial, por conseguinte, continuará a ter de deduzir sua pretensão executiva em demanda autônoma, veiculada por petição inicial e com necessidade de citação do executado. O mesmo ocorrerá no tocante à execução de sentença penal, arbitral e estrangeira, títulos que consubstanciam crédito para cuja efetivação continuará a ser necessária instauração de relação jurídica processual autônoma, bem como contra a Fazenda Pública[82]. E de outra forma não poderia ser. Tais títulos se formam a despeito de qualquer processo de cognição anterior, e, por isso, a pretensão executiva só poderia mesmo ser instrumentalizada a partir de processo novo, de execução.

O cumprimento de sentença não é procedimento distinto da execução, reservado, como poderia parecer pela redação dada ao art. 475-I, do CPC[83], única e exclusivamente à implementação prática de decisões que condenam a fazer ou entregar coisa. Realmente. Pela dicção do referido dispositivo, parece mesmo que a execução é procedimento voltado tão somente à efetivação das decisões que condenam a pagar quantia, consoante as normas do Capítulo X, do Título VIII, do CPC, enquanto o cumprimento da sentença objetivaria a realização forçada de decisões que determinam um fazer ou entrega de coisa, observadas as normas, respectivamente, dos arts. 461 e 461-A, do CPC. Não é verdade. A execução, como atividade jurisdicional que objetiva a realização

---

(81) Como nós, GRECO, Leonardo. Primeiros comentários sobre a reforma da execução oriunda da Lei n. 11.232/2005. In: *Revista do Advogado*, São Paulo, v. 26 , n. 85, p. 97-111, maio 2006: "(...) a Lei n. 11.232 rendeu-se à realidade de que a atividade prática desenvolvida depois da sentença para concretizar a satisfação do crédito do vencedor é verdadeiramente uma execução, ainda que não gere um processo autônomo com esse nome".

(82) Art. 475-N, parágrafo único, CPC: "Parágrafo único. Nos casos dos incisos II, IV e VI, o mandado inicial (art. 475-J) incluirá a ordem de citação do devedor, no juízo cível, para liquidação ou execução, conforme o caso".

(83) "Art. 475-I. O cumprimento da sentença far-se-á conforme os arts. 461 e 461-A desta lei ou, tratando-se de obrigação por quantia certa, por execução, nos termos dos demais artigos deste Capítulo."

prática de comando judicial inserido em título executivo, está presente tanto no procedimento, hoje denominado cumprimento de sentença (e que serve para a efetivação de obrigações de fazer, não fazer, entregar coisa e pagar quantia reconhecidas em sentença cível)[84], quanto no processo executivo. A diferença não reside mais na natureza da prestação para cujo cumprimento faz-se mister atuação estatal, mas no fato de a atividade executiva operar-se dentro da relação jurídica processual que desembocou na prolação do título exequendo ou em processo autônomo.

Cumprimento de sentença, portanto, é procedimento executivo que, deslocado para o interior da mesma relação jurídica processual de cognição, visa a efetivar (i) sentença cível que reconheça a existência de obrigação de fazer, não fazer, entregar coisa ou pagar quantia; (ii) sentença homologatória de conciliação ou transação; (iii) sentença homologatória de acordo extrajudicial; (iv) formal e certidão de partilha. Processo executivo, por sua vez, condensa procedimento arquitetado a concretizar (i) título executivo extrajudicial; (ii) sentença penal condenatória transitada em julgado; (iii) sentença proferida contra a Fazenda Pública; (iv) sentença estrangeira; e (v) sentença arbitral.

O que o legislador reformista pretendeu foi estabelecer contraponto entre o cumprimento de sentença e o processo de execução, a partir de critério distintivo baseado na necessidade ou não de instauração de relação jurídica processual voltada exclusivamente para satisfazer direito creditório. De exercício do direito de ação executiva.

Houve, portanto, na verdade, dicotomização entre o cumprimento de sentença, de um lado, e processo autônomo de execução, de outro. Não entre execução e cumprimento de sentença, como, à primeira vista, poderia sugerir a redação do art. 475-I, do CPC. Execução, por evidente, compreendida como conjunto de técnicas de sub-rogação e coercitivas conducentes à satisfação do credor, haverá sempre, tanto no cumprimento de sentença, quanto no processo autônomo de execução. Em suma, o que se há de distinguir é entre cumprimento de sentença

---

(84) Acerca da impropriedade do dispositivo, ALVIM, José Eduardo Carreira. Penhora de renda ou faturamento da empresa. Uma reflexão que se impõe. *Revista da EMERJ*, Rio de Janeiro, v. 9 , n. 36, p. 247-261, out./dez. 2006: "Nos termos do novo art. 475-I, a sentença não é mais exequível através de um processo de execução, mas simplesmente cumprida numa fase subsequente denominada de 'cumprimento'. Dispõe este artigo que 'O cumprimento da sentença far-se-á conforme os arts. 461 e 461-A desta Lei ou, tratando-se de obrigação por quantia certa, por execução, nos termos dos demais artigos deste Capítulo'. Em que pese a intenção, relativamente ao conteúdo, que é das mais louváveis para quem quer justiça rápida, a redação imposta ao dispositivo não poderia ser pior. Primeiro, porque, ao eliminar o processo de execução, sincretizado no processo de conhecimento, como simples fase deste, não era necessário mais referir-se à 'execução' em relação à obrigação por quantia certa, que é, tanto quanto as demais obrigações (fazer, não fazer e entregar coisa) objeto de cumprimento. (...) Teria o preceito sido mais coerente com a nova sistemática inaugurada pela reforma, se se limitasse a dizer que o cumprimento da obrigação por quantia certa far-se-á nos termos dos arts. 475-J a 475-R".

e processo de execução autônomo. A primeira das formas de se executar foi internalizada, importada para dentro do processo de conhecimento; a segunda delas continua a acontecer de forma apartada, em processo distinto[85].

---

(85) A Professora Ada Pellegrini Grinover possui posicionamento um tanto quanto diverso do aqui defendido. Para a eminente Professora de São Paulo, as sentenças que reconheçam a existência de obrigações de fazer, não fazer, e entregar coisa, serão efetivadas mediante o procedimento denominado cumprimento de sentença. Já as sentenças que imponham o pagamento de quantia, pelo procedimento da execução. Concorda a Professora, porém, com o fato de que, hoje, todas as sentenças que reconheçam a existência de obrigação específica a ser cumprida pelo vencido, seja ela de fazer, não fazer, entregar coisa ou pagar quantia, serão efetivadas no interior do mesmo processo em que prolatadas, dito, por isso, sincrético. Confira-se: "A nova lei denomina cumprimento da sentença, em sentido genérico, as atividades destinadas à efetivação do preceito contido em qualquer sentença na qual se reconheça a existência de uma obrigação a ser cumprida pelo vencido. Quando se trata de dar cumprimento a uma obrigação de fazer ou não fazer ou de entregar coisa certa, a efetivação se faz mediante o cumprimento da sentença em sentido estrito, e quando se trata de obrigação de pagar, mediante a execução (execução por quantia certa contra devedor solvente — art. 475-I). Assim, o cumprimento da sentença (*lato sensu*) é o gênero, que tem como espécies o cumprimento da sentença *stricto sensu* (obrigações específicas) e a *execução* (obrigações de pagar). O conceito de execução não se estende ao cumprimento das obrigações específicas, o qual continua regido pelos arts. 461 e 461-A". GRINOVER, Ada Pellegrini. Mudanças estruturais do processo civil brasileiro. In: *Revista IOB de Direito Civil e Processual Civil /Continuação de/RSDC*, São Paulo, v. 8, n. 44, p. 35-55, nov./dez. 2006.

Capítulo 4

PRINCIPIOLOGIA AFETA À EXECUÇÃO

4.1. Princípios gerais

4.1.1. Devido processo legal em execução

Com alguma mitigação, é verdade, a execução é toda ela perpassada pela constelação principiológica que deflui do princípio-síntese do devido processo legal[86][87].

Estrutura-se a execução, guardadas as devidas peculiaridades em virtude de ser fase procedimental voltada à realização de direito já certificado em contraditório longo e exaustivo, no ideário ponderativo conciliador de interesses dialéticos do credor e devedor. O portador de título executivo judicial deseja ver se realizar a sentença no menor intervalo de tempo possível. O devedor de uma prestação reconhecida no título executivo que se executa, por outro lado, deseja que a execução transcorra da maneira menos gravosa possível.

Cabe ao Estado intervir de molde a equilibrar vetores opostos, tecendo, à luz das nuanças do caso concreto, o que seja o devido processo legal para cada hipótese sobre a qual se debruça, ora privilegiando a segurança, ora a rapidez.

Todavia, a igualdade de partes, exuberância no oferecimento de meios de impugnação e amplitude de matérias suscetíveis de ser declinadas em defesa, tão marcadamente acentuadas na fase de conhecimento, em execução, certamente

---

(86) "No processo de execução, que não comporta discussão nem julgamento sobre a existência do crédito — mas comporta-os com referência a outras questões — o contraditório que se estabelece endereça-se somente aos julgamentos que nesse processo podem ter lugar. Não há processo sem decisão alguma, não há decisão sem prévio conhecimento e não há conhecimento sem contraditório. (...) Sendo a participação indispensável fator legitimante da imposição dos resultados do exercício do poder, seria ilegítimo privar o executado de participar do processo executivo — simplesmente sujeitando-se aos atos do Juiz e suportando inerte o exercício do poder sobre os bens de sua propriedade ou posse." DINAMARCO, Cândido Rangel. *Instituições de Direito Processual Civil*. v. I, 4. ed. São Paulo: Malheiros, 2004. p. 219.

(87) "Na execução, há um contraditório peculiar, diante da impossibilidade de se analisarem questões que não foram tratadas no processo de conhecimento e que agora estão acobertadas pelos efeitos da coisa julgada, quando a execução se basear em título executivo judicial." PINHO, Humberto Dalla Bernardina de. *Teoria Geral do Processo Civil Contemporâneo*. Rio de Janeiro: Lumen Juris, 2007. p. 243.

sofrerão mitigações[88]. Na fase executiva, sobressai (ou, ao menos, deveria sobressair!) com maior nitidez a celeridade[89], posto ser processo estruturado com vistas à satisfação de um crédito que o Estado-Juiz já declarou existir, após ouvir atentamente a ambos os lados da disputa e de cotejar alegações com as provas produzidas, deixando-se iluminar, ao proferir decisão, pelos influxos axiológicos advindos do lado de fora do processo. Espera-se que o Juiz profira decisão justa.

A execução é etapa procedimental em que se irá concretizar o pronunciamento judicial e para onde confluem todas as pretensões que não foram satisfeitas. Não mais se discute quem tem razão e, por isso, natural que se preconize pela rápida implementação, no mundo real, do conteúdo da decisão judicial que reconheça a existência de uma obrigação de pagar quantia, fazer, não fazer, entregar coisa etc. Ao executado não mais será possível discutir a respeito do mérito da causa, a não ser à luz das consequências processuais práticas que questões afetas à própria pretensão de direito material possam engendrar. Assim, por exemplo, a quitação do débito, desde que superveniente à decisão judicial exequenda. Enfim, acerca de questões que surjam após a prolação da sentença e que, de algum modo, estejam ligadas à própria certeza, liquidez e exigibilidade da obrigação contida no título executivo ou à própria viabilidade de se executar. Daí a justificada limitação à defesa do executado, pontualmente atrelada a matérias específicas suscetíveis de serem invocadas em impugnação ao cumprimento de sentença, no processo cível, e no Processo do Trabalho, ainda os embargos à execução.

---

(88) O espeque de matérias suscetíveis de serem declinadas em eventual impugnação ao cumprimento de sentença, por exemplo, está limitado a rol taxativo previsto no CPC. Isto porque, como explica Luiz Fux, "(...) é cediço que o processo de execução, conforme visto anteriormente, é de índole satisfativa e não normativa como o processo de conhecimento, posto que o título executivo elimina o grau de incerteza inerente à tutela de cognição. Por esta razão, diz-se que o contraditório no processo de execução tem incidência eventual, porquanto somente se instaura por iniciativa do próprio executado. O exequente, ao formular o seu pedido de tutela jurisdicional, o faz no sentido de instigar o devedor a cumprir e não a se defender. Nesta espécie de processo executivo, os atos são praticados e sua legitimidade aferida *ex post facto*. Isto não significa que o executado não possa opor-se ao crédito, ao título executivo ou mesmo infirmar o processo por vícios formais. Mas a oportunidade para que essa oposição seja oferecida é criada pelo próprio devedor com a introdução, no processo de execução extrajudicial, de um processo de conhecimento, que se denomina 'embargos' (e na atual reforma, de 'impugnação ao cumprimento', tratando-se de título judicial)". FUX, Luiz. Impugnação ao Cumprimento da Sentença. In: WAMBIER, Teresa Arruda Alvim *et al.* (Org.). *Execução civil:* estudos em homenagem ao professor Humberto Theodoro Júnior. São Paulo: Revista dos Tribunais, 2007. p. 204-211.

(89) No mesmo sentido do texto, SARAIVA, Renato. *Curso de Direito Processual do Trabalho.* 5. ed. São Paulo: Método, 2008. p. 586: "Embora a Constituição Federal de 1988 assegure a igualdade de tratamento perante a Lei (art. 5º, *caput*), na execução o tratamento igualitário resume-se à observância da Lei, pois a posição do credor é de superioridade ou preeminência jurídica, ao passo que a posição do devedor é de sujeição ao comando do preceito condenatório que se irradia da sentença ou do título executivo extrajudicial. Portanto, o executado deverá suportar os efeitos dos atos expropriatórios derivados da execução, apenas sendo assegurado ao mesmo que, no cumprimento do julgado, seja observada a legislação vigente".

Quando o Estado-Juiz toma contato com uma pretensão, por haver sido exercitado direito de ação (ação como sinônimo de demanda, isto é, direito concretamente exercido) e, em seguida, oferta oportunidade para que o demandado resista à pretensão, ainda não tem posição formada a respeito da existência do direito que se afirma presente, tampouco de sua titularidade. Tanto autor quanto réu podem estar com a razão, ou, ainda, os dois, cada qual no que concerne a certo ponto da lide. Outras vezes, nenhum dos dois. E, por isso, a necessidade de se assegurar às partes, em paridade, todos os meios de convencerem o julgador, cada uma, de sua versão, distribuindo igualmente ônus e faculdades processuais. Até para o fim de decidir corretamente, aproximando-se da verdade real, o Judiciário deve propiciar a participação isonômica das partes no desenrolar do processo e instrução da causa. A atuação igualitária dos litigantes na formação do convencimento do magistrado é, sem dúvida alguma, fator de legitimação das decisões estatais.

Porém, uma vez prolatada sentença, há formação de um juízo de valor a respeito do objeto litigioso, extraído do exame criterioso do contexto fático--probatório no qual imersa a lide. A sentença, ou outra decisão que venha a substituí-la, tornando-se definitiva, externaliza juízo de valor do Poder Judiciário a respeito da solução a mais justa para o caso trazido à apreciação jurisdicional. A execução propõe-se a transformar o dever-ser que é a sentença em realidade na vida do contendor vitorioso. A execução não está estruturada com vistas à certificação de um direito. Mas em prol de sua satisfação.

O direito já se sabe que existe, bem como quem seja seu titular. E daí por que, ao contrário do que se dá na fase de conhecimento, em execução, enaltecer-se a rapidez em detrimento da segurança. É que, quando da execução, e com exceção de fatos supervenientes passíveis de serem suscitados na defesa do executado, há certeza a respeito da existência e titularidade do direito. Certeza esta que se formou na fase de conhecimento pretérita. A execução sequer seria necessária fosse a decisão cumprida espontaneamente.

A segurança, corolário do devido processo legal, exsurge principalmente de um contexto de incerteza a respeito de quem seja titular do direito em disputa, e, por tal razão, a necessidade, como regra[90], de oferecimento de amplas possibilidades de debate até que a tutela jurisdicional satisfativa possa ser finalmente entregue. Já tendo o Estado-Juiz firmado convencimento a respeito de quem seja merecedor da tutela jurisdicional, não há por que se cercar de tantos cuidados no momento de entregar a prestação jurisdicional, quando o devedor, condenado ao cumprimento de uma prestação, recusar-se a fazê-lo espontaneamente.

---

(90) Evidentemente que a execução provisória e a tutela antecipada são dois bons exemplos de exceções a tal regra, em que se admite, observadas algumas condições específicas, a produção de efeitos satisfativos por decisões que são apenas provisórias, ou seja, antes de seu trânsito em julgado e certificação definitiva pelo Estado a respeito da parte que realmente tem razão no confronto, em prol da efetividade do próprio direito material. Voltaremos a abordar o tema mais adiante, quando tratarmos da execução provisória.

E, por isso, os dispositivos de segurança, inerentes à principiologia cultivada em torno da ideia de certeza, em execução, devem ceder lugar à rapidez, valor imbricado ao propósito instrumentalista esperançoso de efetividade processual, a preconizar pela externalização de resultados práticos no menor intervalo de tempo possível e mais próximos possíveis àqueles que se verificariam acaso o direito material houvesse sido observado espontaneamente. Trata-se, por assim dizer, de juízo ponderativo prévio ou abstrato[91].

4.1.2. Princípio da proporcionalidade

Muito embora não lhe seja peculiar, esse princípio transpassa toda a execução, impregnando a técnica executiva de tom conciliador, tornando-a poderoso instrumental otimizador de interesses em permanente tensão, máxime a rapidez e a segurança. O princípio da proporcionalidade instrumentaliza a ponderação em execução, ao ofertar parâmetros indicativos a respeito da solução que concilie tendências opostas.

Por um tal princípio, as medidas executivas devem ser tomadas a partir da aferição (i) da sua adequação aos fins buscados; (ii) de sua necessidade; e (iii) do custo-benefício que delas advém (proporcionalidade em sentido estrito)[92].

Assim, em primeiro lugar, é preciso analisar se a medida alcançará o fim proposto. Logo, sabendo-se que a execução tenciona satisfazer um crédito, não

---

(91) A respeito da chamada ponderação preventiva ou abstrata, consulte-se o trabalho de BARCELLOS, Ana Paula de. *Ponderação, racionalidade e atividade jurisdicional.* Rio de Janeiro: Renovar, 2005. p. 146 e ss.: "(...) Como já se observou, tanto críticos como defensores da técnica [ponderativa, acrescentamos] discutem o tema tendo em mente a chamada ponderação *ad hoc*, isto é, aquela feita pelo Juiz diante de um caso concreto que ele deverá decidir. É possível, no entanto, visualizar o processo ponderativo acontecendo em um outro ambiente. Na verdade, mais do que possível, é desejável que a ponderação se desenvolva também antes do surgimento do caso concreto. Na medida em que a ponderação vai sendo forjada em abstrato ou preventivamente, por meio da discussão de casos hipotéticos ou passados, o Juiz terá balizas prefixadas quando se defrontar com casos reais. Esse conjunto de ideias conduz à formulação de dois momentos para a ponderação ou de duas modalidades de processo ponderativo, que podem ser denominadas ponderação preventiva ou abstrata e ponderação real ou concreta".

(92) "Constatou a doutrina que o princípio da proporcionalidade se desdobra em três elementos ou subprincípios, a saber, o princípio da adequação ou da pertinência, o princípio da necessidade e o princípio da proporcionalidade em sentido estrito. Segundo o subprincípio da adequação, com o propósito de se adequar o meio ao fim que se intenta alcançar, é de se impor que os meios empregados sejam faticamente suscetíveis de atingir o objetivo escolhido. A proporcionalidade aparece, aqui, como uma simples correspondência fática entre meios e fins. Pelo subprincípio da necessidade, a medida não há desbordar dos limites indispensáveis à conservação do fim legítimo que se almeja, vale dizer, havendo mais de um meio adequado (faticamente possível), a escolha deve recair sobre aquele que proporcione a menor restrição possível a outros direitos fundamentais. Finalmente, segundo o subprincípio da proporcionalidade em sentido estrito, (...) o operador do direito fará uma avaliação global da situação, sopesará todos os valores em jogo, para só então deliberar sobre o emprego daquele meio que se julgou adequado e necessário para a realização do fim pretendido. A proporcionalidade, aqui, irá comandar que se estabeleça uma correspondência entre o fim a ser alcançado e o meio empregado, que seja juridicamente a melhor possível." LIMA, Marcio Kammer de. O princípio da proporcionalidade na execução civil. In: *Revista dos Tribunais*, São Paulo, v. 95, n. 848, p. 66-88, jun. 2006.

haveria sentido, por exemplo, em se proceder à penhora de um bem cujo produto da expropriação será todo ele consumido pelas despesas com a própria execução. Ainda que penhorado o bem, não se teria por assegurada a satisfação do credor. E daí a regra do art. 659, § 2º, do CPC[93], segundo a qual não se efetuará a penhora quando for evidente que o produto da alienação dos bens será inteiramente absorvido pelo pagamento das custas da execução.

Ademais, a medida executiva há de ser estritamente necessária ao alcance dos objetivos visados, não podendo ser excessiva. Nesse sentido, recaindo a penhora sobre bem de valor muito superior ao *quantum debeatur*, é caso de se proceder à sua redução. Ou, possuindo o credor dois bens distintos, cada qual suficiente a assegurar por si mesmo a satisfação do crédito, deve-se direcionar a atividade constritiva para aquele cujo destaque do patrimônio devedor, a fim de sujeitá-lo às atividades expropriatórias, traga menos prejuízos ao executado.

Por fim, os benefícios a serem obtidos com a medida hão de compensar os prejuízos que dela decorram. Assim, por exemplo, poder-se-ia proceder à execução (provisória), inclusive com entrega do valor devido, de verbas alimentares, nos casos, por exemplo, de interposição de recurso extraordinário, tendo em vista caráter excepcional do apelo.

Em tais hipóteses, pela natureza excepcional da via de impugnação, seria possível a prática de atos executivos para além da penhora, inclusive a expropriação de bens do devedor e posterior entrega da soma obtida ao trabalhador até o limite do seu crédito, ainda que com o risco de não ser possível retorno ao *status quo ante*, em caso de provimento do recurso[94].

---

(93) "Art. 659. A penhora deverá incidir em tantos bens quantos bastem para o pagamento do principal atualizado, juros, custas e honorários advocatícios. (...) § 2º Não se levará a efeito a penhora, quando evidente que o produto da execução dos bens encontrados será totalmente absorvido pelo pagamento das custas da execução."

(94) É também a proposta de Antônio Álvares da Silva, de acordo com o qual: "A CLT, no art. 893, § 2º, diz que: 'A interposição de recurso para o Supremo Tribunal Federal não prejudicará a execução do julgado'. Surge a questão: esta execução é provisória e vai até à penhora, ou é definitiva, com a entrega da prestação jurisdicional? A própria CLT, enquanto sistema, dá a resposta. O art. 899 tem espectro genérico. Garante a execução provisória a qualquer recurso, a qual vai até a penhora. Já o art. 893, § 2º, afirma não haver prejuízo à execução na pendência de recurso extraordinário (...). Este dispositivo funciona como uma espécie do art. 899. E, nesta condição, não apresentou qualquer restrição. Não afirmou que a interposição de RE se sujeita à execução provisória do art. 899, que iria até a penhora. Nem precisaria dizê-lo, porque esta é a regra geral. A CLT pensou inteligentemente na rápida solução da controvérsia e afirmou, com toda razão, que a interposição de recurso estranho à recorribilidade trabalhista não traria efeito à execução. Não impediu o recurso, como de fato não poderia fazê-lo, porque tem base constitucional, mas regulou os efeitos de sua interposição, o que pode ser realizado por lei ordinária (...). Se a interposição de RE não prejudica a execução, este comando só pode significar que ela segue sem qualquer restrição ou interrupção, fazendo-se a prestação jurisdicional plena, inclusive com levantamento de dinheiro se for o caso, já que a caução é incompatível com o Processo do Trabalho e não está prevista no art. 893, § 2º." SILVA, Antônio Álvares. *Execução provisória trabalhista depois da reforma do CPC*. São Paulo: LTr, 2007. p. 39.

4.2. Princípios setoriais

4.2.1. Princípio da efetividade da execução

Referido princípio pode ser sintetizado na máxima de que o processo deve dar a quem tem um direito, na medida do possível, tudo aquilo e exatamente aquilo que tenha direito a receber. Tanto mais efetivo é o processo quanto maior for a sua aptidão em alcançar o resultado prático mais parecido possível com aquele que seria obtido na hipótese de a prestação devida ter sido cumprida voluntariamente, sem necessidade de intervenção do Estado-Juiz[95]. De pouca valia seria o processo não fossem as decisões que dele resultam concretizadas na prática.

É preciso que, além de rápidas e justas, as decisões logrem repercutir na realidade, pela irradiação dos efeitos que elas se propõem realizar. Ideal seria que o Estado-Juiz, no momento mesmo da violação ao direito material, pudesse outorgar tutela jurisdicional adequada a reparar o dano sofrido ou tutela preventiva em caso de ameaça. Mas, um mínimo de tempo é necessário até que a jurisdição seja provocada e a sentença seja finalmente prolatada, inclusive em deferência à observância de garantias processuais mínimas, as quais legitimam, pelo procedimento, o produto final da jurisdição — a sentença. Mesmo depois de prolatada a sentença, é possível ao litigante insatisfeito recorrer da decisão, o que ainda demanda tempo. Havendo trânsito em julgado da decisão definitiva, com formação de coisa julgada formal e material, ainda será necessário algum tempo para que a prestação jurisdicional possa ser finalmente entregue. A própria execução admite atividade de conhecimento, pelo estabelecimento de contraditório.

O princípio da efetividade possui especial conotação na execução, receptáculo de pretensões insatisfeitas, as quais esperam possam ser implementadas no mundo real o mais rapidamente possível, eis que já certificada, após longa atividade de conhecimento, a existência do direito (só à espera de concreção) e do respectivo titular.

Logo, o princípio da efetividade em execução, voltada que é à satisfação de um direito de crédito, traduz-se em assegurar a obtenção, no menor intervalo de tempo possível, da prestação a que o exequente tenha direito, de preferência resguardada a maior coincidência possível entre o que ficara decidido na fase de conhecimento e o resultado da atividade executiva (trata-se do princípio da congruência entre a sentença e a execução).

---

(95) "Este princípio é sintetizado pela doutrina através da máxima segundo a qual o processo, dentro do que for concretamente possível, deve dar a quem tenha um direito tudo e exatamente aquilo que ele tenha o direito de conseguir. Nesse sentido, a finalidade da execução é, dentro do possível, restituir as coisas ao seu estado anterior. Justamente porque nem sempre isso é possível, fala-se em execução específica, na qual o processo concede ao credor exatamente aquilo que lhe havia sido indevidamente retirado; e execução genérica, na qual, diante da impossibilidade de obter-se a execução específica, há a conversão da obrigação em perdas e danos a serem auferidos em execução de pagar quantia certa." PINHO, Humberto Dalla Bernardina de. *Teoria Geral do Processo Civil contemporâneo*. Rio de Janeiro: Lumen Juris, 2007. p. 242-243.

Em se tratando de obrigação de pagar quantia, a decisão realiza-se especificamente com a entrega da soma devida ao credor, após expropriação de bens do patrimônio do devedor suficientes a assegurar adimplemento da prestação na íntegra. Da mesma forma, em se tratando de execução de obrigações de entrega de coisa, cumpre-se com efetividade o comando judicial na medida em que seja possível a entrega específica da coisa devida. No que toca às obrigações de fazer e não fazer, gradua-se a efetividade da execução conforme logre obter para o credor a mesma atividade ou o mesmo efeito da abstenção a que se obrigara o devedor. Por vezes, entretanto, o sistema jurídico se deparará com barreira intransponível ao cumprimento específico do comando judicial que impõe a outrem um fazer ou não fazer. Não é possível obrigar alguém a praticar uma conduta ou uma abstenção contra a sua vontade. E daí, em não sendo viável nem mesmo a obtenção de efeito prático equivalente ao adimplemento específico pelo próprio Estado-Juiz, elege-se terceiro que, às custas do devedor, possa realizar o que não tenha sido feito ou desfaça o que tenha sido realizado em desobediência a uma obrigação negativa. Ou, ainda, em não desejando o credor (ou não sendo possível) o cumprimento da prestação por mais ninguém que não seja o próprio devedor ou impossível o desfazimento do que tenha sido feito indevidamente, o recebimento do equivalente pecuniário (perdas e danos).

Apesar de o ordenamento jurídico haver forjado mecanismos reparatórios com o fito de buscar de algum modo satisfazer o credor, a opção do sistema processual ainda é pelo cumprimento específico das obrigações, de molde a se propiciar ao exequente exatamente aquilo que tenha direito de receber[96].

4.2.2. Princípio da natureza real da execução

Tal princípio é informativo de toda e qualquer execução. Vem consagrado nos arts. 591[97] e 646[98], ambos do CPC. Apregoa que a execução, como regra, não pode recair sobre a pessoa do devedor, apenas sobre o seu patrimônio[99].

---

(96) "O escopo do processo, como instrumento de realização de justiça, é dar a cada um aquilo que é seu, na clássica concepção romana. (...) o credor não deve ser instado a receber coisa diversa daquela que consta no título executivo como compensação pela transgressão. Assim, se o credor faz jus à entrega de um automóvel ele não pode ser obrigado a receber o equivalente ao bem; se o devedor comprometeu-se a não construir e o fez, o credor deve colher a destruição da coisa erigida em contravenção à interdição de não fazer ao invés das perdas e danos, e assim por diante. (...) O princípio da satisfação específica é resultado do movimento pela efetividade do processo, que tem em mira a preocupação de conferir-se a quem tem razão, num prazo razoável, exatamente aquilo que faz jus" (FUX. Luiz. *O novo processo de execução*. Rio de Janeiro: Forense, 2008. p. 26-27).

(97) "Art. 591. O devedor responde para o cumprimento de suas obrigações, com todos os seus bens presentes e futuros, salvo as restrições estabelecidas em lei."

(98) "Art. 646. A execução por quantia certa tem por objeto expropriar bens do devedor, a fim de satisfazer o direito do credor."

(99) Como exceção a essa regra, o caso de prisão civil do devedor de alimentos. Com relação ao depositário infiel, entendeu o STF que, em decorrência do *status* normativo supralegal de que desfrutaria o Pacto de

Logo, responde pelo cumprimento da obrigação os bens presentes e futuros do executado, assim considerados, respectivamente, aqueles que componham o seu patrimônio no momento da instauração da execução e aqueles que venham a ser adquiridos no curso do procedimento executivo. Os bens passados (isto é, aqueles que já não mais integrem o patrimônio do executado quando da instauração da execução) apenas respondem se destacados do patrimônio do executado fraudulentamente[100] ou se sobre eles incidir alguma garantia real (hipoteca ou penhor)[101].

São José da Costa Rica, ato internacional do qual o Brasil é signatário, que veda a prisão do depositário infiel, a legislação doméstica que disciplinaria a hipótese, por antinômica, deveria ser afastada, de molde que o dispositivo constitucional que admitia a prisão estaria com a sua eficácia comprometida, posto que dependente de integração, densificação normativa para a sua plena aplicabilidade.

(100) "A regra geral da responsabilidade patrimonial encontra-se estabelecida no art. 591 do Código de Processo Civil, em dispositivo de redação tortuosa, segundo o qual 'o devedor responde, para cumprimento de suas obrigações, com todos os seus bens presentes e futuros, salvo as restrições estabelecidas em lei'. É defeituosa a redação da lei, pois que fala em 'presentes e futuros' sem estabelecer um referencial no tempo. Assim, cabe ao intérprete descobrir a que bens se refere a norma. Bens presentes em que momento? Bens futuros em relação a que momento? Não há consenso na interpretação desta norma. Alguns afirmam que a responsabilidade incide (salvo as restrições legais) sobre os bens presentes e futuros em relação ao momento em que foi contraída a obrigação. Outros há que asseveram incidir a responsabilidade sobre os bens que o executado tenha em seu patrimônio, quando da instauração do processo executivo, e sobre os que ele venha a adquirir no curso do processo. Parece preferível, porém, considerar que a responsabilidade patrimonial incide sobre os bens que integram o patrimônio do executado no momento da instauração do módulo processual executivo, e sobre aqueles que venha a adquirir no curso desse módulo processual, incidindo também sobre os bens passados (assim entendidos os que já se tenham retirado do patrimônio do executado quando da instauração da execução) sobre os quais incida uma 'garantia real' (como a hipoteca ou o penhor) e sobre aqueles que, tendo sido alienados do patrimônio do devedor, possam retornar à esfera dos bens que possam ser sujeitos à constrição judicial (no caso de ter sido a alienação em fraude contra credores ou em fraude de execução). Assim sendo, verifica-se que a regra geral é a da responsabilidade incidindo (salvo, repita-se ainda uma vez, as restrições legais) sobre os bens que integram o patrimônio do executado, no momento da instauração da execução (*bens presentes*) e os que venham a ser adquiridos no curso do processo (*bens futuros*). Quanto aos bens passados, ou seja, aqueles que integravam o patrimônio do executado, mas dali foram retirados antes de iniciado o processo executivo, ficam eles, em linha de princípio, excluídos da responsabilidade. Excetuam-se, aqui, os bens sobre os quais já se havia praticado algum ato de asseguração da penhora, como a hipoteca, e os bens alienados fraudulentamente (fraude contra credores, fraude de execução). Estes bens, embora *passados*, não mais integrando o patrimônio do executado, podem ser objeto de constrição através da atividade executiva." CÂMARA, Alexandre Freitas. *Lições de Direito Processual Civil*. v. II, 14. ed. Rio de Janeiro: Lumen Juris, 2007. p. 221-222.

(101) "Considerando que o patrimônio do devedor é o sucedâneo para as hipóteses de inadimplemento, forçoso concluir que, enquanto a obrigação não está satisfeita, os bens do devedor ficam comprometidos até o limite necessário à satisfação do crédito. Deveras, nesse interregno, como ainda não há individualização dos bens que responderão pela obrigação, todo o patrimônio do devedor torna-se afetado, por isso que qualquer alienação de bens é potencialmente lesiva aos interesses do credor. A regra da realidade, a qual encerra o epílogo de uma luta secular através da qual o devedor logrou por princípios de equidade repassar o sacrifício de sua própria pessoa para o seu patrimônio nas hipóteses de inadimplemento da obrigação impõe certa exegese, porquanto da literalidade da interpretação não se depreendem os casos em que pessoa diversa do devedor tem seus bens comprometidos com a dívida alheia e nem aqueles nos quais os bens do devedor não respondem por suas obrigações" (FUX, Luiz. *O novo processo de execução*. Rio de Janeiro: Forense, 2008. p. 43).

4.2.3. Princípio da limitação expropriatória

Há limitações quantitativas e qualitativas relativamente aos bens do patrimônio do devedor passíveis de responderem pelo cumprimento das obrigações por ele assumidas. De acordo com art. 659, do CPC[102], só incidirá a penhora sobre bens do devedor suficientes para satisfação do crédito exequendo. Logo, não será todo o patrimônio do executado que ficará sujeito à atividade executiva.

Ainda de inspiração principiológica, a norma do CPC (art. 692, parágrafo único[103]) que determina se suste a arrematação tão logo o produto de venda dos bens apreendidos seja suficiente a cobrir o valor integral da dívida, acrescida de todos os acessórios, porque aí já se terá atingido a finalidade precípua da execução, qual seja, a satisfação integral do direito do credor, tornando-se excessiva a execução que prossiga para além do que seja estritamente necessário a que o credor receba aquilo a que tenha direito.

Limitações qualitativas são as que restringem o objeto sobre o qual poderão recair os atos de constrição, originando-se daí bens absoluta e relativamente impenhoráveis, os primeiros a salvo de qualquer atividade executiva, ainda quando não existam outros bens no patrimônio do devedor suficientes a assegurar o pagamento do crédito; os segundos, por sua vez, só podendo ser penhorados na falta de outros bens disponíveis no patrimônio do executado. Trata-se de limitação imposta pelo legislador à invasão patrimonial do executado, tornando intocáveis determinados bens. A razão por trás das impenhorabilidades é a de não aviltar o devedor em sua dignidade, desprovendo-o, pela penhora, de um mínimo indispensável à sobrevivência.

Com efeito, aparentaria paradoxal que o Estado-Legislador e que o Estado-Executivo, na confecção das leis e implementação de políticas públicas, propugnassem pela efetivação de direitos do homem, esmerando-se em imprimir concretitude ao projeto constitucional de dignificação humana, principalmente pela realização de direitos sociais, instrumentalmente vinculados à efetivação de direitos individuais, e, em execução, admitisse esse mesmo Estado a prática de atos que atentassem contra tal ideologia, suprimindo ao devedor o mínimo indispensável à existência digna. No entanto, a regra ainda é a da responsabilidade patrimonial, sendo a intangibilidade excepcional.

4.2.4. Princípio da utilidade para o credor e da menor onerosidade possível para o devedor

Tais princípios são, na realidade, desdobramentos lógicos dos princípios da efetividade e proporcionalidade, já antes delineados. A ideia de que a execução

---
(102) "Art. 659. A penhora deverá incidir em tantos bens quantos bastem para o pagamento do principal atualizado, juros, custas e honorários advocatícios."
(103) "Art. 692. Não será aceito lanço que, em segunda praça ou leilão, ofereça preço vil. Parágrafo único. Será suspensa a arrematação logo que o produto da alienação dos bens bastar para o pagamento do credor."

deva se realizar de forma proporcional ilumina, por sua vez, a ideia de que a execução deva prioritariamente satisfazer o direito de crédito (vedação da proteção insuficiente), mas sem levar à ruína o devedor (vedação do excesso). A própria legislação processual é rica em exemplos nos quais busca otimizar interesses disjuntivos em jogo. Assim, o art. 620 do CPC, de acordo com o qual havendo mais de um meio de se realizar a execução far-se-á pelo modo menos gravoso possível para o executado (vedação ao excesso).

Há que se ter em mente, porém, que, em se tratando de execução trabalhista, via de regra, o que se busca é a satisfação de créditos de natureza alimentar, originários da exploração de força de trabalho humano que já reverteu em benefício econômico para o empregador. Impossível devolver-se ao tomador dos serviços a energia empenhada pelo trabalhador na consecução dos serviços executados. "É o credor — empregado — que normalmente se vê em situação humilhante, vexatória, desempregado e, não raro, faminto."[104][105] Daí, a particularidade do Processo do Trabalho em claramente beneficiar o exequente.

O Processo do Trabalho, em seu germe, diferentemente da processualística comum, foi moldado à luz de um cenário de desigualdade perversa de forças entre as personagens que lhe singularizam, e, por conseguinte, inteligido como instrumento de propulsão da igualdade material. O Processo Comum, ao revés, sempre serviu de instrumento ao desenrolar de disputas marcadas pela paridade de forças. É bem verdade que, hoje, máxime após ampliação da competência da Justiça Laboral engendrada pela Emenda Constitucional n. 45/2004 para conhecer de causas envolvendo não apenas relações de emprego, mas também de trabalho na acepção ampla do termo, não mais se adstringe a jurisdição trabalhista ao processamento de feitos marcados pela dicotomia "fortes-fracos". Ou, ao menos, não na concepção clássica de ser o trabalhador sempre o fraco da relação jurídica material e o tomador dos serviços o forte. Há relações de trabalho que são, inclusive, qualificadas pelo desequilíbrio de forças em prol do trabalhador e não de quem lhe toma os serviços (basta pensar na relação médico-paciente, em que aquele é o forte, ou nos jogadores de futebol com salários milionários). Nestas hipóteses, o princípio há que continuar a ser inteligido em sua significação clássica, invadindo-se o patrimônio do devedor apenas na medida do que seja estritamente necessário a que se satisfaça o credor, sem suprimir ao tomador

---

(104) BEZERRA LEITE, Carlos Henrique. *Curso de Direito Processual do Trabalho*. 3. ed. São Paulo: LTr, 2005. p. 689.

(105) Carlos Henrique Bezerra Leite, na esteira da doutrina trabalhista clássica, propugna pela leitura do princípio da menor onerosidade à luz da realidade sobre a qual atua o Processo Laboral, de nítido descompasso de forças entre o credor (geralmente o trabalhador explorado) e o devedor (o empresariado forte), afirmando que a execução trabalhista deve se processar da maneira menos gravosa para o credor. Entretanto, com a ampliação da competência da Justiça do Trabalho para conhecer de relações de trabalho *lato sensu*, há que se ter cautela quando da aplicação invertida do referido princípio, eis que situações haverá em que o trabalhador estará se não em situação de equivalência de forças, em posição preeminente relativamente ao tomador dos serviços (como no caso de jogadores de futebol com salários milionários ou de profissionais liberais). *Idem*.

dos serviços o mínimo indispensável à existência digna. E, não, evidentemente, em prol do trabalhador, que, nestas hipóteses específicas, ou é o hipersuficiente, ou, pelo menos, litiga em juízo em igualdade de condições com o tomador dos serviços.

4.2.5. *Princípio do desfecho único da etapa executiva de um processo sincrético*

A execução estrutura-se com vistas à satisfação de um direito de crédito reconhecido em título executivo judicial que autoriza início da atividade executiva. O título, quando forjado no bojo de um processo, contém o reconhecimento pelo Judiciário da existência do direito de alguém de obter uma prestação qualquer, seja ela de pagar, entregar coisa, fazer, desfazer, abster-se de fazer etc.

Logo, em execução o que se espera é que seja concretizada a prestação que o Estado-Juiz reconheceu existir em favor daquele que demonstrou em juízo ser o titular do direito material. Daquele que demonstrou ter razão. De se esperar, por conseguinte, que a execução culmine com a efetiva entrega da prestação jurisdicional ao contendor vitorioso. Qualquer outro desfecho que não seja a satisfação do credor é tido por excepcional[106].

---

(106) "A execução existe para satisfação dos direitos do credor, sendo este o seu único desfecho possível. Para entender o chamado princípio do desfecho único, observe-se a diferença entre cognição e execução: a primeira visa a formular a norma jurídica concreta, por meio da prolação de uma sentença, não importando se ela será favorável ao demandante ou ao demandado; a segunda objetiva promover a atuação prática da norma concreta contida no título executivo e, assim, satisfazer a pretensão do credor. Desse modo, este princípio significa que a execução se destina à outorga de tutela executiva, e que esta somente pode ser concedida ao credor, jamais ao devedor. Ele não impede, porém, que, durante o processo autônomo de execução (execução autônoma), ou durante a fase executiva de um processo sincrético (execução imediata), realize-se a atividade cognitiva que venha a impedir a concessão de tutela executiva. Nem por isso estará descaracterizado o princípio do desfecho único. Afinal, não se haverá concedido tutela executiva, mas sim declaratória ao devedor, lembrando-se, uma vez mais, que, pelo princípio ora comentado, a execução somente pode deferir tutela executiva ao credor." PINHO, Humberto Dalla Bernardina de. *Teoria Geral do Processo Civil contemporâneo.* Rio de Janeiro: Lumen Juris, 2007. p. 243.

Capítulo 5

LEGITIMIDADE ATIVA E PASSIVA PARA A EXECUÇÃO TRABALHISTA[107]

Assim como no módulo cognitivo, no módulo executivo há que se perquirir acerca da legitimidade das partes, como condição a que a execução culmine com a satisfação do direito do credor. A ausência de legitimação, tanto ativa quanto passiva, culminará com desfecho anômalo para a execução.

Os únicos artigos da CLT que tratam do tema da legitimação para a execução trabalhista são os arts. 878[108] e 878-A[109]. Subsidiariamente, observa-se o disposto na Lei de execução fiscal, e ainda o disposto nos arts. 566 a 568 do CPC[110].

5.1. Legitimação ativa

De acordo com o disposto no *caput* do art. 878 da CLT, "a execução poderá ser promovida por qualquer interessado, ou *ex officio*, pelo próprio Juiz ou presidente ou tribunal competente (...)". Juiz competente, por sua vez, é, nos termos do art. 877, da CLT "o Juiz ou presidente do tribunal que tiver conciliado ou julgado originariamente o dissídio".

---

(107) Intuitivo que com a superveniência da EC n. 45/2004, a qual alterou profundamente a competência da Justiça do Trabalho, dilargando substancialmente o espectro de causas passíveis de serem conhecidas pelos órgãos judiciais trabalhistas, haverá, por via de consequência, mudanças também significativas na legitimação *ad causam*, tanto ativa, quanto passiva. O tema, por si só, poderia ser objeto de uma Monografia. Tais nuanças, entretanto, por limitações de tempo e de espaço, não serão aqui abordadas, limitando-nos a apresentar um panorama geral a respeito daquelas pessoas que possuem legitimidade para estar em juízo, seja na qualidade de exequentes, seja na de executados.

(108) "Art. 878. A execução poderá ser promovida por qualquer interessado, ou *ex officio*, pelo próprio Juiz ou presidente ou tribunal competente, nos termos do artigo anterior."

(109) "Art. 878-A. Faculta-se ao devedor o pagamento imediato da parte que entender devida à Previdência Social, sem prejuízo da cobrança de eventuais diferenças encontradas na execução *ex officio*."

(110) "Art. 566. Podem promover a execução forçada: I – o credor a quem a lei confere título executivo; II – o Ministério Público, nos casos prescritos em lei. Art. 567. Podem também promover a execução, ou nela prosseguir: I – o espólio, os herdeiros ou os sucessores do credor, sempre que, por morte deste, lhes for transmitido o direito resultante do título executivo; II – o cessionário, quando o direito resultante do título executivo lhe foi transferido por ato entre vivos; III – o sub-rogado, nos casos de sub-rogação legal ou convencional. Art. 568. São sujeitos passivos da execução: I – o devedor, reconhecido como tal no título executivo; II – o espólio, os herdeiros ou os sucessores do devedor; III – o novo devedor, que assumiu, com o consentimento do credor, a obrigação resultante do título executivo; IV – o fiador judicial; V – o responsável tributário, assim definido na legislação própria."

Possui o Juiz trabalhista legitimidade para ser exequente e deflagrar ele próprio a execução. Ademais, confere a lei, evidentemente, legitimidade ativa a quem seja credor segundo o título executivo judicial ou extrajudicial. Em se tratando de cumprimento de sentença ou de fase executiva de um processo sincrético, como o é a execução trabalhista, reputa-se legitimado a iniciar a execução aquele em favor de quem a decisão judicial declare existir uma prestação a ser cumprida. Trata-se de hipótese de legitimação ordinária. Aquele a quem a decisão judicial reconhecer uma posição jurídica de vantagem poderá, portanto, postular direito próprio em seu próprio nome. Enfim, reconhece-se legitimidade para deflagrar a etapa de cumprimento da sentença àquele a quem o título executivo confira a qualidade de credor, geralmente o empregado e agora também o prestador de serviços.

Além do credor e do Juiz competente, o qual pode deflagrar *ex officio* o procedimento executivo[111], há outras pessoas legitimadas à execução trabalhista, referidas na CLT como "demais interessados". Ante a omissão do diploma celetista acerca de quem seriam estes "outros interessados", aplica-se o disposto nos arts. 566 e 567 do CPC, com algumas ressalvas.

Por exemplo, confere-se legitimidade ativa ao Ministério Público do Trabalho para promover a execução de título executivo judicial quando haja participado do processo na qualidade de parte, tanto em primeiro, quanto em segundo grau de jurisdição. É o que ocorre nas ações civis públicas.

São também legitimados à execução o espólio, os herdeiros e sucessores do credor, em razão de seu falecimento.

O próprio devedor poderá, de acordo com o art. 878-A, da CLT, desde logo proceder aos recolhimentos que entenda devidos ao INSS (agora, Super-Receita), em decorrência de prolação de sentença condenatória ou de celebração de acordo.

5.2. Legitimação passiva

O legitimado passivo para a execução trabalhista, em geral, é o empregador e, hoje, também o tomador dos serviços.

Há hipóteses, porém, em que o empregador pode figurar como exequente. É o que se passa quando vence demanda e é credor de custas, honorários periciais etc. Ainda, quando o empregado tenha sido condenado a devolver-lhe ferramenta de trabalho ou a pagar indenização ao patrão em função de prejuízos causados etc.

Como é óbvio, é legitimado a sofrer uma demanda executiva o devedor assim reconhecido no título executivo judicial. Logo, poderá ser executado todo

---

(111) Há casos, porém, em que a execução trabalhista não poderá ser iniciada por iniciativa judicial, como, por exemplo, na execução de sentenças cuja liquidez dependa da produção de prova de fatos novos, o que, evidentemente, não poderá ser feito pelo Juiz.

aquele obrigado por contrato ou pela lei ao cumprimento de uma prestação — de pagar quantia, fazer, não fazer ou entregar coisa.

Em seguida, confere o CPC legitimidade passiva ao espólio, herdeiros e sucessores do devedor, até o limite do quinhão de cada um.

As pessoas jurídicas que sucedam a outras também poderão figurar no polo passivo de uma execução[112]. A CLT equipara a empresa ao empregador. Logo, ainda que ocorra qualquer rearranjo societário ou que haja modificação na titularidade da pessoa jurídica contratante, como ocorre, por exemplo, com a saída de sócios ou com a sucessão de empregadores, preservam-se intactos os contratos de trabalho, eis que se vincula o empregado à atividade desenvolvida. Insere-se o trabalhador no contexto produtivo, sendo irrelevante, para fins de proteção de seu contrato, quaisquer alterações na estrutura da pessoa jurídica empregadora.

Com relação ao grupo econômico, prevalece entendimento doutrinário e jurisprudencial, máxime após cancelamento pelo TST do Enunciado de Súmula n. 205, de que quaisquer das pessoas jurídicas integrantes do grupo, inclusive sócios, são solidariamente responsáveis pelo passivo trabalhista existente, podendo figurar no polo passivo da execução, ainda que não constem do título executivo judicial[113].

---

(112) "Doutrina e jurisprudência firmaram entendimento de que, na hipótese de sucessão trabalhista devidamente comprovada (arts. 10 e 448 da CLT), a empresa sucessora responde pelas dívidas trabalhistas assumidas e não adimplidas pela empresa sucedida, assumindo o sucessor o polo passivo da execução trabalhista. (...) Frise-se que é comum nas alienações a incidência de cláusula entre os contratantes atribuindo exclusivamente à empresa sucedida a responsabilidade pelo adimplemento das obrigações trabalhistas dos empregados por ela dispensados antes da sucessão (o que ocorreu na maioria das privatizações realizadas nos bancos estaduais). É evidente que esta cláusula, em relação aos credores trabalhistas, não produzirá qualquer efeito, respondendo a empresa sucessora pelos créditos trabalhistas cuja responsabilidade tentou atribuir à empresa sucedida, sob pena de os empregados restarem totalmente desamparados, principalmente se a sucedida não tiver saúde financeira para suportar a dívida. Honrando a dívida, a empresa sucessora poderá mover ação regressiva, na Justiça Comum, em face da empresa sucedida, com fundamento no art. 567, III, do CPC." SARAIVA, Renato. *Curso de Direito Processual do Trabalho*. 5. ed. São Paulo: Método, 2008. p. 593.

(113) No mesmo sentido do texto, SARAIVA, Renato. *Curso de Direito Processual do Trabalho*. 5. ed. São Paulo: Método, 2008. p. 594: "Em relação ao grupo econômico, vale mencionar que o Tribunal Superior do Trabalho cancelou, por meio da Resolução Administrativa n. 121/2003, o antigo Enunciado n. 205, o qual determinava que 'o responsável solidário, integrante do grupo econômico, que não participou da relação processual como reclamada e que, portanto, não consta no título executivo judicial como devedor, não pode ser sujeito passivo na execução'. Em função disso, ganhou ainda mais força o entendimento doutrinário de que a execução pode ser promovida em face de qualquer integrante do grupo econômico, mesmo que não tenha participado do processo de conhecimento e não conste no título executivo judicial. O Superior Tribunal de Justiça tem se posicionado nesse exato sentido, qual seja admitindo a desconsideração da personalidade jurídica da empresa (...) nos casos em que as empresas agrupadas são apenas formalmente distintas, constituindo, em verdade, grupo econômico, para permitir-se a execução dos bens das demais empresas e sócios, independentemente de terem participado do processo cognitivo (...)".

Capítulo 6

TÍTULOS EXECUTIVOS JUDICIAIS TRABALHISTAS

Toda execução pressupõe sempre (i) o descumprimento de uma obrigação e (ii) a existência de um título executivo.

Sem título, não há execução. E, sem inadimplemento, não há (ainda) o interesse, tampouco a necessidade em se instar o Poder Judiciário a forçar o devedor ao cumprimento do quanto devido por lei ou contratualmente[114].

Os títulos executivos judiciais são aqueles formados no bojo de um processo, não necessariamente judicial. As sentenças arbitrais, por exemplo, são títulos judiciais que se formam à margem da jurisdição. Diz-se ser a sentença condenatória o título executivo judicial por excelência. Entretanto, como se verá, as sentenças constitutivas e declaratórias, desde que contemplem a existência de uma prestação (de dar, fazer ou não fazer) a ser cumprida, também viabilizam o acesso às vias executivas.

No CPC, o novo art. 475-N[115] elenca quais são os títulos judiciais cíveis. A CLT trata indiferentemente dos títulos executivos judiciais e extrajudiciais

---

(114) "O Estado, ao iniciar a prática dos atos de coação estatal característicos do processo de execução, certifica-se não só da existência do direito através do título executivo, mas também do 'descumprimento da obrigação'. Assim, 'o inadimplemento do devedor' e o 'título executivo' representam pressupostos para realizar a execução ou o cumprimento de sentença. Esses denominados 'requisitos' figuram para o processo de execução como as 'condições da ação' para o processo de conhecimento. O título comporta a obrigação e o inadimplemento, a violação (...), ambos são apreciados in abstrato para permitir o início da execução, sendo certo que tanto o título quanto o alegado inadimplemento podem ser infirmados no curso do processo" (FUX, Luiz. O novo processo de execução. Rio de Janeiro: Forense, 2008. p. 31 e ss).

(115) "Art. 475-N. São títulos executivos judiciais: I – a sentença proferida no Processo Civil que reconheça a existência de obrigação de fazer, não fazer, entregar coisa ou pagar quantia; II – a sentença penal condenatória transitada em julgado; III – a sentença homologatória de conciliação ou de transação, ainda que inclua matéria não posta em juízo; IV – a sentença arbitral; V – o acordo extrajudicial, de qualquer natureza, homologado judicialmente; VI – a sentença estrangeira, homologada pelo Superior Tribunal de Justiça; VII – o formal e a certidão de partilha, exclusivamente em relação ao inventariante, aos herdeiros e aos sucessores a título singular ou universal. Parágrafo único. Nos casos dos incisos II, IV e VI, o mandado inicial (art. 475-J) incluirá a ordem de citação do devedor, no juízo cível, para liquidação ou execução, conforme o caso."

trabalhistas no art. 876[116], com a redação que lhe conferiu a Lei n. 9.958/2000. Abordaremos em linhas gerais apenas os títulos judiciais que sejam peculiares ao Processo Trabalhista.

6.1. Sentença (ou acórdão) transitada em julgado ou contra a qual tenha sido recebido recurso no efeito apenas devolutivo

6.1.1. Classificação das sentenças de procedência quanto ao seu conteúdo

A doutrina, de uma forma geral, antes ainda da reforma engendrada pela Lei n. 11.232/2005, que transformou a execução de sentença de procedência de pedido de condenação ao pagamento de quantia certa e também as declaratórias da existência deste direito à prestação em fase de um processo sincrético, a fim de diferenciar as sentenças condenatórias cuja efetivação ocorria no mesmo processo em que eram prolatadas (*sine intervalo*), daquelas que necessitavam, para sua realização, da instauração de um processo diferenciado (efetivação *ex intervalo*), acolheu classificação das sentenças de mérito que distinguia entre as sentenças executivas e mandamentais, de um lado, e as sentenças condenatórias, de outro[117]. A distinção entre elas residia precisamente na técnica executiva empregada para sua concretização. Isto é, no modo de efetivação de cada uma delas: as sentenças executiva e mandamental efetivavam-se no próprio processo em que prolatadas, ao passo que as sentenças denominadas condenatórias exigiam processo diferenciado para sua realização. Ademais, dependendo do meio coercitivo — direto ou indireto — empregado na execução, as sentenças poderiam ser executivas ou mandamentais. A diferença estava em que a execução destas últimas se dava com a participação do executado, pelo emprego de medidas indiretas de coerção

---

(116) "Art. 876. As decisões passadas em julgado ou das quais tenha havido recurso com efeito suspensivo; os acordos, quando não cumpridos; os termos de ajuste de conduta firmados perante o Ministério Público do Trabalho e os termos de conciliação firmados perante as Comissões de Conciliação Prévia serão executados pela forma estabelecida neste Capítulo."

(117) Sempre houve quem criticasse a adoção da referida classificação, a qual distinguia entre as sentenças condenatórias e as sentenças executivas, também denominadas por alguns sentenças executivas *lato sensu*. Dizia-se que ambas eram condenatórias, já que impunham o cumprimento de uma prestação de fazer, não fazer, entregar coisa ou pagar. A diferença existente quanto à maneira de se operar a execução — com relação às sentenças condenatórias, em processo distinto daquele em que haviam sido produzidas, e no tocante às sentenças executivas, no interior do mesmo processo cognitivo em que proferidas, não possuiria o condão de alterar a natureza jurídica do título executivo. Assim, por exemplo, Alexandre Câmara: "(...) há sentenças condenatórias cuja execução não se dá em processo executivo autônomo, mas por ato executivo inserido na mesma cadeia procedimental do processo cognitivo. São as impropriamente chamadas 'sentenças executivas *lato sensu*', que são sentenças condenatórias como outras quaisquer, diferindo apenas o meio escolhido pelo legislador para que se proceda à execução do comando nelas contido (como é o caso da sentença que decreta o despejo). Registre-se, aliás, que a partir da vigência da Lei n. 10.444/2002 e da Lei n. 11.232/2005, todas as sentenças condenatórias têm na sua execução mera fase complementar da cognição, tendo o processo — em razão da fusão dessas duas atividades — natureza mista." CÂMARA, Alexandre Freitas. *Lições de Direito Processual Civil*. vol. II. 14. ed. Rio de Janeiro: Lumen Juris, 2007. p. 191.

(que buscavam compelir o próprio executado a cumprir a prestação) enquanto aquelas eram executadas sem a participação do executado, pelo uso de medidas diretas de coerção (ou sub-rogatórias da atuação do devedor).

Consoante magistério de *Ada Pellegrini Grinover*[118]:

"(...) é fácil verificar que essa classificação, acrescentando duas espécies no gênero processo de conhecimento, ao lado das demandas condenatórias, constitutiva e declaratória, não significa que a sentença executiva *lato sensu* e a mandamental não sejam condenatórias, indicando somente um tipo diverso de efetivação (qual seja, a ausência de um processo autônomo de execução). E tanto é assim que outra classificação — desta feita, de acordo com o cumprimento da sentença condenatória — passou a chamar aquela que demandava execução *ex intervallo* de condenatória *pura*, para distingui-la das condenatórias sem processo de execução (ou seja, a executiva *lato sensu* e a mandamental)." (grifos no original)

Admitiu-se, por conseguinte, a existência de cinco diferentes tipos de sentenças definitivas (classificação quinária das decisões judiciais), quais sejam, (i) meramente declaratórias, (ii) constitutivas, (iii) condenatórias (ou condenatórias puras), (iv) mandamentais e (v) executivas. Referida classificação, logicamente, referia-se apenas às sentenças de procedência do pedido, porquanto as sentenças de improcedência eram sempre declaratórias da inexistência do direito afirmado pelo autor.

Destarte, ao lado das sentenças (i) meramente declaratórias, cujo conteúdo limitava-se a reconhecer a existência ou inexistência de relação jurídica ou atestar veracidade ou falsidade de documento; (ii) das sentenças constitutivas, que certificavam e efetivavam direitos potestativos[119], alterando por si mesmas a realidade fática, sem necessidade de qualquer atividade executiva adicional, e (iii) da sentença condenatória, já velhas conhecidas, despontaram a sentença mandamental e executiva.

Com a edição da Lei n. 11.232/2005, essa classificação perdeu razão de ser. Toda decisão que reconhece a existência de um dever de prestar (fazer, não fazer, dar coisa ou pagar quantia) pode ser efetivada no mesmo processo em que foi proferida, não havendo mais necessidade de instauração de um processo autônomo de execução. Logo, perdeu o sentido distinguir as sentenças condenatórias das mandamentais e executivas. O critério distintivo entre elas era justamente o modo como se efetivavam as decisões — a necessidade ou não de instauração de novo processo (de execução) para a efetivação da decisão judicial. Mas, em 1994, as sentenças que reconheciam um direito a uma prestação de fazer ou não fazer passaram a poder ser efetivadas no mesmo processo em que

---
(118) GRINOVER, Ada Pellegrini. Mudanças estruturais do processo civil brasileiro. In: *Revista IOB de Direito Civil e Processual Civil/Continuação de/RSDC*, São Paulo, v. 8, n. 44, p. 35-55, nov./dez. 2006.
(119) Direito potestativo é o poder jurídico conferido a alguém de submeter outrem à criação, alteração ou extinção de uma situação jurídica.

proferidas (CPC, art. 461). Em 2002, o mesmo ocorreu relativamente às sentenças que reconheciam o direito a uma prestação de entregar coisa (CPC, art. 461-A). E, finalmente, em 2005, o mesmo se deu no tocante às sentenças de procedência do pedido de pagamento de quantia (CPC, art. 475-J). Logo, todas as sentenças de prestação podem ser executadas *sine intervalo*.

As sentenças declaratórias, assim como as constitutivas, são aquelas capazes de, por si sós, conceder à parte vitoriosa o gozo pleno do direito que lhe reconheceu o Estado-Juiz.

Abrigam pronunciamento que confere ao polo vencedor da demanda tudo aquilo que poderia esperar do Judiciário, todo o proveito que desejaria obter, sem necessidade da prática de qualquer ato executivo. Os seus efeitos operam-se no plano puramente jurídico[120]. Diz-se, por isso, serem as sentenças declaratórias e constitutivas satisfativas por si mesmas, pois que sua concretização independe de qualquer ato material posterior e complementar. A própria sentença certifica e satisfaz o direito do autor. A diferença entre elas é que, enquanto as sentenças declaratórias simplesmente certificam a existência de uma situação jurídica ou a sua inexistência, a sentença constitutiva altera ou extingue uma situação que já existia ou cria uma nova.

As sentenças condenatórias, também chamadas sentenças de prestação, são aquelas que, além de certificar a existência de um direito a prestação (de fazer, não fazer, entrega de coisa, pagar), impõe ao réu o seu cumprimento. Viabilizam, portanto, em caso de inadimplemento, o manejo dos meios executivos para sua efetivação. A sentença, por exemplo, que determina o desfazimento de obra construída em desobediência à obrigação que impunha uma abstenção não possui o condão de, por si mesma, desfazer o que foi feito indevidamente. É preciso uma atividade complementar, de natureza diversa da cognitiva, que modifique o mundo exterior.

Anteriormente à Lei n. 11.232/2005, que uniformizou a maneira pela qual se executam as sentenças condenatórias, a doutrina reservava a denominação de sentenças condenatórias puras àquelas decisões cuja efetivação ocorria em processo diferenciado em relação ao qual haviam sido produzidas. A sentença

---

(120) De acordo com José Carlos Barbosa Moreira: "(...) em certas hipóteses, o litigante não pretende senão o estabelecimento da certeza oficial sobre determinada relação jurídica ou sobre a autenticidade ou falsidade de documento, ou então a modificação da situação jurídica em que se encontra. Esses são benefícios que se podem concretizar no plano puramente jurídico, onde, por isso mesmo, a sentença de procedência do pedido (meramente declaratória no primeiro caso; constitutiva, no segundo), em princípio, têm aptidão para satisfazer por completo o autor vitorioso. Está ao alcance do órgão judicial, ultimando sua atividade cognitiva, tornar oficialmente certo que entre as partes existe (ou não existe) determinado vínculo contratual, assim como está ao seu alcance anular um contrato. Se a tanto se limita o litígio, e com a ressalva de condenações acessórias, nada mais é preciso fazer para proporcionar ao vencedor tudo a que ele aspirava." MOREIRA, José Carlos Barbosa. "Cumprimento" e "execução" de sentença: necessidade de esclarecimentos conceituais. In: *Doutrina Cível*. Rio de Janeiro, n. 346, p. 11-26, ago. 2006.

que condenava a pagar constituía-se em título indispensável à instauração do processo executivo, destinado a transformar em realidade o provimento judicial, pela prática de atos jurisdicionais substitutivos da vontade do devedor, em caso de não cumprimento voluntário. Para as sentenças que condenavam a fazer, desfazer, deixar de fazer ou entregar coisa, como sua execução ocorria no interior do próprio processo de conhecimento, conferiu-se a denominação de mandamentais e executivas, dependendo da necessidade ou não de participação do executado para alcançar-se resultado idêntico ao do adimplemento voluntário.

Hoje, porém, face às modificações introduzidas pela Lei n. 11.232/2005, que igualou em satisfatividade as sentenças condenatórias, qualquer que seja a natureza da prestação cujo cumprimento se impõe, eliminando com relação às sentenças que certificam a existência de obrigação de pagar quantia a dualidade de processos (cognição-execução), a distinção acima referida não mais se justifica[121]. A partir de agora, a execução das sentenças que reconheçam um direito à prestação e o correlato dever de prestar é fase de um único e mesmo processo, a que se convencionou denominar processo sincrético ou unitário, no qual conjugadas as atividades de cognição e executiva — de definição e implementação da norma jurídica disciplinadora da situação submetida à apreciação do magistrado por meio do exercício do direito de ação.

Em suma, estendeu-se também às sentenças que reconheçam obrigações de pagar quantia o caráter de autoexecutoriedade que já possuíam as sentenças que determinavam fosse feito ou desfeito algo ou entregue uma coisa ao credor, igualando-se o modo de ser das técnicas executivas utilizadas na efetivação das sentenças de prestação.

Assim, se, com relação ao conteúdo, não mais subsiste distinção entre sentenças mandamentais e executivas e sentenças condenatórias, é possível, quanto aos efeitos, distinguir entre sentenças condenatórias mandamentais e

---

(121) Esta é também a posição de José Carlos Barbosa Moreira, para quem "A partir-se da premissa de que a nota característica das sentenças executivas consiste em se realizarem no mesmo feito, sem necessidade de instaurar-se novo processo, as medidas complementares ordenadas à satisfação do litigante vitorioso, a reforma operada pela Lei n. 11.232, gera uma consequência lógica em que não se vem costumando reparar. É que, agora, a dispensa de realização desse segundo processo (o de execução) fica estendida ao caso de sentença de procedência em ação relativa a 'obrigação por quantia certa' (...). Ora, se assim é, tal sentença passaria a merecer um lugar na classe das executivas; apresenta, com efeito, a característica geralmente apontada como peculiar à classe: o julgamento da causa e a respectiva efetivação mediante atos concretos estarão agregados num só processo, a que calha a designação de sincrético. Quem quiser negar a qualificação de 'executiva' à sentença em foco terá por força de desprezar o critério discretivo baseado na unidade ou dualidade de processos e adotar outro que prescinda desse traço. Mas, bem pesadas as coisas, reduz-se com isso a muito pouco — estaríamos tentados a dizer: a nada — a diferença entre as figuras do 'cumprimento' e da 'execução' mencionadas no *caput* do art. 475-I. Em qualquer caso, tratar-se-á de sentença cuja efetivação, mediante atos materiais, se conterá por inteiro no mesmo processo em que se houver julgado. Nessa perspectiva, não admira que já se sustente em doutrina, pura e simplesmente, a sinonímia entre aqueles dois *nomina iuris*" (MOREIRA, José Carlos Barbosa. "Cumprimento" e "execução" de sentença: necessidade de esclarecimentos conceituais. In: *Doutrina Cível*. Rio de Janeiro, n. 346, p.11-26, ago. 2006).

sentenças condenatórias executivas, conforme sua implementação se faça com ou sem a participação do executado. Aquelas se realizam através da prática de atos executivos pelo próprio Juiz em substituição ao devedor inadimplente, enquanto as sentenças condenatórias mandamentais efetivam-se pela utilização de técnicas de coerção, que visam a coagir o obrigado a cumprir, ele próprio, a decisão.

Retoma-se, pois, classificação das sentenças, quanto ao seu conteúdo, em declaratórias, constitutivas e condenatórias, estas últimas divididas em executivas (condenatórias executivas) e mandamentais (condenatórias mandamentais)[122].

6.1.2. A nova redação impressa ao art. 475-J do CPC

Nenhuma dúvida se coloca a respeito da exequibilidade das sentenças condenatórias. Sentença condenatória é aquela que além de reconhecer a existência de uma obrigação a ser cumprida por alguém em prol de outrem, ainda impõe o cumprimento de uma prestação de dar, fazer ou não fazer objeto daquela obrigação, produzindo como efeito, tão logo cumprida, a modificação da realidade fática circundante.

Logo, toda sentença condenatória é um misto de declaração e também de constitutividade, sobressaindo, porém, com mais força sua carga condenatória.

As sentenças ditas definitivas ou de mérito veiculam um pronunciamento, uma declaração a respeito do objeto litigioso do processo, havendo, porém, algumas que se limitam a declarar a existência de um direito já existente, sem produzir nenhuma alteração no plano fático. São, pois, meramente declaratórias: a existência ou inexistência da relação jurídica precede a própria declaração judicial. As sentenças de improcedência do pedido são declaratórias.

Pela dicção da CLT, infere-se ser possível a execução de sentenças ou acórdãos que as tenham substituído já transitados em julgado e também de decisões judiciais contra as quais haja sido interposto recurso sem efeito suspensivo. Está, pois, o artigo em comento a referir-se respectivamente à possibilidade de se executar uma decisão judicial trabalhista tanto de maneira definitiva, como também em caráter provisório.

A CLT não fala, como fazia o Código de Processo Civil antes de ter sua redação alterada, em sentença condenatória como sendo, dentre todas as sentenças

---

(122) "(...) Conclui-se, pois, esta exposição com a seguinte conclusão: classificadas por seu conteúdo, as sentenças definitivas podem ser de três espécies: meramente declaratórias, constitutivas ou condenatórias. A sentença condenatória, por sua vez, pode ser objeto de uma subclassificação, e será uma *condenação executiva* (nos casos em que sua efetivação se dê por meio de sub-rogação, e chamada *execução forçada*) ou *condenação mandamental* (quando sua efetivação se der exclusivamente por meios de coerção)" (CÂMARA, Alexandre. Freitas. *A nova execução de sentença*. 2. ed. Rio de Janeiro: Lumen Juris, 2006. p. 37-38).

de mérito, a única hábil a deflagrar a execução, mas em decisão passada em julgado ou da qual tenha sido interposto recurso só no efeito devolutivo. Entretanto, sempre se compreendeu que apenas as sentenças condenatórias dariam azo à execução.

Porém, após modificação legislativa implementada pela Lei n. 11.232/2005, o CPC abandonou, ao arrolar os títulos executivos judiciais, a velha nomenclatura empregada, deixando de referir-se "como expressamente fazia" às sentenças condenatórias cíveis para afirmar no inciso I, art. 475-N, ser possível executar-se as decisões que reconheçam a existência de obrigações de pagar quantia, fazer, não fazer, entregar coisa.

Veja-se a antiga e a nova redação a respeito:

Redação antiga	Redação nova
"Art. 584. São títulos executivos judiciais:	"Art. 475-N. São títulos executivos judiciais:
I – a sentença condenatória proferida no Processo Civil;	I – a sentença proferida no Processo Civil que reconheça a existência de obrigação de fazer, não fazer, entregar coisa ou pagar quantia;
II – a sentença penal condenatória transitada em julgado;	II – a sentença penal condenatória transitada em julgado;
III – a sentença homologatória de conciliação ou de transação, ainda que verse matéria não posta em juízo;	III – a sentença homologatória de conciliação ou de transação, ainda que inclua matéria não posta em juízo;
IV – sentença estrangeira, homologada pelo Supremo Tribunal Federal;	IV – a sentença arbitral;
V – o formal e a certidão de partilha;	V – o acordo extrajudicial, de qualquer natureza, homologado judicialmente;
VI – a sentença arbitral."	VI – sentença estrangeira, homologada pelo Superior Tribunal de Justiça;
	VII – o formal e a certidão de partilha, exclusivamente em relação ao inventariante, aos herdeiros e aos sucessores, a título singular ou universal."

Exsurge dessa modificação, por via de consequência, a seguinte indagação: teria a reforma dotado as sentenças declaratórias e constitutivas de obrigações de pagar, fazer, não fazer, entregar coisa etc. também de força executória, equiparando-as às sentenças condenatórias? Isto é, teriam tais sentenças passado a desfrutar da natureza jurídica de verdadeiros títulos executivos judiciais, com reflexos na processualística laboral, ou tratar-se-ia de mera alteração redacional, sem maiores consequências práticas? Para finalizar: seriam as sentenças declaratórias exequíveis?

Vale registrar que mesmo antes de a reforma ocorrida, já havia quem defendesse a possibilidade de se executar diretamente as sentenças declaratórias, sem que fosse preciso dar início a um novo processo de conhecimento, voltado especificamente à obtenção de um provimento condenatório, para que, aí sim, pudesse ser iniciada a execução. A própria sentença declaratória serviria de título à obtenção da prestação nela reconhecida. A reforma, por conseguinte, teria apenas corroborado com a possibilidade de se dar cumprimento às sentenças declaratórias, não deixando mais qualquer dúvida a respeito de sua força executória.

O próprio STJ, antes mesmo do advento da Lei n. 11.232/2005, que modificou a redação do CPC no tocante ao elenco dos títulos executivos judiciais, já havia se posicionado no sentido da possibilidade de se efetivar sentenças declaratórias, sem necessidade de obtenção, junto ao Judiciário, de pronunciamento tipicamente condenatório. Confira-se importante precedente a respeito, da Primeira Turma do Tribunal, da lavra do Ministro Teori Albino Zavascki[123]:

> "PROCESSUAL CIVIL. TRIBUTÁRIO. VALORES INDEVIDAMENTE PAGOS A TÍTULO DE CONTRIBUIÇÃO PREVIDENCIÁRIA. SENTENÇA DECLARATÓRIA DO DIREITO DE CRÉDITO CONTRA A FAZENDA PARA FINS DE COMPENSAÇÃO. SUPERVENIENTE IMPOSSIBILIDADE DE COMPENSAR. EFICÁCIA EXECUTIVA DA SENTENÇA DECLARATÓRIA, PARA HAVER A REPETIÇÃO DO INDÉBITO POR MEIO DE PRECATÓRIO. 1. *No atual estágio do sistema do* Processo Civil *brasileiro não há como insistir no dogma de que as sentenças declaratórias jamais têm eficácia executiva.* O art. 4º, parágrafo único, do CPC considera 'admissível a ação declaratória ainda que tenha ocorrido a violação do direito', modificando, assim, o padrão clássico da tutela puramente declaratória, que a tinha como tipicamente preventiva. *Atualmente, portanto, o Código dá ensejo a que a sentença declaratória possa fazer juízo completo a respeito da existência e do modo de ser da relação jurídica concreta.* 2. Tem eficácia executiva a sentença declaratória que traz definição integral da norma jurídica individualizada. *Não há razão alguma, lógica ou jurídica, para submetê-la, antes da execução, a um segundo juízo de certificação, até porque a nova sentença não poderia chegar a resultado diferente do da anterior, sob pena de comprometimento da garantia da coisa julgada, assegurada constitucionalmente. E instaurar um processo de cognição sem oferecer às partes e ao Juiz outra alternativa de resultado que não um, já prefixado, representaria atividade meramente burocrática e desnecessária, que poderia receber qualquer outro qualificativo, menos o de jurisdicional.* 3. A sentença declaratória que, para fins de compensação tributária, certifica o direito de crédito do contribuinte que recolheu indevidamente o tributo, contém juízo de certeza e de definição exaustiva a respeito de todos os elementos da relação jurídica questionada e, como tal, é título executivo para a ação visando à satisfação, em dinheiro, do valor devido. 4. Recurso especial a que se nega provimento." (grifou-se)

Na linha do precedente acima transcrito, e já depois do advento da Lei n. 11.232/2005, o STJ prolatou outras decisões confirmando o posicionamento outrora manifestado, de possibilidade de cumprimento forçado de sentenças declaratórias:

> "PROCESSUAL CIVIL. *SENTENÇA* QUE RECONHECE A INEXISTÊNCIA DA OBRIGAÇÃO DE RECOLHER TRIBUTO. PROVIMENTO JURISDICIONAL PURAMENTE DECLARATÓRIO. AJUIZAMENTO DE LIQUIDAÇÃO COM O OBJETIVO

---

(123) STJ, RESP n. 588.202-PR, Rel. Ministro Teori Albino Zavascki, Brasília, 25 fev. 2004.

DE MENSURAR SUPOSTO INDÉBITO TRIBUTÁRIO PARA COMPENSAÇÃO ADMINISTRATIVA. IMPOSSIBILIDADE. 1. A doutrina processual moderna rompeu o dogma de que as *sentenças declaratórias* nunca seriam dotadas de *eficácia executiva*. Passou a entender que, quando a *sentença*, mesmo *declaratória*, trouxer a definição integral da norma jurídica individualizada, inexiste razão lógica para, antes da execução, ajuizar-se nova ação com o objetivo de mais uma vez certificar o provimento. Precedentes da Seção: EREsp 609.266/RS, Rel. Min. Teori Albino Zavascki, DJU de 11.9.06 e EREsp 502.618/RS, Rel. Min. João Otávio de Noronha, DJU de 1.7.05. 2. Entendimento inaplicável ao caso concreto. O pedido formulado na ação de conhecimento foi puramente declaratório, por objetivar tão somente o afastamento da exação impugnada. A pretensão não albergava compensação de indébito tributário, ainda que na esfera administrativa, como pretendeu o contribuinte ao ajuizar o processo de liquidação. 3. Recurso especial não provido[124]."

É também o entendimento do membro do Superior Tribunal de Justiça, Ministro Luiz Fux:

"O Código confere executividade à sentença condenatória ou a que reconhece a existência de uma obrigação, porquanto as demais formas de provimento jurisdicional (isto é, constitutivo e declaratório puro) não comportam execução, haja vista que a definição jurídica com a eficácia constitutiva ou declaratória satisfaz o interesse da parte, tornando desnecessário qualquer processo complementar. Assim, *v. g.*, a decisão que concede a separação ou o divórcio ou a que declara nulo determinado negócio jurídico cumpre os seus objetivos com a simples prolação da sentença, tornando prescindível qualquer ato posterior. (...) Destarte, a executividade é inerente não só à sentença condenatória pura, senão a todo e qualquer capítulo condenatório encartado em sentença de outra natureza. Assim, por exemplo, a sentença que declara nulo o ato jurídico condena o vencido ao pagamento de custas e honorários e, eventualmente, em perdas e danos, é executável nesta parte. A sentença de improcedência é, portanto, declaratória negativa e, condenando o vencido nas despesas e honorários, também é executável nessa parte. (...) A *novel* redação não deixa margem de dúvida de que o reconhecimento por sentença de obrigação de qualquer natureza possa inaugurar o cumprimento por execução (...). No que pertine ao cumprimento da sentença que reconhece a obrigação de pagar soma determinada, o título executivo judicial que a enseja pode ser qualquer um daqueles mencionados pela *novel* Lei n. 11.232/2005; vale dizer: sentença condenatória ou a que reconhece obrigação certa, líquida e exigível, arbitral e estrangeira. Uma observação é de imperiosa necessidade, a saber: a ideologia de cumprimento da sentença permite à parte extrair toda e qualquer eficácia do provimento obtido, quer seja ele declaratório ou constitutivo, por isso que a lei, ao invés de aduzir à 'sentença condenatória', refere-se como título judicial à sentença que 'reconhece a obrigação' e não mais simplesmente à sentença condenatória, numa expressão inequívoca de que o provimento judicial há de conferir a maior utilidade possível que dele

---

(124) STJ, Resp n. 602469, Rel. Ministro Castro Meira, Brasília, 31 ago. 2007.

se possa auferir" (FUX, Luiz. *O novo processo de execução*. Rio de Janeiro: Forense, 2008. p. 43 e ss).

Apesar da posição do STJ e da reforma havida, a doutrina ainda diverge a respeito de se a redação trazida pelo art. 475-N, inc. I, do CPC representaria mera alteração textual, sem maiores consequências práticas, ou se teria havido efetiva mudança para possibilitar execução também de sentenças declaratórias.

Uma primeira vertente acredita que a mudança introduzida pelo legislador ratifica a evolução jurisprudencial vivenciada, permitindo a efetivação de decisões declaratórias que hajam delineado com precisão os contornos da relação jurídica existente, afirmando ser formalismo inútil a exigência de obtenção de provimento condenatório para início da etapa de cumprimento de sentença. Afirmam que o pronunciamento judicial a respeito da existência da relação jurídica material que venha a ser prolatado no bojo da ação declaratória produziria, relativamente a uma subsequente ação condenatória que viesse a se instaurar, coisa julgada material, não se podendo tornar a discutir, em um segundo processo, a respeito da existência ou não da relação jurídica.

Com efeito. O objeto principal da ação declaratória, a própria existência ou inexistência de relação jurídica, já tendo sido decidido por sentença transitada em julgado, torna imutável e insuscetível de discussão em qualquer outro processo o conteúdo da decisão de mérito. E, assim, uma eventual ação condenatória redundaria necessariamente na condenação do réu ao cumprimento da prestação, não se admitindo resultado diverso. Quaisquer fatos posteriores à sentença definitiva que, de alguma maneira, obstaculizassem o processamento da execução, como o pagamento, poderiam ser ventilados, inclusive, em eventual exceção de pré--executividade.

Os que se posicionam contrariamente à executividade das sentenças declaratórias valem-se basicamente de dois argumentos.

Primeiramente, afirmam que, a se reconhecer eficácia executiva às sentenças declaratórias, se reduziria à inutilidade o art. 4º, do CPC[125], especialmente o seu parágrafo único, o qual dispõe que o interesse do autor pode limitar-se à declaração da existência ou inexistência da relação jurídica, ainda quando já tenha havido inadimplemento da prestação. Esta parece ser a posição de *Alexandre Freitas Câmara*[126]. Confira-se:

> "Alguns renomados autores, logo que surgiu a Lei n. 11.232/05, já começaram a sustentar que a nova redação do texto legal atribuiu eficácia executiva às sentenças meramente declaratórias da existência de obrigação. Outros autores, porém, apesar do novo texto, continuam a afirmar que apenas as sentenças condenatórias são dotadas de eficácia executiva, e que a nova

---

(125) "Art. 4º O interesse do autor pode limitar-se à declaração: I – da existência ou da inexistência de relação jurídica; II – da autenticidade ou falsidade de documento. Parágrafo único. É admissível a ação declaratória, ainda que tenha ocorrido a violação do direito."
(126) CÂMARA, Alexandre Freitas. *A nova execução de sentença*. 2. ed. Rio de Janeiro: Lumen Juris, 2006. p. 92 e ss.

redação da lei não teria sido capaz de alterar isso. Tradicionalmente, sempre se afirmou em doutrina que apenas as sentenças condenatórias seriam capazes de atuar como títulos executivos, não se podendo atribuir tal eficácia às sentenças meramente declaratórias. (...) Há, aliás, na doutrina italiana quem afirme que a diferença entre a demanda de condenação e de mera declaração está, exatamente, em que somente naquela se busca preparar a execução. Também na doutrina latino-americana tem-se sustentado que a sentença meramente declaratória não pode produzir eficácia executiva. O mesmo caminho sempre foi perseguido pela doutrina brasileira. (...) Sempre sustentei que seria possível a atribuição por lei de eficácia executiva às sentenças meramente declaratórias. (...) Minha opinião, porém, não pode levar à imediata — e apressada — conclusão de que a nova sistemática legal brasileira pura e simplesmente tenha atribuído eficácia executiva às sentenças meramente declaratórias. Tenho para mim que apenas as sentenças condenatórias estão incluídas no campo de atuação deste art. 475-N, I, do Código de Processo Civil. Em primeiro lugar, não posso deixar de dizer que a nova redação do CPC deve ser interpretada sistematicamente. E aí, cresce de importância o disposto no art. 4º (e, mais especificamente, no seu parágrafo único) do Código de Processo Civil. Esse dispositivo é expresso em afirmar que o demandante pode limitar-se a postular a declaração da existência ou inexistência de uma relação jurídica (...). Ademais, tal pedido pode ser feito ainda que se tenha violado o direito subjetivo. Ora, de que adiantaria dizer a lei que o demandante pode limitar-se a postular a declaração se o resultado prático disso seria rigorosamente o mesmo que se produziria se ele pedisse a condenação?"

Ora, não procede o argumento.

Evidentemente, nem toda sentença declaratória servirá de título executivo judicial. As sentenças declaratórias que se limitarem a conferir certeza à relação obrigacional sem, entretanto, certificarem a existência de um direito ao cumprimento de uma prestação (ditas meramente declaratórias), como as que atestam inexistir dívida, não se prestarão a desempenhar o papel de títulos executivos judiciais, por não haver o que exigir do devedor.

Apenas aquelas que reconheçam a existência de relação jurídica que imponha o dever de realização de alguma modalidade de prestação (de pagar quantia, fazer, não fazer, entregar coisa) é que poderão dar ensejo à execução e, desde que, é claro, já exigível a obrigação. Destarte, não seria possível a execução de sentenças meramente declaratórias, até mesmo porque não há prestação cujo cumprimento possa ser exigido da parte. E, por conseguinte, é possível que o interesse do demandante continue a ser pura e simplesmente a obtenção de uma declaração pelo Judiciário, o que permite conciliar o conteúdo do art. 4º do CPC com o *novel* art. 475-N, inciso I.

E, ainda quando já tenha havido o descumprimento de uma obrigação (legal ou contratual), a violação a um direito, desejando o credor apenas o reconhecimento pelo Judiciário de que existe a relação jurídica de direito material, basta que não dê início ao cumprimento da sentença. De acordo com *José Carlos Barbosa Moreira*, o início da etapa executiva depende de requerimento do credor:

> "Do fato de já não constituir a execução da sentença, em regra, processo formalmente individuado não se infere que possa promovê-lo o próprio órgão judicial, *ex officio*, independentemente da iniciativa da parte vitoriosa. Ressalta o contrário, com absoluta clareza, da disposição constante do art. 475-J (também introduzido pela Lei n. 11.232/2005), § 5º, de acordo com a qual, 'não sendo requerida a execução no prazo de seis (6) meses, o Juiz mandará arquivar os autos, sem prejuízo de seu desarquivamento a pedido da parte'. Também alude a 'requerimento do credor' — é certo que para a expedição de 'mandado de penhora e avaliação' — o *caput* do mesmo artigo. Justifica-se a subordinação do começo dessa fase à vontade do exequente. Pode acontecer que lhe pareça inútil intentar a execução quando não haja perspectiva concreta de resultado frutífero, *v. g.* por inexistência de bens sobre os quais ela possa recair. Além disso, se vingar a eventual impugnação do executado, ou vier a ser reformada ou anulada a sentença exequenda, o exequente terá de ressarcir os danos causados àquele (art. 574), e esse é risco que talvez não se disponha a correr."[127]

Um segundo argumento que se costuma suscitar em desprestígio à força executiva das sentenças declaratórias refere-se à falha no procedimento legislativo que desembocou na nova redação impressa ao art. 475-N, inciso I, do CPC. Explica-se.

Quando da tramitação do projeto de lei, iniciada no Senado Federal, aprovou-se redação para o dispositivo que mantinha a antiga referência às sentenças condenatórias como sendo os únicos títulos executivos judiciais. Ao seguir o projeto para a casa revisora, isto é, a Câmara dos Deputados, entretanto, alterou-se a redação, com aprovação de texto idêntico àquele que acabou por ser promulgado, de acordo com o qual são títulos executivos judiciais as sentenças proferidas no Processo Civil que reconheçam a existência de obrigações de fazer, não fazer, entregar coisa ou pagar quantia.

O texto assim aprovado, que, segundo procedimento legislativo traçado na Constituição Federal, deveria ter retornado à casa iniciadora (o Senado), acabou por ser promulgado com a redação que fora aprovada pela Câmara dos Deputados, daí se originando possível vício de inconstitucionalidade formal. Entendida, porém, a modificação como meramente redacional, não haveria que se falar em inconstitucionalidade, já que, como antes, apenas as sentenças condenatórias poderiam ser consideradas como títulos executivos judiciais. Considerando-se, porém, substancial a mudança, capaz de dotar as sentenças declaratórias de força executiva, ter-se-ia inconstitucionalidade do dispositivo. Assim, a subsistência

---

[127] MOREIRA, José Carlos Barbosa. *O novo Processo Civil brasileiro*. 25. ed. Rio de Janeiro: Forense, 2007. p. 193-194.

da validade do dispositivo dependeria de sua compreensão como estando a referir-se unicamente às sentenças condenatórias como títulos executivos judiciais.

Tampouco se pode concordar com tal argumento. Ainda sob a vigência do texto antigo, que se referia expressamente às sentenças condenatórias como os únicos tipos de sentenças passíveis de originarem a execução, já se admitia possível a execução imediata de sentenças declaratórias que reconhecessem a existência de um dever jurídico à realização de certa prestação e o direito correlato do vencedor da demanda à sua obtenção. E de outro modo não poderia ser...

Não se vislumbra, na hipótese, qualquer violação à segurança jurídica do executado. Trata-se de pronunciamento oficial do Poder Judiciário acerca da existência de uma relação jurídica, que obrigatoriamente vinculará a decisão judicial em eventual ação condenatória posteriormente proposta.

Ademais, não faria sentido que o ordenamento jurídico reconhecesse a documentos originados fora do processo, como um cheque, por exemplo, força executória e negasse a uma sentença judicial essa mesma aptidão. O que importa não é tanto a natureza da decisão judicial que se executa, mas o fato de conter o reconhecimento da existência de uma prestação, qualquer que seja ela — de pagar, fazer, abster-se de fazer, desfazer, entregar coisa, a ser cumprida[128]. Não desejando o credor obter mais do que o reconhecimento pelo Judiciário da existência da obrigação, basta que não dê início à etapa de cumprimento da sentença.

---

[128] Apesar de longa, merece ser transcrita a lição do Professor Humberto Theodoro Júnior a esse respeito: "Segundo clássica divisão, as sentenças no Processo Civil podem ser declaratórias, constitutivas e condenatórias. São as condenatórias as que, nos termos primitivos do art. 584, I, tradicionalmente habilitam o vencedor a intentar contra o vencido as medidas próprias da execução forçada. Às demais, faltaria tal eficácia. Com efeito, a sentença constitutiva, criando uma situação jurídica nova para as partes, como, por exemplo, quando anula um contrato, dissolve uma sociedade conjugal ou renova um contrato de locação, por si só, exaure a prestação jurisdicional possível. O mesmo ocorre com a sentença declaratória cujo objetivo é unicamente a declaração de certeza em torno da existência ou inexistência de uma relação jurídica (art. 4º). Em ambos os casos, nada há, em regra, a executar após a sentença, quanto ao objeto específico da decisão. (...) Para autorizar a execução, não se deve considerar sentença condenatória apenas a proferida na ação de igual nome. A parte dispositiva de todas as sentenças, inclusive das declaratórias e constitutivas, contém sempre provimentos de condenação relativos aos encargos processuais (custas e honorários de advogados), e, nesse passo, legitimam o vencedor a promover a execução forçada, assumindo o caráter de título executivo judicial, também como *sentença condenatória*. Uma vez, outrossim, que o art. 4º, parágrafo único, do CPC admite a declaratória mesmo após a violação do direito, é forçoso reconhecer que, em tal situação, a declaração judicial conterá, necessariamente, o acertamento da sanção em que incorreu o infrator. Como o objetivo da execução forçada é a realização da sanção, a sentença declaratória já estaria em condições de franquear o acesso às vias executivas, visto que nada mais haveria a acertar entre credor e devedor. (...) O importante para autorizar a execução forçada não reside mais no comando condenatório, mas no completo acertamento sobre a existência de uma prestação obrigacional a ser cumprida pela parte. As sentenças declaratórias e constitutivas que não configuram título executivo são, na verdade, aquelas que se limitam a declarar ou constituir uma situação jurídica sem acertar a prestação a ser cumprida por um dos litigantes em favor do outro. São, pois, as sentenças puramente declaratórias ou puramente constitutivas. (...) O que importa é conter o julgado o reconhecimento de alguma prestação a ser cumprida pela parte vencida". THEODORO JÚNIOR, Humberto. *Curso de Direito Processual Civil*. v. II, 42. ed. Rio de Janeiro: Forense, 2008. p. 72 e ss.

Sistematizando, doravante, haverá duas espécies distintas de sentenças declaratórias, quais sejam:

a) aquela que reconhece a existência de obrigação específica a ser cumprida pelo réu, de fazer, não fazer, entregar coisa e pagar quantia, a qual se constituirá em título judicial, capaz de deflagrar o procedimento do cumprimento de sentença (ou de execução), sem necessidade do exercício do direito de ação para obtenção de sentença condenatória (título hábil a deflagrar atividade de execução);

b) e, uma outra, chamada declaratória pura, em que, exceto no que se refere ao capítulo das custas e honorários de sucumbência, se esgota em si mesma, efetivando-se no plano puramente jurídico, sem necessidade de atividade jurisdicional complementar (ex.: declaratória negativa).

6.2. Decisões interlocutórias, decisões ainda não transitadas em julgado e sentenças terminativas

Não são apenas as decisões já transitadas em julgado com carga condenatória (ou com eficácia condenatória, lembrando que todas as decisões judiciais possuem um feixe de eficácias) que têm aptidão para deflagrar a atividade executiva. As decisões interlocutórias, por exemplo, que imponham o cumprimento de uma prestação concedida em antecipação de tutela (como uma reintegração, por exemplo), são passíveis de execução. Aliás, com respeito às interlocutórias, uma observação.

Apesar de o CPC referir-se às decisões interlocutórias como aquelas que resolvem questões incidentes (CPC, art. 162, § 2º), há parcelas, fragmentos do próprio mérito que são decididos por esta espécie de provimento judicial. É o caso das decisões que, no curso do processo, veiculam pronunciamento a respeito de capítulo(s) incontroverso(s) da demanda, hipótese versada no art. 273, § 6º, do CPC. Trata-se de decisão interlocutória de mérito. Há quem defenda, entretanto, tratar-se de sentença parcial de mérito, contra a qual caberia apelação por instrumento. Para nós, consoante se detalhará mais à frente, não se trata de sentença, eis que tal pronunciamento não finaliza quaisquer das etapas do procedimento em primeiro grau. É, isto sim, decisão interlocutória, que, sem encerrar as fases cognitiva ou executória do processo sincrético, consubstancia pronunciamento a respeito de parte do próprio objeto litigioso do processo. Veiculando decisão a respeito do mérito é suscetível de revestir-se da autoridade de coisa julgada material e dar ensejo, portanto, à instauração de execução definitiva, uma vez transitada em julgado. Trata-se a decisão interlocutória, nestas hipóteses, de verdadeiro título executivo judicial. Também as decisões ainda sujeitas à impugnação no interior da mesma relação jurídica em que prolatadas podem ser executadas, em caráter provisório, desde que não sujeitas a recurso dotado de efeito suspensivo.

Por fim, as sentenças terminativas, que não resolvem o mérito, podem servir de título à execução de despesas processuais, como custas, por exemplo[129].

6.3. As decisões que homologam acordos entre as partes e que tenham conteúdo obrigacional

De todos, o princípio conciliatório é talvez o mais fortemente arraigado à tradição processualística juslaboral. Nutre-se no Processo do Trabalho forte estima pela conciliação, tanto judicial quanto extrajudicial, pois que compreendida como forma de abreviar conflitos a respeito de verbas, que, em virtude de sua natureza, clamam por solução rápida, desafogando o atribulado Poder Judiciário. Historicamente, a conciliação sempre foi estimulada na prática forense trabalhista. Sensibiliza o Judiciário Trabalhista o fato de o trabalhador, como regra, postular por verbas alimentares quando já desempregado.

Consciente do caráter alimentar subjacente às pretensões deduzidas no Judiciário Trabalhista, a CLT idealizou a realização de uma só audiência, em que concentrados os atos de instrução e julgamento. A prática, porém, consagrou o fracionamento das audiências em três: (i) audiência de conciliação; (ii) audiência de instrução; e, por fim, (iii) audiência de julgamento. A audiência de conciliação, também conhecida por audiência inaugural, destina-se apenas à tentativa de conciliação entre as partes. Havendo acordo, será lavrado termo, assinado pelo Juiz e pelas partes, no qual constará as condições e prazo para seu cumprimento.

O termo valerá como decisão definitiva, somente atacável pela via da ação rescisória, exceto para o INSS quanto às contribuições sociais devidas[130].

Frustrada a primeira tentativa conciliatória, o reclamado terá vinte minutos para se defender, após leitura da petição inicial. Na prática, porém, entrega-se defesa escrita ao Juiz, que, logo em seguida, a entrega ao reclamante, não havendo

---

(129) "Na tradicional classificação das sentenças quanto à natureza do provimento jurisdicional invocado, somente as condenatórias ensejam instauração de processo de execução autônomo. Todavia, como não se concebe sentença pura, pois todo provimento decisório contém um feixe de eficácias, a dicção legal reduz-se, na verdade, a identificar nos pronunciamentos judiciais a eficácia condenatória e o efeito executivo resultante. Com efeito, na categoria sentença proferida no Processo Civil, incluem-se tanto as sentenças que fazem como as que não fazem coisa julgada, vale dizer, as de jurisdição voluntária, bem como as decisões interlocutórias que imponham uma prestação, a saber, liminar de alimentos provisórios (...), decisão concessiva de tutela antecipada (art. 273, § 3º) etc. Também fazem parte desse rol as sentenças ainda não transitadas em julgado, desde que exequíveis provisoriamente (art. 475-O). Cumpre ressaltar ainda que de acordo com a disciplina instituída pela Lei n. 10.444/2002, as condenações de prestações de fazer, positivas ou negativas, e de entrega de coisa, constantes de provimentos antecipatórios ou finais, executar-se-ão na própria relação processual originária. Com a Lei n. 11.232/2005, tal sistemática foi ampliada também para as obrigações pecuniárias. Desta forma, tais provimentos continuam dotados de força condenatória e efeito executivo, abolida apenas a necessidade de nova estrutura." PINHO, Humberto Dalla Bernardina. *Teoria Geral do Processo Civil Contemporâneo*. Rio de Janeiro: Lumen Juris, 2007. p. 237.

(130) Enunciado n. 259 do TST.

leitura de peças processuais durante a audiência. Em seguida, o Juiz poderá dar início à etapa instrutória, interrogando de ofício as partes. Comumente, porém, é designada nova audiência, conhecida por audiência de prosseguimento, destinada à produção das provas.

Inicia-se a audiência de instrução com o depoimento pessoal do reclamante. Ouve-se, em seguida, o reclamado. Havendo testemunhas a serem ouvidas, começa-se pela tomada do depoimento das testemunhas da parte autora, e, em seguida, da ré. Finalizada a instrução, as partes terão 10 (dez) minutos cada para apresentar, se quiserem, razões finais orais. Após, é renovada a proposta conciliatória, esta segunda obrigatória, e em não havendo acordo, é prolatada a sentença. Pode ser, porém, que o Juiz, ao invés de proferir decisão no mesmo dia da audiência de instrução, marque nova data apenas para a leitura de sentença.

Há, portanto, duas oportunidades em que o Juiz deverá propor a conciliação. A primeira, logo na abertura da audiência, antes ainda da entrega da defesa pelo réu, e a segunda, após as razões finais orais[131]. Omitindo-se o Juiz em indagar às partes acerca da possibilidade de acordo quando da abertura da audiência, reputa-se válido o ato praticado se feita a proposta ao final. O vício inicial é sanado pelo oferecimento ao final de oportunidade a que as partes manifestem interesse na realização de acordo. A conciliação das partes em audiência, reduzida a termo e homologada pelo Juiz, tem valor de sentença, pondo fim ao litígio.

Mesmo depois de encerrado o juízo conciliatório, é possível às partes, em qualquer fase do processo, apresentarem acordo.

A homologação de transação realizada a partir de concessões mútuas a respeito do objeto litigioso não contém, como nas sentenças condenatórias, julgamento de mérito pelo Juiz, limitando-se a sentença a emprestar eficácia ao ato das partes, mas sem julgá-lo. Trata-se de título executivo judicial porque homologada judicialmente, mas sem que haja julgamento quanto ao mérito da causa, isto é, quanto à lide. A homologação do acordo, por conseguinte, confere ao termo força executória, produzindo o mesmo efeito da sentença que resolve o mérito da causa, compondo definitivamente a lide.

Há hipóteses, porém, de acordos firmados extrajudicialmente e que são levados a juízo para homologação, sem que exista ainda qualquer demanda em curso.

O Juiz trabalhista não está obrigado a convalidar o acordo extrajudicial que lhe é apresentado, uma vez que deve primar pela proteção do hipossuficiente, ainda quando este haja manifestado expressamente sua adesão aos termos do

---

(131) Arts. 831 e 850 da CLT: "Art. 831 – A decisão será proferida depois de rejeitada pelas partes a proposta de conciliação". "Art. 850 – Terminada a instrução, poderão as partes aduzir razões finais, em prazo não excedente de 10 (dez) minutos para cada uma. Em seguida, o Juiz ou presidente renovará a proposta de conciliação, e não se realizando esta, será proferida a decisão."

acordo. Assim, entendendo o Juiz, fundamentadamente, não ser razoável o acordo firmado fora de juízo, poderá, em prol da proteção do trabalhador, recusar-se a homologá-lo.

Homologado que seja o acordo, valerá ele como título executivo judicial, posto equivalente, na forma, à sentença de mérito, somente passível de ser impugnado pela via da ação rescisória, exceto quanto às contribuições para o INSS. A autarquia não sofrerá os efeitos da coisa julgada material, eis que terceira estranha à lide. Logo, poderá interpor Recurso Ordinário para o tribunal regional respectivo da decisão homologatória no capítulo que trata das contribuições sociais.

Realizado o acordo sob os auspícios do Poder Judiciário, em qualquer fase do processo, ter-se-á igualmente título executivo judicial, sendo certo que o termo deverá consignar os direitos e obrigações objeto da transação.

6.4. Créditos previdenciários decorrentes de sentenças (ou acórdãos) condenatórias ou homologatórias de acordos entre as partes

O Juiz trabalhista possui competência para, *ex officio*, executar as contribuições sociais derivadas das sentenças que proferir e dos acordos que homologar[132]. A autarquia federal poderá, entretanto, valer-se da sentença condenatória ou homologatória para instaurar a execução das contribuições sociais respectivas.

---

(132) "Art. 114. Compete à Justiça do Trabalho processar e julgar: (...) VIII – a execução, de ofício, das contribuições sociais previstas no art. 195, I, *a*, e II, e seus acréscimos legais, decorrentes das sentenças que proferir."

Capítulo 7

EXECUÇÃO PROVISÓRIA: AS MUDANÇAS OCORRIDAS NO PROCESSO CÍVEL E SUA APLICABILIDADE À PROCESSUALÍSTICA LABORAL

7.1. Apresentação de uma nova proposta de execução provisória para o Processo do Trabalho: abordagem prospectiva e esperançosa de efetivação dos direitos trabalhistas

O presente trabalho começou a ser delineado em meados do ano de 2007. Pensávamos que era salutar ao Processo Trabalhista recepção de algumas das recentes alterações sofridas pelo Código Processual Civil, como forma de se assegurar ao trabalhador brasileiro efetivo acesso à Justiça.

Por coincidência, enquanto desenvolvíamos este texto, a Justiça do Trabalho promoveu encontro entre diversos profissionais da área trabalhista, objetivando discutir novas propostas para o Processo Laboral.

Entre os dias 1º de setembro e 23 de outubro de 2007, o Tribunal Superior do Trabalho, a Associação Nacional de Magistrados da Justiça do Trabalho (Anamatra), a Escola Nacional de Formação e Aperfeiçoamento de Magistrados do Trabalho (Enamat) e o Conselho Nacional de Escolas da Magistratura do Trabalho (Conemat) realizaram a 1ª Jornada de Direito Material e Processual na Justiça do Trabalho, do que resultou a aprovação de uma série de Enunciados, alguns deles referentes à execução trabalhista e possibilidade de aplicação dos artigos do Código de Processo Civil reformado ao Processo Laboral.

Especificamente à execução provisória trabalhista, em perfeita consonância com as diretrizes metodológicas que inspiraram este trabalho, aprovou-se o Enunciado de n. 69, o qual propugna pela possibilidade de satisfação integral de crédito alimentar sempre que o recurso interposto esteja em contrariedade com Súmula ou Orientação Jurisprudencial do TST, bem como na hipótese de estar pendente de julgamento Agravo de Instrumento junto ao Tribunal Trabalhista de cúpula. Confira-se:

> "EXECUÇÃO PROVISÓRIA. APLICABILIDADE DO ART. 475-O DO CPC NO PROCESSO DO TRABALHO. I – A expressão '... até a penhora ...' constante da Consolidação das Leis do Trabalho, art. 889, é meramente referencial e não

limita a execução provisória no âmbito do direito processual do trabalho, sendo plenamente aplicável o disposto no Código de Processo Civil, art. 475-O. II – Na execução provisória trabalhista é admissível a penhora de dinheiro, mesmo que indicados outros bens. Adequação do postulado da execução menos gravosa ao executado aos princípios da razoável duração do processo e da efetividade. III – É possível a liberação de valores em execução provisória, desde que verificada alguma das hipóteses do art. 475-O, § 2º, do Código de Processo Civil, sempre que o recurso interposto esteja em contrariedade com Súmula ou Orientação Jurisprudencial, bem como na pendência de Agravo de Instrumento no TST."

O Enunciado concilia-se perfeitamente às ideias que, desde que se alterou o CPC, passamos a desenvolver a respeito da execução trabalhista. É sobre elas que, a seguir, trataremos.

7.2. Conceito

Transitada em julgado a decisão judicial ou deflagrado processo voltado ao cumprimento forçado da obrigação com base em título executivo extrajudicial, diz-se definitiva a execução.

Possível a interposição de recurso apenas no efeito devolutivo, diz-se provisória. Ademais, tendo a parte devolvido ao conhecimento do órgão jurisdicional *ad quem* apenas parte do conteúdo impugnável da decisão, diz-se ter havido trânsito em julgado relativamente ao capítulo da decisão contra o qual não haja sido interposto recurso, sendo possível sua execução definitiva.

Provisória, por conseguinte, é a execução de sentença que ainda não transitou em julgado, isto é, que ainda não revestiu autoridade de coisa julgada (*auctoritas rei iudicatae*), seja no interior do mesmo processo em que foi proferido o julgamento (*res iudicata* formal), seja em qualquer outro (*res iudicata* material). Diz-se provisória a execução, porque o conteúdo da sentença que a embasa é ainda suscetível de sofrer alterações, uma vez acolhidos, na íntegra ou apenas em parte, os fundamentos declinados no recurso contra ela interposto. Na realidade, portanto, não é a execução que é provisória, mas a própria decisão que a embasa.

A execução provisória possibilita que a sentença ou acórdão sejam cumpridos antes do seu trânsito em julgado, produzindo efeitos concretos mesmo quando pendente de exame recurso pelas instâncias *ad quem*.

Baseia-se a execução provisória em pronunciamento judicial que ainda não se tornou definitivo, de modo que admite o legislador produza a decisão efeitos antes mesmo de se tornar imutável, distinguindo entre a sua imutabilidade e eficácia. Em certas hipóteses, como de interposição de recurso recebido apenas no efeito devolutivo, a eficácia existe antes mesmo do trânsito em julgado da decisão[133].

---
(133) "(...) Entre nós, quando provisoriamente exequível a sentença, o efeito executivo começa a produzir-se desde o recebimento da apelação, pelo órgão *a quo*, no mero efeito devolutivo (...); fora daí, prevalece

Transitada em julgado a decisão, o seu conteúdo torna-se imutável e indiscutível. Havendo possibilidade de ser impugnada, é possível modificação do seu conteúdo, e, portanto, a execução só pode ser provisória[134].

Diferentemente do CPC, a CLT não possui um dispositivo que trate especificamente da execução provisória. Da conjugação, porém, dos arts. 876[135] e 899[136] do diploma celetista extrai-se a conclusão de que é possível execução provisória de decisões contra as quais tenha sido interposto recurso sem efeito suspensivo (a regra, em se tratando de recursos trabalhistas), limitados, porém, os atos executivos até a penhora, ou melhor, até eventual julgamento dos embargos do executado e, se for o caso, de posterior agravo de petição[137].

Ao mesmo tempo em que a CLT suprimiu aos recursos trabalhistas o efeito suspensivo, limitou a execução provisória até o ato de constrição judicial. Pela CLT, em verdade, a execução provisória permitiria, no máximo, adiantamento da prática de alguns atos executivos, só podendo ser retomada a atividade de execução quando transitasse em julgado a decisão judicial. Isto é, quando já definitiva a execução. Logo, em determinado momento do processo, a execução provisória acabaria transmudando-se em definitiva. O cuidado da CLT justificava-se porque dificilmente o credor (na esmagadora maioria dos casos, o hipossuficiente) lograria restituir ao devedor o que houvesse recebido, acaso fosse dado provimento ao recurso. Assim é o tratamento da matéria na CLT...

Tal cenário, porém, ainda quando se trate de execução iniciada pelo trabalhador hipossuficiente, há que ser repensado, à luz das inovações aportadas ao CPC pelas últimas reformas legislativas havidas.

O Processo Civil contemporâneo admite, em sede de execução provisória, o levantamento de quantia em dinheiro e alienação de domínio, sem prestação

---

como princípio geral o de que a decisão só se torna eficaz com o trânsito em julgado (...). Cumpre evitar equívocos: em nosso ordenamento, o efeito suspensivo concerne apenas à eficácia da decisão, inconfundível com a *auctoritas rei iudicate*, embora a regra seja a da coincidência entre o começo da produção de efeitos e o trânsito em julgado" (MOREIRA, José Carlos Barbosa. *Comentários ao Código de Processo Civil*. 12. ed. Rio de Janeiro: Forense, 2005. V. 12, p. 259).

(134) THEODORO JÚNIOR, Humberto. *Curso de Direito Processual Civil:* processo de execução e cumprimento da sentença. Processo cautelar e tutela de urgência. 42. ed., v. II. Rio de Janeiro: Forense, 2008. p. 89.

(135) "Art. 876 – As decisões passadas em julgado ou das quais não tenha havido recurso com efeito suspensivo; os acordos, quando não cumpridos; os termos de ajuste de conduta firmados perante o Ministério Público do Trabalho e os termos de conciliação firmados perante as Comissões de Conciliação Prévia serão executados pela forma estabelecida neste Capítulo."

(136) "Art. 899 – Os recursos serão interpostos por simples petição e terão efeito meramente devolutivo, salvo as exceções previstas neste Título, permitida a execução provisória até a penhora."

(137) "De acordo com o art. 899 da CLT, a execução provisória vai até a penhora. A norma quer dizer que os atos processuais na execução provisória têm como ponto-limite a penhora dos bens do devedor, razão pela qual concordamos com a tese de que a execução provisória possa implicar outros atos posteriores à penhora, ainda que com ela tenham alguma relação, como os embargos à penhora (*rectius* do devedor), o agravo de petição que visa tornar insubsistente a penhora etc." BEZERRA LEITE, Carlos Henrique. *Curso de Direito Processual do Trabalho*. 3. ed. São Paulo: LTr, 2005. p. 715.

de contracautela, quando se tratar de procedimento executivo de créditos de natureza alimentar de até 60 (sessenta) salários-mínimos[138], provando o credor a sua situação de necessidade.

Ademais, quando se trate da interposição de Agravo de Instrumento contra decisão denegatória do conhecimento de eventual recurso extraordinário e especial, permite o CPC, mesmo sendo provisória a execução, ultimação dos atos de satisfação do direito do credor, ainda que com risco de não ser possível reversão ao *status quo ante*, eis que, estatisticamente, as chances de um recurso excepcional ser destrancado e, em seguida, provido no mérito são muito diminutas[139].

Estas mudanças é que, como se verá, deverão ser absorvidas pelo Processo Trabalhista.

7.3. Fundamentos

Para se executar provisoriamente uma decisão judicial, em primeiro lugar, deve ter havido interposição de recurso contra a decisão exequenda e este deve

---

(138) Trata-se do que a doutrina chama de execução provisória completa, distinguindo-a da incompleta, por satisfazer plenamente o credor, antes ainda do trânsito em julgado da sentença. Confira-se a esse respeito SILVEIRA, Bernardo Bastos. A multa do art. 475-J do CPC na execução provisória: possibilidade de aplicação?. In: *Revista de Processo*, São Paulo, v. 33, n. 155, p. 208-222, jan. 2008: "(...) a execução provisória pode ser tida como completa ou não. Tal (in)completude relaciona-se aos atos de satisfação do exequente. Antes da Lei n. 10.444/2002, responsável por substanciosa alteração quanto aos atos finais de satisfação do credor, não era possível nenhum ato que resultasse no levantamento de dinheiro e de alienação de domínio, ou seja, havia tão somente uma instrumentação da execução. Após o advento da aludida lei, tornou-se possível a satisfação do credor independentemente do encerramento do seguimento recursal iniciado pelo executado, a qual, entretanto, fica condicionada à prestação de caução idônea (art. 475-O, III, do CPC) pelo exequente, que inclusive não é absoluta, pois pode ser dispensada em algumas situações elencadas pelo legislador (art. 475-O, § 2º, do CPC). Nesse diapasão, constata-se que a execução provisória, tida como completa em razão da atual sistemática adotada pelo legislador, possui o condão de imprimir maior efetividade ao processo, na medida em que a decisão, mesmo impugnada por recurso (que não possuir efeito suspensivo), terá a capacidade de, antes mesmo do seu trânsito em julgado, proporcionar a satisfação do exequente".

(139) Nestas hipóteses, o Juiz poderá, contudo, para possibilitar a execução provisória completa, exigir do exequente a prestação de caução, desde que se lhe afigure situação de risco processual para o executado. Neste sentido, as lições de Cássio Scarpinella Bueno, *verbis*: "Nos casos em que houver pendente de apreciação, perante o Supremo Tribunal Federal ou o Superior Tribunal de Justiça, o Agravo de Instrumento a que se refere o art. 544 do Código de Processo Civil, isto é, o agravo interposto para que se admita o processamento do recurso extraordinário ou recurso especial indeferido no órgão de interposição (os chamados, pela prática do foro, de 'agravos de despachos denegatórios de recurso especial e extraordinário'), a execução provisória pode seguir sua marcha sem necessidade de caução. (...) A lei, contudo — e, a meu ver, corretamente, admite, de forma expressa, que o juízo deixe de dispensar a caução quando verificar que o executado pode sofrer, pelos atos executivos, dano grave de difícil ou incerta reparação. Para me valer de consagrada expressão no dia a dia forense, toda a vez que o magistrado constatar haver *'periculum in mora inverso'*, em detrimento do executado, ele poderá não dispensar a caução, caso ela já tenha sido exigida, ou, caso ainda não a tenha exigido, impô-la como condição de a execução provisória completar-se, isto é, realizar concretamente o direito constante do título, satisfazendo o exequente". BUENO, Cassio Scarpinella. Execução provisória: a caução e sua dispensa na Lei n. 11.232/2005. In: *Revista do Advogado*, São Paulo, v. 26, n. 85, p. 44-56, maio 2006.

ter sido recebido pelo órgão jurisdicional competente para conhecê-lo. Isto porque, transcorrido *in albis* o prazo de interposição de recurso ou não conhecido por qualquer razão (por intempestivo[140], deserto etc.), haverá o trânsito em julgado da decisão e a execução, então, deixará de ser provisória, transformando-se em definitiva.

Ademais, o potencial recurso deve ser recebido tão somente no efeito devolutivo. O efeito suspensivo, invariavelmente, posterga o estado de ineficácia da sentença, impedindo-a de produzir quaisquer efeitos, inclusive e principalmente, executórios[141].

Em suma, são requisitos indispensáveis a se praticar qualquer execução provisória: (i) sentença ainda não transitada em julgado e (ii) interposição de recurso desprovido de efeito suspensivo ou, então, recebido pelo Juiz unicamente no efeito devolutivo.

Recebido o recurso no efeito suspensivo, nada se pode executar. Recebido no efeito devolutivo apenas, executa-se definitivamente o que não tenha eventualmente sido impugnado e em caráter provisório os capítulos da decisão devolvidos ao conhecimento do órgão jurisdicional superior para novo julgamento.

A execução provisória permite que a decisão produza efeitos, antes ainda de se operar o trânsito em julgado. "É uma conciliação entre a sentença sem efeito e a sentença com efeito pleno. Enquanto se espera a coisa julgada, executa-se a sentença até o limite permitido pelo legislador."[142]

7.4. Tratamento da temática no CPC e na CLT

O CPC define os casos em que a execução será definitiva e aqueles em que será provisória. Será definitiva a execução quando se fundar: (i) em título executivo extrajudicial (CPC, art. 587[143]) ou em (ii) decisão judicial que imponha

---

(140) Importante salientar que, não admitido o recurso por intempestividade, o trânsito em julgado dá-se com o encerramento do prazo para recorrer-se da decisão contra a qual tenha sido interposto o recurso intempestivo. Nos demais casos, como regra geral, a decisão que transita em julgado é a da de inadmissão do recurso.

(141) Acerca dos efeitos dos recursos, Barbosa Moreira assim se manifesta: "Todos os recursos admissíveis produzem, no direito pátrio, um efeito constante e comum, que é o de obstar, uma vez interpostos, ao trânsito em julgado da decisão impugnada (...). Ao lado desse, que ocorre sempre, dois são os efeitos em geral mencionados como produzíveis pela interposição de recurso: o suspensivo e o devolutivo. (...) Diz-se que o recurso tem efeito suspensivo quando impede a produção imediata dos efeitos da decisão (...) a suspensão é de toda a eficácia da decisão, não apenas de sua possível eficácia como título executivo. (...) Chama-se devolutivo ao efeito do recurso consistente em transferir ao órgão *ad quem* o conhecimento da matéria julgada em grau inferior de jurisdição" (MOREIRA, José Carlos Barbosa. *Comentários ao Código de Processo Civil*. 12. ed. Rio de Janeiro: Forense, 2005. v. V, p. 257 e ss.).

(142) SILVA, Antônio Álvares da. *Execução provisória trabalhista depois da reforma do CPC*. São Paulo: LTr, 2007. p. 22.

(143) "Art. 587. É definitiva a execução fundada em título extrajudicial; é provisória enquanto pendente apelação da sentença de improcedência dos embargos do executado, quando recebidos com efeito suspensivo (art. 739)."

o cumprimento de prestação, já transitada em julgado (CPC, art. 475-I, § 1º[144]). É provisória quando baseada em decisão sujeita ainda a recurso sem efeito suspensivo (CPC, art. 475-O[145]).

Na sistemática do CPC, os recursos extraordinário e especial são os únicos que possuem apenas efeito devolutivo, sempre[146]. A apelação somente será recebida sem efeito suspensivo, excepcionalmente, nas hipóteses arroladas nos incisos do art. 520 do Código[147].

O agravo de instrumento, interposto de decisões interlocutórias de primeiro grau, também será recebido, como regra, apenas no efeito devolutivo, não obstaculizando o processamento da execução.

Interposto agravo de instrumento contra decisão que haja negado seguimento ao recurso especial ou ao recurso extraordinário, possível execução provisória da decisão atacada, posto destituído de efeito suspensivo o apelo.

---

(144) "Art. 475-I, § 1º. É definitiva a execução da sentença transitada em julgado e provisória quando se tratar de sentença impugnada mediante recurso ao qual não foi atribuído efeito suspensivo."

(145) "Art. 475-O. A execução provisória da sentença far-se-á, no que couber, do mesmo modo que a definitiva, observadas as seguintes normas: I – corre por iniciativa, conta e responsabilidade do exequente, que se obriga, se a sentença for reformada, a reparar os danos que o executado haja sofrido; II – fica sem efeito, sobrevindo acórdão que modifique ou anule a sentença objeto da execução, restituindo-se as partes ao estado anterior e liquidados eventuais prejuízos nos mesmos autos, por arbitramento; III – o levantamento de depósito em dinheiro e a prática de atos que importem alienação de propriedade ou dos quais possa resultar grave dano ao executado dependem de caução suficiente e idônea, arbitrada de plano pelo Juiz e prestada nos próprios autos. § 1º No caso do inciso II do *caput* deste artigo, se a sentença provisória for modificada ou anulada apenas em parte, somente nesta ficará sem efeito a execução. § 2º A caução a que se refere o inciso III do *caput* deste artigo poderá ser dispensada: I – quando, nos casos de crédito de natureza alimentar ou decorrente de ato ilícito, até o limite de sessenta vezes o valor do salário-mínimo, o exequente demonstrar situação de necessidade; II – nos casos de execução provisória em que penda Agravo de Instrumento junto ao Supremo Tribunal Federal ou ao Superior Tribunal de Justiça (art. 544), salvo quando da dispensa possa manifestamente resultar risco de grave dano, de difícil ou incerta reparação."

(146) "Art. 542, § 2º. Os recursos extraordinário e especial serão recebidos no efeito devolutivo." Confira-se, a esse respeito, MOREIRA, José Carlos Barbosa. *Comentários ao Código de* Processo Civil. vol. V., 12. ed. Rio de Janeiro: Forense, 2005. p. 596, *verbis*: "O recurso extraordinário e o especial têm efeito devolutivo limitado. Diz simplesmente o § 2º do dispositivo ora comentado que ambos 'serão recebidos no efeito devolutivo'. A dicção é criticável, porque pode dar a impressão falsa de uma *irrestrita* devolução da matéria decidida pelo órgão *a quo*. Talvez se haja querido reiterar, em termos amplos, a exclusão do efeito suspensivo, já consagrada no art. 497, 1ª parte, no tocante à execução; mas é bem de ver que afirmar o efeito devolutivo não implica, por si só, negar o suspensivo: um não é o *contrário* do outro, nem aquele *incompatível* com este... O antigo art. 543, § 4º, tivera, em todo caso, o cuidado de esclarecer o ponto por meio do advérbio 'unicamente'. É mau vezo, aliás, em que incide com frequência o legislador, esse de aludir ao efeito devolutivo (com ou sem advérbio) quando pretende excluir o suspensivo: melhor dizer as coisas diretamente, sem circunlóquios inúteis e despistantes".

(147) "Art. 520. A apelação será recebida em seu efeito devolutivo e suspensivo. Será, no entanto, recebida só no efeito devolutivo, quando interposta de sentença que: I – homologar a divisão ou a demarcação; II – condenar à prestação de alimentos; III – revogado; IV – decidir o processo cautelar; V – rejeitar liminarmente embargos à execução ou julgá-los improcedentes; VI – julgar procedente o pedido de instituição de arbitragem; VII – confirmar a antecipação dos efeitos da tutela."

Na CLT, os recursos, como regra, são dotados tão somente de efeito devolutivo. É possível, destarte, iniciar-se a execução provisória na pendência de qualquer recurso, mas a legislação trabalhista, como visto, limita a prática de atos executivos até a penhora[148].

7.5. As técnicas executivas e o seu *modus operandi*

Há três formas possíveis de se operacionalizar a execução provisória[149], quais sejam:

(i) execução provisória limitada à penhora;

(ii) execução provisória com caução;

(iii) execução provisória sem caução.

Passa-se a tratar em apartado de cada uma delas.

7.5.1. *Execução provisória limitada à penhora: o modelo (anacrônico!) da CLT*

A técnica consistente em se adiantar os atos executivos até a garantia do juízo, sem que, entretanto, possam ser realizados atos expropriatórios, sempre foi privilegiada pelo sistema processual brasileiro. A CLT, por exemplo, ao mesmo tempo em que dispõe serem os recursos trabalhistas, como regra, desprovidos de efeito suspensivo, só admite que a execução provisória se processe até, no máximo, eventual julgamento do agravo de petição interposto contra a decisão proferida em sede de embargos à execução.

A cautela do legislador de 1943 é compreensível: dificilmente o hipossuficiente conseguiria restituir o que houvesse recebido, em caso de provimento do recurso interposto. Tampouco se poderia exigir do hipossuficiente a prestação de caução para que pudessem ser ultimados atos de satisfação.

Como bem observa *Antonio Álvares da Silva*[150]:

"O ideal seria que a execução se fizesse com a entrega da prestação jurisdicional, enquanto o recurso é julgado na instância ou em instâncias superiores.

---

(148) "A CLT diz que, além de interpostos por simples petição, os recursos 'terão efeito meramente devolutivo'. E declarou expressamente que a execução vai até a penhora. Ficou, portanto, num meio-termo. Permitiu que, sob o efeito devolutivo, houvesse execução, mas limitada até o ato da penhora. O efeito suspensivo é exceção. Deu à sentença consequência executória até a penhora, através do que chamou de efeito 'meramente devolutivo', conciliando assim os dois efeitos. Não excluiu a executividade, mas limitou-a à penhora. (...) O primeiro erro da doutrina e jurisprudência consistiu no desconhecimento do art. 899, em relação ao Recurso Ordinário – art. 895. Quase nenhum Juiz recebe o RO no efeito que por lei tem: o 'meramente' devolutivo." SILVA, Antônio Álvares da. *Execução Provisória Trabalhista depois da Reforma do CPC*. São Paulo: LTr, 2007. p. 36.

(149) A seção encontra inspiração na obra de Antônio Álvares da Silva, já citada.

(150) SILVA, Antônio Álvares da. *Execução provisória trabalhista depois da reforma do CPC*. São Paulo: LTr, 2007. p. 34.

Para garantir a parte executada de possível prejuízo, na hipótese de ser revertida a sentença, exigir-se-ia algum tipo de garantia do exequente provisório: caução, depósito etc. Este modelo de execução provisória é mais profundo e completo. Porém, em se tratando de execução trabalhista, esbarra num obstáculo difícil de ser removido: o exequente não dispõe de meios de garantir a execução. Não tem como prestar caução, já que lhe faltam meios. Daí o modelo apresentado pela CLT: a regra, para todo recurso, é a devolutividade. Mas a execução provisória esbarra-se na penhora."

Ocorre que o Código de Processo Civil, tratando da execução provisória de prestação alimentícia de até 60 (sessenta) salários-mínimos, admitiu fossem ultimados atos de satisfação do direito do credor, inclusive com dispensa de caução. O legislador, portanto, realizando prévio juízo ponderativo, entendeu por bem, ainda que com risco de não ser possível reversão das partes ao *status quo ante*, satisfazer o direito daquele que postula verba indispensável à sua sobrevivência, em detrimento do direito do executado de só ser privado de seus bens depois de formada a coisa julgada.

Ora, se o hipossuficiente que postula por verbas alimentares na Justiça comum pode ser satisfeito integralmente, ainda quando em sede de execução provisória, por que não o poderia o hipossuficiente que postula na Justiça do Trabalho por verbas também de natureza alimentar? Não se teria, aí, tratamento desigual para quem é igual? Não se estaria, por conseguinte, violando o princípio constitucional da isonomia? Evidente que sim!

No processo comum admite-se correr o risco de que o direito do credor seja integralmente satisfeito, mesmo sem qualquer garantia de que, na eventualidade de ser provido o recurso interposto contra a decisão exequenda, as partes retornem ao *status quo ante*. Por que não na Justiça do Trabalho[151]?

Quem postula por verbas de natureza alimentar, seja na Justiça comum, seja na Justiça Trabalhista, é, em ambos os casos, um necessitado e dificilmente conseguirá restituir o que tenha recebido indevidamente. Destarte, não haveria qualquer razão para tratar de forma diferenciada quem é igual.

---

(151) Neste sentido, defende Antônio Álvares da Silva devam ser importadas pelo Processo do Trabalho as inovações do processo cível no que toca à execução provisória. Confira-se: "(...) Tolerar a demora, a inflação, os juros irrisórios, o desgaste, a longa espera, tudo isso é natural para a maioria dos nossos juristas, que apregoam, não obstante, a Justiça do Trabalho como protetora dos pobres. O legislador que reformou o CPC sentiu, mais do que o legislador trabalhista, estas questões e enfrentou-as com vistas postas na realidade e não no discurso ou na retórica vazia. Olhou para o lado social das coisas. Lembrou-se das privações do pequeno demandante. E permitiu que tivesse acesso a algum resultado, pelo menos, da sentença que lhe foi favorável. Na Justiça do Trabalho, em que a maioria das sentenças é favorável, total ou parcialmente ao empregado, não se teve até hoje a mesma ideia. Mas é aqui, na jurisdição social, que ela deveria ter sido concebida e gestada. Como não se reforma o Processo do Trabalho, temos que buscar em fonte alheia o que falta na nossa. Antes, era ele modelo para o progresso. Hoje vai a reboque do processo comum, que lhe tomou a dianteira. O processo social se renova à custa do processo comum". *Ibidem*, p. 81.

Reformulado o CPC para permitir que, mesmo em execução provisória, sejam praticados atos de alienação e levantamento de dinheiro, com satisfação integral do direito do credor (fala-se, destarte, em execução provisória definitiva), referido modelo deve também ser adotado pelo Processo do Trabalho, pena de violação ao princípio isonômico.

Refere-se o CPC, em seu art. 475-O, § 2º, inc. I, a créditos de natureza alimentar, para permitir a ultimação de atos satisfativos sem prestação de caução. Tal expressão deve ser inteligida à luz do art. 100, § 1º-A, da Constituição Federal[152]. Logo, abrange toda forma de contraprestação pelo trabalho humano, seja no âmbito de uma relação laboral estabelecida com a iniciativa privada ou com o Poder Público.

7.5.2. *Execução provisória com caução (o modelo ideal, que, porém, não condiz com a realidade das relações de trabalho)*

A segunda das formas de se operacionalizar a execução provisória, diferentemente da primeira, admite a satisfação integral do direito do credor, condicionando-se, porém, a realização dos atos expropriatórios ao oferecimento, pelo exequente, de garantia que possibilite a reversão das partes ao estado fático anterior, em sobrevindo a reforma ou anulação da decisão exequenda.

A reversibilidade de que trata a lei diz respeito não ao retorno do próprio bem objeto de expropriação ao patrimônio do executado, mas, sim, das partes ao *status quo ante*. É a reversibilidade das partes ao estado anterior, e não das coisas. Isso significa dizer que, sobrevindo acórdão que modifique ou anule a decisão exequenda, o exequente deverá devolver ao executado os valores que houver recebido indevidamente ou os bens que lhe tenham sido entregues (nas hipóteses, evidentemente, em que o próprio exequente permaneça com a coisa), sem prejuízo da reparação dos danos que o executado houver sofrido com a sua privação.

Tendo, porém, o bem expropriado sido transferido legitimamente a terceiro (como, se dá, por exemplo, em caso de arrematação), caberá ao exequente reembolsar o executado do valor total dos bens e de eventual quantia pelos prejuízos que a perda do bem lhe houver acarretado[153], a ser apurada, incidentemente,

---

(152) Art. 100, § 1º-A, CF: "Os débitos de natureza alimentícia, compreendem aqueles decorrentes de salários, vencimentos, proventos, pensões e suas complementações, benefícios previdenciários e indenizações por morte ou invalidez fundadas na responsabilidade civil, em virtude de sentença transitada em julgado".

(153) "(...) a restituição ao *statu quo ante* se dá entre as pessoas do exequente e do executado e não, necessariamente, sobre os bens expropriados judicialmente durante a execução provisória. (...) as pessoas e não as coisas hão de ser repostas no estado anterior à execução provisória, se o título executivo for anulado ou reformado. Mais uma vez, portanto, a *mens legis* evidencia que a provisoriedade se passa entre as partes do processo e não atinge terceiros que legitimamente tenham adquirido a propriedade dos bens excutidos. Se o credor foi quem se assenhorou dos bens do devedor, por força da execução provisória, é claro que caindo esta, terá ele de restituí-los *in natura*, sem excluir a indenização

por arbitramento. A decisão do incidente de liquidação valerá como título executivo judicial em benefício do executado. O bem, entretanto, não retorna ao seu patrimônio[154].

A caução poderá ser real ou fidejussória, contanto que permita a reversibilidade ao *status quo ante*. Isto é, a garantia deve conferir ao executado a segurança de que os prejuízos eventualmente sofridos serão integralmente reparados em caso de reforma ou cassação da decisão que embasa a execução. Prestada a caução exigida, a transferência do domínio do bem a terceiro será definitiva[155].

De todas as formas de execução provisória, é a que mais perfeitamente concilia os interesses dialéticos do credor e do devedor: permite a satisfação integral do exequente, assegurando-se o retorno das partes ao *status quo ante*, em caso de provimento do recurso interposto.

A caução não é condição *sine qua non* para que se possa executar uma decisão provisoriamente. Ela somente deverá ser prestada, é a conclusão pertinente do Professor *Cassio Scarpinella Bueno*, nas hipóteses em que o credor requerer o levantamento do depósito em dinheiro ou alienação de bens do domínio do devedor[156] e, ainda, verificar-se situação de risco processual concreto para o

---

dos demais prejuízos decorrentes do processo executivo frustrado. Se, contudo, forem eles transferidos por arrematação a terceiro, o exequente não terá como restituí-los ao executado. Arcará, então, com a responsabilidade de reembolsá-lo de todos os prejuízos ocasionados pela definitiva perda dos bens expropriados judicialmente. É assim que as partes serão *restituídas ao estado anterior*, conforme exige o inc. II do art. 475-O, na redação da Lei n. 11.232, de 22.12.2005, sendo liquidados os eventuais prejuízos nos mesmos autos, por arbitramento." THEODORO JÚNIOR, Humberto. *Curso de Direito Processual do Trabalho*: Processo de execução e cumprimento da sentença. Processo cautelar e tutela de urgência. 42. ed. v. II. Rio de Janeiro: Forense, 2008. p. 91.

(154) "(...) como serão restituídas apenas as partes ao estado anterior, eventual alienação do bem que seja feita na execução provisória será válida, posto que seja reformada a sentença exequenda. É que, na verdade, as partes — exequente e executado, deverão ser restituídas ao *statu quo ante*. Se o legislador tivesse feito menção ao retorno das 'coisas' ao estado anterior, a alienação teria que ser desfeita. Mas como fez menção ao retorno das 'partes' ao estado anterior, eventual alienação realizada em sede de execução provisória será reputada válida, mesmo que a sentença exequenda seja reformada." HERTEL, Daniel Roberto. A execução provisória e as inovações das recentes reformas processuais. In: WAMBIER, Teresa Arruda Alvim *et al* (Org.). *Execução Civil*. Estudos em homenagem ao professor Humberto Theodoro Júnior. São Paulo: Revista dos Tribunais, 2007. p. 726-727.

(155) "Prestada a competente caução, a transferência de domínio para terceiro, por meio de arrematação, não será provisória. Perante o arrematante, a operação de aquisição da propriedade será definitiva. Entre as partes, se houver cassação ou reforma da sentença exequenda, a solução será a indenização de perdas e danos. Não repercutirá, portanto, sobre o direito adquirido, pelo terceiro arrematante. Ainda, pois, que a arrematação ocorra em execução provisória, o arrematante terá título definitivo para transcrição no Registro Imobiliário." THEODORO JÚNIOR, Humberto. *Curso de Direito Processual do Trabalho*: Processo de execução e cumprimento da sentença. Processo cautelar e tutela de urgência. v. II, 42. ed. Rio de Janeiro: Forense, 2008. p. 93.

(156) "1. AGRAVO DE INSTRUMENTO. 2. EXECUÇÃO PROVISÓRIA. 3. SOMENTE SE AFASTA A EXIGÊNCIA DA CAUÇÃO, EXIGIDA PELO ART. 475-O, III, DO CPC, SE NÃO HOUVER RISCO DE DIFÍCIL OU INCERTA REPARAÇÃO, SE AUTORIZADO O LEVANTAMENTO. 4. HIPÓTESE EM QUE SE FAZ PRESENTE A EXIGÊNCIA LEGAL DA CAUÇÃO PARA AUTORIZAR O LEVANTAMENTO. 5. RECURSO PROVIDO." TJRJ, AI n. 2008.002.33526, Rel. Des. Mario dos Santos Paulo, Rio de Janeiro, 18 nov. 2008.

executado. Isto é, deve-se exigir caução quando se constatar que a privação antecipada do patrimônio vá causar ao executado risco grave de difícil ou impossível reparação a um provável direito seu[157]. Em resumo, "a 'execução provisória-completa' depende, pois, de prestação de caução nas situações em que o executado demonstrar convincentemente ao juízo que sofrerá dano pela satisfação do exequente".[158]

Tal modelo, porém, não condiz com a realidade das relações de trabalho. Pelo menos, não com aquela em que o trabalhador é o fraco e o tomador dos serviços, o forte...

No Processo do Trabalho o que se tem, em regra, são partes pobres, as quais não possuem condições patrimoniais de prestar garantia.

Ao mesmo tempo, a demora do processo acaba sendo ônus pesado demais para ser suportado integralmente pelo prestador de serviços. O trabalhador postula em juízo, na esmagadora maioria das vezes, por verbas resultantes da exploração de sua força de trabalho. A energia despendida na prestação dos serviços certamente já reverteu em benefício econômico para o contratante, que não poderá, evidentemente, restituí-la ao trabalhador.

O tempo de duração do processo é ônus que deve ser repartido entre as partes à luz de um critério de proporcionalidade. Não seria razoável que o trabalhador, que não tem condições de prestar caução, jamais pudesse se beneficiar da execução provisória, com o recebimento da prestação definitiva. Que tivesse sempre de esperar até o trânsito em julgado da sentença, para só então receber a tutela jurisdicional.

Se, por um lado, a caução torna possível a entrega da prestação jurisdicional definitiva com segurança, a sua exigência de quem não pode prestá-la, como é o caso da grande maioria dos consumidores da Justiça do Trabalho, acaba por tornar destituída de maior utilidade prática a execução provisória. É que, veja-se: Se o exequente não pode prestar caução — a regra em se tratando de execução

---

(157) É a opinião de Cassio Scarpinella Bueno, para quem a exigência de caução, além de depender da iniciativa do executado, pressupõe a constatação de risco processual a direito do devedor. Confira-se: "Clara, no particular, a redação do inciso III do art. 475-O do CPC, ao vincular a prestação de caução não só aos casos de levantamento de depósito em dinheiro, mas também à prática de atos que importem alienação de domínio e, mais especificamente, à prática de qualquer ato que '... possa resultar grave dano ao executado'. (...) A caução, decisivamente, vincula-se à ideia de risco processual e não à pura prática de um ato abstratamente considerado ao longo do procedimento. (...) Como a Lei n. 11.232/2005 nada traz de expresso sobre o assunto — mantendo, no particular, o silêncio da Lei n. 10.444/2002 — é importante, mesmo para aqueles que entendam que a caução possa ser exigida de ofício pelo magistrado, que tal exigência dê-se apenas e tão somente quando for claramente constatável a ocorrência de algum dano para o executado. Não antes, porque desnecessária. Não depois, porque inócua se tomada a destempo". BUENO, Cassio Scarpinella. Execução provisória: a caução e sua dispensa na Lei n. 11.232/2005. In: Revista do Advogado, São Paulo, v. 26, n. 85, p. 44-56, maio 2006.

(158) BUENO, Cassio Scarpinella. Execução provisória: a caução e sua dispensa na Lei n. 11.232/2005. In: Revista do Advogado, São Paulo, v. 26, n. 85, p. 44-56, maio 2006.

trabalhista —, e, em virtude desta impossibilidade, não podem ser praticados quaisquer atos expropriatórios, a execução fica paralisada, só podendo ser retomada depois que a decisão judicial transitar em julgado, o que certamente levará anos a fio. Pouco útil será, então, para o trabalhador, a execução provisória, o qual terá de esperar muito tempo ainda até que finalmente possa ver satisfeita a sua pretensão[159]. Afinal, que sentido teria executar-se alguém provisoriamente se, em troca da satisfação completa do direito, fosse preciso exigir de quem não tem patrimônio que disponibilize uma parte dele como caução? Não havendo como prestar caução, o portador de título executivo judicial simplesmente espera pelo julgamento do recurso, sem que a sentença ou mesmo o acórdão surtam quaisquer efeitos práticos?! De que serve a lei permitir uma execução provisória-completa, se exige que o credor, para satisfazer-se, desfaça-se de parte ou de todo o seu patrimônio? Quem haveria de executar provisoriamente alguém se, para ganhar de um lado, tem de perder do outro?!

Veja só. Mesmo em execução provisória, indispensável é um título judicial. Esse título, posto que suscetível de alteração, a depender do resultado do julgamento do recurso (e, portanto, título provisório), é fruto de cognição exauriente. De amplo debate entre as partes e o Juiz, a respeito dos fatos e provas. Às vezes, já revisto seu conteúdo também em segunda instância, pelo órgão *ad quem*.

Bem se compreende o modelo adotado pela Consolidação das Leis do Trabalho em 1943: se ainda não há decisão transitada em julgado, como se permitir o levantamento de quantia em dinheiro, a qual certamente será consumida pela outra parte, com poucas chances de reverter para o patrimônio do executado em caso de provimento do recurso?! Como se permitir atos de alienação de patrimônio, criando uma situação definitiva dentro da provisoriedade da execução?! Tudo isso é verdade...

Mas há outro aspecto do problema a se considerar. Como se tolerar que uma demanda que envolve créditos de natureza alimentar, indispensáveis a atender às necessidades mais básicas e inadiáveis do ser humano, possa se alongar por

---

(159) Opinião também comungada por Cassio Scarpinella Bueno, só que em âmbito de execução cível. Veja-se: "Por que alguém executaria alguém provisoriamente se, para satisfazer-se, precisaria se privar de parcela de seu patrimônio, oferecendo-a como caução? E, se não houver, por qualquer razão, condições de prestar caução? Não se executa? Pura e simplesmente aquele que detém um título executivo — e a execução provisória pressupõe, por definição, título executivo judicial, que lhe reconhece como credor no plano do direito material, espera, sem qualquer espécie de satisfação, o julgamento do recurso interposto pelo executado? (...) De que adianta a lei passar a autorizar uma execução provisória-completa se a real satisfação do exequente depende que ele se desfaça de parte (ou de todo) seu patrimônio? Melhor seria (...) que o magistrado pudesse levar em conta para decidir sobre a possibilidade da prática de atos executivos, mesmo que 'provisoriamente', com ou sem caução, algumas características do caso concreto, como, por exemplo, a circunstância de o crédito ser, ou não, de natureza alimentar, ter origem na prática de ato ilícito, o valor envolvido na execução provisória e haver, ou não, situação de necessidade (*periculum in mora*) do exequente na satisfação de seu direito". BUENO, Cassio Scarpinella. Execução provisória: a caução e sua dispensa na Lei n. 11.232/2005. In: *Revista do Advogado*, São Paulo, v. 26, n. 85, p. 44-56, maio 2006.

décadas? A isto, soma-se o fato de que, em grande parte dos casos, os recursos são utilizados apenas como forma de se procrastinar o cumprimento das decisões judiciais, "porque o devedor ganha muito mais colocando este crédito no jogo econômico, obtendo lucros e juros de mercado, enquanto paga, na execução trabalhista, juros de apenas 1%".[160]

E, ainda quando a pretensão do executado seja legítima, que o recurso interposto tenha fundamento, o risco de que as partes não retornem ao estado anterior, com devolução, pelo trabalhador hipossuficiente, daquilo que tenha recebido indevidamente, é, hoje, tolerado pelo próprio sistema processual.

Sendo possível a um alimentando receber, na Justiça Comum, a prestação jurisdicional a que aspira sem prestar qualquer caução, antes ainda do trânsito em julgado da decisão exequenda, como se negar essa mesma possibilidade ao trabalhador que também postule por verbas de natureza alimentar?

Tanto na execução cível de alimentos, quanto no Processo do Trabalho, o que se têm, em regra, são hipossuficientes, e, portanto, os riscos de não se conseguir retornar ao *status quo ante* são exatamente os mesmos.

Vê-se, por conseguinte, que as leis que reformularam o Código de Processo Civil, para permitir que, na execução de prestação de alimentos de até 60 (sessenta) salários-mínimos, o direito do credor possa ser satisfeito, sem necessidade de contracautela, excluíram do seu âmbito de incidência o trabalhador hipossuficiente. A reforma apenas atingiu o CPC, privando, por conseguinte, o trabalhador do mesmo benefício, em violação ao princípio da isonomia.

Nesse caso, não sendo estendido ao Processo do Trabalho a regra do CPC, ter-se-ia por configurada hipótese que a doutrina constitucionalista pátria denomina de inconstitucionalidade por omissão parcial relativa da lei[161]. É a típica hipótese em que a lei estende a uma parcela de pessoas um benefício, privando do seu gozo um outro grupo que também deveria ter sido contemplado.

Assim, abrem-se três caminhos possíveis de serem adotados pelo Judiciário: (i) ou se declara a inconstitucionalidade por ação da lei que criou a desequiparação; ou (ii) se declara a inconstitucionalidade por omissão parcial da lei, com ciência ao órgão legislador para tomar as providências necessárias, ou, ainda, (iii) se estende o benefício à categoria dele excluída[162].

A primeira das soluções, como é fácil perceber, traz o inconveniente de se "universalizar a situação desvantajosa, em lugar de beneficiar os excluídos".[163]

---

(160) SILVA, Antônio Álvares da. *Execução provisória trabalhista depois da reforma do CPC*. São Paulo: LTr, 2007. p. 64.
(161) A esse respeito, consulte-se a obra de BARROSO, Luís Roberto. *O controle de constitucionalidade no direito brasileiro*. 2. ed. Rio de Janeiro: Saraiva, 2006. p. 37 e ss.
(162) Todas as possíveis soluções foram extraídas quase que na literalidade da obra antes mencionada, p. 37.
(163) *Idem*.

A segunda delas mostra-se de pouca serventia prática, pois não se pode compelir o Poder Legislativo a legislar. A última, muito embora esbarre no princípio da separação de poderes, é, sem dúvida alguma, a mais indicada. Propugna-se seja adotada, a fim de se permitir aplicação das normas do CPC afetas à execução provisória ao Processo do Trabalho. O próprio Supremo Tribunal Federal, em precedente que envolvia extensão aos servidores civis de reajuste que só havia sido concedido aos militares, já adotou uma tal postura[164].

7.5.3. Execução provisória sem caução: o modelo ideal para o Processo do Trabalho

Inicialmente, os atos de alienação de bens e levantamento de dinheiro só eram permitidos em se tratando de execução definitiva. Mais tarde, tendência instrumentalista aportada à execução cível levou a que se admitisse a entrega definitiva da prestação jurisdicional postulada mediante prestação de caução. Como o necessitado dificilmente tinha condições de prestar garantia para poder satisfazer-se antes do trânsito em julgado da decisão de condenação, a medida de pouca (para não se dizer nenhuma) serventia possuía para aqueles que com mais urgência precisavam receber seu crédito.

Assim é que caminhou o Processo Cível para a possibilidade de, em execução provisória, satisfazer-se plenamente o credor, com dispensa de caução, em determinadas hipóteses bem específicas. A transformação deu-se com a Lei n. 10.444/2002, que passou a admitir uma execução provisória completa. O título "continuava sendo provisório, mas sua concretização já não era mais incompleta como, até então, era da tradição do nosso direito".[165]

Até então, o Processo Civil apenas admitia a prática de atos preparatórios da execução, de instrumentação, mas não a satisfação do direito do exequente. Com a Lei n. 10.444/02, tornou-se possível ao exequente (aquele que promove a execução provisória), ainda quando pendente a apreciação de recurso na instância superior, se satisfazer. A Lei n. 11.232/2005 apenas ratificou a evolução legislativa vivenciada.

Assim é que o art. 475-O, § 2º, inc. I, do CPC dispõe que poderá haver execução provisória com prestação jurisdicional definitiva, sem necessidade de garantia, quando se tratar de crédito de natureza alimentar até o limite de 60 (sessenta) vezes o valor do salário-mínimo, demonstrando o exequente a situação de necessidade.

Nesses casos, é dispensada a prestação de caução, inclusive quando se trate da realização de atos que impliquem alienação de domínio ou levantamento

---

(164) STF, AgRg em AI 211.422-PI, Rel. Min. Maurício Corrêa, Brasília, 14 ago. 1998.
(165) BUENO, Cassio Scarpinella. Execução provisória: a caução e sua dispensa na Lei n. 11.232/2005. In: *Revista do Advogado*, São Paulo, v. 26, n. 85, p. 44-56, maio 2006.

de depósito em dinheiro. Pressupõe-se, de forma absolutamente correta, que o exequente dependa dos alimentos que executa para sobreviver, e, por isso, não tenha condições materiais de oferecer garantia. Logo, é possível a execução provisória, sem caução, de prestações alimentícias, desde que: (i) o valor exequendo não ultrapasse 60 (sessenta) salários-mínimos e (ii) comprove o exequente o estado de necessidade[166].

Também se dispensa a caução, independentemente do valor exequendo e da demonstração do estado de necessidade, quando penda agravo de instrumento junto ao STF e ao STJ, salvo quando da dispensa possa resultar dano grave de difícil ou impossível reparação ao executado[167].

Como já se afirmou, propõe-se que, feitas as devidas adaptações, essas inovações sejam também aplicadas à processualística do trabalho.

Em se tratando de verbas trabalhistas até referido valor, entendemos deva se presumir pela necessidade do trabalhador em receber o crédito, sempre que, é claro, o litígio envolva hipersuficientes de um lado e hipossuficientes do outro. Ou melhor, sempre que o tomador de serviços seja a parte forte e o trabalhador a parte fraca. É que, pode ser que estejam prestador e tomador de serviços em situação de equilíbrio de forças (pense-se, por exemplo, em contrato de prestação de serviços celebrado entre um cliente de classe média e um dentista autônomo) ou ainda que o próprio prestador de serviços seja a parte forte da relação. Nestes casos, o estado de necessidade do exequente irá se contrapor ao direito do executado de não ser privado do seu patrimônio antes do trânsito em julgado da decisão condenatória. Caberá, então, ao juiz, à luz das circunstâncias do caso, "verificar qual o 'melhor' direito e reconhecer qual dos direitos, do executado ou do exequente, deve ser satisfeito em primeiro lugar (...)".[168]

Também nas hipóteses em que penda agravo de instrumento contra decisão denegatória de seguimento a recurso de revista ou recurso extraordinário,

---

(166) Os requisitos são cumulativos, lembra o Professor BUENO, Cassio Scarpinella. Execução provisória: a caução e sua dispensa na Lei n. 11.232/2005. In: *Revista do Advogado*, São Paulo, v. 26, n. 85, p. 44-56, maio 2006: "A caução a que se refere o inciso III do art. 475-O pode ser dispensada naqueles casos de natureza alimentar *ou* naqueles casos de ato ilícito, desde que, em um e em outro, o exequente demonstre situação de necessidade *e* o valor exequendo for de até 60 salários-mínimos. (...) Não basta que se trate de crédito de natureza alimentar (...) para a 'execução provisória-completa'. Mostre também (...) que o exequente demonstre a necessidade do recebimento do valor exequendo e, mesmo assim, observando-se o teto de 60 salários-mínimos".

(167) "Pelo que se lê do texto da lei, não se aplicam aqui as ressalvas do inciso I do mesmo dispositivo. A dispensa da caução dá-se pela existência do fato objetivo consistente em haver, perante os Tribunais Superiores, os agravos de que trata o art. 544. Não há espaço para se questionar sobre os valores envolvidos na execução (se inferiores ou superiores a 60 salários-mínimos) ou se há, ou não há, estado de necessidade do exequente. Tampouco a origem da condenação, isto é, se voltada a reparar alimentos do direito de família ou devidos pela prática de atos ilícitos." BUENO, Cassio Scarpinella. Execução provisória: a caução e sua dispensa na Lei n. 11.232/2005. In: *Revista do Advogado*, São Paulo, v. 26, n. 85, p. 44-56, maio 2006.

(168) BUENO, Cassio Scarpinella. Execução provisória: a caução e sua dispensa na Lei n. 11.232/2005. In: *Revista do Advogado*, São Paulo, v. 26, n. 85, p. 44-56, maio 2006.

independentemente do valor exequendo, seria possível entrega definitiva da prestação jurisdicional, exceto se o executado demonstrar que há razões fortes para que seu recurso venha a ser provido e que, ademais, a satisfação do crédito exequendo, antes do trânsito em julgado, lhe trará prejuízo de difícil ou impossível reparação.

Hoje, a provisoriedade da execução não mais deve ser compreendida pelo prisma dos atos executivos possíveis de serem praticados, mas pela própria decisão que fundamenta a execução. É que, enquanto cabível recurso, a decisão pode ser reformada, e, nesse sentido, diz-se que é provisória. Repare-se, a decisão, e não a execução.

Neste mesmo sentido, a opinião do Ministro do Superior Tribunal de Justiça, *Luiz Fux*:

"A *novel* execução provisória alcançou notável grau de satisfatividade, escapando, assim, das severas críticas de outrora, que a entreviam como um 'nada jurídico'. Realmente o exequente quase nenhuma utilidade retirava de sua pressa em torna realidade provisória a sentença condenatória favorável. Destarte, o legislador brasileiro acompanhou o movimento atual dos vários sistemas processuais de matriz romano-germânico, que passaram a consagrar a execução apenas provisória pela decisão que a fundamenta e não mais pelos atos executivos praticados."[169]

É também a posição de *José Carlos Barbosa*, *verbis*:

"A 2ª parte do art. 587, na redação da Lei n. 11.382, trouxe uma inovação, a nosso sentir infeliz: averba também de provisória a execução instaurada na pendência de 'apelação da sentença de improcedência dos embargos do executado, quando recebidos com efeito suspensivo'. A execução provisória, que se baseia sempre em sentença judicial civil, pode ser promovida a partir do recebimento do recurso no efeito meramente devolutivo (como no caso do art. 521, 2ª parte), e não difere da definitiva, em substância pelo modo como se processa (art. 475-O, *caput*, igualmente introduzido pela Lei n. 11.232, que revogou o art. 588), mas, fundamentalmente por sua menos estabilidade, devida à circunstância de estar ainda sujeito o título em que se funda à anulação ou à reforma pelo órgão competente para julgar o recurso. Sobrevindo tal decisão, anulatória ou reformatória, de grau superior, a execução provisória 'fica sem efeito', como reza o art. 475-O, *caput*, n. II, 'restituindo-se as partes ao estado anterior'; no caso contrário, ela se converte em definitiva — o que sucederá se não se chegar a julgar o recurso (*v. g.*, em virtude de desistência), ou se julgamento do órgão *ad quem* 'confirmar' a sentença exequenda e transitar em julgado. Nesta última hipótese, a execução

---

(169) FUX, Luiz. *O Novo Processo de Execução:* O cumprimento da Sentença e a Execução Extrajudicial. Rio de Janeiro: Forense, 2008. p. 250.

passará a ter por título o *acórdão* e, não mais a decisão recorrida, que ele substituiu (art. 512). Essas observações valem, *mutatis mutandis*, para a hipótese de anulação ou reforma parcial da sentença exequenda, em que a execução provisória fica sem efeito na parte correspondente ao que se houver anulado ou reformado (art. 475-O, § 1º, e se torna definitiva quanto ao restante".[170]

No mesmo sentido, *Renato Saraiva*:

"(...) Discutia-se muito na doutrina se o art. 588 do CPC seria aplicável ao Processo do Trabalho, uma vez que o art. 899 consolidado estabelece que a execução provisória vai até a penhora, não havendo, portanto, a possibilidade da prática de atos de expropriação, levantamento em dinheiro ou alienação de bens. Vale destacar que na execução provisória trabalhista não se exige que o credor, para promovê-la, preste caução, uma vez que, na maioria dos casos, o exequente é um trabalhador hipossuficiente e, portanto, sem condições de prestar caução. Exigir caução inviabilizaria, na prática, a execução provisória pelo obreiro. Todavia, doutrina considerável manifestava opinião no sentido da aplicação do antigo art. 588 do CPC ao Processo do Trabalho (como Manoel Antônio Teixeira Filho e Carlos Henrique Bezerra Leite), especialmente o § 2º, que permitia o levantamento de depósito realizado em dinheiro ou a prática de atos que importavam alienação de domínio, independentemente de caução, nos casos de crédito de natureza alimentar (neles se inclui o crédito trabalhista) até o limite de 60 salários-mínimos, quando restar comprovado que o exequente se encontra em estado de necessidade. No entanto, este expediente deve ser adotado com muita cautela pelo magistrado trabalhista, uma vez que o trabalhador exequente, em regra, não terá condições de arcar com eventuais prejuízos decorrentes do resultado final desfavorável do processo. Vale destacar que a Lei n. 11.232, de 22 de dezembro de 2005 (que alterou o CPC e foi publicada em 23.12.2005), revogou o art. 588 do CPC, passando a vigorar o novo art. 475-O do CPC (...). A nova redação do art. 475-O do CPC trouxe as seguintes novidades em relação ao disposto no antigo art. 588 do CPC: a execução provisória depende de iniciativa do exequente; existindo acórdão modificativo do julgado, eventuais prejuízos serão liquidados nos mesmos autos, por arbitramento; a caução também poderá ser dispensada nos casos de crédito de natureza alimentar (podendo as regras previstas no CPC serem utilizadas de forma subsidiária no Processo do Trabalho), ou decorrente de ato ilícito, até o limite de sessenta vezes o valor do salário-mínimo, quando o exequente demonstrar situação de necessidade ou nos casos de execução provisória em que penda Agravo de Instrumento junto ao Supremo Tribunal Federal ou ao Superior Tribunal de Justiça (art. 544), salvo quando

---

(170) MOREIRA, José Carlos Barbosa. *O Novo Processo Civil Brasileiro* (Exposição sistemática do procedimento). Rio de Janeiro: Forense, 2007. p. 206-207.

da dispensa possa manifestamente resultar risco de grave dano, de difícil ou incerta reparação. Entendemos que o novo art. 475-O do CPC é perfeitamente aplicável ao Processo do Trabalho, principalmente em relação à possibilidade de levantamento pelo credor trabalhista de depósito em dinheiro até o limite de 60 salários-mínimos, sem a necessidade de caução, desde que demonstrada a real necessidade".[171]

7.6. O limite de sessenta salários-mínimos

Até o limite de 60 (sessenta) salários-mínimos, é possível o levantamento de quantia em dinheiro ou alienação de bens, sem a prestação de caução, quando se trate de execução de prestação alimentícia[172]. Assim, permite-se que, mesmo antes do trânsito em julgado, a decisão produza efeitos plenos. A execução, contudo, segue seu curso e continua sendo provisória. A provisoriedade consiste na possibilidade de o exequente ter de restituir o que houver recebido, caso seja dado provimento ao recurso interposto. Como, no Processo do Trabalho, exige-se depósito prévio para que a parte possa recorrer, o Juiz poderá autorizar o levantamento da quantia depositada em sede de execução provisória. Se o valor do depósito for menor do que o valor do *quantum debeatur*, o Juiz prosseguirá na execução provisória, para obter o restante do valor, inclusive valendo-se da penhora em dinheiro por meio do sistema *Bacen-Jud*, de que mais adiante se tratará.

Poder-se-ia pensar que, em se tratando de execuções de valor superior a 60 (sessenta) salários-mínimos, nenhum levantamento seria permitido. Assim não é, porém. O limite para levantamento é de 60 (sessenta) salários. Até esse limite, permite-se o levantamento. Além dele, não[173].

---

(171) SARAIVA, Renato. *Curso de Direito Processual do Trabalho*. 5. ed. São Paulo: Método, 2008. p. 602 e ss.

(172) A respeito do que se deve entender por verba de natureza alimentar na Justiça do Trabalho, CALLEGARI, José Antônio. Execução: inovações no âmbito do direito do trabalho. In: *Revista LTr: Legislação do Trabalho e Previdência Social*, São Paulo, v. 72 , n. 2, p. 154-166, fev. 2008: "Primeiro, deve-se delimitar o que seja o crédito alimentar. As parcelas salariais e rescisórias têm natureza alimentar. As multas contratuais, fiscais e processuais não têm natureza alimentar. A indenização por dano moral não tem natureza alimentar. Outros tipos de indenização decorrente de atos do empregador, como a perda de uma chance, também não. Caberá ao Juiz, no exame do caso concreto, definir a natureza jurídica do crédito em questão".

(173) O Professor Cassio Scarpinella Bueno, tratando da execução provisória em âmbito cível, admite que, até o limite de 60 (sessenta) salários-mínimos possam ser efetivados atos de satisfação do credor, sem necessidade de prestação de caução, e para o que sobejar aquele valor, exigir-se a contracautela, satisfazendo-se, então, por completo o credor. Confira-se: "É possível que a caução seja dispensada na execução provisória até 60 salários e que haja caução somente para o restante do valor? É possível 'abater' a diferença entre o valor perseguido e os 60 salários a título de caução? O art. 100, § 4º, da Constituição Federal, ao se referir à dispensa do precatório, deva uma tal iniciativa. Ou se abre mão do teto constitucional e recebe-se sem precatório ou opta-se pelo recebimento do integral e todo o valor será pago por precatório. (...) Particularmente, não vejo razão para tratar uma dívida que não é, do ponto de vista da caução, indivisível, como se ela fosse. Prefiro a interpretação que cria, para todo e qualquer caso, uma dispensa de caução para os valores até 60 salários-mínimos. É como se dissesse,

Destarte, "como grande parte das ações trabalhistas é inferior a sessenta salários-mínimos – R$ 22.800 reais, quase todas as reclamações trabalhistas poderão ter, a partir da sentença de primeiro grau, a prestação jurisdicional definitiva, embora em execução provisória".[174]

Ao argumento de que dificilmente o executado-recorrente receberá de volta a quantia levantada em caso de procedência do recurso interposto, *Antônio Álvares da Silva*[175] retruca com as seguintes indagações:

"1 – Nas execuções acumuladas, que já beiram dois milhões e meio de processos, como fica a situação do empregado que não conseguiu executar seu crédito, nem recebeu o dinheiro que lhe era devido? 2 – Como fica o crédito do trabalhador, corrigido a 1%, quando os juros de mercado são de 10%? Será que esta flagrante injustiça e essa profunda desigualdade não é vista pelo legislador? 3 – Como fica a duração do processo que, se elevado até o TST, pode durar até 6 anos? Como fica o crédito alimentar e a função protecionista da Justiça do Trabalho? É ela de fato uma porta aberta ou uma porta fechada aos que dela precisam? 4 – Se o empregador corre o risco de não receber de volta o dinheiro levantado, não corre idêntico risco o empregado de nunca ter este dinheiro, quando a execução se prolonga e a empresa desaparece?"

Com efeito, tais ônus — demora excessiva, juros irrisórios, correção monetária insuficiente, risco de insolvência do empregador e de nunca receber o crédito —, sempre foram suportados integralmente pelo empregado. Agora, o legislador cível, na situação especial de execução de crédito de natureza alimentar, entendeu por bem proteger o alimentado e reequilibrar a desigualdade social existente entre as partes em disputa. Por que, então, seria diferente com o trabalhador?

7.7. Execução na pendência de julgamento de Recurso Extraordinário: provisória ou definitiva?

Muito se discute a respeito da natureza da execução na pendência de julgamento de recurso extraordinário contra ela interposto — se provisória ou definitiva. Antes ainda do advento do CPC de 1973, o Supremo Tribunal Federal editou o Verbete n. 228, no sentido de que seria definitiva a execução na pendência de recurso extraordinário, como na de agravo destinado a destrancá-lo.

---

com os olhos voltados ao dispositivo em exame, que, no direito processual civil brasileiro, a execução provisória, observadas as demais exigências legais, prescinde de caução até 60 salários". BUENO, Cassio Scarpinella. Execução provisória: a caução e sua dispensa na Lei n. 11.232/2005. In: *Revista do Advogado*, São Paulo, v. 26, n. 85, p. 44-56, maio 2006.

(174) SILVA, Antônio Álvares da. *Execução provisória trabalhista depois da reforma do CPC*. São Paulo: LTr, 2007. p. 80.

(175) *Ibidem*, p. 80-81.

Entretanto, após entrada em vigor do CPC de 1973, o mesmo Supremo Tribunal Federal passou a negar aplicabilidade a referido Enunciado, posicionando-se no sentido de ser provisória a execução na pendência de julgamento de recurso extraordinário, haja vista a redação do art. 467 do *novel* estatuto processual. De acordo com referido dispositivo: *"denomina-se coisa julgada material a eficácia que torna imutável e indiscutível a sentença, não mais sujeita a Recurso Ordinário ou extrardinário"*.

Em reforço à tese da provisoriedade da execução de sentença (*lato sensu*) contra a qual haja sido interposto recurso extraordinário, a Lei n. 11.232/2005, que deu nova redação a diversos artigos do CPC, assim conceituou a execução provisória e definitiva, *verbis*: "É definitiva a execução da sentença transitada em julgado e provisória quando se tratar de sentença impugnada mediante recurso ao qual não foi atribuído efeito suspensivo".

Por sua vez, o *novel* art. 475-O, § 2º, do CPC, em seu item II[176], estabelece ser provisória a execução de sentença na pendência de julgamento de agravo de instrumento junto ao STF e ao STJ.

O Regimento Interno do TST, em seu art. 274, estatui que, no caso de execução de sentença contra a qual penda o julgamento de recurso extraordinário, deve ser observado o disposto nos arts. 893, § 2º e 899, da CLT, de acordo com os quais a execução provisória limita-se à penhora.

Apesar disso, parcela da doutrina trabalhista continuou a sustentar, com supedâneo fundamentalmente no Verbete n. 228 do STF e art. 893, § 2º[177], da CLT, que, mesmo na pendência de recurso extraordinário, a execução seria definitiva. Algumas decisões do TST chegaram mesmo a encampar referida tese.

Com todo o respeito, não parece ser essa a melhor posição. Havendo ainda possibilidade de reforma da decisão em que se baseia a execução, ela só pode ser provisória. O que, todavia, não impede sejam ultimados os atos de satisfação do direito do credor, inclusive com possibilidade de alienação de bens e levantamento de depósito em dinheiro (e daí falar-se em "execução provisória definitiva").

Com efeito, o fato de a execução ser provisória não significa que não possam ser praticados atos expropriatórios, com vistas à satisfação integral do direito do credor. É perfeitamente possível que, mesmo na pendência de recurso extraordinário, o credor obtenha a prestação jurisdicional a que faz jus.

---

(176) "Art. 475-O, § 2º A caução a que se refere o inciso III do *caput* deste artigo poderá ser dispensada: I – quando, nos casos de crédito de natureza alimentar ou decorrente de ato ilícito, até o limite de sessenta vezes o valor do salário-mínimo, o exequente demonstrar situação de necessidade; II – nos casos de execução provisória em que penda Agravo de Instrumento junto ao Supremo Tribunal Federal ou ao Superior Tribunal de Justiça (art. 544), salvo quando da dispensa possa manifestamente resultar risco de grave dano, de difícil ou incerta reparação."

(177) "Art. 843, § 2º - A interposição de recurso para o Supremo Tribunal Federal não prejudicará a execução do julgado."

Todavia, enquanto ainda não transitada em julgado a decisão, não se pode dizer que a execução é definitiva. Ela continua sendo provisória, mas com possibilidade de satisfação integral do direito do credor.

Haverá, ao menos em tese, a possibilidade de retorno ao *status quo ante* em caso de reforma ou cassação da decisão que se executa. E, neste sentido, diz-se ser provisória a execução[178].

7.8. Execução na pendência de julgamento de embargos do executado, agravo de petição e agravo de instrumento: provisória ou definitiva?

É preciso verificar a natureza da execução — se provisória ou definitiva —, quando pendente de julgamento recurso que tenha sido interposto na própria fase de execução. Como visto, para que uma sentença seja definitivamente exequível é preciso, em regra, que tenha transitado em julgado e que o valor da condenação, isto é, o quanto de prestação é devido, esteja definido. A fixação do *quantum debeatur*, veremos, faz-se pelo procedimento de liquidação de "sentença". Pois bem.

No Processo do Trabalho, como se verá mais adiante, a decisão homologatória dos cálculos não é recorrível de imediato. Insatisfeitas as partes com o valor fixado para a condenação, deverão esperar até o momento de apresentação dos embargos do executado, para, então, discutirem a respeito do montante que entendam correto. Vê-se, assim, que o valor da condenação, até julgamento dos embargos, e, eventualmente, de posterior agravo de petição que contra a decisão de embargos venha a ser interposto, é provisório, podendo ocorrer sua majoração, redução ou até mesmo sua extinção, se verificada a ocorrência de qualquer causa superveniente de extinção do crédito. Provisória, igualmente, será a execução. E isto porque, "a coisa julgada, necessária à instauração da execução definitiva, continua a exigir e a envolver tanto o *an debeatur* quanto o *quantum debeatur*".[179] Logo, não tendo transitado em julgado a decisão de liquidação, inobstante trânsito em julgado da sentença condenatória, a execução só pode ser provisória.

---

(178) Ao comentar algumas peculiaridades da execução provisória relativamente à execução definitiva, Daniel Roberto Hertel aduz: "(...) A segunda peculiaridade da execução provisória é que ela fica sem efeito sobrevindo acórdão que modifique ou anule a decisão objeto de execução. Ora, a execução é provisória porquanto há um recurso pendente do executado. Havendo conhecimento e provimento desse recurso, a execução fica sem efeito. Na verdade, os eventuais atos processuais perpetrados na execução provisória ficarão sem efeito, significa dizer, perderão a sua eficácia. Ficando sem efeito a execução, deverão as partes ser restituídas ao estado anterior, ou seja, ao *statu quo ante*. Assim, eventual pagamento que tenha sido realizado por parte do executado na execução provisória deverá ser restituído pelo exequente. Dessa forma, deverão as partes ser restituídas ao estado anterior". HERTEL, Daniel Roberto. A execução provisória e as inovações das recentes reformas processuais. In: WAMBIER, Teresa Arruda Alvim *et. al.* (Org.). *Execução Civil.* Estudos em homenagem ao professor Humberto Theodoro Júnior. São Paulo: Revista dos Tribunais, 2007. p. 726.

(179) CASTELO, Jorge Pinheiro. A execução trabalhista depois da reforma processual civil. In: *Revista do Advogado*, São Paulo, v. 28, n. 97, p. 89-106, maio 2008.

Apenas se não conhecido eventual agravo de petição interposto da decisão que julgou improcedentes os embargos e tendo sido interposto agravo de instrumento desta decisão, é que a execução dir-se-á, muito embora provisória, completa. Na pendência de agravo de instrumento, portanto, contra a decisão que denegou seguimento ao agravo de petição, é que se poderá satisfazer de modo integral o credor, inobstante a provisoriedade da execução[180].

7.9. Pendência de agravo de instrumento no TST e STF

Outra das hipóteses que autorizará a concessão de tutela definitiva no bojo da execução provisória é a pendência de agravo de instrumento junto ao TST ou STF. Avança a legislação processual cível no sentido de permitir execução provisória com levantamento de dinheiro e alienação de bens antes ainda do trânsito em julgado da sentença.

De acordo com *Antônio Álvares da Silva*[181]:

"O legislador tem que saber o que quer: ou dá logo eficácia às sentenças do primeiro grau (que, em sua grande maioria, são mantidas), ou opta por executá-las somente depois do trânsito em julgado, como tem sido a regra em nosso Processo Civil. Nesta segunda hipótese, adota-se a concepção de que qualquer ato executório antes do trânsito em julgado é temerário, porque a sentença pode ser modificada. Como há uma recorribilidade ampla e praticamente ilimitada, da qual o próprio agravo é um exemplo, a solução da controvérsia retarda-se, surgindo daí o clamor popular contra a demora dos julgamentos. Entre estes dois pontos de referência metodológicos, o da execução imediata da sentença de primeiro grau independentemente dos recursos que venham a ser interpostos e o da execução somente depois do trânsito em julgado, o moderno Processo Civil vem admitindo soluções conciliadoras: eficácia parcial das sentenças de primeiro grau e, em certos casos, eficácia plena, embora em execução provisória. O exemplo desta

---

(180) "(...) no processo do trabalho já existe a exceção à regra geral, estabelecida pelo § 2º do art. 897 da CLT, que permite a execução completa na pendência de Agravo de Instrumento interposto contra despacho que denegar seguimento à agravo de petição (§ 2º do art. 897 da CLT), ou seja, ainda em execução provisória — na medida em que, nesse caso, a sentença de liquidação que fixou o *quantum debeatur* ainda não transitou em julgado. (...) Neste caso, a sentença da liquidação por cálculos ainda seria provisória ou não definitiva, posto que passível de impugnação e reforma mediante a utilização dos embargos (ou impugnação) à execução e do agravo de petição. (...) No entanto, após o julgamento e confirmação da sentença de liquidação no julgamento dos embargos (impugnação), poderá a execução ter prosseguimento completo, mesmo sem a cognição definitiva pelo Tribunal (§ 2º do art. 897 da CLT). Assim, mesmo sendo provisória a execução, porquanto não transitada em julgado a sentença de liquidação, a essa altura do procedimento se autoriza execução completa, sem caução (§ 2º do art. 897 da CLT)." CASTELO, Jorge Pinheiro. A execução trabalhista depois da reforma processual civil. In: *Revista do Advogado*, São Paulo, v. 28, n. 97, p. 89-106, maio 2008.

(181) SILVA, Antônio Álvares da. *Execução provisória trabalhista depois da reforma do CPC*. São Paulo: LTr, 2007. p. 87-88.

última hipótese é exatamente o art. 475-O, § 2º, em que se enumeram os casos de entrega completa da prestação jurisdicional, com levantamento de dinheiro e atos alienatórios. Daí a expressão 'execução provisória definitiva' que, não obstante a aparente contradição nominal, é verdadeira, porque indica esta nova situação."

Andou bem o legislador ao admitir satisfação integral do direito do credor nas hipóteses em que tenha sido negado seguimento a recursos excepcionais, pois, estatisticamente, as chances de que um AI venha a ser provido, destrancando o recurso e que, ademais, este venha a ser provido no mérito, são muito diminutas. Pouquíssimos são os agravos providos. Logo, o que o legislador cível fez foi valer-se das estatísticas, não mais em prol do executado, mas do exequente[182]. Assim também deve ser no Processo do Trabalho.

---

(182) "(...) basicamente duas são as hipóteses de dispensa de caução na execução provisória. A primeira refere-se à execução provisória de crédito de natureza alimentar ou mesmo decorrente de ato ilícito. Nesses casos, deverá o crédito não exceder a sessenta vezes o salário-mínimo e o exequente deverá demonstrar estar passando por situação de necessidade. Não deve o Juiz, aqui, exigir prova robusta da situação de necessidade, sob pena de inviabilizar a aplicação do preceito. Basta uma mera declaração nesse sentido para que seja dispensada a caução na execução provisória. A segunda hipótese relaciona-se aos casos em que está pendente recurso de Agravo de Instrumento interposto contra decisão denegatória de recebimento de recurso especial ou extraordinário, prolatada pelo Presidente ou Vice-Presidente do Tribunal local. Estando, assim, pendente o recurso de Agravo de Instrumento do art. 544 do CPC, a caução deverá ser dispensada na execução provisória. A *ratio legis*, nesse caso, é que o executado está manejando praticamente o último recurso cabível para impugnação da decisão. A probabilidade de não obtenção de êxito nesse recurso é grande, motivo pelo qual o Legislador, primando pela celeridade e pela efetividade processuais, entende que a caução pode ser dispensada na execução provisória. A despeito dessa previsão, obviamente, havendo risco de dano grave, de difícil ou incerta reparação, poderá o magistrado exigir a prestação de caução, exatamente conforme determinado no art. 475-O, § 2º, II, *in fine* do CPC." HERTEL, Daniel Roberto. A execução provisória e as inovações das recentes reformas processuais. In: WAMBIER, Teresa Arruda Alvim *et. al.* (Org.). *Execução Civil*. Estudos em homenagem ao professor Humberto Theodoro Júnior. São Paulo: Revista dos Tribunais, 2007. p. 728-729.

Capítulo 8

LIQUIDAÇÃO DE "SENTENÇA" NO PROCESSO DO TRABALHO

8.1. Conceito e finalidade

Reconhecida, pela sentença, a existência da obrigação (*an debeatur*) e definida a natureza da prestação devida — de fazer, não fazer, entregar coisa, pagar quantia etc. (*quid debeatur*) ainda será preciso, para que o título judicial (ou melhor, a obrigação nele contida) se torne exequível, definir a extensão da obrigação, ou seja, o quanto é devido de prestação (*quantum debeatur*). O título executivo deve consubstanciar um direito certo e líquido. Não constando do título o valor devido, deve-se proceder à denominada liquidação de "sentença". A liquidação aparece, portanto, como condição necessária da própria execução.

Na CLT, a liquidação é tratada no art. 879[183], ao passo que no CPC, nos arts. 475-A e seguintes[184].

---

(183) "Art. 879 – Sendo ilíquida a sentença exequenda, ordenar-se-á, previamente, a sua liquidação, que poderá ser feita por cálculo, por arbitramento ou por artigos. § 1º Na liquidação, não se poderá modificar, ou inovar, a sentença liquidanda nem discutir matéria pertinente à causa principal. § 1º-A. A liquidação abrangerá, também, o cálculo das contribuições previdenciárias devidas. § 1º-B. As partes deverão ser previamente intimadas para a apresentação do cálculo de liquidação, inclusive da contribuição previdenciária incidente. § 2º Elaborada a conta e tornada líquida, o Juiz poderá abrir às partes prazo sucessivo de 10 (dez) dias para impugnação fundamentada com a indicação dos itens e valores objeto da discordância, sob pena de preclusão. § 3º Elaborada a conta pela parte ou pelos órgãos auxiliares da Justiça do Trabalho, o Juiz procederá à intimação da União para manifestação, no prazo de 10 (dez) dias, sob pena de preclusão. § 4º A atualização do crédito devido à Previdência Social observará os critérios estabelecidos na legislação previdenciária. § 5º O Ministro de Estado da Fazenda poderá, mediante ato fundamentado, dispensar a manifestação da União quando o valor total das verbas que integram o salário-de-contribuição, na forma do art. 28 da Lei nº 8.212, de 24 de julho de 1991, ocasionar perda de escala decorrente da atuação do órgão jurídico."

(184) "Art. 475-A. Quando a sentença não determinar o valor devido, procede-se à sua liquidação. § 1º Do requerimento de liquidação de sentença será a parte intimada, na pessoa de seu advogado. § 2º A liquidação poderá ser requerida na pendência de recurso, processando-se em autos apartados, no juízo de origem, cumprindo ao liquidante instruir o pedido com cópias das peças processuais pertinentes. § 3º Nos processos sob procedimento comum sumário, referidos no art. 275, inciso II, alíneas *d* e *e* desta Lei, é defesa a sentença ilíquida, cumprindo ao Juiz, se for o caso, fixar de plano, a seu prudente critério, o valor devido. Art. 475-B. Quando a determinação do valor da condenação depender apenas de cálculo aritmético, o credor requererá o cumprimento da sentença, na forma do art. 475-J desta Lei, instruindo o pedido com a memória discriminada e atualizada do cálculo. § 1º Quando a elaboração da

A condenação que não especifica a quantidade de prestação devida (denominada condenação genérica) é excepcional, pois que a sentença deve guardar congruência com o pedido formulado[185]. Sendo o pedido certo e determinado, com indicação não apenas do bem da vida pretendido, mas também da quantidade desejada, assim também deverá ser a sentença. A sentença deve se pronunciar sobre o pedido feito, o que, sem dúvida alguma, abrange a definição acerca do *quantum debeatur*[186].

<blockquote>
memória do cálculo depender de dados existentes em poder do devedor ou de terceiro, o Juiz, a requerimento do credor, poderá requisitá-los, fixando prazo de até trinta dias para o cumprimento da diligência. § 2º Se os dados não forem, injustificadamente, apresentados pelo devedor, reputar-se-ão corretos os cálculos apresentados pelo credor, e, se não o forem pelo terceiro, configurar-se-á a situação prevista no art. 362. § 3º Poderá o Juiz valer-se do contador do juízo, quando a memória apresentada pelo credor aparentemente exceder os limites da decisão exequenda e, ainda, nos casos de assistência judiciária. § 4º Se o credor não concordar com os cálculos feitos nos termos do § 3º deste artigo, far-se-á a execução pelo valor originariamente pretendido, mas a penhora terá por base o valor encontrado pelo contador. Art. 475-C. Far-se-á a liquidação por arbitramento quando: I – determinado pela sentença ou convencionado pelas partes; II – o exigir a natureza do objeto da liquidação. Art. 475-D. Requerida a liquidação por arbitramento, o Juiz nomeará o perito e fixará o prazo para a entrega do laudo. Parágrafo único. Apresentado o laudo, sobre o qual poderão as partes manifestar-se no prazo de dez dias, o Juiz proferirá decisão ou designará, se necessário, audiência. Art. 475-E. Far-se-á a liquidação por artigos, quando, para determinar o valor da condenação, houver necessidade de alegar e provar fato novo. Art. 475-F. Na liquidação por artigos, observar-se-á, no que couber, o procedimento comum (art. 272). Art. 475-G. É defeso, na liquidação, discutir de novo a lide ou modificar a sentença que a julgou. Art. 475-H. Da decisão de liquidação caberá Agravo de Instrumento."
</blockquote>

(185) Fredie Didier Jr., Paula Sarno Braga e Rafael Oliveira assim se manifestam a respeito da congruência da decisão judicial: "A decisão judicial, para que seja válida, deve ser congruente (...). A decisão judicial não precisa ser congruente apenas em relação à demanda que ela resolve: precisa também ser congruente em relação aos sujeitos a quem atinge e precisa ser congruente em si mesma. É por isso que se pode falar em congruência externa e congruência interna da decisão. A congruência externa da decisão diz respeito à necessidade de que ela seja correlacionada, em regra, com os sujeitos envolvidos no processo (congruência subjetiva) e com os elementos objetivos da demanda que lhe deu ensejo e da resposta do demandado (congruência objetiva). A congruência interna diz respeito aos requisitos para sua inteligência como ato processual. Nesse sentido, a decisão precisa revestir-se dos atributos da clareza, certeza e liquidez. (...) A correlação que há entre a decisão e o pedido que lhe dá ensejo permite que se possa estabelecer entre eles uma comparação quanto aos seus requisitos internos, assim entendidos aqueles essenciais à inteligência do ato. A decisão, do mesmo modo que o pedido, deve mostrar-se congruente em si mesma, vislumbrando-se nela uma coerência interna, sob pena de ser inválida. (...) Certo é o pronunciamento do juiz quando ele expressamente certifica a existência ou inexistência de um direito afirmado pela parte, ou ainda quando expressamente certifica a inviabilidade de analisá-lo (quando falta requisito de admissibilidade do procedimento). A certeza consubstancia-se, portanto, na necessidade de que o juiz, ao analisar o pedido que lhe foi dirigido, firme um preceito, definindo a norma jurídica para o caso concreto e, com isso, retire as partes do estado de dúvida no qual se encontravam. (...) A decisão judicial, que imponha o cumprimento de uma prestação, certifica uma relação jurídica, em cujo bojo há uma situação jurídica ativa consistente no poder de exigir o cumprimento de uma prestação (fazer, não fazer, dar coisa ou pagar quantia). Para tanto, a decisão judicial deve conter pronunciamento sobre: a) o *an debeatur* (existência da dívida); b) *cui debeatur* (a quem é devido); c) o *quis debeat* (quem deve); d) o *quid debeatur* (o que é devido); e) nos casos em que o objeto da prestação é suscetível de quantificação, o *quantum debeatur* (a quantidade devida)" (*Curso de Direito Processual Civil*. 4. ed. Bahia: Jus Podivm, 2009. v. 2, p. 308 e ss).

(186) "Se, na petição inicial, o autor formular pedido genérico, ou seja, ilíquido, nos casos em que lhe é permitido, nada impedirá, antes tudo aconselhará, a dissipação da iliquidez, ao longo do processo de conhecimento, proferindo, então, o Juiz, nesse caso, sentença líquida. O inverso — proferir o Juiz

Ocorre que, em algumas hipóteses, o próprio Código de Processo Civil admite a formulação de pedido genérico, sem definição a respeito do quanto do bem da vida a parte entende devido (CPC, art. 286)[187]. Em outros casos, o Juiz não é capaz, ele próprio, de especificar a quantidade de prestação devida, por depender de conhecimentos técnicos para realização do cálculo. Disto resulta a prolação de sentença condenatória genérica, que imporá ao demandado o cumprimento de uma prestação de pagar quantia, sem especificar, no entanto, quanto deverá ser pago.

No Processo Laboral, é muito comum a prolação de sentenças genéricas, que não determinam o valor da obrigação. Tratando-se, porém, de procedimento sumaríssimo, isto é, de causas com valor de até 40 (quarenta) salários mínimos, a sentença deverá, necessariamente, ser líquida, assim como o pedido (CLT, art. 852-B, inc. I)[188].

Objetivando viabilizar a execução, é preciso que se liquide a obrigação constante do título, o que se fará pelo procedimento da liquidação de "sentença". Ilíquida que seja a sentença, será preciso definir antes o *quantum debeatur*, para que se possa proceder ao seu cumprimento ou execução[189].

Veja-se que, muito embora se tenha consagrado no direito brasileiro o uso da expressão liquidação de "sentença", o que se liquida, em verdade, é a obrigação acertada na sentença com carga condenatória genérica[190]. Não especificando a sentença (ou outra decisão que a houver substituído) o valor da obrigação, procede-se à sua liquidação, como condição de exequibilidade do próprio título.

---

sentença ilíquida quando o autor houver formulado pedido certo — não é possível (...). Em suma: quando o autor formular pedido certo, a sentença nunca poderá ser ilíquida e quando formular pedido genérico, a sentença tanto pode ser líquida como ilíquida." MARQUES, Wilson. A nova execução. Primeira parte: a liquidação. Arts. 475-A a 475-H do CPC. Lei n. 11.232, de 22.12.2005. In: *Revista da EMERJ*, Rio de Janeiro, v. 9, n. 34, p. 39-59, 2006.

(187) "Art. 286. O pedido deve ser certo ou determinado. É lícito, porém, formular pedido genérico: I – nas ações universais, se não puder o autor individuar na petição os bens demandados; II – quando não for possível determinar, de modo definitivo, as consequências do ato ou do fato ilícito; III – quando a determinação do valor da condenação depender de ato que deva ser praticado pelo réu."

(188) "Art. 852-B. Nas reclamações enquadradas no procedimento sumaríssimo: I – o pedido deverá ser certo ou determinado e indicará o valor correspondente; (...)."

(189) "A sentença ilíquida, ou seja aquela que não fixou o *quantum debeatur*, antes de se transformar em sentença líquida, não autoriza a prática de atos de execução, ou seja, o conjunto de atos que agora a Lei n. 11.232/2005 designa por 'cumprimento da sentença': art. 475-I e seguintes. Como é óbvio, para tornar possível a prática daqueles atos, não basta saber que o réu deve. É preciso saber, também, o quanto ele deve." MARQUES, Wilson. A nova execução. Primeira parte: a liquidação. Arts. 475-A a 475-H do CPC. Lei n. 11.232, de 22.12.2005. In: *Revista da EMERJ*, Rio de Janeiro, v. 9, n. 34, p. 39-59, 2006.

(190) Fala-se em sentença com carga condenatória genérica, e não apenas em sentença condenatória, pois que, como já visto, também as sentenças declaratórias e constitutivas que reconheçam a existência de obrigação de pagar quantia são, a nosso ver, títulos executivos em potencial, que, poderão, por conseguinte, a fim de que se lhes atribua eficácia executória, ser liquidados, visando a tornar adequada uma futura execução ou cumprimento (forçado) de sentença.

Em síntese, pode-se afirmar que a liquidação é fase procedimental, complementar à fase cognitiva, de acertamento do direito, e preparatória da fase de execução, destinada a revelar a quantidade de prestação devida. Isto é, o valor da obrigação não especificado na decisão judicial. Visa a liquidação, tão somente, a tornar exequível a obrigação contida no título judicial, pela definição do valor devido. E daí o caráter meramente declaratório da decisão proferida no incidente de liquidação. O título só passa a possuir eficácia executiva com a especificação do valor da obrigação nele consubstanciada, de modo que a sentença genérica apenas admite liquidação, mas não cumprimento (ou execução). É por este motivo que não se admite que na liquidação possa o liquidante discutir novamente a lide. A liquidação não se propõe atacar a sentença ou desconstituí-la, mas a integrá-la, pela determinação do quanto é devido. Daí também decorre o fato de só se poder liquidar aquilo que estiver contido na sentença. Só poderá ser objeto da liquidação o que também puder ser objeto de cumprimento ou execução, respeitado o princípio da congruência entre o pedido e a sentença e entre esta e a execução[191]. Não sendo respeitados os limites da condenação, haverá o que se chama excesso de liquidação[192].

A finalidade da liquidação é a de quantificar o valor da obrigação de pagar quantia. No tocante às sentenças que reconhecem existência de obrigação de entrega de coisa incerta, não haverá liquidação. Mas incidente de concentração. É que a falta de individuação a respeito do objeto da condenação não se relaciona com o aspecto de liquidez da obrigação, mas com a própria certeza. E daí por que não mais referir-se o *novel* art. 475-A, do CPC, ao tratar da liquidação, à individuação do objeto da obrigação, mas apenas à quantificação do valor da obrigação.

8.2. Natureza jurídica da liquidação

Muito se discute a respeito da natureza jurídica da liquidação. Enquanto no Processo Civil o entendimento majoritário sempre foi pela natureza de processo autônomo, no Processo do Trabalho sempre se entendeu (majoritariamente, é bom

---

(191) É por isso que há quem entenda que a sentença que não condenar expressamente ao pagamento de juros moratórios não poderá ser liquidada com inclusão da parcela acessória. Liquida-se a sentença naquilo a que tenha condenado. Se não houve condenação em juros, como incluí-los no montante devido? A correção monetária, ao revés, é incluída na liquidação independentemente de condenação expressa. Apesar disso, o Professor José Carlos Barbosa Moreira afirma que, muito embora o pedido deva expressar toda a pretensão do autor, não se admitindo formulação de pedido implícito e compreensão ampliativa do pleito, há casos excepcionais, expressamente previstos em Lei, em que o Juiz deverá pronunciar-se, a despeito da inexistência de pedido. Alguns exemplos mencionados pelo Autor: "juros legais (art. 293, *fine*); prestações periódicas vencidas após a propositura da ação (art. 290); despesas processuais antecipadas pela parte vencedora e aos honorários do seu advogado (art. 20)" (*O novo processo civil brasileiro*. Exposição sistemática do procedimento. 25. ed. Rio de Janeiro: Forense, 2007. p.12.

(192) Não se confunde o excesso de liquidação com o excesso de execução. O excesso de execução se configura quando se executa mais do que se liquidou. Haverá, por seu turno, excesso de liquidação, se a liquidação ultrapassa os limites da condenação.

que se diga) pela natureza de fase complementar ao processo de conhecimento e anterior ao processo de execução (ou à fase de conhecimento e de execução, para quem entende pela natureza sincrética do Processo do Trabalho)[193][194][195]. A liquidação de "sentença" trabalhista é (e sempre foi) um procedimento prévio da execução.

A Lei n. 11.232, entretanto, ao pôr fim à autonomia do processo de execução, no tocante a sentenças cíveis que reconheçam a existência de obrigações de pagar quantia, inaugurou modelo sincrético em que, à fase de certificação da existência do direito, segue-se o seu cumprimento. Cumpre-se a sentença no mesmo processo em que formado o título executivo judicial. À luz da inovação, a liquidação não mais poderia ser compreendida como processo autônomo, mas como fase intermediária entre a fase cognitiva e a fase de execução. Como fase posterior à decisão com carga condenatória e antecedente ao seu cumprimento[196].

---

[193] Renato Saraiva expõe os vários posicionamentos doutrinários a respeito da natureza jurídica da liquidação, *verbis*: "Não há uniformidade doutrinária a respeito do conceito e natureza jurídica da liquidação de sentença. Para alguns, a liquidação não integra o processo executivo, mas o antecede, constituindo-se num procedimento complementar do processo cognitivo, para tornar líquido o título judicial. Para outros, a liquidação da sentença constitui-se numa fase preparatória da execução. Já a doutrina mais moderna conceitua a liquidação da sentença como uma ação declaratória do valor da condenação, situada entre o processo de conhecimento e o processo executivo, prestigiando a sua autonomia. Todavia, a doutrina laboral (Manoel Antônio Teixeira Filho, Wagner Giglio e Carlos Henrique Bezerra Leite, dentre outros) não aceita a autonomia da liquidação de sentença no Processo do Trabalho, revelando-se a liquidação, para os especialistas, numa fase preparatória ou preliminar da execução, ou, simplesmente, num procedimento prévio da execução". *Curso de Direito Processual do Trabalho*. 5. ed. São Paulo: Método, 2008. p. 612.

[194] A respeito da natureza jurídica da liquidação no Processo do Trabalho, veja-se a opinião de BEBBER, Júlio César, para quem a liquidação é apenas mais uma fase de um processo único, *verbis*: "Não obstante a divergência de autores de escol, penso que liquidação da obrigação fixada em sentença, diante do modelo do processo sincrético, assume a natureza jurídica de fase procedimental acessória e complementar da fase de conhecimento e antecedente e preparatória da fase de execução por quantia certa". *Cumprimento da sentença no Processo do Trabalho*. 2. ed. São Paulo: LTr, 2007. p. 37.

[195] "A doutrina predominante vê a liquidação como uma fase preparatória da execução. Essa é, também, a nossa opinião, pois a liquidação foi instituída, finalisticamente, para tornar possível a execução da obrigação expressa no título executivo judicial; daí o sentido preparatório de que ela se reveste. A liquidação, em muitos casos, é pressuposto essencial à execução. Laboram em erro, por isso, os que sustentam ser a liquidação um processo incidente no de execução. Como dissemos, a liquidação não se apresenta como processo autônomo, mas no que como fase preparatória daquela. Logo, a liquidação antecede à execução, a despeito de reconhecermos que do ponto de vista sistemático ela integra o processo de execução. *Stricto sensu*, a liquidação pode ser entendida como uma espécie de elo, a unir a sentença exequenda à execução propriamente dita." TEIXEIRA FILHO, Manuel Antônio. *Execução no Processo do Trabalho*. 7. ed. São Paulo: LTr, 2001. p. 330-331.

[196] "A liquidação da sentença, até agora, ostentava natureza jurídica de verdadeira ação de conhecimento, geradora de um outro processo, instaurado a partir de uma petição inicial, a que se seguia a citação do réu, para apresentação de resposta (citação na pessoa do advogado, a partir da permissão dada pela Lei n. 8.898/94) e culminava com uma sentença, da qual cabia recurso de apelação, que a lei mandava receber só no efeito devolutivo (art. 520, III). (...) Com o advento da Lei n. 11.232/05, a liquidação perdeu o *status* de ação e de processo, passando a ser apenas uma eventual fase do processo de conhecimento, como, de resto, correu, também, com a própria execução. Em decorrência, (...) a parte

A natureza de incidente da liquidação está evidenciada no próprio art. 475-A, § 1º, do CPC, o qual fala em intimação do demandado acerca do requerimento de liquidação, deixando entrever que a liquidação não fará nascer nova relação processual, distinta da anteriormente instaurada, mas que se processará no interior do processo sincrético[197].

Portanto, no que toca ao processamento da liquidação (mero incidente do processo sincrético), aproxima-se o Processo Cível da processualística do trabalho.

Nem sempre, porém, a liquidação, seja no Processo do Trabalho, seja no Processo Civil, apresentará natureza de incidente processual, complementar à fase de conhecimento e anterior à de execução. Havendo, por exemplo, conversão da obrigação específica (de entrega de coisa, fazer ou não fazer) em perdas e danos, por ter se tornado impossível cumprimento específico ou por não mais ser do interesse do credor o adimplemento *in natura* da obrigação, proceder-se-á à denominada liquidação incidente no interior da própria fase de execução. Neste caso, a liquidação desenvolve-se no bojo da própria execução, como procedimento incidente. Pode ser também que a liquidação continue a desenvolver-se como processo autônomo. É o que ocorre na liquidação de "sentença" penal condenatória.

8.3. Natureza da decisão que resolve o incidente de liquidação

8.3.1. *Quanto à classificação dos provimentos jurisdicionais*

A compreensão da liquidação como incidente processual de um processo sincrético, e não mais como processo autônomo, coaduna-se com a natureza interlocutória da decisão nele proferida. Logo, a decisão a respeito da extensão da obrigação reconhecida em sentença possui natureza interlocutória, na exata

---

contrária já não será citada (senão que apenas intimada), na pessoa do seu advogado (...); poderá impugnar o pedido (e não mais apresentar resposta, em qualquer uma das suas modalidades), encerrando-se essa fase do processo de conhecimento com uma decisão interlocutória (e não com uma sentença); impugnável através de recurso de Agravo de Instrumento (art. 475-H) (e não por meio de apelação)." MARQUES, Wilson. A nova execução. Primeira parte: a liquidação. Arts. 475-A a 475-H do CPC. Lei n. 11.232, de 22.12.2005. In: *Revista da EMERJ*, Rio de Janeiro, v. 9, n. 34, p. 39-59, 2006.

(197) "A solução ora preconizada visa, com melhor técnica, efetivar tal integração, com a criação de um Capítulo IX no Título VIII do Livro I e a transposição, para ele, dos atuais artigos, renumerados. Portanto, em sendo a sentença ilíquida, total ou parcialmente, o processo cognitivo prosseguirá para a apuração do *quantum debeatur*, de forma a que a condenação se torne exequível. Tendo em vista que o procedimento destinado à liquidação de sentença perde sua natureza de 'ação' incidental, passando a ser uma (eventual) fase da apresentação, no processo de conhecimento, da completa prestação jurisdicional, então necessariamente cumpre substituir a 'citação' — que é o chamamento para se defender (art. 213), pela simples 'intimação' do réu, e isso pela singela razão de que o réu já foi citado ao início do processo." CARNEIRO, Athos Gusmão. Nova execução. Aonde vamos? Vamos melhorar. In: *Revista Forense*, Rio de Janeiro, v. 379, p. 56-60.

medida em que resolve incidente surgido no curso do processo (sincrético)[198]. Decisões interlocutórias são precisamente aquelas que resolvem incidentes surgidos ao longo da relação jurídica processual, sem, entretanto, finalizar qualquer das fases (cognitiva ou executiva) do processo[199].

Também no Processo do Trabalho compreende-se que a decisão que resolve o incidente de liquidação possui natureza interlocutória[200]. Não se admite, como regra, no Processo Laboral, recorribilidade imediata, por meio de agravo de instrumento, das decisões interlocutórias prolatadas no curso do procedimento. A decisão de liquidação, destarte, deverá ser impugnada nos embargos à execução.

8.3.2. Quanto à eficácia do provimento jurisdicional

Objetivando a liquidação tão somente delimitar o quanto devido, o valor da obrigação, não há dúvidas de seu caráter meramente declaratório, a despeito de opiniões em sentido contrário. A decisão de liquidação apenas precisa a quantidade de bem da vida devida ao credor.

O procedimento possui cognição limitada à definição do valor devido[201]. Daí a disposição dos arts. 879, § 1º, da CLT e 475-G, do CPC, *verbis*: "é defeso, na liquidação, discutir de novo a lide ou modificar a sentença que a julgou". Não se pode, em liquidação, pretender incluir parcela não definida na sentença, ou subtrair parcela para cujo cumprimento o demandado tenha sido condenado. Não cabe, na cognição limitada do procedimento incidente de liquidação, discussão a respeito da existência ou inexistência do direito, matéria decidida pela sentença

---

(198) Para Wilson Marques, a decisão que resolve o incidente de liquidação tem aptidão para formar coisa julgada material, pois resolve parte da lide, do mérito do processo, atinente ao *an debeatur*. Para mais detalhes, consulte-se MARQUES, Wilson. A nova execução. Primeira parte: a liquidação. Arts. 475-A a 475-H do CPC. Lei n. 11.232, de 22.12.2005. In: *Revista da EMERJ*, Rio de Janeiro, v. 9, n. 34, p. 39-59, 2006.

(199) Veja-se que há decisões interlocutórias que não resolvem questões incidentes, mas parcelas do próprio mérito. São as chamadas decisões interlocutórias de mérito.

(200) Mesmo antes do advento da Lei n. 11.232 já era esse o entendimento reinante na doutrina, máxime porque a decisão que resolvia o incidente de liquidação não possuía o condão de encerrar a relação jurídica processual, não sendo possível enquadrá-la, portanto, na vetusta definição de sentença do art. 162, § 1º, do CPC (de acordo com tal dispositivo, a sentença era o ato judicial apto a encerrar o processo). Logo, a decisão da liquidação só poderia ser mesmo decisão interlocutória. Neste mesmo sentido, BEBBER, Júlio César. *Cumprimento da sentença no Processo do Trabalho*. 2. ed. Rio de Janeiro: LTr, 2007. p. 39: "A liquidação no Processo do Trabalho (contrariamente ao Processo Civil) nunca teve natureza jurídica de processo. Não obstante a dificuldade em situá-la técnico-cientificamente, aceitou-se a ideia de que não instaura nova relação jurídica, caracterizando, por isso, simples fase intermediária entre os processos de conhecimento e de execução. Como consequência lógica disso, tem-se que a decisão proferida na liquidação jamais poderia ter a natureza jurídica de sentença na vigência da redação original do art. 162, § 1º, do CPC (uma vez que a sentença era ato destinado a pôr fim ao processo)".

(201) "(...) na liquidação de sentença a pretensão é de acertamento do *quantum debeatur*, e a atividade cognitiva deverá incidir sobre esta questão. Não se pode admitir, no incidente da liquidação da sentença, qualquer discussão sobre matéria estranha a este objeto (...)." CÂMARA, Alexandre Freitas. *Lições de Direito Processual Civil*. v. II. 14. ed. Rio de Janeiro: Lumen Juris, 2007. p. 242.

(*lato sensu*) liquidanda, e que, provavelmente, já terá revestido autoridade de coisa julgada material, em se tratando de execução definitiva[202]. "Trata-se exclusivamente de revelar a expressão quantitativa do débito, nada mais."[203]

8.4. Legitimidade ativa para a liquidação

Corolário da natureza meramente declaratória da decisão de liquidação é a possibilidade de o próprio condenado postular definição a respeito do *quantum debeatur* (a tal chama a doutrina de execução às avessas, que é mera consignação em pagamento vinculada ao juízo que proferiu a decisão de condenação). Como a liquidação não implica a prática de atos executivos propriamente ditos, tanto credor quanto devedor reputam-se legitimados a deflagrar o procedimento. O interesse do credor reside, evidentemente, na possibilidade de instaurar a execução. O do devedor, em pagar desde logo o débito ou certificar-se a respeito dos limites da sua responsabilidade patrimonial; do montante que lhe poderá ser exigido.

Além do credor e devedor, também o responsável secundário (como um sucessor trabalhista, por exemplo) que não integrou o processo na fase de conhecimento tem interesse em delimitar o quanto devido.

Por fim, o próprio Juiz poderá iniciar o procedimento liquidatório, com exceção das hipóteses de liquidação preparatória da execução provisória[204] e de liquidação por artigos.

Da liquidação requerida por uma parte será intimada a outra, na pessoa do advogado, conforme o art. 475-A, § 1º, do CPC.

8.5. Momento para se requerer a liquidação

A liquidação poderá ser requerida após o trânsito em julgado da sentença com eficácia condenatória, sendo, neste caso, processada nos mesmos autos do processo originário. Se, porém, for requerida antes do trânsito em julgado da sentença, isto é, na pendência de recurso sem efeito suspensivo contra ela interposto, tramitará em autos apartados, sem prejuízo da sua natureza jurídica de mero incidente processual, de fase do processo de conhecimento sincrético, que se

---

(202) "A existência da declaração prévia elimina do objeto de conhecimento do Juiz da liquidação tudo aquilo que já se opôs ou poderia ter sido oposto anteriormente à sentença genérica. A liquidação, por isso, tem o escopo único de revelar o valor da obrigação com vistas a integrar a eficácia executiva dessa sentença (...), com a qual deve guardar estrita fidelidade." BEBBER, Júlio César. *Cumprimento da sentença no Processo do Trabalho*. 2. ed. São Paulo: LTr, 2007. p. 44.

(203) MOREIRA, José Carlos Barbosa. *O novo Processo Civil brasileiro* (Exposição sistemática do procedimento). Rio de Janeiro: Forense, 2007. p. 186.

(204) Antecedendo a etapa de cumprimento provisório da sentença, a liquidação, nestes casos, deve ser requerida expressamente pela parte interessada. Voltaremos a discorrer sobre o tema mais adiante, quando tratarmos da polêmica do termo inicial de contagem do prazo de 15 (quinze) dias do art. 475-J, do CPC, para cumprimento voluntário da decisão judicial.

mantém preservada. Recebido recurso com efeito suspensivo, não será possível realizar-se a liquidação.

8.6. Espécies de liquidação

Há na CLT (art. 879) três modalidades possíveis de liquidação: (i) por cálculos, (ii) arbitramento e (iii) por artigos. O Código de Processo Civil, em sua redação original, também contemplava estas mesmas espécies de liquidação. A Lei n. 8.898/1994, entretanto, alterou referida sistemática, passando a prever que, nas hipóteses em que a determinação do valor da obrigação dependesse apenas de cálculos aritméticos, caberia ao credor promover a liquidação, instruindo o seu pedido com memória atualizada e discriminada do débito (CPC, art. 604). Pôs-se fim, destarte, à modalidade de liquidação por cálculos. A Lei n. 11.232/2005 manteve a sistemática inaugurada pela Lei n. 8.898/1994 (CPC, art. 475-B[205]).

A CLT, por seu turno, manteve-se intocada, sendo-lhe aplicável subsidiariamente, no que tange à forma de se proceder a cada uma das modalidades de liquidação referidas, os dispositivos do Código de Processo Civil. Compete ao Juiz, na sentença, fixar a modalidade pela qual far-se-á a liquidação, atentando-se para a natureza da obrigação definida no título executivo judicial.

8.6.1. Liquidação por arbitramento

A liquidação por arbitramento encontra-se regida nos arts. 475-C e 475-D do CPC e terá lugar sempre que a fixação do montante devido depender de conhecimentos técnicos, não podendo ser realizada pelo Juiz. A determinação do *quantum debeatur* é feita por um perito. Diz-se, destarte, ser o arbitramento uma perícia, por intermédio da qual haverá a liquidação de uma obrigação.

De acordo com art. 475-C, do CPC, aplicável subsidiariamente ao Processo Laboral, o arbitramento resultará de(a)[206]:

(i) *determinação imposta pela sentença*. Todos os elementos necessários para encontrar o valor do débito já se encontram nos autos, sendo necessário apenas conhecimento técnico para precisar o montante devido;

---

(205) "Art. 475-B. Quando a determinação do valor da condenação depender apenas de cálculo aritmético, o credor requererá o cumprimento da sentença, na forma do art. 475-J desta Lei, instruindo o pedido com a memória discriminada e atualizada do cálculo."

(206) "Sistematizando melhor a matéria, podemos dizer que a liquidação por arbitramento pressupõe: a) impossibilidade de a liquidação ser realizada através de simples cálculos aritméticos (...); b) a desnecessidade de serem alegados e provados fatos novos, para se chegar ao *quantum debeatur* (pois, do contrário, a liquidação terá de ser feita, necessariamente, por artigos). Portanto, pode-se dizer que a liquidação por arbitramento é determinada por exclusão: quando não for o caso de simples cálculos aritméticos, nem de liquidação por artigos, a liquidação será feita por arbitramento." MARQUES, Wilson. A nova execução. Primeira parte: a liquidação. Arts. 475-A a 475-H do CPC. Lei n. 11.232, de 22.12.2005. In: *Revista da EMERJ*, Rio de Janeiro, v. 9, n. 34, p. 39-59, 2006.

(ii) *convenção das partes*. As partes devem convencionar a respeito da liquidação por arbitramento, como regra, antes de prolatada a sentença. Poderá, entretanto, haver conversão da liquidação por cálculo e por artigos em liquidação por arbitramento;

(iii) *natureza do objeto da liquidação*. A natureza da prestação devida pode demandar conhecimento técnico para apuração da sua quantificação econômica[207].

8.6.1.1. Procedimento

Iniciado o procedimento de liquidação por arbitramento, *ex officio* ou a requerimento, o Juiz intimará o demandante ou demandado, dependendo de quem haja instaurado o procedimento liquidatório, ou ambos, na hipótese de iniciativa oficial. A intimação far-se-á na pessoa do advogado, por meio de publicação na imprensa oficial. Deverá ainda, no mesmo despacho de intimação acerca do início da perícia, nomear perito e fixar prazo para entrega do laudo.

A petição da parte interessada deverá conter apenas o pedido de nomeação de perito para realização do trabalho técnico, sendo possível, desde logo, indicação de assistente técnico e apresentação de quesitos.

Intimadas do início do procedimento liquidatório por arbitramento, ante o silêncio do CPC, as partes terão o prazo comum de cinco dias para nomear assistente técnico e apresentar quesitos. Sob pena de nulidade, as partes deverão ser informadas da data e local em que será realizada a perícia.

No prazo fixado pelo Juiz, perito e assistentes deverão entregar, em cartório, respectivamente, o laudo e pareceres técnicos. Apresentado o parecer fora do prazo fixado, haverá seu desentranhamento dos autos.

Entregue o laudo, as partes poderão se manifestar no prazo comum de 10 dias (art. 475-D, parágrafo único). No mesmo prazo poderão ter vista do parecer do assistente técnico indicado pela parte contrária. Após a manifestação das partes (ou após o transcurso de 10 dias, sem que elas tenham se manifestado), não sendo necessário nenhum esclarecimento adicional, poderá ser proferida decisão.

Entendendo necessário, o Juiz poderá determinar ao perito que proceda a algum esclarecimento, designando, para tanto, audiência de instrução e julgamento. "A parte que desejar esclarecimentos do perito e do assistente técnico requererá ao Juiz que mande intimá-lo para comparecer à audiência. Nesse caso, deverá, desde logo, apresentar suas perguntas sob a forma de quesitos[208]."

---

(207) Luiz Fux exemplifica: "... condenado o réu a realizar as obras necessárias a evitar infiltração em imóvel em condomínio, a liquidação por arbitramento se impõe antes de inicia-se a execução da 'condenação de fazer' para especificar quais os serviços necessários" (FUX, Luiz. *O novo processo de execução*. Rio de Janeiro: Forense, 2008. p. 59).

(208) BEBBER, Júlio César. *Cumprimento da sentença no Processo do Trabalho*. 2. ed. São Paulo: LTr, 2007. p. 49.

8.6.2. Liquidação por artigos

Nos termos do art. 475-E, do CPC, a liquidação por artigos terá lugar quando, para determinar o valor da obrigação, houver necessidade de alegar e provar fato novo. São esses fatos novos que a parte alega e prova que possibilitarão a fixação do montante devido.

Tais fatos, como cediço, só podem relacionar-se com o *quantum debeatur*, com a extensão da obrigação, não sendo possível que digam respeito à existência ou inexistência do direito liquidando. À verificação da própria existência da obrigação. Sabe-se que deve. Não se sabe apenas quanto é devido.

De acordo com *Alexandre Câmara*, "o que qualifica o fato como 'novo' não é o momento em que surge no mundo fenomênico, mas sim o momento em que é trazido à cognição judicial". Logo, o fato pode ser até mesmo anterior à prolação da sentença com carga condenatória, inclusive superveniente à própria instauração do incidente de liquidação de sentença. É novo apenas no sentido de que não serviu de base à condenação, eis que, tivesse sido considerado pela sentença, esta já traria em seu bojo a própria quantificação do valor devido, sem necessidade de liquidação. E, ainda quando tenha havido cognição judicial sobre o fato, mas apenas de forma genérica, será possível a liquidação por artigos, pois não analisada, em toda a sua extensão, a repercussão que ele produz sobre o montante da condenação. Em qualquer caso, o fato sempre integra o contexto obrigacional. Vincula-se ao próprio fato constitutivo da obrigação.

Um exemplo poderá ajudar a compreender em quais hipóteses terá lugar a liquidação por artigos[209].

Imagine-se empregado que se haja acidentado durante execução do contrato de trabalho, por inobservância das normas de medicina e segurança do trabalho. Diante disto, ajuíza reclamação na Justiça do Trabalho, postulando indenização pelos danos materiais sofridos. Impossível precisar no momento da propositura da ação todos os danos sofridos, formula pedido genérico, julgando o Juiz procedente o pedido, para condenar o réu a indenizar ao acidentado todas as despesas médicas suportadas. Na fase de conhecimento, os fatos constitutivos do direito do acidentado terão sido todos provados (o dano sofrido, o nexo de causalidade entre a conduta do empregado e o dano, bem como a culpa do contratante). Na liquidação de sentença, o trabalhador pretende alegar e provar que se submeteu a três cirurgias. Uma antes ainda de ajuizar a demanda condenatória, outra no curso daquele primeiro processo e, ainda, uma terceira após a prolação da sentença condenatória genérica. Todos esses fatos, muito embora relacionados diretamente

---
(209) O exemplo, feitas as devidas adaptações para a realidade do Processo do Trabalho, é de CÂMARA, Alexandre Freitas. *Lições de Direito Processual Civil*. v. II. 14. ed. Rio de Janeiro: Lumen Juris, 2007. p. 248-249.

ao fato constitutivo do direito do autor, são novos, no sentido de que não foram ainda trazidos à apreciação judicial. Vinculam-se todos eles ao *quantum debeatur*[210].

A diferença entre a liquidação por arbitramento e a liquidação por artigos, acentua *Wilson Marques*, é que

"na primeira — arbitramento, já estão nos autos todos os elementos que o Juiz necessita para determinar o *quantum debeatur*, mas para chegar a tal conclusão ele necessita do auxílio de técnicos; na segunda — artigos — os referidos elementos ainda não estão nos autos e, para obtê-los, há necessidade de alegar e provar fatos novos".[211]

8.6.2.1. Procedimento

O Juiz não poderá instaurar *ex officio* a liquidação por artigos. Trata-se de procedimento cognitivo-probatório, em que o demandante declina na sua petição os fatos novos que pretende provar, e que permitirão quantificar o valor da obrigação.

De acordo com o disposto no art. 475-F, do CPC, o procedimento da liquidação por artigos segue o mesmo rito verificado durante a fase de conhecimento.

Ora, no Processo do Trabalho, o procedimento é definido a partir do valor atribuído à causa (CLT, art. 852-A[212]). Como então se precisar qual o rito a ser seguido no incidente de liquidação de "sentença", se ainda não há definição a respeito do *quantum debeatur*? Para *Júlio César Bebber*, "o valor que influi na definição do procedimento a ser adotado na liquidação por artigos é o valor provisoriamente atribuído à condenação, uma vez que há presunção de estar mais próximo da quantia devida"[213].

Deflagrado procedimento de liquidação por artigos, o Juiz poderá:

(i) intimar as partes a comparecer em audiência, para tentativa de conciliação, apresentação de resposta e instrução e julgamento ou

---

(210) Outro exemplo, esse de MARQUES, Wilson. A nova execução. Primeira parte: a liquidação. Arts. 475-A a 475-H do CPC. Lei n. 11.232, de 22.12.2005. In: *Revista da EMERJ*, Rio de Janeiro, v. 9, n. 34, p. 39-59, 2006: "(...) não é alegável, na liquidação, como fato novo, a ocorrência do dano, senão que exclusivamente os fatos capazes de demonstrar a extensão ou a dimensão dos prejuízos dele decorrentes. Desse modo, na ação de indenização de danos, o lesado deve alegar e provar a existência dos danos: a ruína do prédio; os estragos no veículo; a paralisação dos serviços; a redução da sua capacidade de trabalho e assim por diante. Se não fizer a prova da existência dos danos, o seu pedido será julgado improcedente, não havendo, portanto, que se falar em execução e, pois, em liquidação. Se fizer essa prova e o seu pedido for julgado procedente, apurar-se-á, em liquidação, apenas o valor da indenização dos danos já reconhecidos como existentes na sentença de condenação".

(211) MARQUES, Wilson. A nova execução. Primeira parte: a liquidação. Arts. 475-A a 475-H do CPC. Lei n. 11.232, de 22.12.2005. In: *Revista da EMERJ*, Rio de Janeiro, v. 9, n. 34, p. 39-59, 2006.

(212) "Art. 852-A. Os dissídios individuais cujo valor não exceda a quarenta vezes o salário-mínimo vigente na data do ajuizamento da reclamação ficam submetidos ao procedimento sumaríssimo."

(213) BEBBER, Júlio César. *Cumprimento da sentença no Processo do Trabalho*. 2. ed. São Paulo: LTr, 2007. p. 53.

(ii) intimar o requerido, para ofertar resposta, em cinco dias, na Secretaria da Vara, manifestando-se expressamente acerca dos fatos articulados pelo demandante, sob pena de presumirem-se verdadeiros.

As partes podem apresentar todas as provas em direito admitidas, havendo limitação do número de testemunhas consoante o procedimento seguido na liquidação.

Concluída a instrução, o Juiz poderá proferir decisão acolhendo total ou parcialmente os artigos de liquidação, hipótese em que fixará desde logo o valor da condenação ou explicitará os critérios a serem seguidos para sua fixação por cálculos. Poderá também rejeitar os artigos de liquidação, declarando não provados os fatos articulados.[214]

8.6.3. Liquidação por cálculos: a sua permanência no Processo do Trabalho

Como se viu, a Lei n. 8.898/1994 aboliu do CPC a denominada liquidação de "sentença" por cálculo do contador. Referido procedimento tinha lugar sempre que a determinação do quanto devido dependesse de mero cálculo aritmético. Os autos, então, eram remetidos ao contador judicial, que elaborava uma conta.

A doutrina sempre criticou referido procedimento, ao argumento principal de que, bastando a simples realização de cálculo aritmético para quantificar-se o valor devido, não se estaria diante de sentença ilíquida. Por consequência, não faria sentido liquidar-se obrigação que, em verdade, já era líquida. O credor, então, ao iniciar o procedimento executivo, passou a ter de apresentar planilha discriminada e atualizada do débito, sistemática que permaneceu intocada pela Lei n. 11.232/2005[215].

O Processo do Trabalho, diferentemente, manteve a previsão de liquidação por cálculos. Logo, é possível que o Juiz, antes do início da etapa de cumprimento de sentença, remeta os autos ao contador judicial ou a um terceiro, para apuração do quanto devido, intimando as partes do valor apurado. Costuma ser assim: proferida sentença ilíquida, o contador judicial é instado a apresentar cálculos. Em seguida, cada parte apresenta os seus próprios e o Juiz homologa os que entende corretos.

Pode, ainda, o Juiz intimar o próprio exequente a apresentar cálculos, os quais poderão ser impugnados pela parte contrária. Decidindo o Juiz a respeito

---

(214) *Ibidem*, p. 54.
(215) Luiz Fux, no entanto, assinala que mesmo em âmbito cível, a participação do contador ainda poderá se fazer necessária. Confira-se: "(...) poderá o juiz, antes de determinar o prosseguimento do cumprimento da sentença, valer-se do contador do juízo quando a memória apresentada pelo credor aparentemente exceder os limites da decisão exequenda bem como nos casos em que o exequente é beneficiário da assistência judiciária" (FUX, Luiz. *O novo processo de execução*. Rio de Janeiro: Forense, 2008. p. 56).

do valor devido, inclusive valendo-se dos serviços do contador judicial, prolatará decisão homologatória, intimando, doravante, à luz da nova sistemática inaugurada pela Lei n. 11.232/2005, o executado a cumprir a obrigação no prazo de 8 (oito) dias, sob pena de majoração do débito em 10% (CPC, art. 475-J).

Estando em poder do devedor ou de terceiro os documentos necessários à elaboração dos cálculos, o credor poderá postular ao Juiz que determine sua apresentação em até 30 (trinta) dias. Se os documentos não forem, sem motivo, exibidos pelo devedor, reputar-se-ão corretos os cálculos elaborados pelo credor. Recusando-se o terceiro a apresentá-los em juízo, o Juiz mandará que deposite em cartório ou noutro local designado em 5 (cinco) dias. Não cumprida a ordem, será contra ele expedido mandado de apreensão, sem prejuízo da responsabilização por crime de desobediência.

A decisão homologatória é irrecorrível de imediato. Inconformadas com o valor homologado, as partes podem, nos embargos, uma vez garantido o juízo, manifestar sua discórdia. Em um só julgamento, portanto, o juízo decidirá a respeito da liquidação e, ainda, eventual matéria de embargos.

Capítulo 9

PROCEDIMENTO EXECUTIVO DAS OBRIGAÇÕES DE FAZER E DE NÃO FAZER FUNDADO EM TÍTULO EXECUTIVO JUDICIAL

9.1. Considerações iniciais

A execução das obrigações de fazer e não fazer pautada em título executivo judicial segue o procedimento traçado no art. 461 e parágrafos do CPC[216]. Em decorrência da Lei n. 8.952/1994, à sentença que condena a um fazer ou a um desfazer imprimiu-se executividade intrínseca, não sendo necessária instauração de processo autônomo para que se efetive o comando contido no *decisum*. Diz-se, neste sentido, que a sentença é autoexecutável, pois que se realiza na mesma relação processual de cognição que originou o comando condenatório, dispensando processo executivo apartado para sua concretização. As normas do Livro II do CPC, que tratam da execução fundada em título executivo extrajudicial, só se aplicam em caráter supletivo[217].

A CLT não traz em seu bojo normas específicas relacionadas à execução de obrigações de fazer ou não fazer, quer fundada em título judicial ou extrajudicial. Aplicam-se à processualística laboral as normas do CPC sobre o tema. Logo, no

---

(216) "Art. 461. Na ação que tenha por objeto o cumprimento de obrigação de fazer ou não fazer, o Juiz concederá a tutela específica da obrigação ou, se procedente o pedido, determinará providências que assegurem o resultado prático equivalente ao do adimplemento. § 1º A obrigação somente se converterá em perdas e danos se o autor o requerer ou se impossível a tutela específica ou a obtenção do resultado prático correspondente. § 2º A indenização por perdas e danos dar-se-á sem prejuízo da multa (art. 287). § 3º Sendo relevante o fundamento da demanda e havendo justificado receio de ineficácia do provimento final, é lícito ao Juiz conceder a tutela liminarmente ou mediante justificação prévia, citado o réu. A medida liminar poderá ser revogada ou modificada, a qualquer tempo, em decisão fundamentada. § 4º O Juiz poderá, na hipótese do parágrafo anterior ou na sentença, impor multa diária ao réu, independentemente de pedido do autor, se for suficiente ou compatível com a obrigação, fixando-lhe prazo razoável para o cumprimento do preceito. § 5º Para a efetivação da tutela específica ou a obtenção do resultado prático equivalente, poderá o Juiz, de ofício ou a requerimento, determinar as medidas necessárias, tais como a imposição de multa por tempo de atraso, busca e apreensão, remoção de pessoas e coisas, desfazimento de obras e impedimento de atividade nociva, se necessário com requisição de força policial. § 6º O Juiz poderá, de ofício, modificar o valor ou a periodicidade da multa, caso verifique que se tornou insuficiente ou excessiva."

(217) Art. 644 do CPC: "A sentença relativa a obrigação de fazer ou não fazer cumpre-se de acordo com o art. 461, observando-se subsidiariamente, o disposto neste Capítulo".

tocante à execução de títulos executivos extrajudiciais trabalhistas, aplica-se o disposto nos arts. 632 a 643 do CPC. Em se tratando de execução de título judicial, aplica-se o disposto no art. 461 do CPC e seus parágrafos.

As técnicas executivas de obrigações de fazer, não fazer e deixar de fazer, à luz da redação do art. 461, do CPC, na redação que lhe deu a Lei n. 8.952/1994, introduziram ao sistema processual vívida noção de efetividade processual. Até então, o cenário da execução de obrigações desse tipo era algo desanimador. Além de inexistir mecanismo que compelisse o devedor ao cumprimento da prestação exatamente como pactuada, falecia qualquer meio de se inibir a ocorrência de evento lesivo prestes a se consumar, restando apenas a via da reparação, absolutamente inoperante ao propósito de se proteger um direito. O art. 461, então, apresenta-se como um primeiro passo no caminho rumo à efetividade das decisões judiciais. Contém a promessa de concessão da mesma prestação de direito material pretendida, a partir de técnica executiva que combina medidas coercitivas com outras de sub-rogação. A ideia é a de influir na vontade do devedor, fazendo com que a ele pareça mais interessante adimplir a obrigação do que insistir em não cumprir o acordado.

Destarte, só em último caso ou a pedido do próprio credor, é que haverá a conversão da obrigação em perdas e danos. As tutelas específicas objetivam dar à parte aquilo e exatamente aquilo a que tem direito, como ponto alto de um sistema que privilegia, acima de tudo, a maior coincidência possível entre o que preconiza o direito material e a tutela jurisdicional afinal entregue.

Primeiro, em não sendo possível obter-se desde logo resultado prático idêntico ao cumprimento específico, utilizam-se os meios de coerção (também conhecidos por medidas de apoio), para compelir o próprio devedor ao cumprimento da obrigação inadimplida ou ao desfazimento de atividade realizada em desobediência a uma obrigação de não fazer. Se o devedor, mesmo pressionado pelos meios de coerção, não se dispuser a cumprir a prestação, e não sendo possível obtenção pelo Juiz de efeito equivalente ao que seria obtido se o devedor cumprisse ele próprio a prestação, utilizam-se técnicas de sub-rogação, como o adimplemento da prestação por terceiro à custa do devedor. Por fim, em não havendo mais interesse do credor em ver adimplida a prestação ou não sendo mais possível, na prática, o desfazimento do que se fez indevidamente, a conversão da obrigação de fazer ou não fazer em obrigação de pagar quantia[218].

---

(218) "O fim e o resultado da execução devem coincidir no sentido de dar ao credor aquilo a que ele faz jus segundo o título executivo. O resultado prático equivalente somente deve ser concedido quando impossível alcançar-se a prestação específica contida no título. Esta ideologia de se perseverar na satisfação plena e efetiva do credor à luz da prestação contida no título é resultado do influxo do denominado 'princípio da execução específica'. (...) É evidente que, por vezes, esse escopo é impossível de ser alcançado, 'transformando-se, então, a execução específica em execução genérica, que, repita-se, se faz presente nos casos de malogro das demais formas executivas. E a razão é simples: todas as prestações podem ser convertidas em dinheiro, cabendo ao juiz, nas hipóteses de frustração da prestação em espécie, quantificá-las, abrindo caminho para a execução substitutiva por quantia certa equivalente

Diferentemente das obrigações de dar, que consistem na entrega de coisa, certa ou incerta, as obrigações de fazer têm por prestação um ato, serviço ou atividade a serem realizados em prol do credor. Vislumbra-se aplicação de tal procedimento na seara laboral nas seguintes hipóteses: (i) anotação da CTPS; (ii) reintegração de empregado estável ou acobertado pela garantia de emprego; (iii) proibição de transferência ilegal ou abusiva para localidade distinta daquela prevista contratualmente; (iv) proibição de alteração das condições de trabalho que implique prejuízo direto ou indireto para o empregado, como a diminuição do percentual da comissão paga etc.

Destarte, nas execuções individuais trabalhistas, o executado é "citado" (sic!), após o trânsito em julgado da decisão, ou, antes disso, quando recebido recurso sem efeito suspensivo (a regra, aliás, em se tratando de recursos trabalhistas), para cumprir a obrigação no prazo assinalado pelo juiz, se outro não for fixado no título executivo judicial (CPC, art. 632[219]). Em sendo omissa a decisão quanto ao prazo, propugna-se pela aplicação analógica do disposto no art. 880, *caput* da CLT[220], de acordo com o qual deve o demandado proceder ao cumprimento da decisão em 48 horas. Ao invés de cumprir a decisão, o devedor poderá, uma vez garantido o juízo, optar por embargar a execução, no prazo de cinco dias a contar da "citação", a teor do que dispõe art. 884 da CLT[221].

No mais, segue-se o rito traçado no CPC.

9.2. Cumprimento ou execução?

Há quem prefira, ante a redação impressa ao novo art. 475-I[222], do CPC, falar em cumprimento das obrigações que impõem um fato, em vez de execução. Assim, para as sentenças que determinam o cumprimento de uma obrigação específica pelo vencido — de entregar coisa, fazer ou não fazer, a efetivação far-se-ia mediante o cumprimento em sentido estrito (arts. 461 e 461-A do CPC); já a concretização das sentenças que condenam ao pagamento de quantia certa se daria mediante execução (procedimento da execução por quantia certa contra

---

ao prejuízo sofrido pelo credor. Nesta, a única frustração possível é a inexistência de bens no patrimônio do obrigado" (FUX, Luiz. *O novo processo de execução*. Rio de Janeiro: Forense, 2008. p. 27).

(219) "Art. 632. Quando o objeto da execução for obrigação de fazer, o devedor será citado para satisfazê-la no prazo que o Juiz lhe assinar, se outro não estiver determinado no título executivo."

(220) "Art. 880. Requerida a execução, o Juiz ou presidente do tribunal mandará expedir mandado de citação do executado, a fim de que cumpra a decisão ou o acordo no prazo, pelo modo e sob as cominações estabelecidas ou, quando se tratar de pagamento em dinheiro, inclusive de contribuições sociais devidas à União, para que o faça em 48 (quarenta e oito) horas ou garanta a execução, sob pena de penhora."

(221) "Art. 884. Garantida a execução ou penhorados os bens, terá o executado 5 (cinco) dias para apresentar embargos, cabendo igual prazo ao exequente para impugnação."

(222) Art. 475-I do CPC: "O cumprimento da sentença far-se-á conforme os arts. 461 e 461-A desta Lei ou, tratando-se de obrigação por quantia certa, por execução, nos termos dos demais artigos deste Capítulo".

devedor solvente, traçado nos arts. 475-I e seguintes do CPC). Esta a opinião da Ilustre Professora *Ada Pellegrini Grinover*, para quem o cumprimento da sentença (*lato sensu*) é o gênero, que tem como espécies o cumprimento da sentença *stricto sensu* (obrigações específicas) e a execução (obrigações de pagar). O conceito de execução não se estenderia ao cumprimento das obrigações específicas, o qual continua regido pelos arts. 461 e 461-A do CPC[223].

Na realidade, como já salientado, quando se trate da efetivação das sentenças que impõem uma conduta ao vencido — positiva cu negativa, pela intermediação do Estado-Juiz —, o que se tem é execução e não mais cumprimento. Se o devedor houvesse cumprido a obrigação, a execução seria desnecessária, ou melhor, sequer seria possível, já que faltaria interesse de agir ao vencedor. É pressuposto da execução o inadimplemento da parte vencida. Justamente porque não houve o cumprimento da obrigação (ou seja, porque houve o seu descumprimento) é que a execução se torna possível e, mais que isso, necessária. Logo, o cumprimento da sentença inviabiliza a própria execução, e neste sentido é que entendemos ser mais correto falar-se em execução, qualquer que seja a natureza da prestação inadimplida, a cumprimento. Se a obrigação foi cumprida, não haverá execução. Ao contrário, se há execução, é porque houve descumprimento.

9.3. O procedimento "passo a passo"

9.3.1. *Tutela específica ou efeito prático equivalente*

Inadimplente o devedor, e só autorizada a autotutela em hipóteses restritas[224], as quais não englobam, certamente, o cumprimento de sentenças que reconheçam

---

(223) GRINOVER, Ada Pellegrini. Mudanças estruturais do processo civil brasileiro. In: *Revista IOB de Direito Civil e Processual Civil /Continuação de/ RSDC*, São Paulo, v. 8, n. 44, p. 35-55, nov./dez. 2006.

(224) Ao atrair para si com exclusividade a incumbência de resolver os conflitos intersubjetivos surgidos, substituindo-se aos próprios envolvidos nas disputas e proibindo a "justiça feita pelas próprias mãos", o Estado se comprometeu a prestar serviços jurisdicionais de boa qualidade, que não apenas preconizassem pela crescente acessibilidade de pessoas e conflitos à Justiça (princípio da universalidade do acesso à justiça), como também pela aplicação do direito a partir de interpretação da lei que fosse adocicada com pitadas de paixão, de molde a permitir confecção de sentenças permeáveis a influências axiológicas exteriores, e, portanto, reprodutoras do sentimento de justiça pulverizado. Também o *modo de ser* do processo, antes absorto em autonomia científica introspectiva, necessitou sofrer reformulações a fim de se aferir da legitimidade das decisões por um prisma exterior, dos consumidores de justiça. Tão mais efetivo seria o processo quanto mais rapidamente solucionasse os impasses, sem que, contudo, fossem atropeladas mínimas garantias processuais. Principalmente, a filosofia individualista estruturante do Processo Civil clássico, incompatível com a instrumentalização dos novos tipos de direitos positivados na Constituição Federal, especialmente os de vulto coletivo *lato sensu*, congregadores de interesses de um conjunto de pessoas por vezes insuscetíveis de identificação, e os prestacionais, foi improvisada para atender às novas demandas que chegavam à Justiça. A publicização da atividade de resolução de conflitos possui desdobramentos interessantes, dentre outros o de investigação de novas fórmulas de superação das dificuldades envoltas na universalização dos serviços de Justiça. Além dos entraves de cunho econômico e cultural que se colocam ao acesso à Justiça, responsáveis pela existência de verdadeira

a existência de uma obrigação de fazer, desfazer ou abster-se (neste último caso, trata-se de pedido de outorga de verdadeira tutela inibitória), só o Estado possui legitimidade e força para imiscuir-se no conflito, vencer a resistência do devedor, e buscar satisfazer o crédito, preferencialmente, *in natura*.

Não tendo por qualquer razão sido cumprida especificamente a prestação, e falhas as técnicas coercitivas no desiderato precípuo a que se destinam, de incutir no devedor temor suficiente a compeli-lo a realizar ele próprio a prestação, parte-se para a adoção de técnicas de sub-rogação, sempre que não seja possível alcançar-se o mesmo resultado prático que se obteria se o devedor adimplisse o dever jurídico[225]. Já nesta altura, ao executado não será mais possível opor resistência à invasão forçada ao seu patrimônio, manifestando opção tardia pelo cumprimento em espécie da obrigação, pois que anteriormente resistiu até o fim em cumprir com o pactuado. Não poderá, agora, por conseguinte, valer-se do argumento de que a execução deve realizar-se da maneira menos gravosa[226], porque foi sua a opção em não cumprir a obrigação especificamente. Se a execução se iniciou, é porque, necessariamente, houve inadimplemento, e o devedor já está em mora[227].

---

litigiosidade reprimida, como, dentre outros, o desconhecimento da titularidade de direitos, bem como os altos custos de se demandar comparativamente aos ganhos econômicos — muito diminutos, obtidos ao final de processos intermináveis, somam-se fatores de cunho endoprocessual, tais quais a demora excessiva do processo, a inadequação de institutos processuais clássicos, de inspiração eminentemente individualista, em efetivar os novos direitos, a quantidade excessiva de subterfúgios processuais à disposição do litigante que atua deliberadamente de má-fé etc. A remodelação do Código do Processo Civil, iniciada há algumas décadas, pretende atacar o problema do acesso à Justiça por dentro, a fim de incrementar o desempenho do processo na produção de resultados positivos e justos na vida das pessoas. Reformulou-se o processo em seu interior, objetivando ofertar melhores resultados fora dele, no mundo real. Neste sentido, surgiram novas espécies de tutelas (tutelas jurisdicionais diferenciadas), cada qual voltada a combater um ponto específico de estrangulamento do sistema, dentre as quais a tutela antecipada, a tutela específica, a tutela coletiva, a tutela sancionatória, a tutela inibitória, e, por último, as reformas envolvendo a tutela executiva.

(225) Veja-se exemplo elucidativo de Alexandre Câmara: (...) "é preciso deixar claro que o objeto desse módulo processual de cumprimento da sentença é a obtenção do próprio resultado que se teria se o devedor adimplisse sua obrigação ou, ainda, o resultado prático equivalente. Essa possibilidade da busca do resultado prático equivalente precisa ser mais usada na prática forense. Pense-se, por exemplo, na seguinte hipótese: uma pessoa vende um automóvel para outra, que não transfere para o seu nome o registro da propriedade do carro junto ao órgão governamental próprio (o DETRAN). O vendedor, então, via a juízo e demanda a condenação do comprador a tomar tal providência. O que se vê em casos assim é o Juiz simplesmente condenar o réu a providenciar o registro da transferência do veículo em certo prazo, sob pena de multa. Ora, muito mais efetivo seria, em casos como esse, que o Juiz simplesmente oficiasse ao DETRAN para que efetivasse o registro da transferência. Nesse caso, não se precisaria intimar o devedor para cumprir, não se teria de pensar em multa como meio de coerção psicológica, a tutela jurisdicional seria prestada de forma mais célere e produziria o resultado prático em tudo equivalente ao que se obteria com o adimplemento da prestação pelo devedor." CÂMARA, Alexandre Freitas. *A nova execução de sentença*. 2. ed. Rio de Janeiro: Lumen Juris, 2006. p. 49.

(226) Trata-se do princípio da menor onerosidade ou menor sacrifício possível para o devedor, encartado no art. 620 do CPC: "Quando por vários meios o credor puder promover a execução, o Juiz mandará que se faça pelo modo menos gravoso para o devedor".

(227) No mesmo sentido do texto, Humberto Theodoro Júnior: "Há quem questione o poder absoluto do credor de exigir o equivalente econômico, quando conforme a regra da execução segundo o princípio

Portanto, também em se tratando de sentenças que reconheçam a existência de uma obrigação a ser cumprida pelo vencido, e resistindo ele ao seu cumprimento, haverá, em primeiro lugar, se não for possível ao Juiz, desde logo, obter resultado idêntico ao adimplemento, necessidade de atividade estatal de coerção que objetive vencer a resistência do devedor ao cumprimento do obrigado.

9.3.2. Adoção de técnicas sub-rogatórias da vontade do devedor renitente

Se impossível ou não mais desejável o cumprimento específico da obrigação ou obtenção do resultado prático equivalente, faz-se uso das técnicas de sub-rogação, como, por exemplo, o adimplemento da prestação por terceiro à custa do executado ou finalmente a sua conversão em perdas e danos[228][229], o que é verdadeira execução. O (des)cumprimento, na verdade, antecede a execução. Se a obrigação foi cumprida, a execução forçada não será necessária. Exemplo típico trabalhista de cumprimento da obrigação por terceiro é a anotação da CTPS do empregado pela Secretaria da Vara, em substituição ao empregador.

9.3.3. Por fim, conversão da obrigação de fazer ou não fazer em perdas e danos

Nada impede, logicamente, que o credor, desde logo, opte pelo recebimento do equivalente em dinheiro, pois que, nesta fase do procedimento, o devedor, já

---

da menor onerosidade para o devedor, seria mais conveniente cumprir a prestação específica, de fazer ou de dar. Não me parece seja este o melhor entendimento, em face da sistemática do direito material aplicável à espécie. Do inadimplemento nasce para o credor a opção natural entre executar a obrigação em sua prestação específica ou convertê-la em perdas e danos, de maneira que, tendo sido descumprida a obrigação é ao credor que compete definir o caminho a seguir para reparar a infração cometida pelo inadimplente. Enquanto purgável a mora, ao devedor é possível emendá-la pela oferta da prestação acrescida de perdas e danos (CC, art. 401, I). Depois, entretanto, que, com a propositura da ação, a mora se transformou em inadimplemento absoluto, não há mais oportunidade para o devedor contrariar a vontade legitimamente manifestada pelo credor na demanda deduzida em juízo. O Juiz dispõe de poderes oficiais para comandar o processo, inclusive no tocante a impor a execução específica, mas não o pode fazer para modificar o pedido do autor. Pode denegá-lo, se contrário ao direito. Não lhe toca, porém, substituí-lo por outro, nem mesmo a pretexto de fazer justiça ao demandado, se o autor exerce, de forma legítima o direito subjetivo que a ordem jurídica lhe reconhece. O art. 620, quando permite ao Juiz escolher a forma menos gravosa de realizar a execução, pressupõe a existência de mais de um meio executivo para satisfazer a prestação a que faz jus o exequente. Não se aplica para alterar aquilo que a lei lhe assegura e que somente ele tem o poder de definir: o objeto da ação, o pedido. O caminho para satisfazer o pedido é que o Juiz pode alterar, para minimizar o sacrifício que a execução acarreta ao devedor, nunca o próprio objeto do pedido, se legitimamente formulado". THEODORO JÚNIOR, Humberto. *Curso de Direito Processual Civil:* Processo de execução e cumprimento da sentença. Processo cautelar e tutela de urgência. v. II. 42. ed. Rio de Janeiro: Forense, 2008. p. 35.

(228) "Art. 461, § 1º. A obrigação somente se converte em perdas e danos se o autor o requerer ou se impossível a tutela específica ou a obtenção do resultado prático correspondente."

(229) Art. 633 do CPC: "Se, no prazo fixado, o devedor não satisfizer a obrigação, é lícito ao credor, nos próprios autos do processo, requerer que ela seja executada à custa do devedor, ou haver perdas e danos; caso em que ela se converte em indenização. Parágrafo único. O valor das perdas e danos será apurado em liquidação, seguindo-se a execução para cobrança de quantia certa".

tendo a oportunidade de cumprir a sentença, não o fez[230]. O agora executado não mais poderá opor resistência à pretensão de recebimento de soma em dinheiro, ao invés do cumprimento específico, a não ser quando se constate que a execução o levará à ruína ou que seu patrimônio não possui solvabilidade suficiente a suportar a constrição de bens para posterior transformação em dinheiro. Ou seja, que não possui liquidez[231].

Se a execução não pode ser infrutífera para o credor (vedação da proteção insuficiente), tampouco pode realizar-se de maneira desastrosa para o devedor (vedação do excesso). E, por isso, se o devedor não tem bens suficientes em seu patrimônio suscetíveis de constrição para quitação do *quantum debeatur*, de nada adiantará insistir no pagamento do equivalente pecuniário. A única saída para o credor será mesmo tentar o cumprimento específico, ainda que tardio, se, obviamente, ainda for do seu interesse e possível na prática, ao invés de travar uma batalha cansativa e estéril contra o executado.

Pode ser, porém, que o cumprimento específico já não seja possível ou então não mais interesse ao credor, como ocorre, por exemplo, quando se contrata uma banda para tocar em uma festa e a banda não comparece ao evento. Nestas hipóteses, a própria mora já equivale ao inadimplemento absoluto, e, por isso, não havendo bens suficientes no patrimônio do devedor para pagamento das perdas e danos apuradas em substituição ao cumprimento específico, a execução é suspensa e só será retomada em havendo um acréscimo patrimonial do executado. Como se sabe, inclusive os bens futuros[232] do devedor estão sujeitos à responsabilização

---

(230) Art. 461, § 1º, do CPC.

(231) No mesmo sentido do texto, o Professor e Ministro do STJ, Luiz Fux: "Resumidamente, pode-se concluir que se o devedor após o trânsito da decisão não realizar a prestação fungível, no prazo que o Juiz lhe assinar, cinco alternativas abrem-se em leque para o vencedor: a) o Juiz utiliza-se de medida de apoio do art. 461, §§ 2º e 4º, do CPC, para conceder a tutela específica ou o resultado equivalente; b) escolhe um terceiro para fazer, às expensas do devedor; (...). A primeira opção é consectário lógico da fungibilidade da prestação e, juntamente, com a segunda, somente deve ser eleita pelo credor ao observar da suficiência patrimonial do devedor, haja vista que adiantará as importâncias para recobrá-las depois. Caso o devedor seja insolvável, nenhuma vantagem terá com essa forma de sub-rogação". FUX, Luiz. *O novo processo de execução:* O cumprimento da sentença e a execução extrajudicial. Rio de Janeiro: Forense, 2008. p. 285.

(232) Os bens do devedor passíveis de execução são, em princípio, e com exceção das hipóteses de fraude, apenas os presentes e futuros, o que se afere no momento do início da etapa executiva. A este respeito, Alexandre Câmara assevera: "A regra geral da responsabilidade patrimonial encontra-se estabelecida no art. 591 do Código de Processo Civil, em dispositivo de redação tortuosa, segundo o qual 'o devedor responde, para o cumprimento de suas obrigações, com todos os seus bens presentes e futuros, salvo as restrições estabelecidas em lei'. É defeituosa a redação da lei, pois que fala em 'presentes e futuros' sem estabelecer um referencial no tempo. Assim, cabe ao intérprete descobrir a que bens se refere a norma. Bens presentes em que momento? Bens futuros em relação a que momento? Não há consenso na interpretação desta norma. Alguns afirmam que a responsabilidade incide (salvo as restrições legais) sobre os bens presentes e futuros em relação ao momento em que foi contraída a obrigação. Outros há que asseveram incidir a responsabilidade sobre os bens que o executado tenha seu patrimônio, quando da instauração do processo executivo, e sobre os que ele venha a adquirir no curso do processo. Parece preferível, porém, considerar que a responsabilidade patrimonial incide

patrimonial, divergindo a doutrina a respeito do prazo pelo qual fica a execução paralisada, e se fluiria a prescrição intercorrente enquanto sobrestada a execução pela falta de bens que possam satisfazer o crédito *in totum*.

Exemplo curioso e que divide a jurisprudência trabalhista diz respeito à reintegração de empregada grávida que tenha sido dispensada sem justa causa.

Como se sabe, a garantia de emprego da gestante se inicia com a confirmação da gravidez e perdura até cinco meses após o parto. Ora, é possível que a gestante ingresse na Justiça do Trabalho pleiteando a reintegração no emprego. Entretanto, após transcorrido o prazo da garantia, não há mais possibilidade de ser reintegrada, só lhe cabendo pedido de indenização. Alguns juízes, entretanto, entendem que a empregada que deixa transcorrer o prazo da garantia para só depois pleitear a indenização correspondente estaria agindo de má-fé e, por conseguinte, indeferem o pleito.

9.4. Tutela específica

Na execução das obrigações de fazer e não fazer o credor espera do Judiciário a obtenção da prestação específica a que o devedor se obrigou[233]. Assim, o objeto da obrigação — a prestação de fazer ou de desfazer, coincide com o objeto da própria execução, que é um fazer ou um desfazer, ou ainda, uma abstenção, em se tratando de pedido de outorga de tutela inibitória. Diferentemente das demais modalidades de cumprimento (forçado) de sentença (ou execução, tanto faz!), o procedimento executivo das obrigações de fazer e não fazer singulariza-se pela própria pretensão que lhe dá origem, a qual, ao contrário do que ocorre em todos os demais procedimentos executivos, não consiste em apreender bens do patrimônio do devedor para satisfação do crédito exequendo[234], mas em conduta do próprio devedor, que pode consistir em uma atividade (um *facere*) ou em uma abstenção (um *non facere*).

---

sobre os bens que integram o patrimônio do executado no momento da instauração do módulo processual executivo, e sobre aqueles que venha a adquirir no curso desse módulo processual executivo, incidindo também sobre os bens passados (assim entendidos os que já se tenham retirado do patrimônio do executado quando da instauração da execução) sobre os quais incida uma 'garantia real' (como a hipoteca ou o penhor) e sobre aqueles que, tendo sido alienados do patrimônio do devedor, possam retornar à esfera dos bens que possam ser sujeitos à constrição judicial (no caso de ter sido a alienação em fraude contra credores ou em fraude de execução)". CÂMARA, Alexandre Freitas. *Lições de Direito Processual Civil*. v. II, 14. ed. Rio de Janeiro: Lumen Juris, 2007. p. 221.

(233) "Art. 461. Na ação que tenha por objeto o cumprimento de obrigação de fazer ou não fazer, o Juiz concederá a tutela específica da obrigação ou, se procedente o pedido, determinará providências que assegurem o resultado prático equivalente ao do adimplemento."

(234) A apreensão de bens do devedor para satisfação do crédito exequendo, na execução por quantia certa, tem por finalidade ou a entrega do bem ao credor (adjudicação), o qual opta por ficar com a própria coisa apreendida, como forma de satisfação, ou a sua transformação em dinheiro para posterior satisfação do crédito exequendo (mediante arrematação ou alienação particular). Já na execução das obrigações de entregar coisa, a invasão ao patrimônio do devedor visa a retirar dali um bem específico para entregá-lo ao credor, como forma de adimplemento forçado da obrigação.

Enquanto na execução das obrigações de entregar coisa e de pagar quantia em dinheiro, os meios executivos[235] incidem sobre o patrimônio do devedor, seja pela apreensão de bens determinados para posterior entrega ao credor (através de cumprimento de mandado de busca e apreensão ou de imissão na posse, conforme se trate de bens móveis ou imóveis) ou para transformá-los em dinheiro (tutelas substitutivas da vontade do devedor), no cumprimento de sentença que impõe adoção de determinada conduta (um fazer ou não fazer) é o próprio devedor quem irá sofrer a pressão dos meios executivos[236], a fim de que realize, de preferência, ele próprio, e se possível[237], a atividade específica devida (tutela específica).

Assim, descumprida a obrigação de fazer ou não fazer, e a partir do momento em que a sentença comece a produzir efeitos, seja porque transitou em julgado (trata-se de execução definitiva), seja por ter sido admitido contra ela recurso sem efeito suspensivo (caso de execução provisória), o executado deverá ser intimado[238] a cumprir a prestação no prazo assinalado na sentença, sob ameaça de incidência de medidas de coerção, como a multa periódica, dentre outras previstas exemplificativamente no art. 461, § 5º, do CPC[239], e também substitutivas da atividade do executado, quando já não seja possível ou do interesse do credor o cumprimento específico.

9.5. Início do prazo para cumprimento da decisão: a intimação do demandado

Prolatada a sentença, não se inicia automaticamente o prazo previsto para seu cumprimento. Até mesmo porque, enquanto não transitada em julgado, ou sujeita ainda a recurso dotado de efeito suspensivo, a sentença tem sua eficácia executiva tolhida. Tampouco a intimação por D. O. do resultado do julgamento

---

(235) Como já visto, os meios executivos dividem-se em meios de sub-rogação e de coerção. A tutela executiva visa a proporcionar ao credor o bem da vida consubstanciado no título executivo que embasa a execução, isto é, a satisfazer plenamente o credor, independentemente da colaboração do devedor e até contra a sua vontade. Assim, o Estado-Juiz ou substitui a vontade do devedor e realiza o direito às custas do seu patrimônio, ou pressiona o próprio devedor ao cumprimento da prestação específica devida, através de meios de coerção, como multa diária, ameaça de prisão etc.

(236) Meios executivos compreendidos aqui em sentido amplo, para albergar também os meios de coerção.

(237) Às vezes, por seu caráter repressivo, a tutela judicial, em se tratando de ações cujo objeto seja uma obrigação de fazer ou não fazer, já não possui qualquer utilidade. É o que ocorre, por exemplo, quando a obrigação de não fazer é instantânea. O descumprimento da obrigação negativa inviabiliza retorno ao *status quo ante*, de modo que ao credor só resta o recebimento de perdas e danos como compensação pelo inadimplemento da obrigação. É o exemplo clássico do artista que se compromete a não se apresentar em emissora concorrente ou do empregado que se compromete a não divulgar segredo da empresa.

(238) A intimação aqui é pessoal.

(239) "Art. 461, § 5º. Para obtenção da tutela específica ou a obtenção do resultado prático equivalente, poderá o Juiz, de ofício ou a requerimento, determinar as medidas necessárias, tais como a imposição de multa por tempo de atraso, busca e apreensão, remoção de pessoas e coisas, desfazimento de obras e impedimento de atividade nociva, se necessário com requisição de força policial."

pode ser considerada como termo inicial de contagem do prazo para cumprimento da sentença. Até que haja formação de coisa julgada — estado de imutabilidade do conteúdo da decisão de mérito o qual propiciará execução definitiva, ou enquanto estiver aberta possibilidade de se recorrer da sentença sem suspensividade — o que possibilitará, uma vez admitido o recurso, executar-se provisoriamente a decisão, o potencial executório da sentença permanece bloqueado.

É só a partir do momento em que a sentença começar a produzir efeitos, o que se dará tão logo transite em julgado ou contra ela seja admitido recurso sem efeito suspensivo, que o devedor será intimado, pessoalmente, a cumprir a decisão *ex officio*. Depois de intimado, começará a fluir o prazo fixado no próprio título executivo ou assinalado pelo Juiz, para o cumprimento da sentença[240]. A intimação, em se tratando de sentenças já transitadas em julgado, diferentemente do que ocorre no procedimento executivo das obrigações de pagar quantia, independe de requerimento do demandando e deve ser dirigida ao próprio vencido (intimação pessoal), pois é só ele que pode cumprir a ordem judicial[241]. Havendo a conversão da obrigação de fazer ou não fazer em obrigação de pagar quantia logo no início do procedimento, por opção manifestada pelo credor, ou porque impossível, como no caso de descumprimento de obrigações de não fazer instantâneas, o desfazimento, segue-se o mesmo procedimento previsto para a execução das obrigações de pagar quantia, inclusive no tocante à necessidade de requerimento do credor para início da etapa de cumprimento voluntário da sentença e intimação do credor para pagamento na pessoa de seu advogado. Em se tratando da execução de sentenças provisórias, a intimação do credor para cumprimento da obrigação de fazer e não fazer depende, a nosso ver, de requerimento do credor.

Não havendo cumprimento no prazo assinalado, passam a incidir as medidas coercitivas, a fim de forçar o (agora) executado a cumprir a prestação a que se obrigara. Se não for mais possível na prática[242] ou do interesse do credor[243] que

---

[240] "Art. 632. Quando o objeto da execução for obrigação de fazer, o devedor será citado para satisfazê-la no prazo que o Juiz lhe assinar, se outro não estiver determinado no título executivo."

[241] Como nós, pela necessidade de intimação pessoal, mas apenas no tocante às obrigações personalíssimas, PRATA, Marcelo Rodrigues. A multa do art. 475-J do Código de Processo Civil e a sua aplicabilidade no processo trabalhista. In: *Revista LTr: Legislação do Trabalho e Previdência Social*, São Paulo, v. 72, n. 7, jul. 2008: "Primeiro, pelo fato de que as sentenças mandamentais e executivas *lato sensu* são cumpridas em conformidade com o disposto nos arts. 461 e 461-A do CPC, *ex vi* do que estabelece o próprio art. 475-I do CPC. Logo, inaplicável ao cumprimento da sentença mandamental e executiva *lato sensu* a disciplina específica do cumprimento da sentença condenatória de obrigação de pagar quantia, especialmente àquela do art. 475-J e § 1º do CPC. Segundo, por se tratar, no caso, de obrigação infungível de ato personalíssimo que só pode ser satisfeito no plano material e só a parte pode satisfazer, com o agravamento de ser passível de sanção civil (*astreintes*) em face do descumprimento. Terceiro, tratando-se de ordem judicial, a desobediência poderia impor à parte sanções de natureza penal, o que, obviamente, exige a intimação pessoal do devedor".

[242] É o que ocorre, por exemplo, quando o devedor da obrigação de não fazer tenha se comprometido a não divulgar informação sigilosa ou segredo industrial. Uma vez divulgada a informação, não há mais como se desfazer o que foi feito indevidamente. Logo, ao credor só restará o caminho das perdas e danos.

[243] É o exemplo típico do aniversariante que contrata um *buffet* para sua festa. Não adimplida a obrigação no prazo, dificilmente será do interesse do credor que a obrigação seja cumprida posteriormente, com

a obrigação seja cumprida em espécie, ou então recusando-se terminantemente o devedor a cumpri-la, ainda que sofrendo a pressão dos meios coercitivos, e sendo infungível a prestação, ao credor só resta resignar-se com o recebimento do equivalente pecuniário[244]. Nestas hipóteses, a prestação específica ou tornou-se obsoleta, ou impossível de ser outorgada pela teimosia invencível do devedor.

O ordenamento jurídico não pode constranger ninguém a prestar um fato contra a sua vontade, no máximo, pressioná-lo a tanto[245]. A incoercibilidade do fazer humano ainda é um limitativo à execução específica. Falhas todas as tentativas de se persuadir o executado a cumprir a prestação exatamente como se obrigara, e sendo impossível se obter um resultado que surta o mesmo efeito prático do adimplemento, nada mais pode ser feito pelo Estado no sentido de obter a tutela específica. O Judiciário, então, dirigirá a execução contra o patrimônio do executado, e não mais contra a sua pessoa, utilizando-se de técnicas de sub-rogação (tutela substitutiva da vontade do devedor recalcitrante), como a realização de prestação fungível por terceiro, o que, evidentemente, não exclui a possibilidade de se

---

mora. Nestas hipóteses, ao credor só interessarão as perdas e danos, porque o atraso no cumprimento da obrigação é o mesmo que o inadimplemento absoluto.

(244) Art. 461, § 1º, do CPC.

(245) Pressiona-se o devedor ao cumprimento específico por meio das denominadas medidas de apoio, de que é exemplo mais corrente a multa por tempo de atraso, importada do direito francês sob denominação de *astreintes*. Acerca das medidas de apoio, especialmente a multa, Alexandre Câmara: "Intimada a parte a cumprir a sentença, e não atendido o comando jurisdicional no prazo, passam a incidir as assim chamadas *medidas de apoio*. (...) Dentre as medidas de apoio, certamente a mais usada é a multa. Fala o § 4º do art. 461 que a mesma será *diária*. O § 5º, porém, fala em multa por *tempo de atraso*, o que se revela mais adequado. O que se tem na lei processual é a autorização para que se fixe uma *multa periódica* pelo atraso no cumprimento da decisão judicial. Essa multa descende diretamente de um instituto criado no direito francês, a que se costuma dar o nome de *astreinte*, medida de intimidação largamente utilizada pelos tribunais daquele país. (...) Deve, pois, o Juiz fixar uma multa pelo atraso no cumprimento da decisão judicial, multa essa que servirá como meio de coerção, isto é, meio de pressão psicológica, a incidir sobre o devedor, de forma a constrangê-lo a cumprir voluntariamente a decisão judicial. (...) Essa multa será periódica, mas não necessariamente diária. Pense-se, por exemplo, em uma decisão judicial que proíba a exibição, por uma emissora de televisão, de um programa que tem periodicidade mensal. Nesse caso, deve o Juiz fixar multa por mês de descumprimento, e não por dia (...). A multa deve ser fixada em valor suficiente para pressionar psicologicamente o devedor a cumprir a decisão judicial. (...) Quero dizer com isso que a multa deve ser alta o suficiente para constranger psicologicamente o devedor, mas não pode ir um centavo além do necessário para que tal pressão aconteça. Registro, ainda, que a multa não fica limitada ao valor da obrigação descumprida, podendo superá-la, já que não se aplica aqui a limitação estabelecida para cláusula penal. Pode acontecer, aliás, de a multa já fixada tornar-se, em razão de modificações de circunstâncias, insuficiente ou excessiva. Pense-se, por exemplo, no caso de se ter condenado um devedor de classe média que, posteriormente, ganha um prêmio milionário de loteria; ou no caso de se ter condenado uma empresa que, posteriormente, venha a passar por dificuldades econômicas. Pode haver, também, necessidade de alteração da periodicidade da multa (basta pensar no caso de se modificar a periodicidade daquele programa cuja exibição havia sido proibida, de mensal para semanal). Nesses casos, dá a lei ao Juiz o poder de modificar o valor (ou a periodicidade) da multa, aumentando-a ou a diminuindo, de forma a torná-la adequada novamente (art. 461, § 6º, do CPC). É importantíssimo observar, porém, que essas modificações só se operam *ex nunc*. Assim, por exemplo, se a multa teve seu valor alterado de mil reais diários para cem reais diários, isso significa que a partir da decisão que diminuiu o valor, a multa passa a ser esta nova, respeitando o direito do credor de receber integralmente a multa anteriormente vencida". CÂMARA, Alexandre Freitas. *A nova execução de sentença*. 2. ed. Rio de Janeiro: Lumen Juris, 2006. p. 50 e ss.

executar a multa que já tenha sido imposta ao condenado na tentativa de constrangê-lo a realizar a obrigação em espécie.

9.6. A aplicabilidade da multa por tempo de atraso no procedimento executivo das obrigações de fazer e não fazer

É que pode ser que o exequente prefira aguardar o prazo fixado no título executivo judicial ou pelo Juiz da execução, se omisso aquele, para cumprimento da obrigação, incidindo, a partir do término do prazo, multa por tempo de atraso, como meio de constranger o devedor à sua realização específica[246]. O termo final de incidência da multa, portanto, é o cumprimento da sentença ou, ainda, o momento em que se verificar ser impossível o cumprimento específico ou obtenção de efeito prático equivalente ao adimplemento, ou, por último, a data em que o credor optar pelo recebimento de perdas e danos[247]. Nestes dois últimos casos, além das perdas e danos, o exequente ainda receberá a multa que tiver vencido[248]. Da mesma forma, havendo o cumprimento específico, a multa que já tenha incidido também poderá ser executada.

Terminado o prazo e não cumprida a prestação pelo obrigado, mesmo sob a forte pressão exercida pelas medidas de apoio, entram em cena as técnicas de sub-rogação da vontade do devedor renitente. A multa, porém, é importante frisar, não substitui o adimplemento da prestação. Ao revés, é medida de apoio que visa a compelir o *solvens* a realizar a obrigação em espécie e não a substituí-la por uma compensação em dinheiro. Não se trata evidentemente de uma opção aberta ao executado entre pagar a multa ou cumprir a prestação. Do contrário, estar-se-ia a desnaturar a própria finalidade da multa, que é a de constranger o devedor ao cumprimento específico da sentença que impõe um fazer ou não fazer (abster-se; deixar de fazer) ou desfazer (o que ilicitamente já tenha sido feito). Se ao devedor fosse facultado optar pelo pagamento da multa ao invés de cumprir especificamente a obrigação, a multa, que foi criada justamente para forçar o cumprimento em espécie da obrigação, atuando sobre a vontade do

---

(246) "Como se viu anteriormente, a partir do momento em que a sentença condenatória tornar-se eficaz deverá o Juiz determinar — de ofício — a intimação pessoal do réu para cumprir a decisão no prazo que lhe tenha sido assinado. Ultrapassado esse prazo, a multa começará a incidir. Termo inicial da multa, portanto, é o término do prazo para cumprimento da decisão judicial (que, por sua vez, teve como termo inicial a intimação pessoal do devedor para cumpri-la). *Ibidem*, p. 53.

(247) Assim também Barbosa Moreira: "Citado, pode acontecer que o devedor cumpra a obrigação no prazo marcado. Não há cogitar, então, da cobrança de multa. Continuando inadimplente o devedor, a multa começa a incidir desde o dia fixado. Não existe limite para a incidência: a cada dia que passa, eleva-se o montante da multa, até que seja praticado o ato, ou cesse de o ser, ou se desfaça o que foi feito, conforme o caso; ou, então, se resolvida obrigação em perdas e danos, até que o exequente embolse o respectivo *quantum*, como equivalente pecuniário da prestação originariamente devida". MOREIRA, José Carlos Barbosa. *O novo Processo Civil crasileiro* (Exposição sistemática do procedimento). Rio de Janeiro: Forense, 2007. p. 229.

(248) "Art. 461, § 2º. A indenização por perdas e danos dar-se-á sem prejuízo da multa (art. 287)."

devedor, acabaria por substituir o cumprimento específico, assumindo nítido viés reparatório, o que é impensável[249].

A multa evidentemente não pode substituir o cumprimento *in natura*. Não é sucedâneo da tutela específica, mas atua com vistas a incutir no devedor o ânimo de cumprir o pactuado exatamente como se obrigou. O fim da multa é o cumprimento forçado, jamais a sua substituição. Não pode, portanto, servir de alternativa ao cumprimento.

A multa, como visto, é devida a partir do momento em que termina o prazo fixado para cumprimento (voluntário) da sentença que condena a fazer, divergindo-se apenas acerca do momento em que se torna exigível. Parcela da doutrina acredita que a multa só pode ser exigida a partir do momento em que a sentença de mérito transita em julgado, ou, em se tratando de multa fixada em provimento satisfativo antecipatório, a partir do momento em que se tornam preclusas as vias de impugnação à decisão interlocutória. Vertente oposta apregoa que a multa pode ser cobrada tão logo termine o prazo assinalado para cumprimento da decisão que reconheça a existência de obrigação de fazer, independentemente de ser possível ainda modificação do conteúdo da decisão[250]. Nem oito, nem oitenta...

Melhor saída a que admite a possibilidade de se executar provisoriamente a multa já vencida.

Assim, proferida sentença de mérito ou decisão interlocutória determinando cumprimento de obrigação de fazer ou não fazer, e a partir do momento em que a decisão tornar-se eficaz, pela preclusão dos meios de impugnação ou recebimento de recurso apenas no efeito devolutivo, intima-se o devedor a cumprir a decisão, sob pena de incidência de multa. Transcorrido o prazo assinado sem que tenha havido o cumprimento da ordem judicial, a multa passa a incidir e torna-se, desde então, exigível[251].

---

(249) Assim também se posiciona Cândido Rangel Dinamarco: "Também parece óbvio que as penas pecuniárias, ditadas como meio de pressão psicológica destinada a obter a satisfação voluntária do julgado, não substituem a obrigação originária, nem tornam inadmissível a execução específica: para a prevalência dos desígnios do direito material e, portanto, efetividade do processo, o cumprimento em espécie continua devido e a execução específica admissível, sem prejuízo dos acréscimos pecuniários representados pelas *astreintes*. Do contrário, essas medidas instituídas para a efetividade do processo acabariam por ser fator de sua ineficácia, permitindo ao obrigado a opção entre satisfazer especificamente o direito do adversário ou simplesmente pagar". DINAMARCO, Cândido Rangel. *A Instrumentalidade do Processo*. 12. ed. São Paulo: Malheiros, 2005. p. 369.

(250) É a posição de MOREIRA, José Carlos Barbosa. *O novo Processo Civil brasileiro* (Exposição sistemática do procedimento). Rio de Janeiro: Forense, 2007. p. 229: "A partir do dia em que comece a incidir a multa, faculta-se ao credor exigi-la, através do procedimento da execução por quantia certa. Se o devedor (...) permanecer inadimplente no que tange à obrigação de fazer ou não fazer, a multa continuará incidindo. Poderá o exequente, a qualquer tempo, requerer a atualização do cálculo e promover nova execução pelo valor acrescido".

(251) No mesmo sentido, Alexandre Câmara: "A partir do momento em que a decisão que impôs o cumprimento do dever jurídico de fazer ou não fazer se torna eficaz é possível a intimação do devedor para cumpri-la no prazo que lhe tenha sido assinado. Vencido o prazo, a multa incide e é imediatamente exigível. A não se

Em se tratando de obrigações de fazer e não fazer, como o que se pretende é a realização da prestação pelo próprio devedor, os meios executivos de sub-rogação mostram-se, pelo menos em um primeiro momento, de pouca valia, especialmente quando se trate de obrigações de prestação infungível, isto é, que não admitem realização por mais ninguém que não seja o próprio devedor. Assim, apenas na hipótese de o devedor se recusar ao cumprimento específico da sentença ou não sendo mais possível obtê-lo, é que serão utilizadas medidas de sub-rogação.

Antes, porém, tenta-se de todas as formas, e a não ser que o credor, verificada resistência do devedor ao adimplemento da prestação, opte desde logo pelo recebimento de seu equivalente em dinheiro, induzir o próprio obrigado ao cumprimento específico do conteúdo da sentença com carga condenatória, a fim de que seja proporcionada ao credor a mesma atividade devida ou o mesmo efeito da abstenção a que se obrigara o executado, o que se faz mediante utilização das denominadas medidas de apoio, dentre as quais a multa periódica.

Tratando-se da execução das sentenças que impõem um fazer ou não fazer, aplica-se, como visto, o disposto no art. 461 do CPC. O cumprimento da sentença se opera no mesmo processo que resultou na condenação. Portanto, a fase de conhecimento se encerra com a condenação do devedor ao cumprimento da obrigação de fazer no prazo assinado na sentença, bem como fixação — a requerimento ou de ofício — de multa por atraso no cumprimento da obrigação. Assim, tão logo passe a sentença a produzir efeitos, o devedor será intimado a cumprir a obrigação, sob pena de incidência da multa periódica.

Cumprida a obrigação no prazo assinalado, extingue-se a execução e, junto com ela, o processo. Ao revés, não cumprida a obrigação no prazo, é preciso verificar ainda se é hipótese de obrigação de fazer de prestação fungível ou infungível. O procedimento executivo irá variar de acordo com a natureza fungível ou infungível da prestação.

9.7. Sistematização do procedimento apresentado conforme a natureza fungível ou infungível da prestação: síntese conclusiva

O procedimento executivo das obrigações de fazer e não fazer varia conforme a natureza fungível ou infungível da prestação devida. Destarte, há que se distinguir

---

admitir isso, certamente a multa perderá muito de sua força, já que o devedor sempre poderá contar com o fato de que, embora vencida, não pode ela ser executada até que se tornem preclusas as vias de impugnação da decisão judicial (o que pode demorar muito para acontecer). Penso, assim, que se deve considerar a multa desde logo exigível. A execução dela, porém, será provisória até o trânsito em julgado da sentença (observe-se: da sentença, ainda que a multa tenha sido fixada em decisão interlocutória anterior a ela). E isto porque sempre pode acontecer de se vir a julgar, afinal, improcedente o pedido condenatório, caso em que a decisão que fixou a multa será substituída por outra, declaratória da inexistência do dever jurídico de fazer ou não fazer, caso em que a multa não é devida e, por conseguinte, ficará sem efeito a execução (aplicando-se, aqui, o disposto no art. 475-O, do Código de Processo Civil)". CÂMARA, Alexandre Freitas. Op. cit., p. 56-57.

entre as prestações realmente infungíveis, daquelas que, inobstante impliquem igualmente um fazer, podem perfeitamente ser realizadas por terceiros. É o que se passa a fazer.

9.7.1. Execução das obrigações de fazer de prestação fungível

Há obrigações de fazer cujas prestações podem ser adimplidas por terceiros que não o próprio devedor, pois o que interessa ao credor é o resultado proporcionado pelo cumprimento da obrigação, independentemente de quem a realize, se o devedor ou um terceiro. O que interessa ao credor é tão somente o bem da vida que obterá por meio da prestação e não a pessoa que a realiza. Por conseguinte, nestas hipóteses, plenamente viável a realização da prestação por um terceiro, à custa do devedor, caso em que a obrigação primária de fazer transforma-se em obrigação secundária de pagar[252]. É o patrimônio do devedor que irá responder pela dívida, sujeitando-se aos atos executivos. O CPC admite, inclusive, sejam penhorados bens do patrimônio do devedor, a fim de se garantir o pagamento dos serviços do terceiro. É o que ocorre quando se contrata alguém para pintar uma parede. Inadimplida a obrigação e condenado o devedor ao seu cumprimento específico, após processo de conhecimento condenatório, plenamente viável que se contrate um terceiro para realizar a prestação, se o devedor recusar-se a fazê-lo. A escolha do terceiro obedece ao procedimento da execução extrajudicial das obrigações de fazer e não fazer, tendo a reforma eliminado o complexo procedimento licitatório outrora previsto nos parágrafos do derrogado art. 634 do CPC. Pela atual sistemática — bem mais simples, diga-se de passagem, é o próprio Juiz que determinará a forma como será feita a escolha do terceiro. Escolhido o terceiro que realizará a prestação, o credor continua, como antigamente, podendo exercer direito de preferência, no prazo de cinco dias a contar da escolha do terceiro que realizará o serviço[253].

Destarte, se o fato puder ser prestado por terceiro, é lícito ao Juiz, a requerimento do exequente, decidir que aquele o realize à custa do devedor. O credor continua tendo, como antigamente, de adiantar as quantias necessárias à realização

---

[252] "Art. 634. Se o fato puder ser prestado por terceiro, é lícito ao Juiz, a requerimento do exequente, decidir que aquele o realize à custa do executado. Parágrafo único. O exequente adiantará as quantias previstas na proposta que, ouvidas as partes, o Juiz houver aprovado. Art. 635. Prestado o fato, o Juiz ouvirá as partes no prazo de 10 (dez) dias; não havendo impugnação, dará por cumprida a obrigação; em caso contrário, decidirá a impugnação. Art. 636. Se o contratante não prestar o fato no prazo, ou se o praticar de modo incompleto ou defeituoso, poderá o credor requerer ao Juiz, no prazo de 10 (dez) dias, que o autorize a concluí-lo, ou a repará-lo, por conta do contratante. Parágrafo único. Ouvido o contratante no prazo de 5 (cinco) dias, o Juiz mandará avaliar o custo das despesas necessárias e condenará o contratante a pagá-lo."

[253] "Art. 637. Se o credor quiser executar, ou mandar executar, sob sua direção e vigilância, as obras e trabalhos necessários à prestação do fato, terá preferência, em igualdade de condições de oferta, ao terceiro. Parágrafo único. O direito de preferência será exercido no prazo de 5 (cinco) dias, contados da apresentação da proposta pelo terceiro (art. 634, parágrafo único)."

do serviço, e as recobra posteriormente, sob a forma do procedimento de execução por quantia certa. Por conseguinte, realizada a prestação pelo terceiro, converte-se a execução de obrigação de fazer em execução por quantia certa, com o fim de se buscar no patrimônio do executado o valor que foi adiantado. A proposta do terceiro que pretender substituir-se ao devedor no cumprimento da obrigação específica será submetida a contraditório, devendo o Juiz rejeitá-la acaso se mostre excessivamente onerosa para o executado, optando por outra que, de igual modo, satisfaça o credor, mas da maneira menos custosa para o devedor originário. A decisão do Juiz que veicula a escolha do terceiro que irá realizar o serviço possui natureza interlocutória.

9.7.2. Execução das obrigações de fazer de prestação infungível

Outras vezes, porém, ao credor só interessa o cumprimento da prestação pelo próprio devedor. São as hipóteses de obrigações de prestação subjetivamente infungível e que não admitem cumprimento por mais ninguém que não seja o devedor. A obrigação só surge em decorrência de uma qualidade do devedor e o bem da vida que se objetiva só pode ser obtido pela atuação do *solvens* e de mais ninguém. Não faria, sentido, portanto, em execução, que um terceiro, em substituição ao devedor, pudesse realizar a atividade devida.

Portanto, nessas hipóteses, de obrigações personalíssimas, surgidas em virtude das qualidades de quem se obriga a prestar um fato (*intuito personae*), a resistência do devedor em executar a prestação torna impossível a outorga de tutela específica pelo Judiciário, frustrando as expectativas do credor. Assim, na tentativa de impelir o obrigado a cumprir especificamente a obrigação, lança-se mão das medidas de constrangimento, especialmente da multa periódica. Espera-se dissuadir o devedor do seu propósito de não fazer o que se obrigou a fazer. Cumprida a obrigação pelo devedor, extingue-se a execução. Mas, se nem assim, coagido, o devedor se dispuser a cumprir o pactuado, não sendo possível obter o mesmo resultado prático que se teria fosse a obrigação cumprida voluntariamente, o credor terá de se contentar com o recebimento do equivalente pecuniário, hipótese em que o procedimento do cumprimento da obrigação de fazer convola-se no procedimento de execução por quantia certa, com liquidação incidente das perdas e danos[254]. A obstinação do executado em não realizar a sentença inviabiliza a concessão da tutela específica[255].

---

(254) "Art. 633. Se, no prazo fixado, o devedor não satisfizer a obrigação, é lícito ao credor, nos próprios autos do processo, requerer que ela seja executada à custa do devedor, ou haver perdas e danos; caso em que ela se converte em indenização. Parágrafo único. O valor das perdas e danos será apurado em liquidação, seguindo-se a execução para cobrança de quantia certa."

(255) "Quando a *obrigação é de fazer,* daquelas que ao credor somente interessa o cumprimento pelo próprio devedor, porque contraída *intuitu personae,* isto é, em razão das qualidades pessoais do obrigado e não em função pura e simplesmente do resultado, diz-se 'subjetivamente infungível'. Nesta hipótese, advindo o inadimplemento, é *impossível a utilização de meios de sub-rogação* para alcançar o mesmo resultado, porque 'o atuar do *solvens* é insubstituível'. Nesse caso, se o credor não se

O credor, porém, pode optar por aguardar o cumprimento da decisão que impôs o dever jurídico de fazer, deixando incidir a multa periódica. A multa, contudo, só deve ser aplicada até que haja o cumprimento ou se constate a obstinação do executado em não cumprir a decisão, Depois disso, se aplicada, a multa, que se propõe persuadir o executado à realização da prestação, acabaria por transformar-se em meio sancionatório. Se o executado já demonstrou não estar disposto a cumprir a obrigação, a multa já não deve ser imposta, porque sua manutenção só se justifica enquanto ainda possível alcançar a finalidade a que se propôs. A multa, como se viu, destina-se tão somente a convencer o devedor a realizar especificamente a obrigação, não a puni-lo. Se, nem mesmo com a incidência da multa, o devedor se dispuser a cumprir a obrigação, deve-se sustar sua aplicação e partir-se para a utilização de técnicas substitutivas.

Resumidamente, tratando-se de obrigações de prestação fungível, (i) não cumprida a obrigação pessoalmente e (ii) não sendo possível, desde o início, obter efeitos idênticos àqueles que se teriam com o cumprimento espontâneo[256], (iii) realizam-se atos de sub-rogação da vontade do devedor resistente, como o cumprimento da prestação por terceiro ou pelo próprio credor, às expensas do devedor[257]. Em tal hipótese, a execução de obrigação de fazer converte-se em execução por quantia certa. Por último, e a não ser que o credor opte desde logo pela conversão, (iv) o pagamento de perdas e danos[258][259].

---

contentar em receber de imediato o 'equivalente' em perdas e danos, terá de aguardar a atuação do devedor. Visando a compeli-lo à prestação, entram em cena os meios de coerção, *in casu*, a multa diária ou *astreintes*, de origem francesa, que surgirão exatamente para vencer esta recalcitrância do devedor, substituindo as perdas e danos, nas denominadas obrigações com prestação infungível." FUX, Luiz. *O novo processo de execução*: O cumprimento da sentença e a execução extrajudicial. Rio de Janeiro: Forense, 2008. p. 278.

(256) "A sentença que der provimento ao pedido de cumprimento de obrigação de fazer ou não fazer deverá condenar o devedor a realizar *in natura*, a prestação devida. Para que essa condenação seja dotada de maior efetividade, a norma do art. 461 (...) recomenda uma providência prática e funcional: na sentença de procedência do pedido, compete ao Juiz determinar 'providências que assegurem o resultado prático equivalente ao do adimplemento.' (...) Os poderes do Juiz para fazer cumprir especificamente a obrigação de fazer não ficam restritos à autorização para que o credor realize ou mande realizar por terceiro o fato devido. Pode o Juiz adotar outras previdências que, mesmo não sendo exatamente o fato devido, correspondam a algo que assegure o resultado prático equivalente ao do adimplemento." THEODORO JÚNIOR, Humberto. *Curso de Direito Processual Civil:* Processo de execução e cumprimento da sentença. Processo cautelar e tutela de urgência. 42. ed. vol. II. Rio de Janeiro: Forense, 2008. p. 34.

(257) Art. 637 do CPC.

(258) De maneira mais ou menos semelhante, Luiz Fux: "Resumidamente, pode-se concluir que se o devedor após o trânsito da decisão não realizar a *prestação fungível*, no prazo que o Juiz lhe assinar, cinco alternativas abrem-se em leque para o vencedor: a) o Juiz utiliza-se de medida de apoio do art. 461, §§ 2º e 4º, do CPC, para conceder a tutela específica ou o resultado equivalente; b) escolhe um terceiro para fazer, às expensas do devedor; c) o próprio credor a realiza, exercendo a sua opção no *novel* prazo do art. 637, parágrafo único, do CPC, introduzido pela Lei n. 11.382/2006; d) converte a obrigação em perdas e danos e inicia, pelo seu valor correspondente, cumprimento por quantia certa; e) aguarda a realização da prestação, incidindo multa diária por dia de atraso, a partir do decurso do prazo para o cumprimento da sentença". FUX, Luiz. *Op. cit.*, p. 285.

(259) Igualmente, Humberto Theodoro Júnior: "O credor tem o direito de exigir, por meio da tutela jurisdicional, a tutela específica, de maneira que o Juiz não pode, em regra, forçá-lo a se satisfazer com a indenização

Nos casos de obrigações de prestação infungível, (i) tenta-se de todas as maneiras, com o suporte das medidas de constrangimento, forçar o próprio devedor a cumprir a prestação, já que não se admite que ninguém mais a realize. Indemovível o devedor do seu propósito de não cumprir a sentença, ainda que sob forte pressão dos meios de coerção, (ii) satisfaz-se o credor pelo pagamento de quantia em dinheiro, posto impossível concessão de tutela jurisdicional específica, sem prejuízo da execução da multa que houver incidido.

Ao fim da fase de conhecimento, condenado o devedor, é-lhe assinalado um prazo para que cumpra especificamente a obrigação, sob ameaça, por exemplo, de incidência de multa, em caso de não ser acatada a ordem judicial. Não cumprida a obrigação, inicia-se fase executiva, sem quebra, como continuação do mesmo processo em que a sentença foi proferida, objetivando satisfação do credor pelo uso de técnicas de coerção e/ou de sub-rogação.

9.8. Sistematização do procedimento executivo das obrigações de não fazer conforme admitam ou não desfazimento

Também em se tratando de obrigações de não fazer, isto é, obrigações que impliquem um dever de abstenção, varia o procedimento executivo dependendo da natureza permanente ou instantânea da obrigação, isto é, conforme admitam ou não desfazimento.

Permanente a obrigação, como na hipótese de não se poder levantar edificação em um terreno, e realizada construção, perfeitamente possível o seu desfazimento, com retorno ao *status quo ante*. Por conseguinte, poderá o credor, em ação de conhecimento condenatória, postular a cessação da violação, bem como o desfazimento do que já tenha sido feito em desrespeito à determinação de não fazer. O descumprimento da obrigação de não fazer gera o nascimento de obrigação secundária de desfazer o que se fez em contrariedade à proibição imposta, o que, na prática, equivale a um fazer.

Já no caso de obrigações instantâneas, como não é possível desfazer-se o que já tenha sido feito, a única maneira de se compensar o credor pela violação ao dever negativo é o pagamento de equivalente em pecúnia. Por exemplo: o artista que se apresenta em emissora concorrente não vai poder, depois, voltar atrás em sua exibição. No exato momento em que apareceu na tevê, descumpriu

---

de perdas e danos. A obrigação, como prevê o art. 461, § 1º, somente se converterá no equivalente econômico em duas hipóteses: a) quando o próprio credor, diante do inadimplemento, prefira pleitear a reparação dos prejuízos, em lugar do cumprimento *in natura*; b) quando a prestação específica, por sua natureza ou pelas circunstâncias do caso concreto, se torne impossível, o mesmo ocorrendo com a obtenção de resultado prático equivalente". THEODORO JÚNIOR, Humberto. *Curso de Direito Processual Civil*: Processo de execução e cumprimento da sentença. Processo cautelar e tutela de urgência. 42. ed. v. II. Rio de Janeiro: Forense, 2008. p. 38.

de modo irremediável o dever de não se exibir em canal concorrente. Logo, uma vez transgredida a proibição imposta, não há meio de a transgressão ser desfeita, e, por conseguinte, necessariamente, o descumprimento da obrigação de não fazer acarretará o pagamento de perdas e danos.

Destarte, tratando-se de obrigações de não fazer permanentes, praticando o devedor o ato a cuja abstenção estava obrigado, com fulcro em sentença condenatória, e mesmo com base em sentença que haja reconhecido a existência da obrigação negativa ou, ainda, de decisão antecipatória do mérito (interlocutória, portanto)[260], o exequente poderá requerer ao juízo seja fixado prazo para desfazimento do que se fez,[261]. Recusando-se o devedor a desfazer o que fez indevidamente, ou havendo mora, o credor poderá (i) requerer ao Juiz que mande desfazer o ato à custa do executado, adiantando os valores e os recobrando posteriormente do devedor através do procedimento executivo por quantia certa[262]; (ii) aguardar até que a pressão exercida pela multa periódica leve ao efetivo desfazimento; (iii) requerer a conversão da obrigação de não fazer em perdas e danos.

Se for instantânea, havendo o descumprimento da obrigação, só resta ao credor postular perdas e danos junto ao Judiciário, pois que impossível o retorno ao *status quo ante*, com desfazimento daquilo que não deveria ter sido feito.[263]

---

(260) Não entendemos ser necessário ajuizamento de nova ação, a fim de se obter sentença que condene a um não fazer. A sentença que reconhece a existência de obrigação negativa é, a nosso ver, título executivo idôneo a deflagrar por si só o cumprimento da sentença.

(261) "Art. 642. Se o devedor praticou o ato, a cuja abstenção estava obrigado pela lei ou pelo contrato, o credor requererá ao Juiz que lhe assine prazo para desfazê-lo."

(262) "Art. 643. Havendo recusa ou mora do devedor, o credor requererá ao Juiz que mande desfazer o ato à sua custa, respondendo o devedor por perdas e danos."

(263) "Art. 643, parágrafo único. Não sendo possível desfazer-se o ato, a obrigação resolve-se em perdas e danos."

Capítulo 10

PROCEDIMENTO EXECUTIVO DAS OBRIGAÇÕES DE ENTREGAR COISA FUNDADO EM TÍTULO EXECUTIVO JUDICIAL

10.1. Considerações introdutórias

A execução para entrega de coisa baseada em título executivo judicial encontra-se regida fundamentalmente pelo art. 461-A[264] do Código de Processo Civil, observando-se supletivamente, quanto ao *modus operandi*, o disposto no art. 461 e seus parágrafos. Assim vem disposto no art. 475-I do CPC[265]. Além do mais, aplica-se ao procedimento do cumprimento das decisões de procedência do pedido de entrega de coisa, por força do disposto no art. 475-R[266], em caráter subsidiário, o regramento próprio da execução fundada em título executivo extrajudicial. A CLT não possui dispositivos específicos acerca do procedimento executivo para entrega de coisa, razão pela qual, feitas as devidas adaptações, aplicam-se os dispositivos do CPC sobre a temática.

A execução dessas obrigações é procedimento que se segue imediatamente à prolação da sentença, como segunda etapa do mesmo processo de conhecimento que resultou na formação do título executivo[267].

---

(264) "Art. 461-A. Na ação que tenha por objeto a entrega de coisa, o Juiz, ao conceder a tutela específica, fixará o prazo para o cumprimento da obrigação. § 1º Tratando-se de entrega de coisa determinada pelo gênero e quantidade, o credor a individualizará na petição inicial, se lhe couber a escolha; cabendo ao devedor escolher, este a entregará individualizada, no prazo fixado pelo Juiz. § 2º Não cumprida a obrigação no prazo estabelecido, expedir-se-á em favor do credor mandado de busca e apreensão ou de imissão na posse, conforme se tratar de coisa móvel ou imóvel. § 3º Aplica-se à ação prevista neste artigo o disposto nos §§ 1º a 6º do art. 461."

(265) "Art. 475-I. O cumprimento da sentença far-se-á conforme os arts. 461 e 461-A desta Lei ou, tratando-se de obrigação por quantia certa, por execução, nos termos dos demais artigos deste Capítulo."

(266) "Art. 475-R. Aplicam-se subsidiariamente ao cumprimento da sentença, no que couber, as normas que regem o processo de execução de título extrajudicial."

(267) "(...) a ação pela qual o autor pleiteia a entrega de determinada coisa passa a ser executiva *lato sensu*, em que a satisfação da obrigação terá lugar na relação jurídica instaurada inicialmente, isto é, no mesmo processo de conhecimento. Destarte, para entrega da coisa, o credor deve individualizar o objeto pretendido na petição inicial, se lhe couber a escolha, mas, se essa escolha couber ao devedor, ele entregará a coisa individualizada, no prazo fixado pelo Juiz. O mandado de busca e apreensão ou de imissão na posse, conforme se trate, respectivamente, de coisa móvel ou imóvel, será expedido

Até a positivação dos arts. 461 e 461-A, introduzidos ao sistema processual brasileiro pelo advento heroico das Leis ns. 8.953/1994 e 10.444/2002, se o devedor quisesse ficar com a coisa, ignorando a obrigação assumida, bastaria indenizar os prejuízos causados, frustrando totalmente a expectativa do credor[268]. Tudo muito bom... mas só para o devedor, é claro!

O reflexo metodológico instrumentalista sobre o procedimento executivo das obrigações de entregar coisa, à semelhança do ocorrido com a execução que tivesse por objeto o cumprimento de obrigações de fazer ou não fazer, induziu à valorização significativa da tutela específica em detrimento da tutela ressarcitória. Inverteu-se a lógica do sistema para, em primeiro lugar, se propiciar o cumprimento da obrigação tal qual pactuada, e só em último caso, na impossibilidade prática de se efetivar a decisão *in natura*, porque, por exemplo, destruída ou consumida a coisa, converter a tutela específica em perdas e danos (obrigação pecuniária). Busca-se, assim, atender à expectativa dos credores de obrigação de entrega de coisa de receberem prestação jurisdicional que seja idêntica ao objeto da própria relação jurídica obrigacional pactuada, isto é, da prestação de direito material. Observa-se, destarte, evolução cadente para a consolidação da tutela específica, com a relativa superação definitiva do dogma da intangibilidade da vontade humana, empecilho secular à efetividade da tutela executiva.

Assim é que dotou-se o procedimento executivo para entrega de coisa de instrumental poderoso a atuar sobre a vontade do devedor renitente, forçando-o a cumprir ele próprio a prestação, com destaque para a multa periódica. Nos casos de execução para entrega de coisa, ainda quando o devedor, sofrendo a pressão dos meios de coerção, não se disponha ele próprio a cumprir a prestação, é possível que o Estado-Juiz se valha de meios de sub-rogação eficazes ao propósito de satisfação específica do direito do credor. A imissão na posse e a busca e apreensão suprem a resistência do devedor em cumprir o pactuado.

A sentença que embasa o procedimento executivo das obrigações de entregar coisa, à vista da nova redação impressa ao art. 475-N, inc. I, do CPC[269], tanto pode

---

imediatamente após o prazo fixado pelo Juiz para o adimplemento da obrigação. Para ajudar, o Juiz poderá, ainda, conceder a tutela antecipada, de maneira que o prazo para cumprimento da obrigação de entregar coisa certa pode ser fixado logo no início do processo. Ademais, por expressa determinação legal, todas as disposições aplicáveis à tutela da obrigação de fazer ou não fazer devem ser utilizadas, também, na tutela relativa às obrigações de entregar coisa certa. Com isso, o sistema abandonou o antigo apego ao dogma da intangibilidade da vontade humana, como havia feito na tutela das obrigações de fazer e de não fazer, conferindo, assim, mais efetividade ao processo. Tanto nas obrigações de fazer, não fazer e entregar coisa, passou-se, então, a não ser mais preciso instaurar um novo processo de execução e, em decorrência, a satisfação do direito do credor será buscada na mesma relação jurídica do processo de conhecimento." TUPINAMBÁ, Carolina. A nova execução do processo civil e o processo trabalhista. In: *Revista LTr*, São Paulo, v. 70, n. 8, p. 977-985, ago. 2006.

(268) *Idem*.
(269) "Art. 475-N. São títulos executivos judiciais: I – a sentença proferida no Processo Civil que reconheça a existência de obrigação de fazer, não fazer, entregar coisa ou pagar quantia."

ser condenatória, quanto declaratória ou constitutiva. Também o provimento jurisdicional que, antecipando os efeitos prováveis da tutela final, determine a entrega da coisa, poderá ser executado[270].

A execução das obrigações de entregar coisa calcada em título executivo extrajudicial, por seu turno, observa o procedimento descrito nos arts. 621 a 631 do CPC e continua a se operar em processo autônomo. Tais dispositivos aplicam-se subsidiariamente ao cumprimento das sentenças que reconheçam obrigações de entregar coisa, conforme o art. 475-R, do CPC[271]. O procedimento executivo das obrigações de entregar coisa irá variar significativamente conforme se esteja a tratar de execução de título executivo judicial ou extrajudicial. Para os fins do presente estudo, entretanto, apenas nos interessa o procedimento do cumprimento da sentença.

A CLT, como dito, não possui qualquer dispositivo específico a respeito do procedimento executivo das obrigações de entregar coisa, quer baseado em títulos judiciais, quer extrajudiciais. Apenas normas gerais referentes ao procedimento executivo como um todo. Logo, no que se refere à execução de obrigações de entrega de coisa aplicam-se ao Processo do Trabalho as disposições do CPC referentes ao cumprimento da sentença (art. 461-A e subsidiariamente as normas dos arts. 621 e seguintes), quando, evidentemente, o procedimento executório basear-se em título executivo judicial.

Assim como as sentenças que reconhecem a existência de obrigações de fazer e não fazer, as sentenças que impõem a entrega de coisa procuram se efetivar especificamente. A execução faz-se, em princípio, por desapossamento, e não por expropriação. Inicialmente, o propósito não é o de apreender bens do patrimônio do devedor para transformá-los em dinheiro e satisfazer o credor, mas fazer com que o devedor entregue a coisa certa ou incerta a que se obrigara. E, por isso, o início do procedimento executivo com a expedição de mandado.

10.2. Execução das obrigações de entregar coisa certa

Ajuizada demanda em que se postule condenação do devedor a entrega de coisa certa e a partir do momento em que a sentença de procedência do pedido comece a produzir efeitos, ou porque transitou em julgado ou porque foi admitido contra ela recurso sem efeito suspensivo, o demandado será intimado a cumprir a obrigação no prazo que lhe tenha sido assinalado no título executivo, sob pena de incidência de multa por tempo de atraso[272]. A multa poderá ser fixada

---

(270) Aliás, em se tratando de produção antecipada dos efeitos da sentença condenatória de obrigações de fazer, não fazer e entregar coisa, há previsão expressa, no CPC, de concessão de liminar, que faz as vezes de verdadeira execução provisória.

(271) "Art. 475-R. Aplicam-se subsidiariamente ao cumprimento da sentença, no que couber, as normas que regem o processo de execução de título extrajudicial."

(272) Diferentemente do que ocorre no processo executivo das obrigações de entregar coisa fundado em título executivo extrajudicial, no qual se prevê o prazo de 10 dias a contar da citação do executado para

a requerimento do credor ou de ofício. Também a decisão que simplesmente reconheça a existência de obrigação de entregar coisa poderá servir de título à execução, de modo que desnecessário exercício de ação com pedido de provimento condenatório, para que se possa dar início aos atos executivos.

Repare-se que, ainda nessa fase do processo, não há execução. O que há é a possibilidade de cumprimento espontâneo pelo devedor da decisão judicial. Só a partir do momento em que terminar o prazo fixado na decisão judicial para cumprimento da prestação, é que se inicia a execução propriamente dita. Ou, nos termos da lei, cumprimento da sentença. Cumprimento forçado, evidentemente, o que equivale à verdadeira execução.

Também a decisão que, no curso do procedimento (decisão interlocutória, portanto), antecipe os efeitos prováveis da decisão final de mérito poderá ser executada provisoriamente, a não ser que se imprima efeito suspensivo a eventual agravo de instrumento contra ela interposto.

Não sendo a coisa entregue no prazo assinalado na decisão judicial de mérito ou antecipatória dos prováveis efeitos da decisão final (sentença ou decisão interlocutória, respectivamente), começa a incidir a multa, com o fito de compelir o próprio devedor ao cumprimento específico da obrigação (art. 287[273] c/c. 461-A, § 3º[274], ambos do CPC).

Paralelamente à incidência da multa, é expedido pelo Juiz, a requerimento do credor ou de ofício, mandado de busca e apreensão, em se tratando de coisas móveis, ou de imissão na posse, se for imóvel a coisa, conforme art. 461, § 5º, do CPC[275]. A multa deve incidir até o cumprimento do mandado.

No Processo do Trabalho, pode-se visualizar o cabimento de tal procedimento nas seguintes hipóteses: (i) o empregador que retém a CTPS do seu empregado; (ii) entrega de guia para levantamento do saldo da conta vinculada do FGTS, bem como recebimento de seguro-desemprego; (iii) empregador que retém ilegalmente instrumentos de trabalho de propriedade do empregado etc.

Portanto, uma vez que a sentença comece a produzir efeitos, seja porque transitou em julgado, ou, antes disso, porque recebido um recurso sem efeito suspensivo, o devedor será intimado de ofício (nos casos de decisões definitivamente

---

que entregue a coisa ou, então, opte pelo seu depósito a fim de interpor embargos, no procedimento executivo baseado em título executivo judicial não há fixação de qualquer prazo na lei para cumprimento da decisão. Compete ao Juiz, à luz das circunstâncias do caso concreto, fixar o prazo que entenda razoável.

(273) "Art. 287. Se o autor pedir que seja imposta ao réu a abstenção da prática de algum ato, tolerar alguma atividade, prestar ato ou entregar coisa, poderá requerer cominação de pena pecuniária para o caso de descumprimento da sentença ou da decisão antecipatória de tutela (arts. 461, § 4º, e 461-A)."

(274) "Art. 461-A, § 3º. Aplica-se à ação prevista neste artigo o disposto nos §§ 1º a 6º do art. 461."

(275) "Art. 461, § 5º. Para a efetivação da tutela específica ou a obtenção do resultado prático equivalente, poderá o Juiz, de ofício ou a requerimento, determinar as medidas necessárias, tais como a imposição de multa por tempo de atraso, busca e apreensão, remoção de pessoas e coisas, desfazimento de obras e impedimento de atividade nociva, se necessário com requisição de força policial."

exequíveis)[276] ou mediante requerimento do interessado a entregar a coisa no prazo que lhe tenha sido assinalado pelo Juiz, sob ameaça de ter de suportar o pagamento de multa por tempo de atraso no cumprimento da obrigação. Não cumprida a decisão no prazo, expede-se em favor do credor mandado de busca e apreensão, se móvel a coisa, e imissão na posse, se imóvel. Ao mesmo tempo, começa a incidir a multa imposta.

É possível que, em vez de entregar a coisa, o demandado opte por depositá-la, a fim de, seguro o juízo, interpor embargos no prazo de cinco dias, consoante norma específica do art. 884 da CLT. Depositando a coisa em juízo, não haverá a incidência da multa fixada.

Não ajuizados os embargos no prazo, ou sendo eles rejeitados liminarmente, a coisa é entregue ao exequente, com a lavratura do termo e subsequente prolação de sentença encerrando a execução.

Recebidos os embargos, é preciso verificar se aos mesmos foi ou não atribuído efeito suspensivo. Como mais adiante se verá, o CPC, em norma que acreditamos deva se aplicar à processualística laboral, retirou, tanto dos embargos quanto da impugnação ao cumprimento de sentença, o efeito suspensivo. Tal efeito poderá ser atribuído mediante requerimento do executado, desde que o prosseguimento da execução possa lhe gerar grave dano de impossível, difícil ou incerta reparação. Recebidos os embargos no efeito suspensivo, a coisa permanece à disposição do juízo, até julgamento do incidente.

Rejeitados que sejam, será a coisa entregue ao exequente. Procedentes os embargos, a coisa é restituída ao executado. Não sendo possível a restituição, por perecimento da coisa, por exemplo, indeniza-se o executado dos prejuízos sofridos.

10.3. Execução das obrigações de entregar coisa incerta

O procedimento executivo para entrega de coisa incerta segue, em linhas gerais, o procedimento do cumprimento das obrigações de entrega de coisa certa, antes descrito. Também aqui varia o procedimento conforme a execução se baseie em título judicial ou extrajudicial. Para nós, porém, só interessa a execução baseada em título executivo judicial, especificamente o cumprimento de sentença. A diferença fundamental entre ambos os procedimentos (de entrega de coisa certa e incerta) está em que, aqui, será necessária a determinação da coisa que se pretende receber, eis que apenas definida pelo gênero e quantidade.

---

(276) Nas hipóteses de cumprimento de sentenças que reconheçam a existência de obrigação de entregar coisa, diferentemente do que se passa com as sentenças que condenem o vencido ao pagamento de quantia em dinheiro, há previsão expressa na lei de que o Juiz, de ofício, possa iniciar o procedimento. Barbosa Moreira salienta a especificidade: "Não é o autor vitorioso que tem o ônus de tomar a iniciativa: o próprio órgão judicial, de ofício, trata de efetivar a decisão". MOREIRA, José Carlos Barbosa. *O novo Processo Civil nrasileiro* (Exposição sistemática do procedimento). Rio de Janeiro: Forense, 2007. p. 213.

Assinale-se que não há identidade conceitual entre coisa incerta e coisa fungível. Em se tratando de coisas fungíveis, intercambiáveis entre si, posto de idêntica qualidade, nem sequer há que se falar em escolha, pois indiferente é para o credor o recebimento de uma ou outra coisa. Ambas possuem a mesma qualidade. Logo, a obrigação de entregar coisa fungível rege-se pelo procedimento executivo para entrega de coisa certa, sem que seja necessária individualização da coisa sobre a qual recairá a atividade executória. Não faz sentido algum falar-se em escolha quando as coisas entre as quais se deve escolher são idênticas.

Logo, ao referir-se o CPC ao procedimento executivo para entrega de coisa incerta, só pode querer referir-se àquelas hipóteses em que alguém se obriga a entregar coisa indeterminada (mas suscetível de ser determinada), devendo recair a escolha sobre coisas de qualidade diversa.

Portanto, em primeiro lugar, há que se realizar a escolha da coisa que será entregue ao exequente. Uma vez feita a escolha, segue-se a execução pelo procedimento executivo para entrega de coisa certa. Este momento inicial do procedimento denomina-se concentração da obrigação.

Para tanto, é preciso determinar a quem compete a escolha. Como, no procedimento executivo baseado em título executivo judicial, a execução é etapa integrante de um processo sincrético, o procedimento em comento se inicia com a intimação do executado para a entrega da coisa. Portanto, se a escolha couber ao credor, este deverá individuar a coisa na própria petição inicial em que veiculada sua pretensão e que deu origem ao processo de conhecimento. Competindo ao devedor, este deverá efetuá-la no prazo de entrega que lhe for assinalado[277]. "Significa isto dizer que no processo misto (...) que tenha por objeto o cumprimento de entrega de coisa incerta, cabendo o *ius eligendi* ao demandante, deverá ele exercê-lo já na petição inicial, ao dar início à fase cognitiva do processo. Por outro lado, sendo do demandado a escolha, será ele condenado a entregar a coisa que escolher, no prazo assinado pelo Juiz."[278]

A maneira pela qual se realiza a escolha observa o disposto no art. 244 do Código Civil, segundo o qual: "nas coisas determinadas pelo gênero e pela quantidade, a escolha pertence ao devedor, se o contrário não resultar do título da obrigação; mas não poderá dar a coisa pior, nem será obrigado a prestar a melhor". Logo, cabendo o direito de escolha ao exequente, não poderá escolher, dentre todas do mesmo gênero, a melhor. Ao revés, competindo a escolha ao executado, não poderá optar por entregar a pior.

---

(277) "Art. 629. Quando a execução recair sobre coisas determinadas pelo gênero e quantidade, o devedor será citado para entregá-las individualizadas, se lhe couber a escolha; mas se essa couber ao credor, este a indicará na petição inicial."

(278) CÂMARA, Alexandre Freitas. *Lições de Direito Processual Civil*. 14. ed. v. II. Rio de Janeiro: Lumen Juris, 2007. p. 262.

O CPC, em seu art. 630[279], regula o incidente de impugnação da escolha, o qual poderá ser provocado pela parte contrária àquela que tiver realizado a individualização da coisa a ser entregue. De acordo com referido dispositivo, em 48 horas, poderá a parte que se sentir prejudicada com a escolha proceder à sua impugnação. O Juiz decidirá de plano o incidente, e, se preciso for, ouvirá perito por ele nomeado.

O dispositivo, evidentemente, trata das execuções baseadas em títulos executivos extrajudiciais. Em se tratando, porém, de execução fundada em título judicial, ajuizada demanda em que se objetive a entrega de coisa incerta e competindo a escolha ao credor (que a fará logo na petição inicial), o demandado deverá impugnar a escolha feita na própria contestação.

Competindo a escolha ao devedor (o qual a realizará apenas na fase de cumprimento de sentença, com entrega ou depósito da coisa), disporá o exequente das 48 horas previstas no art. 630 do CPC, para impugnar a escolha feita.

A partir daí, o procedimento segue o rito da execução para entrega de coisa certa, delineado no item anterior.

10.4. Medidas de apoio

A Lei n. 10.444/2002 tornou extensível também ao procedimento executivo das obrigações de entregar coisa utilização do instituto das *astreintes*, antes restrito aos processos que tivessem por objeto o cumprimento de obrigações de fazer e não fazer[280]. Trata-se, como visto, de poderoso meio de coerção, que visa a compelir o devedor ao cumprimento específico da prestação[281][282].

---

(279) "Art. 630. Qualquer das partes poderá, em 48 (quarenta e oito) horas, impugnar a escolha feita pela outra, e o Juiz decidirá de plano, ou, se necessário, ouvindo perito de sua nomeação."

(280) "Art. 461-A. Na ação que tenha por objeto a entrega de coisa, o Juiz, ao conceder a tutela específica, fixará o prazo para o cumprimento da obrigação. (...) § 3º Aplica-se à ação prevista neste artigo o disposto nos §§ 1º a 6º do art. 461."

(281) Para Luiz Fux, diversamente, a multa só entraria em cena quando se revelassem ineficazes os meios de sub-rogação. Se o Juiz puder apreender a coisa ou imitir o devedor na posse, não poderia fazer uso das medidas coercitivas, já que o processo, podendo dar à parte aquilo e especificamente aquilo a que faz jus, não se compadece com o uso de outras medidas, muito menos poderia servir de fonte de enriquecimento sem causa do credor. Os meios de coerção, portanto, só se aplicariam subsidiariamente, quando se revelasse impossível a utilização dos meios de sub-rogação. FUX, Luiz. *O Novo processo de execução:* O cumprimento da sentença e a execução extrajudicial. Rio de Janeiro: Forense, 2008. p. 315-321.

(282) A respeito dos meios de coerção, confira-se a exposição sempre lúcida de MOREIRA, José Carlos Barbosa. *O novo Processo Civil brasileiro* (Exposição sistemática do procedimento). 25. ed. Rio de Janeiro: Forense, 2007. p. 227 e ss.: "O processo de execução visa, em princípio, a proporcionar ao credor resultado prático igual ao que ele obteria se o devedor cumprisse a obrigação. Todavia, circunstâncias diversas impossibilitam por vezes a consecução desse objetivo. (...) um dos remédios com que a lei sói acudir a tal emergência é o de substituir a prestação específica devida por equivalente pecuniário, exigível pelo credor mediante o procedimento da execução por quantia certa (execução genérica...). Mas pode acontecer que essa solução não se mostre satisfatória, notadamente por dirigir-se o interesse do credor, de modo exclusivo ou preponderante, à prestação *in natura*. Vale-se então o ordenamento

Cumprida a sentença espontaneamente dentro do prazo assinalado, extingue-se o processo, exceto se ainda houver frutos a serem pagos pelo devedor ou eventuais prejuízos a serem ressarcidos, hipóteses em que o feito prossegue pelo rito da execução por quantia certa contra devedor solvente[283]. Entretanto, transcorrido o prazo sem que tenha havido seu cumprimento espontâneo ou o depósito da coisa, haverá expedição de mandado de busca e apreensão ou de imissão na posse, conforme se trate de coisa móvel ou imóvel.

Cumprido o mandado, com a entrega da coisa, encerra-se o processo de conhecimento, sem prejuízo, contudo, da execução, nos mesmos autos, da multa que já tenha vencido, observado agora o procedimento do cumprimento das obrigações que imponham o pagamento de quantia em dinheiro.

---

jurídico de outros expedientes. Um deles consiste em colocar à disposição do credor meios de exercer pressão sobre a vontade do devedor, a fim de que este se resolva a adimplir. Além da prisão do devedor de alimentos, (...) pode-se recorrer, no direito brasileiro, à ameaça de dano pecuniário (multa), grave bastante para que o devedor, na contingência de optar entre sofrer o dano e cumprir a obrigação, seja levado a escolher o segundo termo da alternativa, razão pela qual não há cogitar necessariamente de proporcionalidade entre o valor de um e o de outra".

(283) "Art. 624. Se o executado entregar a coisa, lavrar-se-á o respectivo termo e dar-se-á por finda a execução, salvo se esta tiver de prosseguir para o pagamento de frutos ou ressarcimento de prejuízos."

Capítulo 11

PROCEDIMENTO EXECUTIVO DAS OBRIGAÇÕES DE PAGAR QUANTIA CERTA CONTRA A FAZENDA PÚBLICA

11.1. Disposições legais pertinentes: a Lei n. 11.232/2005, que não alterou a vetusta sistemática executiva contra a Fazenda[284]

A Lei n. 11.232/2005 em nada afetou a sistemática peculiar das execuções de obrigações de pagar quantia certa contra a Fazenda Pública[285]. Continua, como sempre foi, a se tratar de processo autônomo (e, reconhecidamente, penoso[286]!)

---

(284) Estão abrangidas na expressão "Fazenda Pública", para fins de aplicabilidade do procedimento executório traçado no CPC, apenas as pessoas integrantes da Administração Pública Direta (os entes da federação) e respectivas autarquias e fundações públicas. As pessoas jurídicas de direito privado, como empresas públicas e sociedades de economia mista, inobstante integrantes da Administração Indireta, não se enquadram no referido conceito. A esse respeito, BEZERRA LEITE, Carlos Henrique. *Curso de Direito Processual do Trabalho*. 3. ed. São Paulo: LTr, 2005. p. 780: "Esclarecemos, desde logo, que o termo 'Fazenda Pública' abrange todas as pessoas jurídicas de direito público, como a União, os Estados, os Municípios, o Distrito Federal e os Territórios (se houver), bem como suas respectivas autarquias e fundações públicas. Vê-se, de plano, que a expressão 'Fazenda Pública' não alcança os demais órgãos da administração pública, como as empresas públicas, sociedades de economia mista, os entes de cooperação (SESI, SENAI, SESC etc.) e as concessionárias ou permissionárias de serviço público, pois todos esses entes são pessoas jurídicas de direito privado".

(285) Em encontro de Desembargadores de Câmaras Cíveis do Tribunal de Justiça do Rio de Janeiro, realizado em Angra dos Reis, nos dias 30 de junho, 1º e 2 de julho de 2006, foram aprovadas algumas primeiras concepções acerca da reforma processual implementada. Dentre as quais, a de que a execução contra a Fazenda Pública não teria sido alterada pela Lei n. 11.232, de 22 de dezembro de 2005.

(286) Ao tratar da efetividade das decisões judiciais, Cândido Rangel Dinamarco afirma que de todas as sentenças condenatórias, as prolatadas contra a Fazenda Pública são as que menos condições têm de se impor: "Onde for possível produzir precisamente a mesma situação que existiria se a lei não fosse descumprida, que sejam proferidas decisões nesse sentido e não outras meramente paliativas. Quanto a isso, as *sentenças constitutivas* são de muita eficácia: elas conduzem diretamente às situações desejadas, sem dependência da conduta do demandado. Entre as constitutivas, as substitutivas da vontade do devedor dispensam qualquer manifestação da parte deste e constituem conquista do processo moderno: venceram o dogma da intangibilidade de vontade humana, mal colocado no caso, para permitir a obtenção do resultado que a declaração omitida teria produzido e, com isso, dar elevado grau de efetividade ao sistema processual. O desenvolvimento das ideias a respeito incluiu, também, consequentemente, repúdio à facilidade com que tradicionalmente se apontava a conversão em pecúnia como solução para obrigações de fazer não cumpridas. A tutela específica constitui sempre afirmação muito enérgica da autoridade do próprio ordenamento jurídico-material. Na linha desse pensamento,

de execução, inobstante fundado em título executivo judicial[287]. Os arts. 730 e 731 do CPC regulam o processo executório por quantia certa contra a Fazenda, e o art. 741 trata dos embargos à execução suscetíveis de serem opostos pela Fazenda, os quais preservam a natureza de ação autônoma de conhecimento.

Em síntese, depois do advento das Leis ns. 8.952/1994, 10.444/2002 e 11.232/2005, as obrigações de fazer, não fazer (CPC, art. 461), entregar coisa (CPC, art. 461-A) e pagar quantia certa reconhecidas em sentenças judiciais cíveis passaram a ser cumpridas em mera fase subsequente de um processo sincrético, ou seja, de um processo com funções cognitiva e executiva, que declara e satisfaz o direito[288]. Para a Fazenda, todavia, tudo permanece como sempre foi[289]:

> a Reforma de 1994 acresceu grandes poderes ao Juiz, no processo de conhecimento, com vista a levar o obrigado a adimplir as obrigações de fazer ou de não fazer, sem necessidade da execução forçada (art. 461, red. Lei n. 8.952, de 13.12.1994). (...) As *sentenças condenatórias* não são capazes de dar ao titular do direito a imediata e automática satisfação. Sua efetividade depende da conduta ulterior do obrigado, a ser substituída pelas atividades que integram o processo de execução. Aqui, no tocante à efetividade do processo, volta à baila o tema da realização específica dos direitos. Quando se trata de obrigação a ser satisfeita com dinheiro, a extrema fungibilidade deste afasta qualquer consideração acerca de cumprimento específico e a efetividade da tutela jurisdicional residirá na integral satisfação do crédito, considerado o *quantum debeatur*. Mas, cuidando-se de condenação a entrega de coisa certa ou mesmo em espécie, ou a cumprir obrigação de fazer ou não fazer, o ideal é sempre que a execução seja específica, isto é, que ela conduza à satisfação do demandante através de mesmo bem devido ou da mesma situação esperada da conduta ou abstenção do demandado. (...) Das sentenças condenatórias, as que contam com menor poder de impor-se mediante meios processuais eficazes são aquelas pronunciadas *contra a Fazenda Pública*. Salvo nos casos de obrigações alimentares, o seu momento sancionatório ou não existe ou é extremamente débil e dirigido a atividades outras que não as propriamente executivas; e por isso é que elas chegaram a ser consideradas condenações *aparentes*, o que é correto na mesma medida em que nega a existência de execução contra a Fazenda. São razões de ordem política que impedem a imposição da sanção executiva por órgão de um *Poder* do Estado sobre outro. Nesses casos, o que conduz à satisfação é o peso do próprio sistema e prestígio dos órgãos jurisdicionais, sem que haja as medidas sub-rogatórias em que a execução consiste; a efetividade dessas sentenças é favorecida, ainda, pelas sanções, constitucionalmente dispostas, da intervenção federal e sequestro de bens (as quais apresentam, pois, nítida feição instrumental)". DINAMARCO, Cândido Rangel. *A Instrumentalidade do Processo*. 12. ed. São Paulo: Malheiros, 2005. p. 364 e ss.

(287) Nem toda a doutrina, porém, se conforma com a ideia de que a execução de obrigação de pagar contra a Fazenda não foi alterada pela Lei n. 11.232/2005. É o caso de Alexandre Câmara, para quem "após a entrada em vigor da Lei n. 11.232/2005, só se terá citação da Fazenda Pública para oferecer embargos quando se tratar de execução fundada em título executivo extrajudicial. No caso de execução de sentença, esta será mera fase complementar do mesmo processo em que o provimento jurisdicional tenha sido proferido, e a Fazenda será, tão somente, *intimada* para oferecer seus embargos. Há, é certo, quem sustente que a execução contra a Fazenda Pública fundada em sentença deve continuar a ser tratada como processo autônomo, mas este entendimento não nos parece, *data venia*, correto. A nova redação do art. 741, I, do CPC, que permite à Fazenda alegar, em seus embargos à execução, falta ou nulidade de citação "no processo" (e não mais no "processo de conhecimento", como se dizia na redação anterior), parece deixar claro que se tem aí um só processo, que se desenvolve em duas diferentes fases, uma cognitiva, outra executiva. Trata-se, pois, de um processo sincrético como são todos os demais em que se busca a prolação de uma sentença civil condenatória e sua posterior execução. A única diferença é que nesse caso a defesa do executado não se fará por impugnação, incidentemente ao módulo processual executivo, mas através do processo autônomo de embargos". CÂMARA, Alexandre. *Lições de Direito Processual Civil*. 14. ed. v. II. Rio de Janeiro: Lumen Juris, 2007. p. 362.
(288) TUPINAMBÁ, Carolina. *A Fazenda Pública e o Processo do Trabalho*. Rio de Janeiro: Forense, 2007. p. 335.
(289) "Com o advento da Lei n. 11.232, de 22 de dezembro de 2005, não existe mais o processo autônomo de execução fundada em título executivo judicial, devendo a sentença ser objeto de simples cumprimento.

processo autônomo que se inicia pela citação, independentemente de a execução se fundar em título judicial ou extrajudicial.

O regime especial de que se está prestes a tratar, atinente às execuções trabalhistas de sentenças prolatadas contra o Poder Público, diz respeito apenas às execuções de obrigações de pagar propostas por servidores celetistas, haja vista que o STF, em ADIN, suspendeu, liminarmente, toda e qualquer interpretação que incluísse na esfera de competência da Justiça Trabalhista as causas envolvendo servidores estatutários. Ademais, o procedimento executivo das obrigações de fazer e não fazer, bem como de entrega de coisa contra a Fazenda, rege-se pela sistemática comum do CPC, abordada em itens anteriores, para onde se remete o leitor.

No presente item, pretende-se apresentar breve esboço do que seja o procedimento a ser seguido quando se trate de condenações da Fazenda ao pagamento de quantia certa, apenas naquilo que se diferencie do procedimento padrão da execução por quantia certa, procedimento que, por suas peculiaridades, merece ser abordado em separado.

11.2. Peculiaridades do procedimento

Os bens públicos, enquanto afetados ao uso comum do povo ou à prestação de serviços pelo Estado, são inalienáveis. A inalienabilidade acarreta necessariamente a impenhorabilidade do bem, pois não faria sentido algum em que se penhorasse[290] um bem, no intuito de se assegurar a satisfação de um crédito, e não se pudesse, posteriormente, vender este mesmo bem, para transformá-lo em dinheiro e satisfazer o credor. A penhora, por conseguinte, só pode recair sobre bens passíveis de serem alienados. Daí a disposição do art. 648 do CPC[291]. E, mesmo quando há a desafetação do bem, não se admite seja feita sua alienação pelo procedimento

---

Tal sistemática não atinge a execução proposta em face da Fazenda Pública. Esta continua sendo uma execução autônoma, cabendo embargos do devedor, cuja natureza de ação está mantida. Aliás, o art. 741 do CPC passou a tratar dos embargos à execução opostos pela Fazenda Pública. Este dispositivo — juntamente com os arts. 730 e 731, os quais não foram alterados, está no Livro II do CPC, que trata do processo (autônomo) de execução. Os demais dispositivos — que tratavam da execução fundada em título judicial — foram revogados, sendo, muitos, transplantados para o Livro I do CPC (arts. 475-A a 475-R), que trata do processo de conhecimento, de sorte que o cumprimento da sentença não gera mais um processo autônomo de execução. Na execução contra a Fazenda Pública, continua a regra antiga: há processo autônomo de execução, disciplinado no Livro II do CPC, mais precisamente nos arts. 730 e 731, passando o art. 741 a cuidar dos embargos opostos pela Fazenda Pública, relacionando as matérias que possam ser versadas em tais embargos. Então, proferida uma sentença contra a Fazenda Pública, sua efetivação, cumprimento ou execução continua a ser feita em processo autônomo de execução." CUNHA, Leonardo José Carneiro. *A Fazenda Pública em Juízo*. 5. ed. São Paulo: Dialética, 2007. p. 234.
(290) Relembre-se que a penhora visa a assegurar a satisfação do crédito, destacando-se do patrimônio do executado aqueles, dentre todos os bens, que responderão pela dívida.
(291) "Art. 648. Não estão sujeitos à execução os bens que a lei considera impenhoráveis ou inalienáveis."

traçado no CPC, mas de acordo com procedimento especial descrito em leis pulverizadas[292].

Consentânea com a impossibilidade de se penhorar bens públicos, a Constituição Federal prevê forma diferente de pagamento em se tratando de créditos contra a Fazenda Pública. O pagamento faz-se pelo (falido!) regime de precatórios, delineado no art. 100 da Constituição Federal[293]. O credor que possui título executivo judicial contra a Fazenda, para receber, terá de entrar numa espécie de "fila", em que são pagas as condenações, conforme dotação orçamentária reservada especificamente a atender à requisição de pagamento feita pelo presidente do respectivo Tribunal, na ordem de sua apresentação.

Os créditos de natureza alimentar, como soem ser os créditos trabalhistas, muito embora sejam satisfeitos também obedecendo à sistemática antes narrada, têm precedência na fila[294]. Isto é, são pagos antes de todos os demais créditos.

---

(292) "Na execução por quantia certa contra a União, os Estados, os Territórios, o Distrito Federal, os Municípios, e outras entidades da administração cujo patrimônio esteja sujeito ao regime dos bens públicos, não se pode utilizar o procedimento consistente na apreensão e expropriação forçada, justamente porque os bens que lhes pertencem não são suscetíveis de alienação, salvo nos casos e pela forma previstos em lei. Daí submeter a própria Constituição da República a disciplina especial, no art. 100, o pagamento ao credor (...)." MOREIRA, José Carlos Barbosa. *O novo Processo Civil brasileiro* (Exposição sistemática do procedimento). 25. ed. Rio de Janeiro: Forense, 2007. p. 269.

(293) "Art. 100. À exceção dos créditos de natureza alimentícia, os pagamentos devidos pela Fazenda Federal, Estadual ou Municipal, em virtude de sentença judiciária, far-se-ão exclusivamente na ordem cronológica de apresentação dos precatórios e à conta dos créditos respectivos, proibida a designação de casos ou de pessoas nas dotações orçamentárias e nos créditos adicionais abertos para este fim. § 1º É obrigatória a inclusão, no orçamento das entidades de direito público, de verba necessária ao pagamento de seus débitos oriundos de sentenças transitadas em julgado, constantes de precatórios judiciários, apresentados até 1º de julho, fazendo-se o pagamento até o final do exercício seguinte, quando terão seus valores atualizados monetariamente. § 1º-A Os débitos de natureza alimentícia compreendem aqueles decorrentes de salários, vencimentos, proventos, pensões e suas complementações, benefícios previdenciários e indenizações por morte ou invalidez, fundadas na responsabilidade civil, em virtude de sentença transitada em julgado. § 2º As dotações orçamentárias e os créditos abertos serão consignados diretamente ao Poder Judiciário, cabendo ao Presidente do Tribunal que proferir a decisão exequenda determinar o pagamento segundo as possibilidades do depósito, e autorizar, a requerimento do credor, e exclusivamente para o caso de preterimento de seu direito de precedência, o sequestro da quantia necessária à satisfação do débito. § 3º O disposto no *caput* deste artigo, relativamente à expedição de precatórios, não se aplica aos pagamentos de obrigações definidas em lei como de pequeno valor que a Fazenda Federal, Estadual, Distrital ou Municipal deva fazer em virtude de sentença judicial transitada em julgado. § 4º São vedados a expedição de precatório complementar ou suplementar de valor pago, bem como fracionamento, repartição ou quebra do valor da execução, a fim de que seu pagamento não se faça, em parte, na forma estabelecida no § 3º deste artigo e, em parte, mediante expedição de precatório. § 5º A lei poderá fixar valores distintos para o fim previsto no § 3º deste artigo, segundo as diferentes capacidades das entidades de direito público. § 6º O Presidente do Tribunal competente que, por ato comissivo ou omissivo, retardar ou tentar frustrar a liquidação regular de precatório incorrerá em crime de responsabilidade."

(294) Há quem sustente que os créditos de natureza alimentar não se sujeitariam, em virtude desta precedência, ao regime de pagamento por precatórios. O STF, porém, editou, após uma série de decisões no mesmo sentido, o Enunciado de Súmula n. 655, segundo o qual: "a exceção prevista no art. 100, *caput*, da Constituição, em favor dos créditos de natureza alimentícia, não dispensa a expedição de precatório, limitando-se a isentá-los da observância da ordem cronológica dos precatórios decorrentes de condenações de outras naturezas". Em outras palavras, o que a Constituição Federal fez foi afastar os créditos de natureza alimentar da ordem cronológica de inscrição, mas não da sistemática dos precatórios.

Enfim, qualquer que seja a natureza do crédito e independentemente de quem figure como exequente, o pagamento haverá de submeter-se à sistemática do precatório, ressalvados os créditos até certo valor[295], os quais se submetem à sistemática da requisição de pequeno valor (RPV). Por aí já se vê que a execução contra a Fazenda não poderia mesmo seguir o regramento ordinário do CPC[296], consistente, em linhas gerais, na apreensão de bens, para expropriação e, por fim, satisfação do direito do credor.

A peculiaridade do procedimento induziu parcela da doutrina a imaginar não se ter aí verdadeira execução.

Por não ser possível politicamente a um poder do Estado — o Judiciário —, coagir outro — o Executivo —, ao cumprimento de uma ordem judicial, a partir da utilização de medidas substitutivas da vontade do devedor, em decorrência de limitações decorrentes do princípio da separação de poderes, o qual propugna pela coexistência harmônica entre órgãos exercentes de funções estatais, situando-os em mesmo patamar político-institucional, não haveria efetivamente execução.

Afora a possibilidade de decretação de intervenção de um ente da Federação sobre outro[297] e de *sequestro* (sic!)[298] de dinheiro público (só se podendo, todavia,

---

(295) Trata-se de caso de dispensa de precatório, novidade introduzida à Constituição Federal pela EC n. 30/2000. Destarte, a teor do disposto no art. 100, § 3º, da CF, na redação que lhe conferiu a referida EC, não haverá mais necessidade de expedição de precatório em se tratando de execução de créditos de pequeno valor. Para a União Federal, são considerados de pequeno valor os créditos de até 60 salários-mínimos, segundo estabelece o art. 17, § 1º, da Lei n. 10.259/2001, a qual instituiu Juizados Especiais Cíveis no âmbito da Justiça Federal, dispensando, nas causas de sua competência, expedição de precatório para efetivação das decisões que condenem ao pagamento de quantia certa ali proferidas. Se o montante da condenação ultrapassar 60 salários-mínimos, não se admite o fracionamento do débito, para fins de pagamento pela via do precatório apenas do que excedesse de 60 mínimos. Nestas hipóteses, e a não ser que a parte renuncie ao crédito de valor excedente, o pagamento far-se-á pelo regime dos precatórios. Compete aos Estados, DF e Municípios, cada qual, fixar os limites considerados de pequeno valor para fins de dispensa de precatório. Enquanto não editadas as leis, aplicam-se os tetos previstos no art. 87 do ADCT: 40 salários-mínimos, para as condenações impostas às Fazendas Estadual e Distrital, e 30 salários-mínimos, em se tratando de Municípios.

(296) "A execução realiza-se no interesse do credor, que adquire, pela penhora, o direito de preferência sobre bens penhorados (CPC, art. 612). A execução por quantia certa contra devedor solvente tem por finalidade específica expropriar bens do devedor, a fim de satisfazer o credor. E, na dicção do art. 647 do CPC, a expropriação consiste (a) na adjudicação em favor do exequente ou das pessoas indicadas no § 2º do art. 685-A do CPC, (b) na alienação por iniciativa particular, (c) na alienação por hasta pública, (d) no usufruto de móvel ou imóvel. Quando a Fazenda Pública é o executado, todas essas regras não têm aplicação, eis que os bens públicos revestem-se do timbre da impenhorabilidade e da inalienabilidade. Nesse caso, ou seja, sendo o executado a Fazenda Pública, não se aplicam as regras próprias da execução por quantia certa contra devedor solvente, não havendo a adoção de medidas expropriatórias para a satisfação do crédito. Diante da peculiaridade e da situação da Fazenda Pública, a execução por quantia certa contra ela intentada contém regras próprias. (...) Isso porque os pagamentos feitos pela Fazenda Pública são despendidos pelo Erário, merecendo tratamento específico a execução intentada contra as pessoas jurídicas de direito público, a fim de adaptar as regras pertinentes à sistemática do precatório. Não há, enfim, expropriação na execução intentada contra a Fazenda Pública, devendo o pagamento submeter-se à sistemática do precatório ou da Requisição de Pequeno Valor (...)." CUNHA, Leonardo José Carneiro da. *A Fazenda Pública em Juízo*. 5. ed. São Paulo: Dialética, 2007, p. 233.

(297) Ressalte-se que o STF já decidiu que a intervenção só é cabível em havendo inversão na ordem de pagamento dos precatórios. O entendimento atual da Corte é o de que a alegação de falta de recursos

lançar mão da medida satisfativa se houver inversão na ordem de pagamento do precatório[299][300]), o Judiciário não conta mais do que com seu prestígio para induzir ao cumprimento de suas decisões[301].

para pagamento de precatórios pelo Estado consiste em justificativa plausível a impedir o decreto de intervenção, haja vista existência de uma multiplicidade de normas constitucionais de igual hierarquia e sem relação de precedência axiológica de umas para com outras às quais deve o Estado dar efetividade. O Estado deve dar cumprimento a uma série de políticas públicas e a simples falta de recursos públicos para atender ao pagamento dos precatórios não é bastante para autorizar a intervenção federal. Até mesmo porque as mesmas limitações orçamentárias encontradas pelo administrador do Estado, para dar cumprimento às ordens de pagamento provenientes do Judiciário, serão enfrentadas pelo interventor. A esse respeito, STF, IF 1.317/SP, Rel. Min. Gilmar Mendes. DJ 1º.8.2003.

(298) Fala-se em sequestro de verbas públicas. Trata-se, inobstante, de arresto, posto medida que visa à apreensão de certa quantia para garantir-se a execução.

(299) Não se admite arresto de verba pública para realização de pagamento não efetuado no prazo ou por não ter sido incluída a despesa no orçamento, como decidido pelo STF em acórdão não unânime, relatado pelo Ministro Maurício Correa, na ADIN n. 1.662 MC/SP. Logo, só se pode lançar mão da medida satisfativa no caso de preterição na ordem cronológica de inscrição do precatório. Da decisão judicial que ordenar o sequestro de verba pública em desobediência à decisão do STF caberá reclamação.

(300) Discute-se a respeito de quem é o legitimado passivo do sequestro, ou, em outros termos, se a apreensão da quantia paga com preterição da ordem de inscrição do precatório recairá sobre o patrimônio da Fazenda ou do credor que "furou a fila". Há quem defenda que a medida deverá se voltar contra a Fazenda, recaindo o sequestro sobre rendas públicas, e não sobre o patrimônio daquele que recebeu antes do tempo, havendo aí uma exceção ao regime de pagamento por precatórios. Outros afirmam que apenas o patrimônio do credor que recebeu antes deverá suportar a medida. Por fim, uma terceira corrente, segundo a qual o sequestro poderia recair tanto sobre o patrimônio público, quanto sobre o patrimônio daquele credor que recebeu antes do momento adequado, em litisconsórcio passivo.

(301) O problema da interseção entre o atuar do Judiciário e do Executivo, quando aquele imponha a este certa conduta, decorrente de sentença que reconheça a obrigatoriedade de uma prestação de fazer, não fazer, entregar coisa ou pagar quantia, aparece de forma mais nítida em se tratando de direitos sociais prestacionais, para cuja efetivação dependa um agir estatal. A Constituição Federal, em normas tidas como programáticas, dependentes de atuação positiva estatal para sua efetivação, para sua operalização, portanto, comete ao Estado a prestação de serviços públicos essenciais a que se proporcione o denominado mínimo existencial (direito à educação, à saúde, à moradia, ao trabalho etc.). Os direitos sociais, historicamente, interpretam-se como direitos de segunda dimensão, os quais, superpostos às denominadas liberdades negativas, engendram melhor distribuição de renda e, por via de consequência, promovem igualdade material. Isto é, condições materiais básicas à realização da dignidade da pessoa humana. Atualmente, face à omissão, principalmente do Poder Executivo, o Poder Judiciário passa a atuar suprindo a inércia estatal e, por meio de decisões mandamentais, determina à Administração cumprimento dos direitos sociais inscritos na Constituição Federal (é o caso típico das decisões que determinam a entrega de medicamentos), utilizando-se, inclusive, de medidas de constrangimento, consistentes na imposição de multa por tempo de atraso no cumprimento da obrigação e prisão. Apesar das críticas que se vem fazendo à atuação do Judiciário como órgão remodelador das políticas públicas desenvolvidas e, por conseguinte, capaz de redirecionar recursos públicos e redefinir prioridades de gastos, que vão desde o princípio da separação de poderes até limitações reais orçamentárias (a denominada reserva do possível), consagrou-se possibilidade de atuação substitutiva do Judiciário com relação ao Executivo e também ao Legislativo, em se tratando, neste último caso, de Mandado de Injunção, por exemplo. Com base em técnicas ponderativas iluminadas por ideário de proporcionalidade, o Judiciário vem atuando em substituição a outros Poderes, conferindo eficácia plena e aplicabilidade imediata (ou operatividade), muitas vezes, sequer sem a necessidade de intermediação legislativa, a normas programáticas. O Judiciário vem se firmando como órgão estatal efetivador também do sonho constitucional de Justiça Social, a partir de manejo processual conduzido, sobretudo, pelo viés ideológico

Contudo, o operacionalizar o procedimento com todas as limitações que lhe sejam inerentes, a nosso ver, não possui o condão de suprimir-lhe o caráter executivo que lhe é próprio.

Execução é atividade estruturada em procedimento, em complexo ordenado de atos em sequência, que pretende a realização prática de uma decisão no mundo real, a fim de que produza os efeitos e modificações a que se propõe, e independentemente do caminho proposto para se atingir este fim. É execução, portanto, o procedimento desenvolvido com fito de se obter o pagamento de um crédito em face da Fazenda Pública, porquanto destinado a satisfazer o credor, pouco importando, para fins de caracterização de sua natureza jurídica, o instrumental disponibilizado. O pagamento pela sistemática dos precatórios não suprime ao procedimento sua natureza executiva, uma vez voltado à satisfação de um crédito.

Por conseguinte, assim que iniciado o processo executivo, será a Fazenda citada para, no prazo de trinta dias, querendo, oferecer embargos, conforme Lei n. 9.494/1997, art. 1º-B, na redação da Medida Provisória n. 2.180-35/2001. Não poderá ser citada para pagar (já que o pagamento segue o regime de precatórios), tampouco para indicar bens à penhora (pois seus bens, como visto, são impenhoráveis)[302]. A citação deve ser feita pessoalmente por Oficial de Justiça ao representante legal da pessoa jurídica de direito público executada.

No polo passivo da execução, apenas pessoas jurídicas de direito público da Administração Direta e respectivas autarquias e fundações públicas. O procedimento em comento não se aplica às empresas públicas e sociedades de economia mista, entidades integrantes da Administração Pública Indireta, as quais se regem em suas relações civis, empresariais, trabalhistas e tributárias

---

da instrumentalidade. Sua atuação renova as esperanças de gente que até hoje sonha com Justiça Social, e que espera do Judiciário atuação capaz de suprir a omissão do Estado quando falte com sua promessa em fornecer ao cidadão o mínimo existencial, inclusive pelo controle do mérito dos atos administrativos que se afastem do polo principiológico constitucional que deflui da dignidade da pessoa humana. Assim, quanto maior o grau de fundamentalidade da norma, quanto mais contributiva à implementação do projeto constitucional de assegurar existência digna a todos, o que se afere muito mais pelo conteúdo da norma e por sua propensão à realização de outras normas fundamentais, por sua imbricação direta e operativa com outros direitos, e menos com a topografia constitucional, maior deverá ser o grau de eficácia impresso à disposição (princípio da maior efetividade possível das normas constitucionais) e daí justifica-se o controle jurisdicional das omissões inconstitucionais, inclusive do mérito dos atos administrativos, a partir da aferição de sua maior ou menor compatibilidade com a principiologia constitucional, por um critério de proporcionalidade, verificando-se: (i) se a medida é adequada a se atingir os fins constitucionalmente propostos; (ii) se a medida é mesmo necessária ou se há outras mais propícias a se alcançar o mesmo fim proposto (isto é, se a medida não é excessiva ou, ainda se a medida não é insuficiente); e, por fim, (iii) se as vantagens a serem obtidas com a medida compensam as desvantagens que dela decorrem (aferição do custo-benefício).

(302) "Transitada em julgado a sentença condenatória em reclamatória ajuizada em face da Fazenda Pública (sendo ela ilíquida, apurada a liquidez do crédito) esta é citada não para pagar o valor liquidado, nem para nomear bens à penhora, mas sim para, querendo, oferecer embargos, consoante se infere do art. 730 do digesto processual civil aplicado, com as devidas adaptações, à espécie." BEZERRA LEITE, Carlos Henrique. *Curso de Direito Processual do Trabalho*. 3. ed. São Paulo: LTr, 2005. p. 782.

pelo regime jurídico próprio à iniciativa privada[303]. Em consequência, no atinente à execução, se lhes aplicam as disposições comuns do CPC[304].

11.3. Execução contra a Fazenda calcada em título executivo extrajudicial: apenas uma explicação

É certo que o presente trabalho não pretende tratar dos procedimentos executivos que se iniciem a partir de títulos executivos extrajudiciais. Entretanto, em homenagem ao instigante debate travado em torno da questão da possibilidade (ou não!) de se executar a Fazenda com base em título executivo extrajudicial, discussão que inexiste no atinente aos demais procedimentos executivos até aqui apresentados, dedica-se umas linhas a tratar da temática.

Diante da expressão "em virtude de sentença judiciária", constante do art. 100 da Constituição Federal, questionou-se a possibilidade de execução fundada em título executivo extrajudicial contra a Fazenda Pública.

Destarte, o portador de título executivo extrajudicial deveria, primeiro, ajuizar ação de conhecimento contra a Fazenda, a fim de obter sentença condenatória a ser submetida ao procedimento do duplo grau obrigatório, e, aí sim, ajuizar demanda executiva, ao fim da qual haveria expedição do precatório (ou a chamada ordem de pagamento, em se tratando de créditos de pequeno valor). É que, para expedição do precatório, de acordo com o art. 100 da Constituição Federal, há necessidade não só de prolação de sentença condenatória (diríamos, com carga condenatória), como também de seu reexame pelo Tribunal. Iniciando-se diretamente o processo executivo com base em título extrajudicial não há prolação de sentença, tampouco possibilidade de sujeição da sentença ao reexame em segundo grau de jurisdição, o que não se coadunaria com a sistemática dos precatórios vislumbrada na Constituição Federal.

Outra tentativa — diga-se desde logo, malsucedida! — de se tentar (super)proteger o Estado de seus credores...

Não há no ordenamento jurídico disposição que proíba a execução contra a Fazenda baseada em título executivo extrajudicial. Muito pelo contrário. O art. 730 do CPC, ao disciplinar o procedimento executivo das obrigações de

---

(303) "Art. 173. Ressalvados os casos previstos nesta Constituição, a exploração direta de atividade econômica pelo Estado só será permitida quando necessária aos imperativos da segurança nacional ou a relevante interesse coletivo, conforme definido em lei. § 1º A lei estabelecerá o estatuto jurídico da empresa pública, da sociedade de economia mista e de suas subsidiárias que explorem atividade econômica de produção ou comercialização de bens ou de prestação de serviços, dispondo sobre: (...) II – a sujeição ao regime jurídico próprio das empresas privadas, inclusive quanto aos direitos e obrigações civis, comerciais, trabalhistas e tributários;".

(304) Entretanto, segundo entendimento do STF, a Empresa Brasileira de Correios e Telégrafos — ECT, muito embora revista a condição de empresa pública, e, portanto, de empregadora pública, se sujeita ao regime dos precatórios.

pagar quantia contra a Fazenda Pública, não diferencia entre a execução fundada em título judicial ou extrajudicial, não havendo qualquer incompatibilidade daquele procedimento com os títulos extrajudiciais.

De todo modo, não se pode mesmo compreender a expressão referida no art. 100 da Constituição "ao pé da letra". Simplesmente porque não é a *sentença* que se executa, mas o *acórdão*, que confirmando a sentença de procedência do pedido ou reformando a de improcedência, tenha sido prolatado pelo órgão jurisdicional revisor. Se a interpretação fosse a extraída literalmente do texto do art. 100, raríssimos seriam os precatórios expedidos contra a Fazenda, porque suas sentenças, como regra, só adquirem eficácia executória depois de reexaminadas pelo Tribunal.

Outrossim, levaria à conclusão (absurda!) de não se poder expedir, nas causas de competência originária dos tribunais, precatórios, já que, como se sabe, não há prolação de sentenças pelos Tribunais, mas de acórdãos.

Exatamente porque "sem pé nem cabeça" a ideia de só ser possível executar a Fazenda com base em *sentença judicial*, editou o STJ Enunciado de Súmula n. 279, para dizer o que, convenhamos, nem precisava ser dito: *"é cabível execução por título extrajudicial contra a Fazenda"*.

Ao argumento de não ser coerente reconhecer-se eficácia executiva a título extrajudicial quando se exige para as sentenças o duplo grau de jurisdição obrigatório, contrapõe-se a lembrança de que também a decisão que julgar improcedentes os embargos será revista necessariamente pelo Tribunal antes que se possa expedir o precatório[305].

O que a Constituição quis dizer com a expressão sentença judiciária é que é preciso um título executivo para que possa haver expedição do precatório. Uma ordem judicial...

---

(305) O STJ, no entanto, entende pela não sujeição da decisão contrária à Fazenda em embargos ajuizados em execução não fiscal. Quem explica é Leonardo da Cunha: "O reexame necessário condiciona a eficácia da sentença à sua reapreciação pelo tribunal ao qual está vinculado o juiz que a proferiu. Enquanto não for procedida a reanálise da sentença, esta não transita em julgado, não contendo eficácia plena (...). O reexame necessário, na dicção do art. 475-I, do CPC, somente se opera em relação às sentenças proferidas contra a Fazenda Pública. (...) Com efeito, não se sujeitam ao reexame necessário as decisões interlocutórias. Muito se discutiu sobre a submissão da decisão concessiva da tutela antecipada ao reexame necessário, quando contrária à Fazenda Pública, eis que satisfativa e antecipatória do mérito. A melhor solução é a que aponta para a não sujeição de tal decisão ao duplo grau obrigatório, porquanto não se trate de sentença. (...) De outro lado, veio encorpando-se o entendimento (...) no sentido de não admitir o reexame da sentença proferida em embargos à execução, a não ser que se tratasse de execução fiscal. (...) O Superior Tribunal de Justiça uniformizou sua jurisprudência para assentar o entendimento de que o inciso I do art. 475 do CPC refere-se ao processo de conhecimento, enquanto a previsão ínsita no seu inciso II diz respeito aos embargos opostos em execução de dívida ativa. Não cabe, então, segundo o entendimento firmado pelo STJ, o reexame necessário contra sentença proferida em outros casos de embargos do devedor" (*A Fazenda Pública em juízo*. São Paulo: Dialética, 2007. p. 179 e ss).

11.4. Os embargos à execução opostos pela Fazenda: 30, 20, 10 ou 5 dias?

Citada, a Fazenda, de acordo com o disposto no art. 730, do CPC, terá um prazo de 30 (trinta) dias para opor embargos. A doutrina trabalhista, porém, acredita que referido prazo não se aplica ao Processo Laboral, tendo em vista existência de previsão expressa a respeito no art. 884 da CLT, de acordo com a qual o prazo para embargos é de cinco dias. Logo, não sendo omissa a CLT, não haveria que se falar na aplicação supletiva ao Processo do Trabalho das disposições do CPC.

Ademais, afirmam que não se tratando os embargos de recurso ou defesa, mas de ação incidental desconstitutiva do título judicial, não haveria que se falar em prazo em dobro ou em quádruplo. *Carlos Henrique Bezerra Leite*[306] apresenta, além do seu, o posicionamento de consagrados doutrinadores pátrios:

"Há controvérsia, em doutrina, acerca do prazo para oferecimento de embargos pela Fazenda. *Valentin Carrion* sustenta que é de dez dias. Para *José Augusto Rodrigues Pinto* o prazo é de vinte dias, 'observado o privilégio de quadruplicação de prazo para defesa (CLT, art. 884, c/c Decreto-lei n. 779/69, art. 1º, II)'. Segundo *Manuel Antonio Teixeira Filho*, 'o prazo para oferecimento de embargos, no Processo do Trabalho, será sempre de cinco dias (Consolidação das Leis do Trabalho, art. 884, *caput*) e não de dez dias (Código de Processo Civil, art. 730, *caput*), ainda que figure como executada a Fazenda Pública, pois não constituindo ditos embargos contestação, nem recurso, esta não pode invocar, em seu benefício, a prerrogativa (e não 'privilégio', como consta do Decreto-lei n. 779/69) consistente no prazo em quádruplo, para contestar, e em dobro, para recorrer, assegurados pelos incisos I e III, respectivamente, do art. 1º do precitado texto legal; o Processo Civil possui disposição análoga, como revela o seu art. 188'. Não obstante a autoridade dos dois primeiros autores, afigura-se com razão o último. (...) Como é por demais sabido, o direito processual comum somente será fonte subsidiária do direito processual do trabalho quando: a) for omisso o texto consolidado e b) o preceito invocado não for incompatível com os princípios que informam o ramo especializado. Nessa ordem, cumpre ao intérprete, de início, verificar se há, no direito processual obreiro, norma específica para o prazo relativo aos embargos à execução, e somente após concluir pela inexistência é que poderá valer-se da fonte subsidiária. Ocorre que o art. 884 consolidado é de clareza meridiana ao dispor que o prazo para embargos à execução é de cinco dias. De tal arte, não havendo omissão no texto obreiro, forçoso é concluir pela inaplicabilidade, *in casu*, do prazo insculpido no art. 730 da lei civil de ritos."

Parece-nos mesmo que, havendo disposição específica na CLT, não há como utilizar-se do disposto no art. 730 do CPC. E, portanto, o prazo para a Fazenda

---

(306) BEZERRA LEITE, Carlos Henrique. *Curso de Direito Processual do Trabalho*. 3. ed. São Paulo: LTr, 2005, p. 782-783.

ajuizar embargos é de cinco dias[307][308], até em homenagem ao caráter alimentar dos créditos postulados na Justiça Trabalhista.

11.5. Embargos à execução

A Lei n. 8.953/1994 acresceu ao art. 739 do CPC, em sua redação originária, parágrafo segundo o qual os embargos seriam sempre recebidos com efeito suspensivo. A regra aplicava-se ao procedimento executivo contra a Fazenda. Logo, citada, a Fazenda poderia ajuizar embargos, os quais, dotados de efeito suspensivo, paralisavam toda a execução.

Foi então que adveio a Lei n. 11.382/2006, a qual transplantou o conteúdo do antigo art. 739 do CPC para o art. 739-A. O antigo § 1º do art. 739, por sua vez, converteu-se no § 1º do art. 739-A, o qual, entretanto, teve sua redação alterada. Ao contrário de antes, os embargos, como regra, não possuem mais o condão de paralisar a execução, exceto se, garantido o juízo pela penhora, caução ou depósito, houver fundado receio de que a continuidade da execução possa gerar dano irreparável ou de difícil reparação ao executado.

Confira-se, abaixo, comparativo legal entre a sistemática dos embargos antes e depois da reforma engendrada pela Lei n. 11.382/2006, outra das leis integrantes da sequência de reformas do CPC que veio reformular a execução de título extrajudicial, também esperançosamente polarizada em torno do ideal de se otimizar a técnica executiva em prol da externalização de resultados justos em intervalo de tempo o mais reduzido possível:

Redação antiga do CPC	Redação atual do CPC
Art. 739, § 1º (Incluído pela Lei n. 8953/1994): "Os embargos serão sempre recebidos com efeito suspensivo".	"Art. 739-A. Os embargos do executado não terão efeito suspensivo. § 1º O Juiz poderá, a requerimento do embargante, atribuir efeito suspensivo aos embargos quando, sendo relevantes seus fundamentos, o prosseguimento da execução manifestamente possa causar ao executado grave dano de difícil ou incerta reparação, e desde que a execução já esteja garantida por penhora, depósito ou caução suficientes."

---

(307) Há quem entenda que o prazo seria de 20 (vinte) dias, por aplicação conjunta do art. 884 da CLT e art. 1º, inc. II, do Decreto-lei n. 779/1969, de acordo com o qual o prazo para a Fazenda oferecer defesa é quadruplicado. Assim, tratando-se os embargos supostamente de defesa da Fazenda em execução, o prazo seria de cinco dias multiplicado por quatro, o que resultaria em um total de 20 dias. Não concordamos com referido posicionamento, como já tivemos a oportunidade de assinalar.

(308) Há ainda decisões do TST determinando aplicabilidade do prazo disposto no CPC para ajuizamento de embargos pela Fazenda: "EMBARGOS À EXECUÇÃO — FAZENDA PÚBLICA — PRAZO — ART. 730 DO CPC — APLICAÇÃO SUBSIDIÁRIA AO PROCESSO DO TRABALHO — VIOLAÇÃO DO ART. 5º, LV, DA CF —

A regra atual é precisamente o avesso da antiga. Os velhos embargos paralisavam a execução (*ope legis*). Os (novos!) embargos, agora, só admitem se suste a execução excepcionalmente (*ope judicis*).

O que se discute é se a *novel* disciplina dos embargos se aplicaria à execução por quantia certa contra a Fazenda Pública. Dito de outro modo, se os embargos opostos pela Fazenda não possuem mais, como regra, o potencial de sustar o processamento da execução. Acredita-se que não. E por duas razões bastante convincentes.

O processo executivo, doravante, só poderá ser sustado uma vez garantido o juízo. Ocorre que, na execução contra a Fazenda, não há citação do ente de direito público interno para garantir o juízo, mas unicamente para embargar a execução, visto a incompatibilidade da penhora com a sistemática de precatório delineada na Constituição Federal. Logo, a Fazenda pode ajuizar embargos sem necessidade de garantir o juízo.

Ademais, conforme o art. 100, §§ 1º e 3º, da Constituição Federal, o precatório e mesmo a ordem de pequeno valor só poderão ser expedidos depois de transitada em julgado a sentença que julgar os embargos. O pagamento só pode ser determinado se não houver mais qualquer discussão a respeito dos valores a serem pagos. Destarte, enquanto não se tornar incontroverso o valor executado, não pode ser expedido o precatório ou requisição de pequeno valor.

Se forem parciais os embargos, a execução deve prosseguir quanto à parte não embargada. Será possível expedição de precatório quanto à parte incontroversa, não se tratando, em absoluto, de hipótese de fracionamento, vedada pela Constituição Federal. Não se trata de tentativa de receber parte do valor por precatório, e a outra parte por requisitório de pequeno valor, mas de receber a parte incontroversa do valor da condenação.

As matérias suscetíveis de serem ventiladas pela Fazenda em seus embargos estão dispostas exaustivamente no art. 741 do CPC. Basicamente, com exceção da falta ou nulidade da citação no processo cível e de coisa julgada material inconstitucional, a Fazenda cinge-se a alegar vícios ou defeitos ocorridos na própria execução ou ainda causas extintivas ou modificativas da obrigação, desde que supervenientes à sentença.

CONFIGURAÇÃO. O art. 884 da CLT, ao prever o prazo de cinco dias destinado à oposição dos embargos à execução (redação anterior à Medida Provisória n. 2.102), tem aplicação apenas às pessoas de direito privado, na medida em que alude à garantia da execução e à penhora de bens como pressupostos para a prática do ato. Realmente, considerando-se que os bens pertencentes à União, Estados, municípios e Distrito Federal são impenhoráveis, não há como se proceder à sua expropriação mediante aplicação do rito comum de execução previsto na legislação consolidada. Nesse contexto, por força da inequívoca omissão da CLT, no tocante ao regramento da matéria, devem ser aplicadas, de forma subsidiária, as disposições pertinentes do Código de Processo Civil (art. 730), que fixa o prazo para a Fazenda Pública apresentar embargos à execução, sem nenhuma cominação de penhora. Recurso de Revista provido." TST, RR n. 808294/2001.6, Rel. Min. Milton de Moura França, Brasília, 8 nov. 2002.

Na verdade, em se tratando do Processo Laboral, há ainda mais um argumento a favor da suspensão dos embargos. De acordo com o art. 884 da CLT, os embargos serão sempre recebidos com efeito suspensivo.

Registre-se que, no Processo do Trabalho, diferentemente do que ocorre no cível, nem mesmo a falta ou nulidade de citação poderá ser alegada em embargos, tendo em vista regra da CLT segundo a qual as nulidades devem ser arguidas na primeira oportunidade. Como, no Processo do Trabalho, o réu revel é necessariamente intimado da sentença, o que não acontece no processo comum, deverá suscitar a questão da falta ou nulidade da citação no recurso próprio, primeira oportunidade que terá para falar nos autos. Deixando para aduzir a matéria só mais tarde, em embargos, estará preclusa a faculdade.

Recebidos os embargos, o Juiz determinará intimação do executado para que se manifeste em cinco dias (art. 884, *caput*, da CLT)[309]. A seguir, o Juiz julgará imediatamente o pedido, se a questão de mérito for unicamente de direito, ou, sendo de direito e de fato, não houver necessidade de produzir prova em audiência, ou designará audiência de instrução, conciliação e julgamento, proferindo sentença em 10 (dez) dias. Caso seja desfavorável no todo ou em parte a decisão de embargos, deverá ser submetida à cognição do órgão jurisdicional *ad quem*, apenas se fundada a execução em título extrajudicial.

Tratando-se de execução pautada em título judicial, a sentença proferida no bojo da ação de embargos não estará sujeita ao reexame necessário, vez que a sentença prolatada no curso do processo de conhecimento já foi revista pelo Tribunal. Diversamente, como visto, ocorrerá no processo executivo contra a Fazenda Pública baseado em título executivo extrajudicial. Como não há processo de conhecimento anterior, a sentença de embargos necessariamente será remetida ao Tribunal para reexame[310].

O Juiz poderá rejeitar liminarmente os embargos, se intempestivos, inepta a Inicial, ou manifestamente protelatórios, ou ainda, se não trouxerem a lume quaisquer das matérias previstas no art. 741 do CPC[311].

---

(309) Art. 740. Recebidos os embargos, será o exequente ouvido no prazo de 15 (quinze) dias; a seguir, o Juiz julgará imediatamente o pedido (art. 330) ou designará audiência de conciliação, instrução e *julgamento, proferindo sentença no prazo de 10 (dez) dias.*

(310) Saliente-se, contudo, que o STJ tem posição firme no sentido de que a decisão de embargos desfavorável à Fazenda não está sujeita à regra do reexame necessário.

(311) "Art. 741. Na execução contra a Fazenda Pública, os embargos só poderão versar sobre: I – falta ou nulidade da citação, se o processo correu à revelia; II – inexigibilidade do título; III – ilegitimidade das partes; IV – cumulação indevida de execuções; V – excesso de execução; VI – qualquer causa impeditiva, modificativa ou extintiva da obrigação, como pagamento, novação, compensação, transação ou prescrição, desde que superveniente à sentença; VII – incompetência do juízo da execução, bem como suspeição ou impedimento do Juiz. Parágrafo único. Para efeito do disposto no inciso II do *caput* deste artigo, considera-se também inexigível o título judicial fundado em lei ou ato normativo declarados inconstitucionais pelo Supremo Tribunal Federal, ou fundado em aplicação ou interpretação da lei ou ato normativo tidas pelo Supremo Tribunal Federal como incompatíveis com a Constituição Federal."

Da sentença proferida caberá agravo de petição para o Tribunal Regional do Trabalho respectivo, recebido também no duplo efeito. Isto porque, como dito, a expedição de precatório ou de requisição de pequeno valor depende necessariamente do trânsito em julgado da decisão de embargos, não podendo haver determinação de pagamento enquanto pendente discussão a respeito do quanto devido. Confira-se, a propósito, explicação bastante elucidativa e coerente do advogado e procurador do Estado de Pernambuco, *Leonardo José Carneiro da Cunha*, em obra dedicada especificamente a tratar do delicado tema da Fazenda Pública em juízo, particularmente no que se refere à necessidade de compatibilização entre a sistemática inaugurada pela Lei n. 11.232/2005 e o procedimento executivo peculiar à Fazenda[312]:

"A partir da Lei Federal n. 11.232/2005, os embargos à execução de título judicial restringem-se às hipóteses de execução contra a Fazenda Pública (art. 741 do CPC). Segundo a previsão do art. 520, V, do CPC, a apelação interposta contra a sentença que julgue improcedentes ou rejeite os embargos à execução não teria efeito suspensivo legal. Só que a expedição de precatório ou de requisição de pequeno valor depende do prévio trânsito em julgado (CF/88, art. 100, §§ 1º e 3º), de sorte que somente pode ser determinado o pagamento se não houver mais qualquer discussão quanto ao valor executado. Diante disso, a apelação contra a sentença que rejeita os embargos à execução contra a Fazenda Pública, mercê das referidas exigências constitucionais, há de ser referida no duplo efeito. Vale dizer que o art. 520, V, do CPC não tem mais aplicação à apelação que rejeita os embargos à execução de título judicial. Na execução civil entre particulares, não há mais embargos; a defesa do executado, como se viu, faz-se por impugnação, cuja rejeição rende ensejo a Agravo de Instrumento (CPC, art. 475-M, § 3º), e não a apelação. E, quando se tratar de execução contra a Fazenda Pública, a regra não se aplica em virtude das mencionadas normas constitucionais, sendo a apelação ali recebida, necessariamente, no duplo efeito. O recebimento da apelação apenas no efeito devolutivo, no caso de execução contra a Fazenda Pública, é totalmente inoperante e ineficaz, visto que, enquanto não confirmados ou estabelecidos, definitivamente, os valores a serem inscritos em precatórios ou requisitórios por RPV, não se pode prosseguir na execução."

Logo, tanto o agravo de petição no Processo do Trabalho, como a apelação no processo cível, contra sentença de embargos à execução, em se tratando da Fazenda Pública, independentemente de a execução decorrer de título judicial ou extrajudicial, será recebida no duplo efeito, devolutivo e suspensivo.

---
(312) CUNHA, Leonardo José Carneiro da. *A Fazenda Pública em Juízo.* 5. ed. São Paulo: Dialética, 2007. p. 243-244.

11.6. A sistemática dos precatórios

Não oferecidos embargos ou rejeitados os que tenham sido apresentados, o Juiz da execução de sentença expedirá carta ao Presidente do respectivo tribunal, o qual requisitará, por sua vez, às autoridades administrativas, que incluam os valores devidos pela Fazenda inscritos até 1º de julho no orçamento geral, a fim de que o pagamento possa ser efetuado até final do exercício financeiro subsequente. Precatório é, portanto, requisição, ordem de pagamento do valor da dívida fixada em decisão judicial transitada em julgado feita pelo presidente do tribunal à autoridade administrativa competente. O Juiz requisita o pagamento da quantia a que a Fazenda tenha sido condenada por intermédio do Presidente do Tribunal correspondente, o qual, observada a ordem de apresentação dos precatórios, requisitará à fonte pagadora inclusão do crédito na proposta orçamentária. Trata-se de uma determinação à Fazenda Pública para que reserve em seu orçamento verbas suficientes ao pagamento de todos os precatórios apresentados até 1º de julho daquele exercício financeiro, para pagamento no exercício seguinte.

Inscrito o precatório após 1º de julho, o montante só será incluído no orçamento do ano seguinte e pago no exercício financeiro posterior. Os valores serão depositados em conta à disposição da presidência do tribunal, que efetuará o pagamento segundo ordem de apresentação do precatório.

O credor da Fazenda, por conseguinte, tem em suas mãos uma espécie de "senha", que lhe possibilitará entrar na fila, até que, observada a ordem cronológica de apresentação do precatório ao Presidente do Tribunal, possa receber o montante devido, atualizado monetariamente. Pagando a Fazenda o precatório no prazo constitucionalmente fixado, isto é, até o final do exercício financeiro seguinte ao da apresentação do precatório (se feita a apresentação até 1º de julho), ou no subsequente (para os precatórios apresentados após 1º de julho), não há que se falar no pagamento de juros moratórios. Atrasando o pagamento do precatório, incidirão juros moratórios, os quais serão pagos por meio de precatório complementar ou, dependendo do montante, requisição de pequeno valor.

Ocorrendo a expedição de precatório, deverá o cartório providenciar a sua autuação, com cópia das principais peças dos autos, inclusive e principalmente a certidão de trânsito em julgado da decisão, bem como referência à natureza do crédito, se alimentício ou não. Instruído e assinado pelo Juiz, os autos do precatório são encaminhados ao Presidente do Tribunal, o qual determinará aos órgãos competentes inclusão do crédito no orçamento a ser aprovado, para pagamento no exercício financeiro seguinte, mediante depósito bancário efetuado à disposição da presidência do Tribunal. As verbas consignadas ao Poder Judiciário para pagamento de precatórios a ele pertencem. Logo, o não repasse de recursos públicos pertencentes ao Judiciário soaria como grave violação ao pacto federativo.

Como desacato à ordem emanada do Poder Judiciário, a autorizar a decretação de intervenção federal[313].

Apesar disso, o STF cristalizou entendimento segundo o qual o não pagamento de precatórios provocado pela falta de recursos não configura hipótese de violação às decisões judiciais, tendo em vista a numerosa quantidade de compromissos constitucionais a serem satisfeitos com limitadas receitas públicas[314].

De acordo com entendimento do Tribunal Constitucional, o pagamento de precatórios deverá ocorrer em consonância com as *possibilidades financeiras* da pessoa jurídica de direito público devedora, só podendo, ademais, haver "sequestro" da receita pública na hipótese de quebra da ordem cronológica e, ainda assim, a requerimento do credor preterido, consoante entendimento pacífico da Corte Suprema[315].

Os Tribunais Trabalhistas, contudo, admitem "sequestro" não apenas quando haja preterição no pagamento, mas também quando o ente público deixe de

---

(313) De acordo com Carlos Henrique Bezerra Leite, os escopos do precatório são basicamente três, quais sejam: "a) o respeito à autoridade de coisa julgada pelas pessoas jurídicas de direito público, cumprindo, assim, o princípio da independência entre os Poderes da República; b) conferir caráter impessoal (princípio da impessoalidade, art. 37, *caput*, da CF) às verbas públicas e aos créditos dos exequentes; c) disciplinar uma ordem cronológica rígida no respeitante aos pagamentos a serem efetuados, assegurando-se aos credores da Fazenda igualdade de tratamento." BEZERRA LEITE, Carlos Henrique. *Curso de Direito Processual do Trabalho.* 3. ed. São Paulo: LTr, 2005. p. 785-786.

(314) Com efeito, ao Estado incumbem inúmeras funções, para cujo exercício são necessárias receitas públicas provenientes essencialmente de tributos. O Estado Democrático de Direito propõe-se essencialmente a efetivar direitos fundamentais, convergindo sua atuação para realização dos objetivos de felicidade e bem-estar social sintetizados no art. 3º da Constituição Federal, todos imbricados à principiologia polarizada em torno do ideário de dignidade da pessoa humana, máxime mediante a instrumentalização de medidas concretizadoras de direitos sociais, promotores de melhor distribuição de renda e, em decorrência, igualdade material. À crescente positivação de direitos, impulsionada por turbilhão histórico inquieto e incessante de abertura constitucional aos influxos axiológicos permeáveis às novas necessidades humanas surgidas, seguiu-se, ao mesmo tempo, o incremento da atuação do Estado. Passou-se a identificar no Estado principal agente propulsor do projeto constitucional de dignificação humana, pelo oferecimento de condições materiais básicas a se assegurar o denominado mínimo existencial. Paralelamente, à medida que novas prestações eram cometidas ao Estado, surge o problema da escassez de recursos. O Estado precisa otimizar o emprego das receitas públicas, a partir de gestão eficiente, que, todavia, priorize os direitos fundamentais. Em tal cenário, a atuação estatal é toda perpassada — na confecção de políticas públicas, definição de prioridades de gastos, redirecionamento da destinação do dinheiro público através de controle do Judiciário das omissões constitucionais e mérito do ato administrativo etc. — pelo instrumental ponderativo, operacionalizado a partir de um critério de proporcionalidade.

(315) É também a opinião de BEZERRA LEITE, Carlos Henrique. *Curso de Direito Processual do Trabalho.* 3. ed. São Paulo: LTr, 2005. p. 789: "(...) A primeira reside na *obrigatoriedade* da inclusão, no orçamento das pessoas jurídicas de direito público, do valor necessário ao pagamento, no exercício seguinte, de todas as requisições recebidas, mediante precatórios, até o dia 1º de julho do exercício em curso (CF, art. 100, § 1º). A segunda repousa na obrigatoriedade de o ente público cumprir as requisições oriundas de precatórios regulares, dentro da rigorosa ordem de apresentação (§ 2º). À luz da literalidade dos dispositivos supracitados, o sequestro só teria lugar na hipótese de preterição, recaindo o mesmo exclusivamente sobre o crédito daquele que recebeu com inobservância da ordem cronológica de apresentação do precatório. Para nós, o sequestro de rendas públicas é possível não apenas pela preterição individual, ou seja, quando o administrador público viola a ordem de preferência para o pagamento de precatório, mas, também, na hipótese em que o ente público sequer inclui o valor do precatório no orçamento público".

incluir, em seu orçamento, o valor necessário ao pagamento, no exercício financeiro seguinte, de todas as requisições recebidas até 1º de julho do exercício em curso. Não se admite "sequestro", todavia, se, efetivada inclusão do crédito no orçamento público, não houver seu pagamento.

Há também decisões trabalhistas determinando sequestro em caso de execução de verbas trabalhistas de pequeno valor[316], com respaldo no art. 17 da Lei n. 10.259/2001[317]. No âmbito estadual, o ADCT definiu como créditos de pequeno valor aqueles até 40 (quarenta) salários-mínimos.

11.7. Execução provisória contra a Fazenda: pode?

Para que haja expedição de precatório e mesmo de requisição de pequeno valor, é mister o trânsito em julgado dos embargos à execução. A exigência de trânsito em julgado para expedição de precatório, contudo, só foi introduzida na Constituição Federal de 1998, pela EC n. 30/2002.

Até advento da referida emenda, era pacífico o entendimento segundo o qual nenhum óbice havia à execução provisória de sentenças contra a Fazenda Pública.

Entretanto, com a alteração produzida pela EC n. 30/2002 à Constituição Federal, alguns doutrinadores passaram a sustentar a impossibilidade de se executar a Fazenda provisoriamente. Isto porque,

> "uma vez inscrito o correlato precatório, o crédito passa a integrar o orçamento respectivo, devendo ter uma única destinação, qual seja, o efetivo pagamento à parte favorecida. (...) não atende ao interesse público a destinação de verba para pagamento de precatório inscrito provisoriamente, tornando indisponível um valor que poderia ter outra destinação, já que é incerto que realmente será pago ao credor, em vista de possível modificação do *statu quo*, decorrente do eventual provimento de algum recurso interposto ou, até mesmo, de modificação da sentença no reexame necessário."[318]

---

(316) Nestes casos, "o fato da dispensa do precatório nas execuções trabalhistas referentes a créditos considerados de pequeno valor não elide a necessidade de observância do disposto no art. 730 do CPC, haja vista que os bens públicos continuam sendo impenhoráveis. Dito de outro modo, apurado o *quantum debeatur*, deverá o ente público ser citado para, querendo, oferecer embargos à execução. A partir de tal citação, a nosso ver, inicia-se contagem, tanto para oferecimento de embargos à execução (art. 880 da CLT c/c. art. 730 do CPC) quanto para o depósito do valor junto à CEF. Não custa lembrar que uma coisa é a dispensa do precatório nas execuções de créditos de pequeno valor; outra coisa bem diferente é a necessidade de se conferir ao ente público devedor o direito de ajuizar a ação de embargos à execução. Daí por que entendemos que a ordem de sequestro somente poderá ser expedida depois de transitada em julgado a sentença dos embargos à execução ou, se o ente público, citado, deixa escoar *in albis* o prazo para o oferecimento dos embargos". *Ibidem*, p. 792.

(317) TRT – 17ª Região, AP n. 1729.1997.1.17.0.9, Rel. Juiz Cláudio Armando Couce de Menezes, 2 jul. 2003.

(318) CUNHA, Leonardo José Carneiro da. *A Fazenda Pública em Juízo*. 5. ed. São Paulo: Dialética, 2007. p. 270-271.

O STJ, entretanto, firmou posicionamento no sentido da possibilidade de execução provisória contra o Poder Público. De acordo com precedentes da Corte, o que o art. 100, da Constituição Federal veda é, tão somente, a expedição de precatório ou de RPV antes do trânsito em julgado da decisão de embargos à execução. Logo, seria possível o adiantamento dos atos liquidatórios e executivos, com citação da Fazenda para oposição de embargos, seguido de eventual interposição de recurso de apelação (no Processo do Trabalho, o agravo de petição). Feito isso, seria preciso aguardar o desfecho do processo de conhecimento (tratando-se, evidentemente, de execução fundada em título executivo judicial) com trânsito em julgado da decisão exequenda, para que, aí então, pudesse ser expedido o precatório ou RPV.

Capítulo 12

O PROCEDIMENTO EXECUTIVO POR QUANTIA CERTA CONTRA O DEVEDOR EMPRESÁRIO FALIDO

12.1. Considerações gerais acerca do processo falimentar

Na Justiça do Trabalho, não é incomum que o tomador dos serviços, réu na maior parte das reclamações ajuizadas, mesmo antes de iniciada a execução, já não possua em seu patrimônio bens suficientes à satisfação de todo o passivo trabalhista[319]. Quando isso ocorre, diz-se insolvável o devedor.

O estado de insolvabilidade econômica, isto é, a insuficiência de bens para integral cumprimento das obrigações assumidas, entretanto, por si só, não basta a que venha a ser decretada a falência do devedor empresário, com consequente instauração do procedimento executivo concursal. Aliás, é até mesmo possível que o devedor solvável, com bens de valor suficiente para o pagamento de todas as suas dívidas, venha a ter decretada sua falência[320].

---

(319) Confira-se os dados alarmantes apresentados por SILVA, Antônio Álvares da. *Execução provisória trabalhista depois da reforma do CPC*. São Paulo: LTr, 2007. p. 18: "Quando há interposição de Recurso Ordinário a parte está solvente. Contrata advogado. Faz o depósito exigido em lei. Continua demandando, podendo chegar ao TST. Na execução, ainda recorre, elevando o processo novamente ao TRT e, em se tratando de matéria constitucional, até o STF — art. 896, § 2º. Depois de tanto tempo e de tantos recursos, o processo vai à execução definitiva. Em razão da demora, o depósito torna-se insuficiente para garantir a execução. As micro e pequenas empresas, depois deste longo período, geralmente fecham as portas. Dados estatísticos mostram que, mesmo sendo as maiores empregadoras do País, 61% delas deixam de atuar em um ano. No período inicial, estão solventes. Compram e vendem. Empregam e faturam. Mas, no período de um ano, mais da metade fecha as portas. Porém, neste período, outras tantas foram criadas, as quais terão o mesmo destino. É aqui que começa o grande problema da execução, com o acúmulo de processos denunciados na estatística do TST. Enquanto as reclamações trabalhistas da primeira leva podem não ter atingido ainda a segunda instância, a ela se superpõe a segunda carga de empresas que se fecharam. E assim por diante, num acúmulo que não tem fim".

(320) A hipótese é vislumbrada por COELHO, Fábio Ulhoa. *Comentários à nova Lei de Falências e de Recuperação de Empresas* (Lei n. 11.101, de 9.2.2005). 4. ed. São Paulo: Saraiva, 2007. p. 93-94: "A insolvência que a lei considera como pressuposto da execução por falência é, por assim dizer, presumida. (...) Se o empresário é solvente — no sentido de que os bens do ativo, se vendidos, alcançariam peso suficiente para pagamento das obrigações passivas — mas está passando por problemas de liquidez, não tem caixa para pagar os títulos que se vencem, então ele não se encontra em insolvência econômica, mas jurídica. Se ele não conseguir resolver o problema (por meio de financiamento bancário, securitização ou capitalização), sua quebra poderá ser decretada".

Em verdade, a insolvência, tal qual delineada na Lei n. 11.101/2005 (a denominada nova Lei de Falências), é estado jurídico, e não econômico. Assim sendo, torna-se indiferente, para fins de instauração do procedimento falimentar, a demonstração de inferioridade do ativo relativamente ao passivo. O requerente da quebra, isto é, aquele que tem legitimidade ativa para postular, em juízo, a falência, não precisa fazer prova do estado de insolvabilidade econômica em que se encontra o devedor. Tampouco deixa o requerido de ter a quebra decretada demonstrando possuir ativo superior ao passivo.

O que o requerente do pedido de falência deve demonstrar é a ocorrência de qualquer dos fatos descritos na lei como pressuposto para decretação da quebra. Presume-se a insolvência do devedor que venha a incorrer em quaisquer das hipóteses descritas no art. 94 da Lei n. 11.101/2005[321], quais sejam, impontualidade injustificada (art. 94, inc. I); execução frustrada (art. 94, inc. II) e atos de falência (art. 94, inc. III). Assim, por exemplo, o devedor que não houver cumprido obrigação líquida e vencida de, pelo menos, 40 (quarenta) salários mínimos, consubstanciada em título executivo judicial ou extrajudicial, protestado, poderá ter a sua falência decretada. Admite-se que os credores se reúnam em litisconsórcio ativo a fim de, somando os seus créditos, alcançarem o valor mínimo exigido por lei (40 salários-mínimos), para decretação da quebra. Outra das hipóteses autorizativas da falência é a execução frustrada. Se está sendo promovida execução contra o empresário, é porque deixou ele de cumprir, no vencimento, obrigação certa, líquida e exigível[322]. Se, ademais, no prazo para

---

(321) "Art. 94. Será decretada a falência do devedor que: I – sem relevante razão de direito, não paga, no vencimento, obrigação líquida materializada em título ou títulos executivos protestados cuja soma ultrapasse o equivalente a 40 (quarenta) salários-mínimos na data do pedido de falência; II – executado por qualquer quantia líquida, não paga, não deposita e não nomeia à penhora bens suficientes dentro do prazo legal; III – pratica qualquer dos seguintes atos, exceto se fizer parte de plano de recuperação judicial: a) procede à liquidação precipitada de seus ativos ou lança mão de meio ruinoso ou fraudulento para realizar pagamentos; b) realiza ou, por atos inequívocos, tenta realizar, com o objetivo de retardar pagamentos ou fraudar credores, negócio simulado ou alienação de parte ou da totalidade de seu ativo a terceiro, credor ou não; c) transfere estabelecimento a terceiro, credor ou não, sem o consentimento de todos os credores e sem ficar com bens suficientes para solver seu passivo; d) simula transferência de seu principal estabelecimento com o objetivo de burlar a legislação ou a fiscalização ou para prejudicar credor; e) dá ou reforça garantia a credor por dívida contraída anteriormente sem ficar com bens livres e desembaraçados suficientes para saldar seu passivo; f) ausenta-se sem deixar representante habilitado e com recursos suficientes para pagar os credores, abandona estabelecimento ou tenta ocultar-se de seu domicílio, do local de sua sede ou de seu principal estabelecimento; g) deixa de cumprir, no prazo estabelecido, obrigação assumida no plano de recuperação judicial."

(322) Certeza, liquidez e exigibilidade são, conforme explica Luiz Fux, requisitos do crédito exequendo. Veja-se: "O título executivo contém a obrigação a ser satisfeita através dos meios executivos. Essa obrigação há de se apresentar configurada na sua extensão, em função da qual se fixam os limites da execução. Assim, à luz da extensão do crédito constante do título é que se observa se apenas um bem do devedor é suficiente ao sacrifício da alienação forçada para pagamento ao credor, revelando-se desnecessário expropriar outros bens. Os atos enérgicos característicos do processo de execução devem ser praticados nos limites das necessidades reveladas pelo próprio título executivo. Além de o título estabelecer o *quantum* devido, também deve ser claro quanto ao vencimento e à existência da obrigação (...). Nada justificaria que o Estado iniciasse a prática de atos de soberania, baseado, apenas, na produção unilateral pelo credor, de um documento executivo. Afinal, a obrigação resulta de um vínculo 'bilateral' decorrente da vontade das partes, da Lei ou do ato ilícito. Essas razões conduziram o legislador a

cumprimento da sentença, não paga ou, transcorrido o prazo para cumprimento voluntário, não são encontrados bens passíveis de sofrerem penhora, há fortes indícios de que não possua condições econômicas de pagar todas as suas dívidas. Presume-se, então, sua insolvência.

A falência é procedimento executivo coletivo passível de ser instaurado apenas contra a sociedade empresária ou empresário individual[323]. Tratando-se de devedor não empresário, o procedimento é o da execução por quantia certa contra devedor insolvente, regulado no CPC (arts. 748 e seguintes). Dentre outros, são legitimados para o pedido de falência de uma sociedade empresária, além dela própria, os seus sócios e credores[324].

O procedimento falimentar diferencia-se do procedimento executivo singular (isto é, da execução deflagrada por um único credor) pelo fato de atingir não apenas bens determinados do patrimônio do devedor, mas a totalidade de seus bens (desde que, é claro, passíveis de constrição) e, ainda, por beneficiar não apenas um único credor, mas a totalidade dos credores, os quais irão receber o produto da venda dos bens arrecadados de acordo com a natureza do crédito que ostentem, em ordem definida em lei, ainda que os respectivos créditos não se encontrem vencidos à época da decretação de falência[325].

12.2. Impacto da decretação de falência no processamento das reclamações trabalhistas

12.2.1. *Decretação da falência antes ainda do ajuizamento da reclamação trabalhista*

Como regra, todas as ações relativas a bens, interesses e negócios do falido são atraídas para o juízo falimentar, o qual se torna competente para conhecê-las.

---

autorizar a execução, ou seja, a instauração do processo satisfativo somente se o credor exibir, em juízo, um título executivo que consubstancie obrigação certa, líquida e exigível (...) Certa é a obrigação induvidosa, resultante do título executivo (...). Exigível é a obrigação vencida. (...) Líquida é a obrigação individuada no que concerne ao seu objeto. O devedor deve saber 'o que deve'" (FUX, Luiz. *O novo processo de execução.* Rio de Janeiro: Forense, 2008. p. 38 e ss.).

(323) "Empresário é definido na lei como o profissional exercente de 'atividade econômica organizada para a produção ou a circulação de bens ou de serviços' (CC, art. 966). Destacam-se da definição as noções de *profissionalismo, atividade econômica organizada e produção ou circulação de bens ou serviços.*" COELHO, Fábio Ulhoa. *Manual de Direito Comercial.* 16. ed. São Paulo: Saraiva, 2005. p. 11.

(324) Art. 97, da Lei n. 11.101/2005: "Podem requerer a falência do devedor: I – o próprio devedor, na forma do disposto nos arts. 105 a 107 desta Lei; II – o cônjuge sobrevivente, qualquer herdeiro do devedor ou o inventariante; III – o cotista ou o acionista do devedor na forma da lei ou do ato constitutivo da sociedade; IV – qualquer credor".

(325) Um dos efeitos da sentença de falência é precisamente o de antecipar o vencimento de todas as dívidas do falido, a fim de que todos os credores possam participar do juízo universal, em igualdade de condições. É o que dispõe o art. 77, da Lei n. 11.101/2005: "A decretação da falência determina o vencimento antecipado das dívidas do devedor e dos sócios ilimitada e solidariamente responsáveis, com o abatimento proporcional dos juros, e converte todos os créditos em moeda estrangeira para a moeda do País, pelo câmbio do dia da decisão judicial, para todos os efeitos desta Lei".

É a denominada aptidão atrativa do juízo falimentar, referida no art. 76 da Lei n. 11.101/2005[326], em virtude da qual todas as ações judiciais de conteúdo patrimonial referentes ao falido ou à massa falida são processadas e julgadas pelo mesmo juízo no qual tramita o processo executivo concursal (a falência). Há, porém, algumas exceções ao princípio da universalidade do juízo falimentar. Uma delas diz respeito, precisamente, às Reclamações Trabalhistas.

Sobrevindo a decretação de falência antes ainda do ajuizamento da ação na Justiça do Trabalho, será ela competente para processar e julgar o feito, em decorrência da regra do art. 114 da Constituição Federal. Neste caso, a ação tramitará até o trânsito em julgado da sentença, devendo o credor habilitar seu crédito perante o juízo falimentar.

12.2.2. Decretação da falência no curso da fase de conhecimento

Decretada a falência do devedor empresário no curso da fase de conhecimento, o processo irá tramitar na Justiça do Trabalho até o trânsito em julgado da sentença (*lato sensu*). Havendo condenação da (agora) massa falida, o credor deverá habilitar seu crédito no juízo falimentar, concorrendo na classe dos credores trabalhistas e equiparados.

12.2.3. Decretação da falência após iniciada a execução trabalhista

Um dos efeitos da decretação de falência é a suspensão das execuções individuais em que o falido aparece como executado. A sentença que decreta a falência inicia o processo executivo concursal contra a sociedade empresária falida ou o empresário individual insolvável, de modo que seus credores não poderão, em princípio, prosseguir, individualmente, nas execuções já iniciadas, em busca da satisfação do seu direito. Há, contudo, algumas exceções à regra da suspensão das execuções individuais contra o falido, que se relacionam ao momento em que há a decretação de falência.

Mais precisamente falando, o impacto da decretação de falência sobre as execuções trabalhistas em curso irá variar conforme o momento em que tenham ocorrido os atos de constrição judicial.

Assim, se, à época da decretação da falência, já estiver designada hasta pública (praça ou leilão), serão realizados os atos de alienação, mas não haverá

---

(326) "Art. 76. O juízo da falência é indivisível e competente para conhecer todas as ações sobre bens, interesses e negócios do falido, ressalvadas as causas trabalhistas, fiscais e aquelas não reguladas nesta Lei em que o falido figurar como autor ou litisconsorte ativo. Parágrafo único. Todas as ações, inclusive as excetuadas no *caput* deste artigo, terão prosseguimento com o administrador judicial, que deverá ser intimado para representar a massa falida, sob pena de nulidade do processo."

entrega do produto da venda dos bens ao exequente, e sim à massa falida. O credor deverá habilitar seu crédito no juízo universal. Sendo infrutífera a hasta pública, suspende-se a execução individual, arrecadando-se o bem para futura alienação na falência[327].

Se, porém, a hasta pública já se houver consumado e o bem vendido, considera-se que a execução individual já alcançou seu escopo precípuo antes da decretação da falência. Neste caso, não se suspende a execução e o produto da arrematação, até o valor do crédito exequendo, é entregue ao credor individual. Se o valor obtido com a venda for maior do que o débito, o resíduo é entregue à massa, para satisfação dos demais credores que concorrem no juízo universal. Se menor o produto da alienação, o credor poderá habilitar na falência o saldo remanescente.

12.3. Natureza privilegiada dos créditos trabalhistas

A natureza do crédito importa na definição de uma ordem de pagamento, a ser observada pelo administrador judicial, quando da liquidação das obrigações da sociedade falida ou do empresário individual falido. A ordem de classificação dos credores vem disposta no art. 83 da Lei de Falências[328], sendo certo que os credores trabalhistas e equiparados são os primeiros classificados do Quadro Geral de Credores (QGC).

---

[327] O STJ, no julgamento de conflito positivo de competência, envolvendo juízo trabalhista e falimentar, entendeu que falece competência à Justiça Laboral para a prática de atos executivos, ainda que a quebra tenha sido decretada já depois de efetivada a penhora. Confira-se: "COMPETÊNCIA. CONFLITO POSITIVO. JUSTIÇA TRABALHISTA E JUÍZO FALIMENTAR. EXECUÇÃO DE CRÉDITO TRABALHISTA. FALÊNCIA SUPERVENIENTE. JUÍZO UNIVERSAL. Decretada a quebra, as reclamatórias trabalhistas prosseguirão na Justiça do Trabalho, mas os atos de execução dos seus julgados iniciar-se-ão ou terão seguimento no juízo falimentar, ainda que já efetuada a penhora, sob pena de se romperem os princípios da indivisibilidade e da universalidade do juízo da falência com manifesto prejuízo para os credores". STJ. AgRg no CC 46928. Rel. Ministro Castro Filho. DJ 13.10.2005.

[328] "Art. 83. A classificação dos créditos na falência obedece à seguinte ordem: I – os créditos derivados da legislação do trabalho, limitados a 150 (cento e cinquenta) salários-mínimos por credor, e os decorrentes de acidentes de trabalho; II – créditos com garantia real até o limite do valor do bem gravado; III – créditos tributários, independentemente da sua natureza e tempo de constituição, excetuadas as multas tributárias; IV – créditos com privilégio especial, a saber: a) os previstos no art. 964 da Lei n. 10.406, de 10 de janeiro de 2002; b) os assim definidos em outras leis civis e comerciais, salvo disposição contrária desta Lei; c) aqueles a cujos titulares a lei confira o direito de retenção sobre a coisa dada em garantia; V – créditos com privilégio geral, a saber: a) os previstos no *art. 965 da Lei n. 10.406, de 10 de janeiro de 2002*; b) os previstos no parágrafo único do art. 67 desta Lei; c) os assim definidos em outras leis civis e comerciais, salvo disposição contrária desta Lei; VI – créditos quirografários, a saber: a) aqueles não previstos nos demais incisos deste artigo; b) os saldos dos créditos não cobertos pelo produto da alienação dos bens vinculados ao seu pagamento; c) os saldos dos créditos derivados da legislação do trabalho que excederem o limite estabelecido no inciso I do *caput* deste artigo; VII – as multas contratuais e as penas pecuniárias por infração das leis penais ou administrativas, inclusive as multas tributárias; VIII – créditos subordinados, a saber: a) os assim previstos em lei ou em contrato; b) os créditos dos sócios e dos administradores sem vínculo empregatício."

Mas antes ainda de os credores do falido serem satisfeitos, incluindo-se aí os trabalhistas, deve o administrador judicial proceder ao pagamento integral dos credores da própria massa falida e dos titulares de direito à restituição em dinheiro (são os denominados créditos extraconcursais). Os créditos decorrentes da legislação do trabalho, por exemplo, resultantes de prestação de labor humano após decretada a falência, são considerados extraconcursais[329].

Por conseguinte, só após o pagamento dos credores extraconcursais, é que, sobrando dinheiro, se passa ao pagamento dos credores situados no Quadro Geral, na ordem lá estabelecida, iniciando-se pelos credores trabalhistas e equiparados. Paga-se, destarte, em primeiro lugar, os credores trabalhistas e equiparados; depois, havendo ainda recursos, os titulares de garantia real; em seguida, se sobrar dinheiro, os fiscais, e assim por diante, conforme a ordem definida no art. 83 da Lei n. 11.101/2005.

Entende a Lei de Falências por credores trabalhistas (i) os empregados da falida titulares de créditos decorrentes de acidente de trabalho; (ii) os titulares de créditos oriundos da relação de emprego; e (iii) os equiparados.

Acidentando-se o empregado por culpa ou dolo do empregador, além do benefício social devido pelo INSS, tem também direito a uma indenização. Sobrevindo a falência do empregador, o acidentado recebe antes de todos os demais credores do QGC, independentemente do valor do seu crédito. Não há, para os credores trabalhistas que hajam sofrido acidente de trabalho, limitação quanto ao valor do crédito.

Já os créditos trabalhistas decorrentes da relação de emprego só são considerados privilegiados, por lei, até o limite de 150 (cento e cinquenta) salários-mínimos. O credor cujo crédito ultrapasse esse limite concorre pelo excedente na classe dos quirografários. Enquadram-se como créditos trabalhistas todas as verbas originadas da exploração da força de trabalho humano, independentemente de seu caráter salarial ou indenizatório. Assim, incluem-se na classe dos créditos trabalhistas férias (fracionada, simples ou em dobro), abono de férias (1/3), gratificação natalina (integral ou proporcional), aviso prévio, horas extras, adicional noturno, adicionais de periculosidade e insalubridade, saldo de salário etc.

---

(329) "Art. 84. Serão considerados créditos extraconcursais e serão pagos com precedência sobre os mencionados no art. 83 desta Lei, na ordem a seguir, os relativos a: I – remunerações devidas ao administrador judicial e seus auxiliares, e créditos derivados da legislação do trabalho ou decorrentes de acidentes de trabalho relativos a serviços prestados após a decretação da falência; II – quantias fornecidas à massa pelos credores; III – despesas com arrecadação, administração, realização do ativo e distribuição do seu produto, bem como custas do processo de falência; IV – custas judiciais relativas às ações e execuções em que a massa falida tenha sido vencida; V – obrigações resultantes de atos jurídicos válidos praticados durante a recuperação judicial, nos termos do art. 67 desta Lei, ou após a decretação da falência, e tributos relativos a fatos geradores ocorridos após a decretação da falência, respeitada a ordem estabelecida no art. 83 desta Lei."

O valor do salário-mínimo a ser considerado deve ser aquele vigente à data do pagamento e não o do momento da decretação de falência.

Deve o administrador judicial, ainda, assim que houver disponibilidade em caixa, proceder ao pagamento dos créditos trabalhistas de *natureza estritamente salarial* vencidos nos 3 (três) meses anteriores à decretação da falência, até o limite de 5 (cinco) salários-mínimos por trabalhador. O valor antecipado será deduzido quando do pagamento final do crédito devido ao empregado. Entende-se por *natureza estritamente salarial* apenas a parcela fixa da remuneração (o denominado salário-base ou básico), estipulada como contraprestação pelo tempo de serviço disponibilizado ao empregador. Não se encaixam na definição legal, portanto, inobstante sua natureza salarial, os denominados sobressalários ou salário-condição, tais quais adicionais de horas extras, noturno etc., tampouco a parcela da remuneração que, proveniente de terceiros à relação jurídica trabalhista, não ostenta natureza salarial, como gorjetas, por exemplo. Verbas de cunho indenizatório (como aviso prévio ou multa de 40% do FGTS, por exemplo), em hipótese alguma, poderão ser adiantadas[330].

Equiparados aos empregados, de acordo com a Lei n. 11.101/2005, e que também concorrem na classe dos credores trabalhistas, são os representantes comerciais autônomos, pelas comissões e indenizações devidas pela representante falida.

---

(330) Acerca da distinção entre remuneração e salário, SÜSSEKIND, Arnaldo *et al*. *Instituições de Direito do Trabalho*. v. I, 22. ed. São Paulo: LTr, 2005. p. 346 e ss., *verbis*: "Na sistemática da Consolidação das Leis do Trabalho, resultam bem distintos os conceitos de *remuneração* e de *salário*. (...) Como se infere, *salário* é a retribuição dos serviços prestados pelo empregado, por força do contrato de trabalho, sendo devido e pago diretamente pelo empregador que dele se utiliza para a realização dos fins colimados pela empresa; *remuneração* é a resultante da soma do salário percebido em virtude do contrato de trabalho e dos proventos auferidos de terceiros, habitualmente, pelos serviços executados por força do mesmo contrato. (...). Salário é a parte da remuneração do empregado devida e paga diretamente pelo empregador, como contraprestação do serviço, não se computando como tal, consequentemente, as retribuições recebidas de terceiros, embora decorrentes de serviços executados por força do contrato de trabalho (art. 457); integram o salário não só a importância fixa estipulada, como também as comissões, percentagens, gratificações ajustadas, diárias para viagem (desde que ultrapassem de metade do salário-dia devido ao empregado) e abonos pagos pelo empregador (§ 1º do art. 457, com a redação advinda da Lei n. 1.999, de 1953); não se incluem nos salários as ajudas de custo e as diárias, salvo, quanto a estas, na hipótese mencionada na alínea anterior (§ 2º do art. 457), bem como as quotas do salário-família (art. 9º da Lei n. 4.266, de 3.10.63) e o vale-transporte (art. 3º da Lei n. 7.418, de 16.12.85); além do pagamento em dinheiro, constituem salário a alimentação, a habitação, os vestuários e outras prestações *in natura* que o empregador, por força do contrato ou do costume, fornecer habitualmente ao empregado (art. 458), ressalvada a hipótese da alimentação autorizada e contratada nos termos das Leis ns. 3.030, de 1956. e 6.321, de 1976; e) não serão, porém, considerados como salário, em face da modificação do § 2º do art. 458 da CLT, pela Lei n. 10.243, de 2001, as seguintes utilidades concedidas pelo empregador: I – vestuários, equipamentos e outros acessórios fornecidos aos empregados e utilizados no local de trabalho, para a prestação do serviço; II – educação, em estabelecimento de ensino próprio ou de terceiros, compreendendo os valores relativos a matrícula, mensalidade, anuidade, livros e material didático; III – transporte destinado ao deslocamento para o trabalho e retorno, em percurso servido ou não por transporte público; IV – assistência médica, hospitalar e odontológica, prestada diretamente ou mediante seguro-saúde; V – seguros de vida e de acidentes pessoais; VI – previdência privada."

Constatando o administrador judicial, após realização de todo o ativo e pagamento dos credores extraconcursais (credores da massa falida e titulares de direito a restituição em dinheiro), que os recursos disponíveis não serão suficientes para pagamento de todos os credores da classe dos trabalhistas e equiparados, procede-se ao rateio na proporção do crédito de cada um.

Havendo cessão de crédito trabalhista, o cessionário concorre na classe dos quirografários[331].

---

(331) "Art. 83, § 4º. Os créditos trabalhistas cedidos a terceiros serão considerados quirografários."

Capítulo 13

ENFIM, O PROCEDIMENTO EXECUTIVO POR QUANTIA CERTA CONTRA DEVEDOR SOLVENTE, FUNDADO EM TÍTULO EXECUTIVO JUDICIAL: UMA PROPOSTA A SE PENSAR

13.1. Considerações introdutórias: o novo processo sincrético como etapa integrante da série de reformas do CPC conduzidas pelo ideário instrumentalista

A racionalização dos procedimentos executivos iniciou-se com a Lei n. 8.952/1994, a qual, alterando a redação do *caput* do art. 461 do CPC[332], transformou a execução das obrigações de fazer e não fazer em fase de um processo único, rompendo com o modelo tradicional do Código de Processo Civil de 1973, que tratava a execução como processo autônomo em relação àquele em que havia sido proferida a sentença condenatória.

Posteriormente, a Lei n. 10.444/2002 estendeu a inovação também para as sentenças que condenavam a entregar coisa, atribuindo-lhes, assim como já havia feito com relação às obrigações de fazer e não fazer, eficácia executiva. Assim, ao mesmo tempo em que o Juiz concedia a tutela específica, assinalava prazo para o cumprimento da sentença condenatória[333]. O processo de conhecimento

---

(332) "Art. 461. Na ação que tenha por objeto o cumprimento de obrigação de fazer ou não fazer, o Juiz concederá a tutela específica da obrigação ou, se procedente o pedido, determinará providências que assegurem o resultado prático equivalente ao do adimplemento." Referido artigo, combinado com o *novel* art. 475-I, do CPC, permite concluir que o cumprimento das sentenças que condenam a fazer ou a desfazer é fase de um processo único, em que se realizam, sem ruptura, as atividades de conhecimento e de execução. A maneira sincrética, porém, de se executar as sentenças que impõem um fazer ou não fazer e também de entregar coisa, como se verá, não é novidade. A inovação da Lei n. 11.232/2005 refere-se à execução das obrigações por quantia certa, que, a partir de agora, ocorre no interior do processo de conhecimento, transformando-se em fase de um processo unitário, que congrega as atividades cognitiva e satisfativa.

(333) O art. 461-A foi acrescido ao CPC pela Lei n. 10.444/2002, a qual conferiria às ações que tinham por objeto a entrega de coisa executividade intrínseca. A redação do artigo deixa entrever claramente a eficácia executiva das sentenças condenatórias de obrigações de entregar coisa: "Art. 461-A: Na ação que tenha por objeto a entrega de coisa, o Juiz, ao conceder a tutela específica, fixará o prazo para o cumprimento da obrigação".

era bastante a proporcionar à parte toda a tutela jurisdicional a que aspirava, sem necessidade de instalação de processo executivo posterior. Era, com relação à execução das sentenças condenatórias de obrigações de fazer e não fazer e de entregar coisa, o fim do chamado modelo executivo *ex intervallo*.

A partir daí, a satisfação do direito declarado na sentença, relativamente às obrigações que impunham um fazer e não fazer e também a entrega de coisa, diferentemente do que ocorria com a execução das obrigações de pagar quantia certa em dinheiro, passou a acontecer sem necessidade de instauração de novo processo. Em suma, imprimiu-se autoexecutoriedade às sentenças que condenavam o devedor a um fazer ou não fazer e, ainda, a entregar coisa, de forma que a realização prática da sentença foi deslocada para o interior da própria relação jurídica de conhecimento.

Rompia-se, ao menos com relação às sentenças condenatórias de obrigações de fazer e desfazer e de entregar coisa, o dualismo entre processo de conhecimento e de execução.

Destarte, dependendo da natureza jurídica da obrigação, havia duas formas distintas de se executar a sentença condenatória. Em se tratando de obrigações de fazer e não fazer e de entregar coisa, a execução ocorria no mesmo processo em que prolatada a sentença (modelo sincrético ou unitário). Relativamente às obrigações de pagar quantia em dinheiro, a execução continuava a se operar autonomamente em relação ao processo de conhecimento (modelo dual).

Portanto, ao credor, recusando-se o devedor ao cumprimento espontâneo do comando judicial contido na sentença condenatória de obrigação de pagar, não restava alternativa senão provocar novamente o Poder Judiciário para obter satisfação do seu direito. A execução continuava a se realizar através de processo distinto daquele que havia originado o título executivo que consubstanciava obrigação pecuniária. Assim, mesmo após vitorioso, o credor ainda tinha pela frente árdua missão: a de encontrar o devedor, para citá-lo, e, recusando-se este a efetuar o pagamento devido, e uma vez garantido o juízo, pela penhora, ainda esperar o julgamento dos embargos do executado, recebidos, como regra, também no efeito suspensivo, para, só então, iniciar atos de satisfação do crédito contido no título que fundamentava a execução forçada[334].

---

(334) Athos Gusmão Carneiro expõe o drama que era a execução de sentença condenatória de pagar quantia certa, *verbis*: "A execução permanece o 'calcanhar de aquiles' do processo. Nada mais difícil, com frequência, do que impor no 'mundo dos fatos' os preceitos abstratamente formulados no 'mundo do direito'. Já tivemos ensejo de sublinhar como, após o longo contraditório no processo de conhecimento, ultrapassados todos os percalços, vencidos os sucessivos recursos, sofridos os prejuízos decorrentes da demora (...), o demandante logra obter alfim a prestação jurisdicional definitiva, com o trânsito em julgado da sentença de condenação da parte adversa. Recebe, então, a parte vitoriosa, de imediato, sem tardança maior, 'o bem da vida' que lhe foi reconhecido? Triste engano: a sentença condenatória é título executivo, mas não se reveste de preponderante eficácia executiva. Se o vencido não se dispõe a cumprir a sentença, haverá iniciar um novo processo, o de execução, efetuar nova citação, sujeitar-se à contrariedade do executado mediante a 'ação de embargos', com sentença e a possibilidade de novos

Isso (e antes tarde do que nunca!), até o advento da Lei n. 11.232/2005.

Imbuído do sentimento de que "justiça que tarda falha", não é justiça, o legislador adotou o modelo sincrético também com relação à execução das sentenças que impõem o cumprimento de obrigação de pagar quantia certa.

O projeto que redundou na Lei n. 11.232/2005 sintetiza proposta instrumentalista esperançosa de otimização da atividade jurisdicional executiva, ao propugnar pela obtenção, em espaço de tempo razoável, de resultados mais parecidos possíveis àqueles que seriam obtidos não tivesse havido inadimplemento[335]. Isto é, se tivesse o direito material sido observado espontaneamente, sem necessidade de intervenção do Estado-Juiz. Propugna-se, enfim, pela tutela judicial que seja adequada, específica, justa e tempestiva.

Ideal seria que no momento mesmo da violação ao direito, o Judiciário pudesse outorgar imediatamente a tutela jurisdicional. Entretanto, algum tempo é necessário para que a parte postule, provocando a atuação judicial, e para que prove suas alegações. Também o Juiz precisa de tempo para que possa formar seu convencimento e julgar com justiça. A principiologia constitucional do processo impede a imediatidade da resposta judicial, máxime porque a participação do réu ao longo do procedimento, no exercício do direito de defesa, é também faceta do direito fundamental de acesso à Justiça. A sentença, como produto final da atividade jurisdicional, legitima-se pela participação em contraditório das

---

e sucessivos recursos. Tudo superado, só então o credor poderá iniciar os atos executórios propriamente ditos, com a expropriação do bem penhorado, o que com lamentável frequência propicia mais incidentes e agravos". CARNEIRO, Athos Gusmão. Nova execução. Aonde vamos? Vamos melhorar. In: *Revista Forense*, Rio Janeiro, v. 379, p. 56-60.

(335) "(...) No sistema originário do Código de Processo Civil, essa atuação prática da norma jurídica concreta era, em regra, precedida da respectiva formulação pelo órgão judicial; o processo de execução, embora distinto e autônomo, *pressupunha* o de conhecimento. Em certas hipóteses, contudo, especificamente previstas, tornava-se (e continua a tornar-se) desnecessária a prévia atividade cognitiva: a lei confere eficácia executiva a certos títulos, considerando que neles já se acha contida a norma jurídica disciplinadora das relações entre as partes, com suficiente certeza para que o credor se tenha por habilitado a pleitear, desde logo, a realização dos atos materiais tendentes a efetivá-la. (...) a sistemática originária viu-se modificada por leis sucessivas, que aboliram, total ou parcialmente, a distinção formal entre a sequência de atos cognitivos e a sequência de atos executivos, convertendo esta em prosseguimento daquela, praticamente sem solução de continuidade. Tal evolução ocorreu, primeiro, nos casos de obrigação de fazer ou não fazer e nos de entrega de coisa, estendendo-se mais recentemente aos de obrigação pecuniária, por força da Lei n. 11.232. O antigo processo de execução, consecutivo ao de conhecimento, perdeu a autonomia e transformou-se em mera fase de um processo 'sincrético' (...). Tende a execução a proporcionar ao credor, em princípio, resultado prático igual ao que ele obteria se o devedor cumprisse a obrigação; e isso não apenas do ponto de vista quantitativo, mas também do qualitativo. Em outras palavras, a execução deve ser específica. Hipóteses ocorrem, todavia, em que, por impossibilidade material (exemplo: perecimento da coisa devida), o credor só pode ser satisfeito mediante a entrega do equivalente pecuniário; e nalguns casos (*v. g.*, art. 627, *caput, fine*) a lei lhe reconhece a possibilidade de preferir o recebimento de importância em dinheiro, em vez da prestação originariamente exigível. Quer isso dizer que, sob determinadas circunstâncias, execução de outro tipo vem a converter-se em execução por quantia certa.". MOREIRA, José Carlos Barbosa. *O novo Processo Civil brasileiro:* Exposição sistemática do procedimento. 25. ed. Rio de Janeiro: Forense, 2007. p. 203 e ss.

partes envolvidas na disputa. Mesmo em execução, depois de superada discussão a respeito da existência do crédito e da sua titularidade, ainda são abertas vias de defesa ao executado, inobstante limitadas a certo rol de matérias.

De qualquer forma, a Lei n. 11.232/2005, interligada intimamente ao projeto instrumental de externalização em tempo otimizado[336] de resultados práticos pelo processo, exterminou o binômio "processo de conhecimento + processo de execução", transpondo para dentro de um único processo (o de conhecimento) as atividades de certificação e satisfação do direito, sempre que a sentença reconhecer a existência de prestação a ser cumprida pelo réu, seja ela de fazer, não fazer, entregar coisa e pagar quantia. Constata-se, assim, que a Lei em foco praticamente eliminou do ordenamento processual brasileiro as sentenças *condenatórias puras*, aquelas que demandavam, para sua efetivação, processo de execução autônomo (*ex intervallo*). Pois, havendo, na sentença, o reconhecimento de uma obrigação específica a ser adimplida pelo réu, seu cumprimento far-se-á em continuidade ao mesmo processo em que fabricado o título. Processo sincrético, portanto[337].

Essa tendência, de sincretismo das tutelas jurisdicionais, e de superação consequente da técnica processual que demandava processo distinto para cada espécie de tutela aspirada (a cada direito deve corresponder ação distinta que o assegure), iniciou-se, de certa forma, com a fungibilidade entre as tutelas cautelar e antecipatória do provimento final, a qual possibilitou concessão de medidas de urgência assecuratórias (cautelares) no bojo de processos não cautelares, de conhecimento. Ademais, a própria tutela antecipada, assim como a execução provisória, aquela de cunho provisório (suscetível de ser substituída por um provimento definitivo)

---

(336) Entenda-se por tempo otimizado o equilíbrio entre o vetor segurança, representado pela garantia de defesa e ordinarização dos procedimentos, e celeridade de outro, a demandar rapidez no desenrolar do processo. O encontro do ponto de equilíbrio sintetiza o que seja o devido processo legal à luz de visão instrumentalista: princípio polarizador de constelação principiológica voltada à produção da tutela jurisdicional mais apropriada possível a tutelar o direito material sobre que se controverte. A esse respeito, Barbosa Moreira comenta: "(...) Em qualquer caso, o processo de execução atinge a sua consumação normal desde que se estabeleça a correspondência, tão perfeita quanto possível, entre a situação real e a indicada na norma jurídica concreta. Assim, por exemplo, quando se reembolse o credor da importância que lhe era devida, ou se realize o fato a cuja prestação se obrigara o devedor. Razões de ordem vária podem todavia obstar ao conseguimento desse resultado, seja barrando a marcha normal da execução, porque se mostre ela juridicamente inviável (*v. g.*: a obrigação já se extinguira, mesmo sem pagamento, após a emissão da sentença exequenda), seja frustrando-a pela impossibilidade prática de alcançar-se o fim colimado (*v. g.*: não se encontram, no patrimônio do devedor, bens de que se possa lançar mão para satisfazer o crédito exequendo)". *Ibidem*, p. 204.

(337) "No Brasil, por exemplo, as sentenças condenatórias versando sobre obrigação de fazer, não fazer e dar coisa certa ou incerta já se efetivam no próprio processo cognitivo. A execução constitui mera fase do procedimento sincrético. (...) A nova sistemática, portanto, estabelece seja a tutela condenatória versando sobre pagamento de quantia em dinheiro realizada praticamente no próprio processo de conhecimento (art. 475-I). A mesma técnica do processo sincrético, acrescida da ordem acompanhada de meios de coerção, já era adotada para os atos materiais necessários à efetivação das tutelas cognitivas cujo objeto sejam obrigações de fazer, de não fazer e de dar (arts. 461 e 461-A)." BEDAQUE, José Roberto dos Santos. Algumas considerações sobre o cumprimento da sentença condenatória. In: *Revista do Advogado*, São Paulo, v. 26, n. 85, p. 63-77, maio 2006.

e pautada em cognição mais superficial que a exigida para a prolação de sentença conclusiva a respeito do mérito, conducente a convencer o magistrado apenas da probabilidade (e não certeza) a respeito da existência do direito, adiantando ao trânsito em julgado os efeitos futuros da decisão judicial final, os quais, como regra, ficam tolhidos até formação de coisa julgada, mesclam certificação e efetivação em um mesmo processo (sincrético). Enfim, a multifuncionalidade do processo, consistente na sua aptidão em propiciar e irradiar efeitos cognitivo, executivo e acautelatório, de uma só vez, é consectário da própria exigência constitucional de se garantir o mais amplo acesso à Justiça.

Logo, o processo executivo de outrora se transformou em procedimento, a ser desenvolvido imediatamente após a formação do título executivo judicial, como fase (e não mais processo autônomo, portanto) daquele mesmo processo que produziu a sentença. A efetivação do comando contido em qualquer sentença na qual se reconheça a existência de uma obrigação a ser cumprida pelo vencido — o chamado cumprimento de sentença em sentido genérico —, se fará por simples requerimento do credor, não mais pelo exercício de uma ação, a ação executiva. Com a eliminação da necessidade de se provocar novamente a jurisdição pelo exercício do direito de ação, desaparece, consectariamente, o processo de execução. Dessarte, ao invés de dois diferentes processos, se terá um só, denominado sincrético, em que se declara e satisfaz o direito. Uma só ação, um só processo.

Coerentemente, todas as normas relativas à temática da efetivação das decisões judiciais no plano material passaram a compor o Livro I do CPC, no qual habitam todas as disposições concernentes ao processo de conhecimento, tendo sido criado um novo Capítulo — o Capítulo X —, posterior ao que trata do procedimento liquidatório — Capítulo IX —, especificamente para abrigar as normas relativas ao cumprimento da sentença, agora etapa derradeira do processo.

Diversamente, porém, do que ocorre com as obrigações de fazer e não fazer, em que o Juiz ordena o cumprimento específico da sentença ou adota, desde logo, medidas práticas equivalentes ao adimplemento específico, e das obrigações de entrega de coisa, em que o Juiz desde logo fixa prazo para cumprimento da decisão, após o qual, sem que haja cumprimento, expede mandado de busca e apreensão, se bem móvel, ou imissão na posse, se imóvel (diz-se que a execução faz-se por desapossamento), nas obrigações de pagar quantia, a execução faz-se por expropriação[338], com apreensão de bens do patrimônio do executado, para transformá-los em dinheiro, satisfazendo-se posteriormente o direito do credor[339].

---

(338) Daí o art. 646 do CPC: "a execução por quantia certa tem por objeto expropriar bens do devedor, a fim de satisfazer o direito do credor".

(339) Procura-se justificar a distinção terminológica entre "cumprimento de sentença" e "execução", já analisada, precisamente a partir da necessidade ou não de adoção de outras providências que não sejam as voltadas à imediata entrega do bem da vida ao credor. Tratando-se de obrigações de fazer e não fazer e de entregar coisa as medidas executivas destinam-se imediatamente a colocar o bem da vida perseguido à disposição do credor, seja pela adoção de medidas práticas equivalentes ao adimplemento específico,

Eventualmente, os próprios bens apreendidos podem ser empregados na satisfação do crédito exequente, mediante adjudicação[340].

Em suma, a Lei n. 11.232/2005 imprimiu às sentenças que reconheçam a existência de obrigações de pagar, para além da eficácia meramente declaratória

---

seja pela expedição de mandado de busca e apreensão ou de imissão na posse, quando o devedor se recuse ao cumprimento específico da obrigação de entregar coisa. Quem explica é Humberto Theodoro Júnior: "Dispõe o art. 475-I que o cumprimento da sentença dar-se-á de forma diferente conforme se trate: (i) de obrigações de fazer ou não fazer e de entrega de coisa ou, de outro lado, (ii) de obrigação por quantia certa. Nos dois primeiros casos, o procedimento do cumprimento forçado é o traçado nos arts. 461 e 461-A; e, no último, o da execução, nos termos do Capítulo X 'Do Cumprimento da Sentença' (arts. 475-J e ss.). Esta distinção, todavia, não resulta da abolição da ação executiva para as obrigações de fazer e de entrega de coisa, e na persistência de tal ação para as de quantia certa. O que a lei pretendeu esclarecer foi que o cumprimento da sentença, às vezes, é imediato, sumário, sem outras diligências que não sejam as de imediata colocação do bem devido à efetiva disposição do credor; e que, em outra, se torna mister um procedimento executivo mais demorado e complexo para se alcançar o bem da vida a ser proporcionado ao credor. Assim é o que se passa com o credor de quantia certa. O Juiz, para satisfazê-lo, após a condenação, terá de obter a transformação dos bens do devedor em dinheiro, para em seguida, utilizá-lo no pagamento forçado da prestação inadimplida. É essa expropriação que o art. 475-I chama execução. Não se trata, obviamente, de conservar a ação de execução de sentença, mas apenas de utilizar os meios processuais executivos necessários para consumar o fim visado pelo cumprimento da sentença, em face do objetivo específico da dívida. Há, pois, execução por quantia certa, mas não ação de execução por quantia certa, sempre que o título for sentença". THEODORO JÚNIOR, Humberto. *Curso de Direito Processual Civil:* Processo de execução e cumprimento da sentença. Processo cautelar e tutela de urgência. 42. ed. v. II. Rio de Janeiro: Forense, 2008. p. 52.

(340) Veja-se, porém, que na hipótese de a obrigação não ser cumprida especificamente e não ser possível alcançar-se resultado prático equivalente, seja porque a obrigação de fazer não pode ser adimplida por mais ninguém que o próprio devedor, seja porque a coisa infungível a ser entregue pereceu, busca-se a satisfação mediante equivalente pecuniário, com expropriação de bens do devedor, para satisfação do crédito exequendo. Logo, pode ser que todos os procedimentos executivos deságuem no rito específico da execução por quantia certa contra devedor solvente. É o que se depreende das lições de José Carlos Barbosa Moreira: "Já se disse que o processo de execução visa, em princípio, a proporcionar ao credor resultado prático igual ao que ele conseguiria se o seu direito não sofresse lesão (ou não ficasse na iminência de sofrê-la). Explicou-se também, por outro lado, que nem sempre é possível atingir esse objetivo; em tal emergência, procura-se ao menos obter para o credor uma compensação pecuniária, que substitua a prestação diversa, originariamente devida. É o que acontece, *v. g.*, quando a coisa pretendida não lhe pode ser entregue por haver perecido (...). Noutras hipóteses se abre igualmente ensejo à cobrança executiva de uma soma em dinheiro, quer alternativamente à exigência da prestação específica (por exemplo, quando a coisa devida foi alienada a terceiro depois de tornar-se litigiosa; art. 627, *caput, fine*, combinado com o art. 626), quer cumulativamente a ela (por exemplo, quando além da coisa, tem direito o credor ao pagamento de frutos ou ao ressarcimento de perdas e danos: art. 624, *fine*), quer ainda como meio de coerção, destinado a compelir o devedor ao adimplemento (arts. 644 e 645). Em todos esses casos, do ponto de vista prático, os termos em que se põe a questão passam a ser os mesmos em que ela se poria desde o início, se o devedor estivesse obrigado a pagar determinada importância. O desaguadouro comum é o processo de execução por quantia certa, que assim exerce dupla função: serve, naturalmente, de meio para a atuação prática da norma jurídica concreta, quando se trata de dívida pecuniária *ab origine*; e também de expediente destinado a proporcionar ao credor prestação *substitutiva*. Na primeira hipótese, a execução por quantia certa é *específica*, tal como qualquer outra execução que tenda a obter para o credor, independentemente da vontade e da colaboração do devedor, a própria prestação *in natura*, que este se achava obrigado a realizar. Na segunda hipótese, ela assume caráter subsidiário; e, visto que pode funcionar como sucedâneo, *in genere*, de qualquer outra espécie de execução, comumente se lhe aplica a designação de *genérica* (...)". (grifos no original). MOREIRA, José Carlos Barbosa. *O novo Processo Civil brasileiro*. 25. ed. Rio de Janeiro: Forense, 2007. p. 231 e ss.

(afirmativa da existência de relação jurídica que impõe ao devedor cumprimento de uma prestação) e constitutiva (formadora de título executivo outrora inexistente), eficácia executiva, possibilitando-se satisfazer o direito do credor imediatamente à prolação de decisão de procedência do pedido, sem necessidade da instauração, pelo vencedor, de novo processo (fim do modelo dual e inauguração do modelo sincrético)[341].

Logo, é o cumprimento da sentença, e, portanto, a efetiva entrega do bem da vida que se persegue em juízo, o que finaliza o processo. Não mais a sentença, como antes[342].

As principais inovações dizem respeito à(ao): (i) adoção do modelo sincrético; (ii) início da atividade jurisdicional executiva a partir de simples requerimento do exequente, e não mais pelo exercício do direito de ação (ação executiva)[343]; (iii) substituição da citação do devedor pela sua intimação; (iv) aplicação de multa em caso de não cumprimento voluntário da decisão judicial; (v) substituição dos embargos do devedor pela impugnação ao cumprimento de sentença, a qual, como regra, não possui mais o condão de suspender a execução.

Propugna-se, como se verá, pela aplicação de todas essas novidades à processualística laboral, observadas algumas pequenas peculiaridades relativas ao

---

(341) "(...) concretiza-se a nova sistemática, de ação 'sincrética', ficando dotada a sentença de procedência, nos casos de prestação de quantia líquida (valor já fixado na sentença de procedência, ou arbitrado em procedimento de liquidação), não só de eficácia 'condenatória' como também de eficácia 'executiva'." CARNEIRO, Athos Gusmão. Nova Execução. Aonde vamos? Vamos melhorar. In: *Revista Forense*, Rio Janeiro, v. 379, p. 56-60.

(342) "A adoção da epígrafe 'Do Cumprimento da sentença' vem a proclamar, de modo expressivo, a meta desta última etapa do processo de conhecimento: busca-se *efetivação* da sentença condenatória, efetivação que resultará na entrega ao demandante (plano dos fatos) do bem da vida a que fora declarado com direito. Assim, a sentença de condenação conduzirá desde logo (tanto quanto no mundo dos fatos apresentar-se possível) à 'satisfatividade' de que já se revestem, por sua natureza e em caráter imediato, as sentenças meramente declaratórias e as sentenças (de procedência) constitutivas." (grifos no original) CARNEIRO, Athos Gusmão. Do cumprimento da sentença, conforme a Lei n. 11.232/2005. Parcial retorno ao medievalismo. Por que não?. In: *Revista Dialética de Direito Processual*, São Paulo, vol. 38.

(343) A necessidade de requerimento do exequente para que seja iniciada a atividade executória é, ainda, identificada por Leonardo Greco como uma das principais diferenças entre a técnica de efetivação das sentenças que reconhecem obrigação de pagar daquela pertinente à obrigação de fazer, não fazer ou entregar coisa. Veja-se: "Embora inspirada na mesma ideia central que determinou a criação das chamadas tutelas específicas dos arts. 461 e 461-A, relativas às prestações de fazer, não fazer e entrega de coisa, seja a de fundir numa única relação processual a atividade cognitiva e a atividade executória ou de cumprimento, dispensando-se novo pedido e nova citação, daquelas difere a reforma da execução por quantia certa de título judicial instituída pela Lei n. 11.232/05 em pelo menos três aspectos fundamentais: a) não se trata de jurisdição *ex officio*, simples continuação, através do princípio do impulso processual oficial, da relação processual de que resultou a sentença na fase de conhecimento, pois os arts. 475-A e 475-J expressamente exigem para instauração da liquidação e para o desencadeamento dos atos coativos sobre o patrimônio do devedor que o exequente formule um requerimento, no segundo caso com a observância do disposto no art. 614-II, ou seja, o impulso oficial vai até a sentença, exigindo-se reiteração da iniciativa da parte para a liquidação e instauração da atividade executória (...)". GRECO, Leonardo. Primeiros comentários sobre a reforma da execução oriunda da Lei n. 11.232/2005. In: *Revista do Advogado*, São Paulo, v. 26, n. 85, p. 97-111, maio 2006.

procedimento delineado na CLT. À medida que formos discorrendo acerca de cada um desses pontos da reforma, procuraremos demonstrar o porquê de se adotar a regra do CPC em detrimento da CLT, bem como a forma como se irá operacionalizar a execução trabalhista a partir de agora.

A fim de facilitar a visualização das principais diferenças hoje existentes entre o Processo Trabalhista e o Processo Cível, no que toca à execução de sentenças que reconheçam a existência de obrigação de pagar quantia certa contra devedor solvente, tomaremos de empréstimo quadro elaborado por *Renato Saraiva*[344], o qual servirá de guia à abordagem a ser empreendida. Em sua obra, o Autor remarca as principais diferenças até hoje existentes, de *lege lata*, entre a processualística comum e do trabalho:

PROCESSO CIVIL – CPC	PROCESSO DO TRABALHO — CLT
Revogou os dispositivos relativos à execução fundada em título judicial.	Continuam existindo dispositivos específicos relativos à execução — arts. 876 e ss. da CLT.
Estabeleceu a fase de cumprimento das sentenças no processo de conhecimento.	A sentença é cumprida no processo de execução trabalhista.
Elaborados os cálculos, o devedor será intimado na pessoa do advogado para pagar a dívida liquidada no prazo de 15 dias, sob pena de multa de 10% (art. 475-J do CPC).	Elaborados os cálculos e tornada a dívida líquida e certa, o devedor será citado (pessoalmente, por oficial de justiça) para pagar a dívida ou garantir a execução no prazo de 48 horas, sob pena de penhora (art. 880 da CLT).
Retirou do devedor a possibilidade de indicar bens à penhora.	O devedor pode indicar bens à penhora, obedecida a ordem legal prevista no art. 655 (art. 882 da CLT).
Não satisfeita a dívida no prazo de 15 dias, a requerimento do credor, será expedido mandado de penhora e avaliação (art. 475-J do CPC).	Não satisfeita a dívida no prazo de 48 horas, ou mesmo não nomeados bens à penhora pelo devedor, o oficial de justiça procederá à penhora de tantos bens quantos bastem para garantir a execução (art. 883 da CLT).
Realizada a penhora, o executado será intimado na pessoa do seu advogado ou, na falta deste, o seu representante legal ou pessoalmente, para oferecimento de impugnação ao cumprimento da sentença, no prazo de 15 dias, sem efeito suspensivo (art. 475-M do CPC).	Realizada a penhora, o executado será intimado para apresentar embargos à execução no prazo de 5 dias (art. 884 da CLT), com efeito suspensivo.

---

(344) SARAIVA, Renato. *Curso de Direito Processual do Trabalho.* 5. ed. São Paulo: Método, 2008. p. 698. Aproveita-se, ainda, a oportunidade para apresentar posicionamento do autor no sentido de não serem aplicáveis ao Processo Laboral muitas das inovações da Lei n. 11.232/2005, *verbis*: "(...) Após estas considerações iniciais sobre a Lei n. 11.232/2005, resta verificar se a aludida norma pode ser aplicada, na íntegra, ao Processo do Trabalho. Entendemos que não. Conforme menciona o art. 769 da CLT, as normas do digesto processual civil podem ser aplicadas, em caráter supletivo, ao Processo do Trabalho, desde que haja omissão na norma consolidada e que as normas do CPC não se revelem incompatíveis com o Processo Laboral. Pela análise dos arts. 876 e ss. da CLT, percebe-se que o Processo do Trabalho não é omisso sobre a matéria execução, contendo o diploma consolidado regulação específica

13.2. Execução trabalhista: fase de um processo sincrético ou processo autônomo?

Sempre se discutiu se a execução trabalhista seria a fase de um processo sincrético ou verdadeiro processo autônomo. Majoritariamente, sempre se entendeu pela autonomia da execução trabalhista[345].

Em primeiro lugar, afirmam os defensores de tal posição, a execução trabalhista, tal qual delineada na CLT, inicia-se pela citação pessoal do executado, via oficial de justiça. Logo, tendo em vista que a citação é ato de comunicação processual que visa a integrar o réu ao processo e iniciando-se a execução trabalhista pela citação pessoal do demandado, só se poderia tratar a execução, por evidente, de um novo processo. Assim viria disciplinado no art. 880 da CLT:

"O Juiz ou presidente do Tribunal, requerida a execução, mandará expedir mandado de citação ao executado, a fim de que cumpra a decisão ou o

---

sobre o tema. Portanto, não há espaço para aplicação integral dos dispositivos contidos na Lei n. 11.232/2005, sob pena de negarmos vigência ao texto consolidado. (...) É evidente que a Lei n. 11.232/2005, em tese, revela-se mais eficaz do que as regras contidas no diploma consolidado. No entanto, a efetividade que os operadores do direito laboral desejam deverá ser atingida por meio da modificação da própria CLT e não por meio da imprópria e inconsistente revogação e substituição das regras consolidadas pelo disposto na Lei n. 11.232/2005. Caso isso ocorra, seremos forçados a admitir que o Processo do Trabalho não é autônomo em relação ao Processo Civil, constituindo-se o direito instrumental laboral em simples desdobramento do direito processual civil. (...) Isso não significa dizer que, na omissão da CLT, não haja espaço para aplicação de forma supletiva de alguns dispositivos introduzidos ao CPC por força da Lei n. 11.232/2005, como ocorre nas hipóteses do art. 475-L e art. 475-O, ambos do CPC".

(345) Carlos Henrique Bezerra Leite sintetiza a discussão apresentando os principais argumentos suscitados por ambas as correntes. Confira-se: "Ao tratarmos da natureza jurídica da execução trabalhista devemos enfrentar o seguinte problema: será que ela constitui um processo autônomo distinto do processo de conhecimento? Para satisfazer a indagação, duas correntes se apresentam. A primeira, majoritária, defende a tese de que a autonomia do processo de execução: a) emerge da existência do 'mandado de citação ao executado', previsto no art. 880 da CLT. Ora, citação é o ato pelo qual se chama alguém a juízo para se defender de uma ação. Logo, existe uma 'ação de execução', para a qual será 'citado' o executado. Na verdade, a citação não é para o executado se defender, e sim para ele 'cumprir a decisão judicial, no prazo e sob as cominações estabelecidas'. Daí os opositores dessa corrente afirmarem que se trata, a rigor, de intimação, e não de citação, o que reforçaria a tese da inexistência da autonomia do processo da execução trabalhista; b) decorre da inter-relação sistemática entre o Processo do Trabalho e o Processo Civil, sabido que este, com o advento do CPC de 1973, passou a dedicar um Livro próprio e específico apenas para a execução, dando-lhe, seguramente, uma caracterização autônoma em relação ao processo de conhecimento, inclusive com a previsão da ação executória (forçada) de título judicial e da ação executiva de título extrajudicial (documentos com força executiva). A segunda corrente sustenta que a execução trabalhista nada mais seria do que simples fase do Processo do Trabalho, ou mero epílogo da fase de conhecimento. Vale dizer, para os defensores dessa corrente, diferentemente do Processo Civil, não há um processo autônomo de execução trabalhista. Os dois principais argumentos residem: a) no fato de a execução trabalhista permitir a execução *ex officio*, isto é, pelo próprio Juiz, o que comprovaria a tese de que não há uma ação de execução, pois esta está jungida ao princípio da demanda ou dispositivo; na inexistência de título executivo extrajudicial, na medida em que a antiga redação do art. 876 da CLT somente previa a execução das decisões ou acordos homologados judicialmente, passadas em julgado". LEITE, Carlos Henrique Bezerra. *Curso de Direito Processual do Trabalho*. 3. ed. São Paulo: LTr, 2005. p. 683-684.

acordo no prazo, pelo modo e sob as cominações estabelecidas, ou, em se tratando de pagamento em dinheiro, incluídas as contribuições sociais devidas ao INSS, para que pague em quarenta e oito horas, ou garanta a execução, sob pena de penhora".

Outro argumento usualmente suscitado pelos defensores de tal posição é o de que a autonomia da execução trabalhista decorreria da inter-relação sistemática entre o Processo do Trabalho e o Processo Cível, que tratava a execução de sentença condenatória de obrigações de pagar quantia como processo autônomo relativamente ao processo de conhecimento, havendo no CPC livro específico destinado apenas à ação executória de títulos judiciais e extrajudiciais. Como é óbvio, referido argumento, à luz da reforma empreendida, já não mais poderá ser utilizado em socorro da tese da autonomia da execução trabalhista.

Por fim, um último argumento suscitado é o de que a inclusão de títulos executivos extrajudiciais ao rol do art. 876 da CLT, quais sejam, termo de ajuste de conduta firmado perante o Ministério Público do Trabalho e termo de conciliação ajustado perante a comissão de conciliação prévia, deixaria entrever tratar-se a execução trabalhista de verdadeiro processo autônomo, eis que impossível a execução de título extrajudicial que não seja mediante um processo.

Em contraposição à corrente que sustenta a autonomia do Processo Laboral executivo, há quem sustente ser a execução trabalhista mera etapa de um processo sincrético. É mesmo esta a melhor posição.

Em primeiro lugar, afirma-se que, na realidade, o mandado de citação a que se refere o art. 880 da CLT não visa a integrar o réu ao processo, mas a determinar que cumpra a decisão ou, querendo interpor embargos, nomeie bens a penhora no prazo de 48 horas. Tratar-se-ia, pois, em verdade, de intimação e não de citação[346].

---

(346) José Antonio Callegari também defende a posição sincretista, a partir de raciocínio bastante interessante, que vale reproduzir: "O sincretismo sempre foi a marca do processo do trabalho. Não se olvide que existem vozes com razoáveis argumentos em sentido contrário, para quem existem dois processos trabalhistas: um de conhecimento e outro de execução. Ficamos com a primeira corrente: processo do trabalho é sincrético. Veja-se que a CLT não fala em processo de conhecimento e processo de execução. Fala tão somente em processo do trabalho. Nele, temos a fase de conhecimento e a fase de execução. Tal unidade sistemática fica ainda mais reforçada com a adoção do processo civil sincrético. (...) Interpretando-se a Lei n. 11.232, de 22 de dezembro de 2005, podemos extrair algumas considerações (...). Não se diz mais que sentença é o ato que põe termo ao processo. Com isto, permite-se a adoção do processo sincrético (...). Isto já ocorre no processo do trabalho, seja porque não se conceituou sentença, seja porque a iniciativa é de qualquer interessado e até mesmo do Juiz, nos termos do art. 876, parágrafo único, e art. 878 da CLT. Na execução trabalhista, vigora o princípio inquisitivo, que no processo civil vem sendo denominado como *executio per officium iudicis* (...). Se a sentença não põe termo ao processo, por simetria a citação não lhe dá início. Logo, a citação não é pressuposto de existência e sim de validade (...). Concluindo, o processo existe tão somente com dedução da pretensão material em juízo. (...) Supondo-se que se trata realmente de pressuposto de validade do processo, a ausência de citação no cumprimento da sentença não viola as garantias processuais constitucionalizadas, vez que houve a citação no processo sincrético. (...) Então, o fato de a CLT prever a citação do executado como disposto no art. 880 continua válido como argumento em favor da doutrina dicotômica do processo de conhecimento e do processo de execução? (...) Pelo exposto, a citação prevista no processo de execução trabalhista

Ademais, em sendo a execução um processo autônomo, seria preciso admitir que o magistrado, sujeito imparcial do processo, pudesse exercitar o direito de ação, em substituição às próprias partes da demanda. É que, como sabido, a execução trabalhista pode se iniciar por iniciativa do magistrado.

Tal atuação do órgão judicial, porém, encontraria vedação no princípio da demanda, de acordo com o qual apenas à parte é facultada a iniciativa de provocar o exercício da função jurisdicional. Logo, sendo possível (como, de fato, é!) ao magistrado trabalhista iniciar a execução, outra não pode ser a conclusão senão a de que é a execução, em verdade, mera fase de um processo já em curso, iniciado pela parte quando da propositura da ação e não processo autônomo.

Com respeito ao argumento de que a autonomia da execução trabalhista decorreria de sua imbricação sistêmica com a processualística comum, evidentemente que, com a reforma engendrada pela Lei n. 11.232/2005, a qual transformou também a execução de sentenças que reconheçam a existência de pagar quantia em mera fase de um processo sincrético, tal argumento não mais poderá servir de subsídio à tese da autonomia. Ao contrário. Passa a servir de apoio aos que defendem o sincretismo da execução laboral.

Entendemos pelo sincretismo da execução trabalhista de sentença. No que toca aos títulos executivos extrajudiciais, por evidente, só podem mesmo ser executados por meio de processo autônomo, pois inexistente fase de conhecimento pretérita. O fato de a CLT arrolar em um único dispositivo tanto os títulos judiciais quanto os extrajudiciais não quer significar, de maneira alguma, deva ser observado o mesmo procedimento para efetivação de ambos. Cada qual segue ritualística própria, afeta às suas próprias peculiaridades, aplicando-se, também no tocante à execução de título executivo extrajudicial trabalhista, subsidiariamente, a normação do Código de Processo Civil, no que não contravenha a principiologia celetista.

Na realidade, coisa que poucos sabem, é que há muito o sincretismo habita o Direito Processual do Trabalho, em que as execuções são praticamente automáticas. O próprio Juiz a opera, consciente de que a função jurisdicional tem por escopo precípuo transformar o dever-ser em ser. O direito dito em realidade concreta. O art. 878[347] da CLT respalda o poder de o magistrado trabalhista dar concretude aos seus próprios comandos[348][349], em demonstração inequívoca de que a tutela executiva é componente do direito fundamental à tutela jurisdicional efetiva.

---

não seria suficiente para fundamentar a dicotomia processual, em face do modelo processual sincrético mais adequado ao princípio da oralidade". CALLEGARI, José Antônio. Execução: inovações no âmbito do direito do trabalho. In: *Revista LTr: Legislação do Trabalho e Previdência Social*, São Paulo, v. 72, n. 2, p. 154-166, fev. 2008.

(347) "A execução trabalhista poderá ser promovida por qualquer interessado, ou *ex officio*, pelo próprio Juiz ou presidente ou Tribunal competente, nos termos do artigo anterior (...)."

(348) Também de acordo com o sincretismo do processo trabalhista, afirmando não ser possível cogitar-se de prescrição intercorrente entre o fim da fase de conhecimento e início da execução trabalhista, por ser dever do magistrado iniciá-la de ofício, CASTELO, Jorge Pinheiro. A execução trabalhista depois da

É de se ver, outrossim, que, após advento da Lei n. 11.232/2005, parcela da doutrina trabalhista passou a suscitar um outro argumento em prol da tese do sincretismo, com o qual, diga-se logo, não concordamos. Vale, contudo, o registro.

O argumento é o seguinte: sendo a CLT omissa no atinente à definição do que seja a sentença, e tendo sido introduzido ao CPC "novo" (sic!) conceito de sentença — perfeitamente aplicável ao Processo Trabalhista —, de acordo com o qual não possui mais a sentença aptidão para encerrar o processo, haveria que se admitir adoção do modelo sincrético também relativamente à execução laboral.

É a tese defendida por *Julio César Bebber*[350]. Confira-se:

"A CLT é completamente omissa quanto à classificação dos pronunciamentos judiciais. É verdade que o art. 850 menciona o vocábulo *decisão*. Contudo, *decisão* nada mais é do que o gênero do qual os provimentos judiciais são espécies. A omissão de regulamentação específica pelas normas processuais trabalhistas, bem como a ausência de incompatibilidade com a ordem jurídica processual trabalhista e com os princípios do Processo do Trabalho, conduzem à utilização subsidiária do art. 162 do CPC (CLT, art. 796). Desse modo, se a sentença de mérito que condena em obrigação de pagar não mais tem como efeito a extinção do processo (CPC, arts. 162, § 1º e 269) no Processo Civil, inegável a conclusão de que isso também ocorre no Processo do Trabalho, nele sendo instalado, por conta dessa circunstância, o modelo

---

reforma processual civil. In: *Revista do Advogado*, São Paulo, v. 28, n. 97, p. 89-106, maio 2008. Confira-se: "Não existindo mais a ação executiva autônoma, desaparece a prescrição intercorrente? A prescrição da ação executiva desaparece com essa, porém, poderá haver a prescrição intercorrente do próprio processo de conhecimento que, agora, se alonga com uma fase executiva (...). De fato, entendemos que a regra do § 5º do art. 219 do CPC é inaplicável ao processo do trabalho, justamente por conta da própria modificação do conceito de sentença e do fim da execução como ação autônoma. Isto porque no processo do trabalho a execução é promovida de ofício pelo Juiz (art. 878 da CLT). (...) torna inaplicável, por incompatível, a prescrição de ofício num processo em que o próprio Juiz impulsiona a ação de ofício. Realmente incompatível com o microssistema da CLT a aplicação da prescrição de ofício, na medida em que o que cabe ao Juiz é, de ofício, proceder para a satisfação do direito material a ser tutelado".

(349) Diferentemente, na execução cível, como ao juiz não é dado iniciar de ofício a execução, a doutrina cogita da possibilidade de ser declarada a prescrição intercorrente. Veja-se, por todos, a opinião de GRECO, Leonardo. Primeiros comentários sobre a reforma da execução oriunda da Lei n. 11.232/2005. In: *Revista do Advogado*, São Paulo, v. 26 , n. 85, p. 97-111, maio 2006: "De acordo com o novo art. 475-J, a atividade executória não se instaurará por iniciativa do próprio juiz, mas a requerimento do exequente. (...) não se trata de uma petição inicial de uma nova ação, pois esta já está posta desde a fase de conhecimento, mas apenas de um requerimento singelo de promoção da execução que, em princípio, não deve afetar os elementos objetivos e subjetivos da demanda inicialmente proposta, tal como acolhida na decisão exequenda. (...) Mas o que ocorrerá se o credor retardar por longo período a iniciativa de requerer a execução? A meu ver, também, numa impressão inicial, parece-me que, transitada em julgado a decisão exequenda, e permanecendo inerte o exequente, voltará a fluir o lapso prescricional, ainda que em caráter intercorrente, caducarão em 30 dias as medidas cautelares restritivas de direito concedidas na fase de conhecimento e cessará a litigiosidade da coisa para efeito de fraude de execução".

(350) BEBBER, Júlio César. *Cumprimento da sentença no processo do trabalho*. 2. ed. São Paulo: LTr, 2007. p. 31 e 78-79.

do *processo sincrético*. (...) Para negar a aplicabilidade do art. 475-J do CPC no Processo do Trabalho tem-se, por coerência, que sustentar, também, a inaplicabilidade do art. 162, § 1º, do CPC. Não há como dizer que a sentença de mérito não põe fim ao processo e, ao mesmo tempo, sustentar a aplicação do art. 880 da CLT, que exige citação para o início da execução (...). Não há compatibilidade. Sob a vertente objetiva, a CLT é, sim, omissa. Não regula um processo de modelo sincrético (que decorre naturalmente da modificação do conceito de sentença). Daí o ingresso das inovações do Processo Civil com permissivo, exatamente, no art. 769 da CLT. A derrogação de algumas disposições da CLT, por conta disso, é inevitável (e não arbitrária), a fim de seguir a lógica do sincretismo."

Muito embora favoráveis à adoção, pelo Processo do Trabalho, das inovações do CPC no que toca à execução de obrigações de pagar quantia certa contra devedor solvente, não entendemos que tal deva ocorrer em virtude da importação de uma suposta "nova" (*sic!*) concepção de sentença pela processualística laboral. Aliás, se bem compreendido o fenômeno, o conceito de sentença, em verdade, não se alterou pela Lei n. 11.232/2005.

Consoante já discorremos no Capítulo 1 da presente obra, tal importação advirá fundamentalmente da possibilidade de o Juiz do trabalho, a partir da realização de juízo ponderativo envolvendo princípios constitucionais processuais, delinear o devido processo legal para cada caso concreto, afastando, inclusive, normas procedimentais que já não atendam ao propósito instrumentalista de propiciar efetivo acesso à justiça.

No caso específico da CLT, tal se deve principalmente pela defasagem histórica das disposições trabalhistas concernentes à execução, comparativamente à sistemática inaugurada pela Lei n. 11.232/2005. Trata-se, em síntese, não propriamente de uma omissão normativa, mas de um desgaste produzido pelo decurso do tempo. Em suma, de uma omissão axiológica, muito mais do que de uma lacuna normativa propriamente dita.

A execução, inteligida como atividade estatal de concretização das decisões judiciais, revela-se fundamental ao desiderato de se proporcionar ao cidadão a proteção jurisdicional aspirada, pois se presta fundamentalmente a satisfazer o direito do credor sempre que houver resistência do devedor em cumprir com uma obrigação legal ou contratual já certificada em decisão judicial. Vedada, como regra, a justiça feita pelas próprias mãos, é dever do Estado proporcionar ao cidadão serviços de justiça de qualidade. De pouca valia seriam as decisões judiciais, ainda quando justas e prolatadas em tempo ótimo, se jamais produzissem efeitos práticos na vida das pessoas.

Como se verá, o conceito de sentença introduzido no CPC em nada afetou a classificação dos provimentos jurisdicionais. Mesmo antes da reforma empreendida pela Lei n. 11.232/2005 era sabido que as sentenças não necessariamente encerravam o processo e ainda assim esta era a definição do CPC para elas. Sempre se soube que da simples possibilidade de interposição de recurso poderia haver substituição da sentença pelo acórdão, sendo este o ato jurisdicional final do processo de conhecimento e não a sentença. De fato, sujeita a recurso pendente de julgamento, a sentença não era o ato final do processo de conhecimento, o qual caminharia até o trânsito em julgado da última decisão prolatada.

Apesar disso, a definição legal de sentença — como ato judicial capaz de finalizar a relação jurídica processual — justificava-se, porque consentânea com a concepção que se tinha da execução. Tratava-se de processo distinto do de conhecimento, a exigir do demandante vitorioso a prática de novos atos de impulso da máquina judiciária, a fim de que o conteúdo da sentença pudesse ser realizado na prática. A sentença, portanto, simbolizava o fim de um processo (de conhecimento) e possibilidade de se iniciar outro (de execução), pelo exercício do direito de ação.

É o que também observa *José Augusto Rodrigues Pinto*[351], que, ao tratar da polêmica da aplicabilidade das inovações do CPC ao Processo do Trabalho, faz menção expressa à tese defendida por *Júlio César Bebber*, antes referida, para, ao final, refutá-la. Assim como nós, também o autor não consegue vislumbrar nesta suposta "nova" concepção legal de sentença o supedâneo jurídico que irá possibilitar transplantar as inovações do CPC, no concernente à execução por quantia certa, ao Processo do Trabalho. Confira-se:

> "Seria intrigante como um processualista da cepa de Alfredo Buzaid teria errado assim tão ostensivamente, definindo a sentença na lei processual e, ainda por cima, definindo-a erradamente. O caso, porém, é que ele não errou, pois o que está no antigo § 1º, do art. 162, muito ao contrário do que imaginou o doutor Bebber, não é uma definição de sentença, mas um delineamento de sua função dentro da estrutura dual do processo adotado por seu Código de Processo. Com isso, desaba, *data venia*, como um castelo de cartas a teorização de que, como a Lei n. 11.232/05 deu uma nova definição da sentença, sua aplicação subsidiária no Processo do Trabalho autorizaria o subsídio de todas as demais inovações pela força derrogatória da definição mudada. Não, absolutamente não. A nova redação do art. 162, § 1º, do CPC, apenas adequa a sentença à função que deve exercer num sistema unitário de processo (cognição e execução), correspondente à nova estrutura que lhe deu a Lei n. 11.232/05, em substituição à estrutura dual (cognição + execução) anterior. E como a CLT simplesmente não saiu (pelo menos ainda) dessa estrutura dual, a pretensa "nova definição de sentença" do art. 162, § 1º é contrária ao seu sistema e, portanto, inaproveitável para aplicação subsidiária a ele."

---

(351) PINTO, José Augusto Rodrigues. A polêmica trabalhista em torno da Lei n. 11.232/05 – Fase de cumprimento das sentenças do processo de conhecimento. In: *Revista LTr*, v. 71, p. 1.296-1.302, nov. 2007.

Se o legislador reformista alterou a definição legal de sentença o fez unicamente a fim de espelhar a nova opção do Código por um modelo sincrético para a execução de obrigações de pagar quantia, diferente do modelo dicotômico anterior. A sentença, entretanto, assim como já acontecia anteriormente, pode ou não encerrar a relação jurídica processual.

A mudança legislativa possui conotação mui o mais ideológica que prática. Objetiva, prioritariamente, coadunar a sentença à nova forma de se operar a execução. Já antes da Lei n. 11.232/2005, a sentença não necessariamente extinguia o processo de conhecimento e nem por isso o legislador sentiu necessidade de alterar sua definição legal. A diferença fundamental é que, hoje, a execução das sentenças que reconheçam obrigações de pagar quantia em dinheiro não está apartada da atividade de conhecimento pela necessidade de instauração de um novo processo. Agora o que se tem é uma única relação processual, em que se desenrolam seguidamente as atividades de cognição e de execução.

A mudança levada a cabo pelo legislador não se deveu à constatação pueril de que a mera possibilidade de se recorrer da sentença faria o processo prosseguir, mas, fundamentalmente, em virtude da alteração na sistemática de funcionamento da própria execução, que é agora apenas mais uma fase de um processo sincrético, e não, como antes, processo autônomo[352]. A execução se processa no mesmo feito em que produzido o título executivo, mas como etapa diversa daquela de certificação da existência do direito. Como etapa de cumprimento de sentença.

Foi preciso mudar a maneira de se operacionalizar a execução, para que o legislador também sentisse a necessidade de alterar a definição legal de sentença[353].

13.3. O (novo?) conceito de sentença

De acordo com o que se viu anteriormente, não é possível, aplicando-se ao Processo do Trabalho a nova definição do que seja sentença, concluir-se pela

---

(352) Não só a projeção do direito de ação, pela interposição de recurso, evidenciava a falha da vetusta identificação da sentença como o ato capaz de encerrar a relação jurídica processual, mas a própria técnica executiva típica das sentenças de obrigações de fazer, não fazer e entregar coisa, que já antes da Lei n. 11.232/2005 era sincrética.

(353) De maneira idêntica à defendida no texto, BEDAQUE, José Roberto dos Santos. Algumas considerações sobre o cumprimento da sentença condenatória. In: *Revista do Advogado*, São Paulo, v. 26, n. 85, p. 63-77, maio 2006: "A modificação visou a compatibilizar o conceito desse ato processual como o novo modelo de efetivação da tutela sobre o cumprimento de obrigação. Segundo a nova técnica, no direito processual brasileiro, não há mais a tutela condenatória tradicional, cuja efetivação prática se dava mediante processo de execução autônomo. A eliminação da crise de adimplemento das obrigações ocorrerá num único processo, em fase posterior à cognitiva. Reconhecido o dever jurídico (dar, fazer, não fazer, pagar quantia), poderá o sujeito ativo pleitear o cumprimento dessa sentença, na forma dos arts. 461, 461-A e 475-J (art. 457-I). Os atos necessários à efetivação prática da sentença se realizam no mesmo processo, característica do fenômeno denominado pela doutrina brasileira de sentença executiva ou sentença executiva *lato sensu*. Por essa razão, não se pode mais falar em extinção do processo por força de sentença de mérito. Ao menos aquela destinada a afastar a crise de adimplemento de uma obrigação não mais põe termo ao processo".

instauração de um modelo sincrético para a execução trabalhista, de modo a ser possível aplicar-se à processualística laboral as disposições do CPC relativas à execução de obrigações de pagar quantia certa contra devedor solvente. Os fundamentos para tal aplicação residem, como já dito, fundamentalmente, no delineamento pelo magistrado trabalhista de procedimentos consentâneos com a principiologia derivada do princípio-síntese do devido processo legal, em prol de um efetivo acesso à Justiça. E isto porque o acesso à Justiça, como se viu mais detidamente no Capítulo 1, pressupõe também o direito à execução das sentenças de forma otimizada.

Não se poderia, porém, deixar de tecer breves comentários a respeito da modificação operada na definição legal de sentença.

A redação originária do art. 162, § 1º, do Código de Processo Civil, inspirada nas lições do idealizador do CPC de 1973, *Alfredo Buzaid*, anterior, portanto, à Lei n. 11.232/2005, classificava os provimentos judiciais[354] segundo a função que desempenhavam no contexto do procedimento em contraditório. Classificação dita, por isso, topográfica.

Destarte, se o provimento jurisdicional encerrasse o processo em primeiro grau, seria sentença (definitiva ou terminativa); do contrário, seria decisão interlocutória, mesmo que veiculasse decisão a respeito de parte do *meritum causae* e tivesse, nessa medida, aptidão para produzir coisa julgada material (decisão interlocutória de mérito). Sentença, então, seria o ato do Juiz vocacionado a findar o processo (relação jurídica processual), independentemente de veicular ou não decisão a respeito do mérito da causa.

A ideia de assim definir os provimentos jurisdicionais era simplesmente a de facilitar a inteligibilidade do sistema recursal delineado no Código. Assim, contra as sentenças caberia apelação, ao passo que das decisões interlocutórias, agravo.

A Lei n. 11.232/2005, que introduziu, quanto às obrigações de pagar quantia certa contra devedor solvente, o modelo processual sincrético, adotou critério distinto para se identificar os provimentos jurisdicionais. As sentenças deixaram de ser identificadas a partir de sua repercussão sobre o desenvolvimento da relação jurídica processual e passaram a ser identificadas fundamentalmente a partir do conteúdo do pronunciamento judicial.

---

(354) Provimentos judiciais são espécies de atos judiciais pelos quais o magistrado decide questões ou, simplesmente, impulsiona o processo. Aos primeiros correspondem sentenças e decisões interlocutórias (quando prolatadas em primeiro grau de jurisdição) ou decisões monocráticas de membro de órgão jurisdicional colegiado e acórdãos. Denomina-se despacho o provimento judicial sem conteúdo decisório que apenas faz o processo avançar em suas fases. Os juízes, todavia, não apenas praticam atos decisórios e de impulso. Há atos do juiz instrutórios, por exemplo.

De acordo com a *novel* redação do art. 162, § 1º[355], do CPC, a sentença passa a ser o ato do Juiz que implica alguma das situações previstas nos arts. 267[356] e 269[357] do Código de Processo Civil. A definição não é boa, pois faz crer (erroneamente) que toda decisão judicial que veicular algum dos conteúdos dos arts. 267 ou 269 do CPC seria sentença. Não é verdade. Por exemplo: a decisão que, em grau recursal ou em ação de competência originária de tribunais, acolhe ou rejeita a pretensão do autor é acórdão (ou decisão monocrática de relator) e não sentença, malgrado fundada no art. 269, inciso I, do CPC. Outros exemplos: decisão que indefere parcialmente a petição inicial (CPC, art. 267, I) ou que exclui um dos litisconsortes passivos por ilegitimidade (CPC, art. 267, inciso VI) ou, ainda, que inadmite um dos pedidos cumulados por incompetência absoluta do juízo (CPC, art. 267, inc. IV) são todas decisões interlocutórias e não sentenças. Ou, outrossim, a decisão que reconhece a prescrição ou decadência relativamente a um dos pedidos feitos e que, inobstante encartar-se no disposto no art. 269, inciso IV, do CPC, veiculando resolução a respeito de parcela/fragmento do próprio objeto litigioso do processo, é interlocutória.

Logo, o que se vê é que a definição legal referida não é suficiente a se apreender, em toda sua extensão, o que seja verdadeiramente a sentença. Explicando melhor: nem todas as decisões que veiculem os conteúdos dos arts. 267 e 269 do CPC serão sentenças. Será preciso, para capturar o fenômeno em sua inteireza, conjugar o critério topográfico com o critério de conteúdo. Conclui-se, destarte, que não houve o abandono completo do critério outrora adotado pelo Código de Processo Civil para se definir o que seja sentença. Em algumas hipóteses, mostrar-se-á útil ainda o critério topográfico.

Por exemplo. A decisão que examina apenas a relação jurídica processual (condições da ação e pressupostos processuais), sem, porém, extinguir o processo,

---

(355) "Art. 162. Os atos do Juiz consistirão em sentenças, decisões interlocutórias e despachos. § 1º Sentença é o ato do Juiz que implica alguma das situações previstas nos arts. 267 e 269 desta Lei. § 2º Decisão interlocutória é o ato pelo qual o Juiz, no curso do processo, resolve questão incidente. § 3º São despachos todos os demais atos do Juiz praticados no processo, de ofício ou a requerimento da parte, a cujo respeito a lei não estabelece outra forma. § 4º Os atos meramente ordinatórios, como a juntada e a vista obrigatória, independem de despacho, devendo ser praticados de ofício pelo servidor e revistos pelo Juiz quando necessários."

(356) "Art. 267. Extingue-se o processo, sem resolução de mérito: I – quando o Juiz indeferir a petição inicial; II – quando ficar parado durante mais de 1 (um) ano por negligência das partes; III – quando, por não promover os atos e diligências que lhe competir, o autor abandonar a causa por mais de 30 (trinta) dias; IV – quando se verificar a ausência de pressupostos de constituição e de desenvolvimento válido e regular do processo; V – quando o Juiz acolher a alegação de perempção, litispendência ou de coisa julgada; VI – quando não concorrer qualquer das condições da ação, como a possibilidade jurídica, a legitimidade das partes e o interesse processual; VII – pela convenção de arbitragem; VIII – quando o autor desistir da ação; IX – quando a ação for considerada intransmissível por disposição legal; X – quando ocorrer confusão entre autor e réu; XI – nos demais casos prescritos neste Código."

(357) "Art. 269. Haverá resolução de mérito: I – quando o Juiz acolher ou rejeitar o pedido do autor; II – quando o réu reconhecer a procedência do pedido; III – quando as partes transigirem; IV – quando o Juiz pronunciar a decadência ou a prescrição; V – quando o autor renunciar ao direito sobre que se funda a ação."

muito embora veicule um dos conteúdos do art. 267 do CPC, não é sentença, mas decisão interlocutória. Se, entretanto, a decisão examina a relação jurídica processual e vem a extinguir o processo (ou, pelo menos, o procedimento em primeiro grau de jurisdição, porque pode ser que a parte apele da decisão), estar-se-á diante de sentença (sentença terminativa). Assim, nos casos, por exemplo, de ser julgado extinto o processo, sem resolução do mérito, com relação a apenas um dos litisconsortes, por ilegitimidade ativa *ad causam*, o pronunciamento judicial terá natureza de decisão interlocutória, muito embora seu conteúdo reproduza uma das hipóteses legais aventadas no art. 267 do CPC. Da decisão, caberá o recurso de Agravo de Instrumento, tramitando o processo normalmente com relação aos demais litisconsortes[358][359].

Pode acontecer, entretanto, que mesmo depois de proferir sentença terminativa, o Juiz ainda venha a praticar atos executivos subsequentes, destinados a efetivar condenações acessórias. É possível que ainda haja alguma atividade jurisdicional a ser praticada, como a execução de multas, honorários de advogado e custas processuais, ou, ainda, necessidade de examinar o cabimento de eventual recurso interposto e, por isto, incorreto falar-se na extinção do processo como

---

[358] Há, contudo, quem enxergue nesse tipo de pronunciamento judicial, que extingue o processo sem resolver o mérito apenas com relação a um litisconsorte, hipótese de sentença interlocutória, contra a qual seria cabível — no processo do trabalho, a fim de se evitar preclusão, Recurso Ordinário retido. É a posição de CASTELO, Jorge Pinheiro. A execução trabalhista depois da reforma processual civil. In: *Revista do Advogado*, São Paulo, v. 28, n. 97, p. 89-106, maio 2008. Confira-se: "O art. 1º da Lei n. 11.232/2005 abandonou o critério topográfico do conceito de sentença adotado no CPC de 1973, o qual definia a sentença como o ato do Juiz que extinguia o processo, e a decisão interlocutória como o ato do Juiz que resolvia questão incidental. É bem verdade que, mesmo antes da alteração do CPC, o critério topológico não conseguia abarcar todas as situações que o Juiz sentenciava, bastando verificar as situações sempre citadas pela Doutrina, como a sentença do processo de prestação de contas (art. 915 do CPC) ou a sentença que declara o devedor insolvente (art. 761 do CPC). A partir do novo art. 162 do CPC, sentença é o ato do Juiz que resolve a demanda por decisão de mérito ou por decisão meramente terminativa (por força de questão processual). (...) Tendo em vista que a sentença não é mais o ato que extingue o processo, é possível que haja sentenças parciais ou totais em momentos diversos do processo, *v. g.*, quando do julgamento antecipado da reconvenção, de ilegitimidade com exclusão de litisconsorte, ou de devedor solidário ou subsidiário. Esse novo conceito de sentença é importado e incorporado para o processo do trabalho, não só pela omissão e pela compatibilidade, como por se tratar, a rigor, de preceito de teoria geral do processo. (...) Da mesma forma, ter-se-ão sentenças interlocutórias parciais ou totais, em momentos diversos do processo, *v. g.*, quando do julgamento antecipado da reconvenção, de ilegitimidade com exclusão de litisconsorte ou de devedor solidário ou subsidiário. O que poderá trazer de volta a discussão a respeito da necessidade da apresentação de Recurso Ordinário 'retido', ou do simples protesto, a fim de evitar discussão a respeito da preclusão, não obstante normalmente o inconformismo deva ser apresentado no recurso da decisão final com o restante do mérito da demanda, juntamente com as demais matérias, com a garantia da amplitude recursal a ele inerentes".

[359] É também a posição de GRECO, Leonardo. Primeiros comentários sobre a reforma da execução oriunda da Lei n. 11.232/2005. In: *Revista do Advogado*, São Paulo, v. 26, n. 85, p. 97-111, maio 2006: "(...) Mas como o conceito codificado de sentença, a partir de 1973, e parece ter sido idêntica a intenção do legislador de 2005, teve como objetivo principal o de sepultar controvérsias quanto ao recurso cabível, pouco importa qual é o tipo de questão que a decisão examina, se processual ou de mérito, o que interessa para a sua concretização como sentença é se ela encerrou conclusivamente a fase cognitiva do processo".

efeito necessário da sentença. Daí a modificação do art. 463 do CPC, que já não mais se refere à sentença como o ato que finaliza a atividade jurisdicional. É o que também observou, com a inteligência que lhe é peculiar, a Professora *Ada Pellegrini Grinover*[360], *verbis*:

> "(...) Assim, haverá uma sentença sempre que houver julgamento do mérito da causa (art. 269) e sempre que o juiz determinar a extinção do processo sem julgamento do mérito (art. 267). Porém, em função da unidade cognição--efetivação, a sentença de mérito só porá fim ao processo em casos excepcionalíssimos, ou seja, quando não restar obrigação alguma a ser cumprida, sequer por custas ou honorários da sucumbência."

Após a prolação da sentença, o Juiz de primeiro grau ainda poderá ser instado a se manifestar sobre o cabimento de eventual recurso interposto contra a decisão por ele proferida. Portanto, o que a sentença finaliza é o ofício de julgar. Uma vez prolatada sentença, e salvo nos casos de serem admitidos embargos de declaração com efeito modificativo ou para corrigir erros materiais ou de cálculo, não pode haver reexame pelo órgão jurisdicional de primeira instância — o mesmo que proferiu o primeiro julgamento sobre o mérito da causa — a respeito da lide. Mais uma vez: o que se irá encerrar com a sentença é o ofício de julgar e não a atividade jurisdicional.

Portanto, é preciso continuar a se compreender a sentença como espécie de provimento judicial que, resolvendo ou não o mérito da causa, tem aptidão para encerrar as etapas cognitiva e/ou executória do processo sincrético em primeiro grau de jurisdição. Só excepcionalmente, contudo, quando não houver nenhuma obrigação acessória a ser cumprida (como a execução de custas etc.), é que se terá efetivamente o encerramento do processo.

As sentenças que por si mesmas outorguem à parte toda a tutela jurisdicional pretendida, como as sentenças meramente declaratórias, ou as sentenças que declaram a prescrição ou decadência, desde que não sejam objeto de recurso, nem demandem atividade jurisdicional complementar (como, por exemplo, execução de custas), o que, diga-se logo, será raríssimo, têm por condão extinguir o processo. Vê-se, destarte, que as sentenças definitivas podem extinguir o processo desde que dispensem atividade executiva posterior. É o que ocorre com as sentenças declaratórias que não sejam objeto de recurso, posto que bastantes por si mesmas para satisfazer a pretensão da parte vitoriosa, independentemente de qualquer atividade complementar voltada à modificação do mundo real. Também as sentenças de improcedência do pedido, contra as quais não tenha sido interposto qualquer recurso, poderão encerrar o processo, do que se conclui que as sentenças de mérito podem ou não finalizar a relação jurídica processual.

---

(360) GRINOVER, Ada Pellegrini. Mudanças estruturais do processo civil brasileiro. In: *Revista IOB de Direito Civil e Processual Civil /Continuação de/ RSDC*, São Paulo, v. 8, n. 44, p. 35-55, nov./dez. de 2006.

A sentença de mérito pode também finalizar uma fase do processo. É o que se dá quando é prolatada sentença e há necessidade de atividade jurisdicional posterior, a fim de se realizar o comando contido em seu dispositivo. Finaliza-se a fase de certificação a respeito da existência do direito e de quem seja o seu titular e inicia-se, na mesma relação jurídica processual, a fase de cumprimento ou de execução. É justamente a hipótese versada na Lei n. 11.232/2005.

Logo, a sentença continua, como antes, a ser ato jurisdicional que encerra o ofício de julgar em primeiro grau de jurisdição, não tendo havido, em verdade, qualquer alteração substancial na sua essência. A definição legal mudou, não o conceito, pois.

Em síntese, pode-se dizer que a sentença é pronunciamento judicial que pode: (i) examinar apenas a relação jurídica processual e pôr ou não (quando haja execução de custas, por exemplo) fim ao processo; (ii) examinar a relação jurídica material e extinguir o processo ou uma de suas fases; (iii) extinguir o processo, declarando ou não satisfeita a obrigação (é a sentença prolatada ao final da fase de cumprimento de sentença)[361]. Elemento comum a todas as sentenças é o pronunciamento conclusivo a respeito da fase de cognição do processo, haja ou não julgamento (resolução) da pretensão de direito material.

13.4. O começo de tudo: a intimação do demandado para cumprimento da sentença e não mais citação

Consentâneo com o fim do modelo dualista, que segregava em dois processos distintos as atividades de certificação da existência do direito e de sua satisfação, o demandado, a partir de agora, não mais será citado para, como antes, pagar ou nomear bens à penhora. Mas para cumprir a obrigação consubstanciada na sentença que se executa.

A regra é perfeitamente aplicável ao cumprimento das sentenças proferidas por juízes do trabalho, os quais intimarão o executado a cumprir a decisão prolatada no prazo de 8 (oito) dias.

Destarte, ainda antes de iniciada a execução trabalhista propriamente dita, com expedição de mandado de penhora e avaliação, ter-se-á, como no Processo Cível, etapa de cumprimento de sentença.

---

(361) Em idêntico sentido, BEDAQUE, José Roberto dos Santos. Algumas considerações sobre o cumprimento da sentença condenatória. In: *Revista do Advogado*, São Paulo, v. 26, n. 85, p. 63-77, maio 2006: "Agora, portanto, a sentença pode ou não pôr termo ao processo. Depende do conteúdo do ato e do sentido da decisão. Melhor explicando. Se não houver resolução de mérito, somente será sentença se extinguir o processo. O acolhimento de uma preliminar ou o reconhecimento de ofício da ausência de um requisito de admissibilidade do exame do mérito é ato dessa natureza. Já a rejeição de defesas processuais, como não se verifica a extinção do processo, configura decisão interlocutória. O mesmo ocorre se, embora reconhecida a ausência de requisito processual, o processo não for extinto. A declaração de incompetência, por exemplo, é decisão interlocutória, pois o processo prosseguirá em outro órgão jurisdicional".

Assim, tão logo a decisão judicial esteja apta a ser cumprida, o demandado será intimado a pagar o débito, no Processo Cível, em 15 (quinze) dias, conforme o novo art. 475-J do CPC, no Processo do Trabalho, no prazo de 8 (oito) dias.

Pela sistemática anterior, vigente no Processo Civil, o executado era citado para, no prazo de 24 horas, pagar ou indicar bens à penhora[362]. No Processo Trabalhista, cita(va)-se o devedor para pagar em 48 horas ou depositar em juízo o valor integral da condenação, ou, ainda, nomear bens à penhora, objetivando futura oposição de embargos.

Doravante, aplicando-se à processualística do Trabalho a regra do CPC, o demandado será intimado a pagar o débito em 8 (oito) dias.

Intimação e não mais citação, tendo em vista existência de um único processo (processo sincrético), em que superpostas as atividades de conhecimento e execução.

Não cumprindo a decisão no prazo, além de incidir automaticamente multa de 10% sobre o valor da condenação, ainda será expedido, a requerimento do credor (e, no Processo do Trabalho, também de ofício[363]), mandado de penhora e avaliação, a partir de cuja intimação[364] começará a correr novo prazo (no Processo Cível, de 15 (quinze) dias, no Processo Laboral, a nosso ver, de 5 (cinco) dias para oferecimento de defesa pelo executado (impugnação e embargos[365], respectivamente).

Ou seja, uma vez que a sentença se torne definitiva[366], o demandado terá uma última oportunidade, antes ainda que se inicie a execução propriamente dita, para cumprir a obrigação presente no título executivo judicial espontaneamente.

---

(362) Confira-se redação originária do CPC de 1973, relativamente à execução: "Art. 652. O devedor será citado para, no prazo de vinte e quatro (24) horas, pagar ou nomear bens à penhora" e "Art. 659. Se o devedor não pagar, nem fizer nomeação válida, o oficial de justiça penhorar-lhe-á tantos bens quantos bastem para o pagamento do principal, juros, custas e honorários advocatícios". Hoje, a redação é a seguinte: "Art. 475-J. Caso o devedor, condenado ao pagamento de quantia certa ou já fixada em liquidação, não o efetue no prazo de quinze dias, o montante da condenação será acrescido de multa no percentual de dez por cento e, a requerimento do credor e observado o disposto no art. 614, inciso II, desta Lei, expedir-se-á mandado de penhora e avaliação".

(363) Conforme expusemos no capítulo 7, a execução só poderá ser iniciada de ofício se for definitiva. Sendo provisória, seu começo dependerá de requerimento do interessado.

(364) Como se verá, o termo inicial do prazo de 15 (quinze) dias para oferecimento da impugnação irá variar conforme a forma da intimação. Assim, por exemplo, havendo advogado constituído, o termo *a quo* dos 15 (quinze) dias para oferecimento de impugnação será a publicação pela imprensa do despacho ou a juntada aos autos da carta. Não havendo advogado constituído nos autos por qualquer razão (renúncia, morte etc.), a intimação, se pessoa jurídica, será feita ao representante legal ou, se pessoa física, pessoalmente, por mandado ou por correio.

(365) Consoante se exporá mais adiante, qualquer que seja a nomenclatura empregada, se impugnação ou embargos, propugna-se pela unificação do Processo Cível e Trabalhista no que toca à defesa do executado, devendo-se, em ambos, considerar a defesa como mero incidente e não como ação autônoma incidental à fase executória.

(366) Entendemos que o prazo de 15 (quinze) dias previsto no CPC, para início da etapa de cumprimento voluntário da sentença, após o qual, não tendo havido pagamento, incidirá multa de 10% sobre o valor da condenação, só se aplica nos casos de execução definitiva. O tema será retomado mais adiante.

Não cumprindo a decisão no prazo, será expedido, a requerimento do credor (e no Processo Laboral também *ex officio*, se se tratar de execução definitiva), mandado de penhora e avaliação, inaugurando-se, a partir daí, fase de execução de sentença, pela prática de atos de invasão ao patrimônio do executado.

13.4.1. Necessidade de requerimento do credor para início da etapa de cumprimento voluntário da sentença?

Hodiernamente, após retoques realizados pelo legislador no Código de Processo Civil, o processo de conhecimento, além das fases postulatória, saneadora, instrutória e decisória, passou a comportar também a fase de cumprimento de sentença. O cumprimento (em sentido lato), pela nova sistemática, pode ser voluntário (cumprimento de sentença *stricto sensu*) ou forçado (execução de sentença).

Será voluntário, se o devedor, intimado a cumprir a decisão judicial, o fizer no prazo de 15 (quinze) ou 8 (oito) dias (neste caso, em se tratando de decisão proferida pela Justiça do Trabalho).

Forçado, se, intimado, não o fizer, dando ensejo à adoção de atos executivos, como a penhora e, posteriormente, expropriação de bens do seu patrimônio para satisfação do crédito.

Portanto, antes que a execução comece, o demandado terá ainda uma última oportunidade para cumprir a decisão judicial.

O que se discute é se seria necessário requerimento do credor para que a etapa de cumprimento voluntário da sentença fosse instaurada. As opiniões variam conforme se trate de cumprimento de decisão passada em julgado ou de decisão contra a qual tenha sido interposto recurso recebido apenas no efeito devolutivo, isto é, conforme se trate de cumprimento de sentença apenas provisoriamente exequível ou de decisão já transitada em julgado.

13.4.1.1. Sentenças provisoriamente exequíveis

Há quem entenda que, havendo possibilidade de interposição de recurso dotado de efeito suspensivo ou ao qual se tenha atribuído tal efeito, não seria possível falar-se no cumprimento voluntário da decisão judicial[367].

A contrario sensu, portanto, havendo interposição de recurso dotado — *ex vi legis* — ou recebido — *ope judicis* — tão somente no efeito devolutivo, como

---

(367) Evidentemente, pagando o valor da condenação, o devedor está, implicitamente, desistindo de impugnar a decisão judicial que fundamenta a pretensão executiva. Ademais, como já se viu, é impossível que, no prazo para interposição de recurso com efeito suspensivo, ou na pendência de seu julgamento, seja iniciada execução provisória, pois tolhida a eficácia executiva do título.

um recurso extraordinário, por exemplo, seria possível deflagração da etapa de cumprimento voluntário, antes ainda de se iniciar a execução provisória.

Para os que assim entendem, o requerimento do credor seria indispensável a se deflagrar a etapa de cumprimento.

Isso porque, como se sabe, o cumprimento provisório é de responsabilidade integral do demandante. Havendo reforma ou anulação da sentença, o credor terá de devolver ao devedor tudo quanto tenha recebido, sem prejuízo de eventuais perdas e danos apurados.

Não faria o menor sentido, por conseguinte — dizem —, que o prazo se iniciasse sem que o credor expressamente o requeresse, pois que ele pode desejar iniciar a fase de cumprimento só depois de transitada em julgado a decisão judicial, sem correr qualquer risco, portanto[368].

Segundo partidários dessa vertente, o credor ainda poderia aproveitar o mesmo requerimento para postular o início da execução provisória, acaso transcorresse o prazo para cumprimento sem que o devedor houvesse pagado o valor da condenação. É a opinião de *Rodrigo da Cunha Lima Freire*[369]:

"Já na hipótese de sentença provisoriamente exequível, vale dizer, quando a sentença for impugnável por recurso ordinariamente desprovido de efeito suspensivo, será indispensável o requerimento do credor para que o devedor seja intimado ao cumprimento voluntário e provisório da sentença — não se trata, ainda, de requerimento de execução provisória, muito embora possa o credor aproveitar o momento para, numa única peça, requerer a abertura do prazo e, não realizado o pagamento, o início da execução, tendo em vista que a execução provisória correrá por sua conta e risco.

---

(368) A lição é extraída de MOREIRA, José Carlos Barbosa. *O novo Processo Civil brasileiro:* Exposição sistemática do procedimento. Rio de Janeiro: Forense, 2007. p. 206-207: "Justamente porque suscetível de desfazer-se, a execução provisória 'corre por iniciativa, conta e responsabilidade do exequente' (art. 475-O, n. I, *principio*), que pode optar entre promovê-la, assumindo o risco, e aguardar o trânsito em julgado da sentença, para executá-la em caráter definitivo. No primeiro caso, obriga-se o exequente 'a reparar os danos que o executado haja sofrido' em razão dos atos executivos provisoriamente realizados (art. 475-O, *caput*, n. I, *fine*); trata-se de responsabilidade puramente *objetiva*, pois de modo algum se pode conceber como *ilícita* a execução provisória. Esta, ademais, não comporta, sem caução idônea, arbitrada pelo Juiz e prestada nos próprios autos, 'o levantamento de depósito em dinheiro' pelo exequente, nem 'a prática de atos que importem alienação de propriedade ou dos quais possa resultar grave dano ao executado' (art. 475-O, *caput*, n. III). Pode ser dispensada a caução 'quando, nos casos de crédito de natureza alimentar ou decorrente de ato ilícito, até o limite de sessenta vezes o salário-mínimo, o exequente demonstrar situação de necessidade', ou 'nos casos de execução provisória em que penda Agravo de Instrumento junto ao Supremo Tribunal Federal ou ao Superior Tribunal de Justiça (art. 544), salvo quando da dispensa possa manifestamente resultar risco de grave dano, de difícil ou incerta reparação' (art. 475-O, § 2º, n. I e II)".

(369) FREIRE, Rodrigo da Cunha Lima. O início do prazo para o cumprimento voluntário da sentença e a multa prevista no *caput* do art. 475-J do CPC. In: WAMBIER, Teresa Arruda Alvim *et all* (Org.). *Execução Civil:* Estudos em homenagem ao professor Humberto Theodoro Júnior. São Paulo: Revista dos Tribunais, 2007. p. 250-253.

Cabe ao credor escolher: desejando o cumprimento voluntário e provisório, se sujeita à responsabilidade objetiva prevista no inc. I do art. 475-O do CPC, ainda que não haja execução provisória propriamente dita; não desejando o cumprimento voluntário e provisória da sentença, fica imune à responsabilidade objetiva prevista no inc. I do art. 475-O do CPC."

Há quem defenda, por sua vez, que, enquanto não transitada em julgado a decisão judicial, nem sequer seria possível falar-se em cumprimento provisório, porque incompatíveis, do ponto de vista processual, o pagamento voluntário e a interposição de recurso, ainda quando desprovido de efeito suspensivo o recurso. Tratar-se-ia de flagrante hipótese de preclusão lógica.

É a posição do professor *Humberto Theodoro Júnior*. De suas lições extrai-se que não poderia haver cumprimento voluntário de decisões ainda não transitadas em julgado, simplesmente porque a própria sistemática do CPC entende inconciliáveis o ato de recorrer e o de se pagar espontaneamente. Sustenta que, enquanto não transitada em julgado a decisão judicial, ao credor somente seria facultado deflagrar a execução provisória, jamais, porém, o cumprimento de sentença. Confira-se[370]:

"Não tem cabimento a multa se o cumprimento da prestação se der dentro dos quinze dias estipulados pela lei. Vê-se, destarte, que o pagamento não estará na dependência de requerimento do credor. Para evitar a multa, tem o devedor que tomar a iniciativa de cumprir a condenação no prazo legal, *que flui a partir do momento em que a sentença se torna exequível em caráter definitivo. A multa em questão é própria da execução definitiva, pelo que pressupõe sentença transitada em julgado. Durante o recurso sem efeito suspensivo, é possível a execução provisória, como faculdade do credor, mas inexiste, ainda, a obrigação de cumprir espontaneamente a condenação para o devedor. Por isso não se pode penalizá-lo com a multa pelo atraso naquele cumprimento.* Convém lembrar que o direito de recorrer integra a garantia do devido processo legal (CF, art. 5º, inciso LV), pelo que o litigante não poderá ser multado por se utilizar, adequadamente e sem abuso, desse remédio processual legítimo. Ademais, se o devedor vencido no processo de conhecimento cumprisse voluntariamente a condenação, ficaria inibido de recorrer, conforme a previsão do art. 503, segundo a qual 'a parte que aceitar expressa ou tacitamente a sentença ou decisão, não poderá recorrer'. Dessa maneira, há na própria sistemática do direito processual uma inviabilidade de punir-se o devedor por não cumprir a sentença contra a qual interpôs regular recurso." (grifos nossos)

A jurisprudência, porém, de modo geral, aderiu à corrente de ser possível iniciar-se a etapa de cumprimento voluntário também em se tratando de sentenças provisoriamente exequíveis, isto é, que ainda não transitaram em julgado.

---

(370) THEODORO JÚNIOR, Humberto. *Curso de Direito Processual Civil:* Processo de execução e cumprimento da sentença. Processo cautelar e tutela de urgência. 42. ed. v. II. Rio de Janeiro: Forense, 2008. p. 53.

Em um primeiro delineamento sobre o controvertido tema, o STJ deu a entender que nos casos de decisões contra as quais haja sido interposto recurso sem efeito suspensivo (isto é, antes ainda do trânsito em julgado), poderia o devedor ser constrangido ao cumprimento voluntário da obrigação, ao asseverar que "não se pode exigir da parte que cumpra a sentença condenatória antes do trânsito em julgado (ou, pelo menos, enquanto houver a possibilidade de interposição de recurso com efeito suspensivo)"[371]. Logo, *a contrario sensu*, o que o Tribunal teria dito é que seria possível, sim, cumprimento espontâneo das decisões que fossem impugnadas apenas no efeito devolutivo.

De forma ainda mais explícita, o Tribunal de Justiça do Estado do Rio de Janeiro, e bem assim o do Rio Grande do Sul, depois de mais de três anos de vigência da nova Lei, também se posicionaram no sentido da possibilidade de se dar início à etapa de cumprimento voluntário das decisões que ainda não tenham transitado em julgado, mediante requerimento do credor, inclusive com possibilidade de incidência da multa de 10% sobre o valor da condenação:

> "AGRAVO DE INSTRUMENTO. DIREITO PROCESSUAL CIVIL. CUMPRIMENTO DE SENTENÇA. RECURSO RECEBIDO APENAS NO EFEITO DEVOLUTIVO. MULTA DO ART. 475-J DA LEI PROCESSUAL CIVIL. Como o legislador quis, com a reforma processual, dar celeridade ao processo, passou a aplicar uma multa ao devedor que não cumpre voluntariamente sua obrigação. *Assim, o art. 475-J prevê, em seu* caput, *tal penalidade, não distinguindo não ser aplicável em caso de existir recurso recebido apenas no efeito devolutivo. Em se tratando de cumprimento voluntário, cabe à parte escolher o que fazer: se se sujeita à multa, aguardando o desfecho de seu recurso, ou deposita o que foi condenado a pagar. Incide, pois, a multa, se depósito voluntário não há.* Desprovimento do recurso." (Grifou-se)[372]

> "DIREITO PROCESSUAL CIVIL. AGRAVO DE INSTRUMENTO. *Decisão que, em ação de indenização, em fase de cumprimento de sentença, determinou a intimação da parte devedora para que efetue o pagamento do débito em 15 dias, na forma do art. 475-J, do CPC. Agravante requer a suspensão da execução, já que não há trânsito em julgado da sentença e que há pendência de julgamento de Agravo de Instrumento interposto contra decisão que inadmitiu o recurso especial. Decisão que deve ser mantida. Ainda que admitido, a interposição de recurso especial não é causa de suspensão da execução, como preceituam os arts. 497 e 542, § 2º, do Código de Processo Civil, uma vez que o mesmo é recebido tão somente no efeito devolutivo. Daí resulta que, conquanto permitida, é provisória a execução na pendência de recurso extraordinário ou especial, e assim também na de agravo de despacho denegatório de qualquer desses dois recursos (nota 13 ao art. 542, CPC Theotonio Negrão).* Conhecimento do recurso para negar provimento." (Grifou-se)[373]

> "AGRAVO DE INSTRUMENTO. CUMPRIMENTO PROVISÓRIO DE SENTENÇA. PRELIMINAR DE NÃO CONHECIMENTO DO RECURSO AFASTADA. INCIDÊNCIA DA MULTA PREVISTA NO *CAPUT* DO ART. 475-J DO CÓDIGO DE

---

(371) STJ, Resp. n. 954859, Rel. Ministro Humberto Gomes de Barros, Brasília, 16 ago. 2007.
(372) TJRJ, AI n. 2008.002.03313, Rel. Desembargador Sérgio Lúcio Cruz, Rio de Janeiro, 4 mar. 2008.
(373) TJRJ, AI n. 2007.002.32983, Rel. Desembargador Siro Darlan de Oliveira, Rio de Janeiro, 26 fev. 2008.

PROCESSO CIVIL. FIXAÇÃO DE HONORÁRIOS. DESCABIMENTO. CUMPRIMENTO DA SENTENÇA. HONORÁRIOS ADVOCATÍCIOS. CABIMENTO. 1. *Nos termos do art. 475-O do CPC, far-se-á o cumprimento provisório de sentença do mesmo modo que o definitivo, observadas as ressalvas previstas nos parágrafos e incisos do referido dispositivo legal. Dispondo os exequentes de título executivo judicial hábil a ensejar o cumprimento de sentença (CPC, art. 475-N, inc. I), ainda que provisório, não há óbice à incidência da multa prevista no* caput *do art. 475-J do CPC. Necessária, para tanto, a intimação do devedor para possibilitá-lo o pagamento espontâneo.* 2. No caso em exame, no que concerne aos honorários advocatícios fixados na fase de cumprimento da sentença, oferecida a impugnação, este ato processual dá causa a outros, ensejando o arbitramento da verba honorária em decorrência deste novo trabalho levado a efeito. 3. Por maioria, vencido, em parte, o Relator, negaram provimento ao recurso." (Grifou-se)[374]

"CUMPRIMENTO DE SENTENÇA QUE AINDA NÃO TRANSITOU EM JULGADO. APLICAÇÃO DA MULTA. ART. 475-J DO CPC. POSSIBILIDADE. INTIMAÇÃO DO DEVEDOR. NECESSÁRIA. 1. Nos termos do art. 475-O do CPC, far-se-á o cumprimento provisório de sentença do mesmo modo que o definitivo, observadas as ressalvas previstas nos parágrafos e incisos do referido dispositivo legal. 2. *Dispondo os exequentes de título executivo judicial hábil a ensejar o cumprimento de sentença (CPC, art. 475-N, inc. I), ainda que provisório, não há óbice à incidência da multa prevista no* caput *do art. 475-J do CPC. 3. Necessária a intimação do devedor em caso de execução provisória, para possibilitar o pagamento espontâneo.* Agravo provido de plano." (Grifou-se)[375]

Com o devido respeito, não nos parece ser possível ao credor exigir do demandado o cumprimento de sentença provisoriamente exequível. E, muito menos, sob pena de incidência da multa prevista no art. 475-J do CPC! Assim como o Professor *Humberto Theodoro Júnior*, entendemos ser inconciliáveis o ato de recorrer com o de pagar voluntariamente. Pagamento é a forma ordinária de extinção das obrigações. Pagando, o devedor anui com a condenação imposta, perdendo o interesse em recorrer, se já interposto o recurso, ou abdicando da faculdade, se ainda não impugnada a decisão.

É também a opinião de *Bernardo Bastos Silveira*:

"(...) Em que pesem as divergências, há uma parcela significativa da doutrina que, mesmo discordando acerca da necessidade ou não da intimação do devedor para o pagamento da quantia imposta na condenação, entende que o prazo de 15 (quinze) dias pressupõe, ao menos, o trânsito em julgado do título judicial. (...) Como o intuito de propiciar maior efetividade ao processo, permite o legislador a execução provisória do título judicial, que atualmente é redigida pelo art. 475-O do Estatuto Processual. (...) Na verdade, (...) o que é provisório é tão somente o título, na medida em que fora impugnado por recurso desprovido de efeito suspensivo, o que demonstra

---

(374) TJRS, AI n. 70021993498, Rel. Desembargador Paulo Sérgio Scarparo, Rio Grande do Sul, 12 mar. 2008.
(375) TJRS, AI n. 70022652713, Rel. Desembargador Paulo Sérgio Scarparo, Rio Grande do Sul, 19 dez. 2007.

a possibilidade de eventual alteração daquele no caso de provimento, mesmo que parcial, do recurso interposto. (...) a provisoriedade está ligada ao título judicial, e não à execução, já que aquele ainda se encontra passível de alteração em razão do recurso interposto. Se este não possuir o efeito suspensivo, fará que seja autorizada a *imediata* execução do comando sentencial. Nesse diapasão, enquanto não for encerrado por definitivo o seguimento recursal, ainda haverá a possibilidade de modificação da condenação imposta ao executado. (...) É imperioso, contudo, que se diga, desde já, que entendemos ser inaplicável a multa do art. 475-J nas execuções provisórias (...). duas razões para evidenciar a inquestionável impossibilidade de aplicação dessa multa na execução provisória: i) preclusão lógica para realização do pagamento em razão da manifestação da vontade de recorrer, consubstanciada na interposição do próprio recurso; ii) a desistência tácita do recurso caso o executado, ora recorrente, realize o pagamento da obrigação a ele imposta, já que invariavelmente demonstrará que o recurso interposto deixou de ser necessário, pois restou clara a sua concordância com a condenação que lhe fora desfavorável. (...) Nesse diapasão, há uma incompatibilidade entre o pagamento — tido por sua essência como o adimplemento da obrigação, o que certamente pressupõe a concordância daquele que a cumpriu — e a manutenção do seguimento recursal já iniciado ou até mesmo que está por iniciar. Logo, torna-se claro que, uma vez interposto o recurso, há uma preclusão lógica para o pagamento da condenação diante da impossibilidade de compatibilizar o ato de impugnar a sentença (ou acórdão) e ao mesmo tempo adimplir a obrigação por esta imposta. (...) Ora, se já fora praticado o ato de recorrer, resta impossibilitado praticar o ato de pagar, sem que fique prejudicado aquele. Logo, (...) demonstra-se impossível admitir a realização do pagamento da condenação, sem que isso interfira no interesse superveniente recursal. Não se quer afirmar com isso que, uma vez interposto o recurso, não será mais possível realizar o pagamento da condenação. Certamente que o ato de satisfação do crédito será possível, sendo que em outro momento e sob outras circunstâncias. A impossibilidade a que ora nos referimos é a coexistência de atos processuais distintos e incompatíveis, quais sejam impugnar o título judicial e satisfazer a obrigação nele contida. Note-se ainda que, sem perder de vista a literal disposição do art. 475-J, esse se refere ao ato de pagar. Ou seja, por esse dispositivo legal, se não houver o pagamento no prazo de 15 (quinze) dias incidirá a multa nele prevista. No entanto, como pagamento equivale ao adimplemento voluntário de uma obrigação, torna-se patente que, uma vez realizado, aquele que o praticou concorda com o provimento que o determinou, de modo que externa a sua vontade de não mais se insurgir contra este.(...) Destarte, haverá a caracterização da desistência tácita e não da aquiescência, caso seja realizado o pagamento da condenação após o início do seguimento recursal".[376]

---

(376) SILVEIRA, Bernardo Bastos. A multa do art. 475-J do CPC na execução provisória: possibilidade de aplicação?. In: *Revista de Processo*, São Paulo, v. 33, n. 155, p. 208-222, jan. 2008.

Portanto, a multa prevista no CPC deve ser reservada ao devedor que não cumpre, no prazo, decisão judicial já transitada em julgado. Até mesmo porque, antes do trânsito em julgado, impossível precisar-se ao certo qual o valor devido de prestação, que poderá ser majorado ou diminuído ou, ainda, eliminado, a depender do resultado do julgamento do recurso.

Marcelo Rodrigues Prata apresenta argumentos contundentes em prol da tese da não exigibilidade da multa de 10% antes ainda do trânsito em julgado da decisão judicial. Confira-se:

> "Entendemos que o *tempus iudicati* de quinze dias para o pagamento da quantia certa, fixada em sentença ou no 'módulo de liquidação', só se iniciará a partir do momento em que decorrer o prazo para recorrer-se da sentença ou da decisão que fixar o valor líquido da condenação, *id est*, depois de transitada em julgado a decisão. Afinal a execução deverá ser sempre baseada em título de obrigação *certa, líquida* e *exigível*. A propósito, o art. 475-J do Código de Processo Civil é expresso quanto à necessidade de liquidez da sentença, de modo a possibilitar o pagamento pelo devedor (...). De tal sorte, sustentamos que a interpretação do art. 475-J, oferecida pela corrente a qual seguimos, ou seja, a defensora de que o prazo de quinze dias só começa a fluir após o trânsito em julgado da sentença líquida, atende ao objetivo de coagir o devedor a pagar o débito estabelecido em sentença de forma definitiva, ao tempo que evita, *ad exemplum*, que o réu, condenado em uma indenização milionária por danos morais, tenha de comprometer o seu capital de giro — ou mesmo contrair empréstimos a escorchantes juros bancários — para depositar em juízo um determinado valor, sob pena de incidência de multa de 10% sobre o montante da condenação. Isso porquanto o montante da condenação poderá ser reduzido, ou mesmo extirpado da condenação, pela instância revisora. Não se esqueça, outrossim, que a norma sancionadora deve ser interpretada restritivamente (...)".[377]

Entende, ao revés, o Professor *Leonardo Greco* pela possibilidade de imposição da multa do art. 475-J, do CPC, mesmo na hipótese de execução provisória, devendo o executado, para livrar-se da incidência da penalidade, depositar o valor da condenação em juízo ou prestar caução. Para ele, a multa só não incide se interposto recurso com efeito suspensivo. Confira-se:

> "Entendo que o prazo de quinze dias se conta da intimação da sentença que condenou o devedor em quantia certa ou da intimação da decisão de liquidação, mas que a multa não poderá incidir se contra tal decisão for interposto recurso com efeito suspensivo, porque suspensa a execução da decisão, não praticará o devedor qualquer ato ilícito se deixar de cumprir a

---

(377) PRATA, Marcelo Rodrigues. A multa do art. 475-J do Código de Processo Civil e a sua aplicabilidade no processo trabalhista. In: *Revista LTr: Legislação do Trabalho e Previdência Social*, São Paulo, v. 72, n. 7, jul. 2008.

prestação a que foi condenado. Mas, o devedor, mesmo interpondo recurso sem efeito suspensivo, pode livrar-se da multa, depositando o valor da condenação ou prestando caução suficiente para garantir o seu pagamento. Se o devedor efetuar o depósito em pagamento e interpuser recurso sem efeito suspensivo, o credor não poderá receber o valor depositado, salvo prestando caução, conforme determina o inciso III do novo art. 475-O. Provido o recurso do devedor, ficará sem efeito a multa".[378]

Aliás, o próprio Código de Processo Civil, no seu art. 475-J, é expresso ao referir-se ao atributo da liquidez como condição a que se possa exigir o pagamento do montante da condenação. Veja-se:

> "Art. 475-J. Caso o devedor, *condenado ao pagamento de quantia certa ou já fixada em liquidação*, não o efetue no prazo de quinze dias, o montante da condenação será acrescido de multa no percentual de dez por cento (...)." (Grifou-se)

13.4.1.2. Sentenças definitivamente exequíveis

Diverge-se, ademais, a respeito da necessidade ou não de requerimento para o cumprimento das decisões já passadas em julgado.

Discute-se se seria necessário requerimento do credor para que tivesse início etapa de cumprimento voluntário das decisões judiciais definitivamente exequíveis ou se o prazo fluiria automaticamente, tão logo transitasse em julgado a decisão.

Pontue-se, uma vez mais, que não se está a cogitar ainda do início da execução, mas do cumprimento voluntário da sentença, momento processual que, como visto, antecede a própria etapa executiva.

É que, para o início da execução em si, não há dúvidas, é necessário requerimento do credor, conforme se extrai da literalidade do próprio art. 475-J do CPC (não, porém, em se tratando de execução trabalhista, a qual poderá ser iniciada, de ofício, pelo magistrado). A dúvida diz respeito a se seria necessário requerimento também para que o devedor fosse intimado a cumprir a decisão em 15 (quinze) ou 8 (oito) dias, ou, se, ao revés, transitada em julgado a decisão judicial, automaticamente fluiria o prazo para cumprimento.

Repita-se: enquanto flui o prazo para o cumprimento de sentença, não há ainda execução ou mesmo possibilidade de iniciá-la, mesmo porque, pela nova sistemática implantada, faltaria interesse de agir ao demandante.

Execução só haverá se, depois de findo o prazo, o credor não houver adimplido a prestação de pagar. Aí, à etapa de cumprimento voluntário segue-se

---
(378) GRECO, Leonardo. Primeiros comentários sobre a reforma da execução oriunda da Lei n. 11.232/2005. In: *Revista do Advogado*, São Paulo, v. 26 , n. 85, p. 97-111, maio 2006.

a fase de cumprimento forçado da sentença. O prazo visa justamente a ofertar ao devedor uma última chance de proceder ao cumprimento da obrigação, antes que tenha início a execução e com ela os atos de invasão ao patrimônio do (agora, sim) executado.

Para parcela da doutrina, não seria necessário qualquer requerimento do credor, para que pudesse ser iniciada a etapa de cumprimento voluntário das decisões judiciais transitadas em julgado[379][380][381].

(379) É a posição de FREIRE, Rodrigo da Cunha Lima. O início do prazo para o cumprimento voluntário da sentença e a multa prevista no *caput* do art. 475-J do CPC. In: WAMBIER, Teresa Arruda Alvim *et all* (Org.). *Execução Civil:* Estudos em homenagem ao Professor Humberto Theodoro Júnior. São Paulo: Revista dos Tribunais, 2007. p. 250-253: "No que toca à sentença definitivamente exequível, é preciso afastar desde logo a ideia de que o credor deve requerer o seu cumprimento ou a execução para que o prazo de quinze dias tenha início. *O prazo de quinze dias para o cumprimento da sentença independe da execução ou do requerimento da execução, pois um dos objetivos da multa do* caput *do art. 475-J do CPC é justamente inibir o inadimplemento e, por conseguinte, a execução: o devedor, sabendo que pode ser executado por um valor superior à dívida, efetua o pagamento no prazo de quinze dias, antes que se dê a execução o título judicial. O Código não exige a atuação do credor para que o prazo de quinze dias tenha início. Até então não se pode falar de execução. A participação do credor é exigida apenas para que a execução tenha início, pois continua a valer a regra de que a execução não se inicia de ofício (arts. 475-B,* caput, *e 475-J,* caput, *ambos do CPC)*. E aí, se o devedor não efetuou o pagamento no prazo de quinze dias, a execução, requerida pelo credor, se dará pelo valor atualizado da condenação, acrescido da multa de dez por cento. Mas pode o credor jamais requerer a execução, mesmo depois de escoado o prazo de quinze dias, sem que o devedor efetue o pagamento. (...) Cabe ao credor apresentar a memória do cálculo tão somente para executar (art. 475-B do CPC). Para o pagamento *voluntário* da dívida em quinze dias, cabe ao devedor proceder à atualização e pagar a dívida, incluindo nesta a correção monetária, os juros, as despesas processuais e os honorários advocatícios sucumbenciais. Efetuado o pagamento a menor, pode o credor executar a diferença e sobre esta incidirá a multa de dez por cento, conforme preceitua o § 4º, do art. 475-J do CPC. Já o devedor poderá impugnar a execução, consoante o disposto no inc. V do art. 475-L do CPC". (grifos nossos)

(380) É também a posição do desembargador aposentado, TESHEINER, José Maria Rosa. Execução de sentença — Regime introduzido pela Lei n. 11.232/2005. In: *Revista dos Tribunais*, Rio de Janeiro, n. 850, ago. 2006: "Questão que certamente desencadeará controvérsia é a relativa ao termo inicial do prazo de quinze dias, para que o devedor, condenado, efetue o pagamento de quantia certa ou já fixada em liquidação (art. 475-J). Examinemos, em particular, a hipótese de quantia certa, que abrange os casos de liquidação por cálculo, mesmo porque condenação em quantia certa, no sentido rigoroso da expressão, raramente ocorre. No mínimo, há que se calcular os juros de mora vencidos. (...) O cálculo pode ser efetuado tanto pelo credor, quanto pelo devedor, havendo, inclusive, casos em que este é que detém os dados necessários para efetuá-lo (art. 475-B, § 1º), motivo por que não há que se subordinar o início do prazo à apresentação de cálculo pelo vencedor. O trânsito em julgado ocorrerá, na maioria dos casos, em outra instância, motivo por que se poderia sustentar que o termo inicial do prazo para pagamento seria o da intimação do despacho de "cumpra-se", quando do retorno dos autos. Mas isso implicaria a concessão de um prazo, que pode estender-se por vários meses, a um devedor já condenado porque deve e porque em mora. Note-se que não se trata de depósito, que deva ser autorizado pelo Juiz, mas de pagamento, que independe de autos. Nos casos em que a falta deles torne difícil, para o devedor, a elaboração de um cálculo mais exato, resta-lhe a solução de efetuar o pagamento parcial, caso em que a multa de dez por cento incidirá sobre o saldo (art. 475-J, § 4º). Essa dificuldade, acaso existente, será, na maioria dos casos, imputável à desídia do próprio devedor, que não se muniu de cópias necessárias de atos do processo. Excepcionalmente, a multa poderá ser relevada, em caso de provimento parcial do recurso, em termos tais que o cálculo se torne impossível sem consulta aos autos".

(381) No mesmo sentido, Humberto Theodoro Júnior: "O montante da condenação será acrescido de multa de 10%, sempre que o devedor não proceder ao pagamento voluntário nos quinze dias subsequentes à sentença que fixou o valor da dívida (isto é, a sentença condenatória líquida, ou a sentença de

Os partidários dessa corrente sustentam, em síntese, que o CPC, ao contrário do que fez com a execução, para cujo início dispôs expressamente ser necessária iniciativa do exequente, simplesmente nada menciona a respeito de uma suposta necessidade de requerimento para que tenha início a etapa de cumprimento voluntário.

Logo, uma vez transitada em julgado a decisão judicial, o devedor, de ofício, poderia ser intimado[382] a cumpri-la no prazo de quinze dias, pena de incidir multa de 10% sobre o montante da condenação. Para pagamento voluntário não se exigiria do credor a apresentação de memória de cálculo, podendo o próprio devedor atualizar e pagar a dívida, incluindo em seu cálculo correção monetária, juros, despesas processuais e honorários advocatícios. Se acaso o credor não concordasse com o valor apurado pelo devedor, poderia prosseguir na execução pelo restante. A multa de 10%, por conseguinte, incidiria apenas sobre a diferença, e as partes poderiam prosseguir discutindo acerca do real valor devido em impugnação ao cumprimento da sentença, a ser apresentada pelo executado. O próprio contador judicial poderia, por determinação do Juiz, providenciar a feitura de planilha com o valor do débito atualizado.

A participação do credor, destarte, só seria exigida quando, escoado o prazo de 15 (quinze) dias, a decisão não fosse cumprida, ou, então, fosse cumprida apenas em parte, pois que, em âmbito cível (e quanto ao ponto não se discute), diferentemente do que ocorre no Processo do Trabalho, não se admite ainda instauração de ofício da execução.

De outra parte, há quem afirme ser absolutamente indispensável requerimento do credor para início da etapa de cumprimento voluntário das decisões judiciais já transitadas em julgado[383].

---

liquidação da condenação genérica). Havendo pagamento parcial no referido prazo, a multa do art. 475-J, *caput*, incidirá sobre o saldo remanescente (art. 475-J, § 4º). Não tem cabimento a multa se o cumprimento da prestação se der dentro dos quinze dias estipulados pela lei. *Vê-se, destarte, que o pagamento não estará na dependência de requerimento do credor. Para evitar a multa, tem o devedor que tomar a iniciativa de cumprir a condenação no prazo legal, que flui a partir do momento em que a sentença se torna exequível em caráter definitivo*" (grifos nossos). THEODORO JÚNIOR, Humberto. *Curso de Direito Processual Civil:* Processo de execução e cumprimento da sentença. Processo cautelar e tutela de urgência. 42. ed. v. II. Rio de Janeiro: Forense, 2008. p. 53.

(382) Há quem entenda, inclusive, que a intimação do devedor é despicienda, como mais adiante se verá.

(383) Pela necessidade de requerimento, mesmo quando se tratasse do cumprimento de sentença definitivamente exequível, MELLO, Rogério Licastro Torres de. O início do prazo para cumprimento de sentença. In: WAMBIER, Teresa Arruda Alvim *et al.* (Org.). *Execução Civil:* Estudos em homenagem ao Professor Humberto Theodoro Júnior. São Paulo: Revista dos Tribunais, 2007. p. 254-259, *verbis: "Há, de fato, duas disposições específicas da Lei n. 11.232/2005 que confluem para a conclusão de que deverá existir requerimento do exequente para que seja intimado o executado, a saber, o art. 475-J, § 2º, e o § 5º, do art. 475-J: em ambos os dispositivos consta que 'ao credor é lícito promover (...) a execução' (475-I, § 2º) e 'não sendo requerida a execução no prazo de seis meses, o Juiz mandará arquivar os autos' (475-J, § 5º). Destes dois dispositivos legais deflui, conforme nosso pensar, a opção pela necessidade de expresso requerimento da parte no sentido de iniciar-se a fase de cumprimento de sentença. (...) De mais a mais, a eventual necessidade de apresentação de memória de cálculo de atualização do débito (cumprimento de sentenças condenatórias de pagar quantia certa) reforça o*

Segundo partidários dessa vertente, o requerimento seria necessário por uma razão bastante singela: é que é mister, para que o devedor possa cumprir a obrigação de pagar embutida em título executivo judicial, em primeiro lugar, se defina quanto deve ser pago, ou seja, que se liquide a obrigação, incumbência esta que seria do credor e não do devedor.

Lembram que o *caput* do art. 475-J do CPC menciona "pagamento de quantia certa ou já fixada em liquidação", de forma que não se poderia falar em inadimplemento, muito menos em imposição de multa sobre um valor que não se sabe ao certo qual é.

Além do mais, dizem, pode ser que o credor, por alguma razão, não queira efetivar o comando contido na decisão judicial. Logo, para os que assim pensam, a intimação para cumprimento da decisão judicial transitada em julgado deve ser requerida expressamente pelo credor. Além do mais, em algumas hipóteses, torna-se difícil para o devedor precisar o exato momento em que a decisão transita em julgado e, em consequência, se torna definitivamente exequível. É a opinião manifestada pelo Prof. *José Carlos Barbosa Moreira*[384]. Confira-se:

> "Ponto de grande importância, mas a cujo respeito guarda silêncio a lei, é o do termo inicial para a incidência da multa. À primeira vista, parece lógico o entendimento de que esse termo inicial se localiza no próprio dia em que a sentença se torna exequível. Permitimo-nos aqui, todavia, uma ponderação. Em mais de um caso, pode surgir dúvida sobre o momento em que se configura a exequibilidade. Pense-se, por exemplo, na hipótese de coincidir esse momento com o do trânsito em julgado (execução definitiva). Se do último recurso interposto não conheceu o órgão *ad quem*, v. g., por intempestivo, no rigor da técnica a decisão impugnada terá passado em julgado quando o recurso se tornou inadmissível: no exemplo, o termo final do prazo de interposição vencido *in albis* (...). Semelhante entendimento,

---

entendimento de que tem de haver requerimento do credor para que se dê a intimação do executado para cumprir a sentença. Deveras, a necessidade de requerimento do exequente para que seja o executado intimado a cumprir a sentença decorre da circunstância de que, quando de sentenças condenatórias de pagar quantia certa, por exemplo, são frequentemente necessários atos da parte (como atualização monetária e cômputo de juros) antes da convocação do executado para pagamento. (...) Como, no mais das vezes, as sentenças condenatórias de pagar quantia certa serão objeto de cumprimento após longo tempo desde sua prolação, exigirão atualização monetária e cômputo de juros moratórios para que possa ser o executado compelido à sua satisfação. A petição de requerimento de cumprimento, neste sentir, funcionaria como ato processual do exequente tendente à satisfação deste verdadeiro ônus processual (a atualização de seu crédito pecuniário). (...) Adicionalmente, argumente-se que o requerimento de cumprimento da sentença é recomendável também pelo simples fato de que não poderá o órgão jurisdicional sobrepor-se ao interesse da parte exequente, que inclusive poderá não ter intenção de prosseguir na materialização coativa da decisão que lhe foi favorável (...). Nesta ordem de pensamento, a tese de requerimento da parte para que se dê o cumprimento da sentença também se justifica em atenção ao princípio dispositivo". (grifos nossos)

(384) MOREIRA, José Carlos Barbosa. *O novo Processo Civil brasileiro:* Exposição sistemática do procedimento. 25. ed. Rio de Janeiro: Forense, 2007. p. 197.

porém, não é pacífico: há quem só admita o trânsito em julgado a partir do instante em que não penda qualquer recurso, admissível ou não. Outra hipótese controvertida é a de sentença objetivamente complexa, cujos capítulos se tornem irrecorríveis em diferentes momentos: ao nosso ver, o trânsito em julgado para cada qual ocorrerá em separado, mas boa parte da jurisprudência adota a tese de que aquele só se dá quando cesse a recorribilidade para *todos* os capítulos. Existem ainda hipóteses em que não há unanimidade acerca da produção de efeito suspensivo pela apelação e, portanto, acerca da possibilidade de promover-se desde logo a execução (provisória) da sentença. A interpretação acima exposta suscita, destarte, uma justificável incerteza acerca do começo da incidência da multa e, por conseguinte, do respectivo valor. Afigura-se preferível situar o *dies a quo* da incidência em momento inequívoco. Daí optarmos pela necessidade de intimar-se o executado — o que se harmoniza, por sinal, com o disposto no art. 240, *caput*, a cuja luz 'salvo disposição em contrário, os prazos para as partes (...) contar-se-ão da intimação.''

A segunda posição — de necessidade de requerimento do credor para início da etapa de cumprimento voluntário —, é que acabou por ser adotada pelos Tribunais de Justiça de maneira geral e, de fato, segundo pensamos, é mesmo a melhor:

> "AGRAVO DE INSTRUMENTO. CUMPRIMENTO DE SENTENÇA. ART. 475-J DO CPC. CÁLCULO ARITMÉTICO. NECESSIDADE DE APRESENTAÇÃO, PELO CREDOR, DE MEMÓRIA DISCRIMINADA E ATUALIZADA DO CÁLCULO. *Deve ser determinada a intimação do devedor, na pessoa de seu advogado, mediante publicação no Órgão Oficial, para o cumprimento do julgado.* O devedor deve efetuar o pagamento do valor da condenação no prazo de quinze dias, sob pena de multa de 10% sobre o valor do débito, na forma dos arts. 475-J e 236 do CPC. Nos termos do art. 475-B do Código de Processo Civil, quando o valor da condenação depender apenas de cálculo aritmético, o credor deverá instruir o pedido com a memória discriminada e atualizada do cálculo. O não cumprimento voluntário da sentença acarreta para o devedor a incidência da multa prevista no art. 475-J do CPC, que independe de expresso requerimento do credor, além dos honorários respectivos." (Grifou-se)[385]
>
> "AGRAVO DE INSTRUMENTO. CUMPRIMENTO DE SENTENÇA. LIQUIDAÇÃO — CÁLCULO ARITMÉTICO — NECESSIDADE DE APRESENTAÇÃO, PELO CREDOR, DE MEMÓRIA DISCRIMINADA E ATUALIZADA DO CÁLCULO. *Decisão que, em ação de indenização por dano moral julgada procedente, determinou a intimação do devedor, mediante publicação no órgão oficial, para cumprimento do julgado, efetuando o pagamento do valor da condenação no prazo de quinze dias, sob pena de multa de 10% sobre o valor do débito, na forma dos arts. 475-J e 236 do CPC.* Nos termos do art. 475-B do Código de Processo Civil, quando o valor da condenação depender apenas de cálculo aritmético, o credor deverá instruir o pedido com a memória discriminada e atualizada do cálculo. O não cumprimento voluntário

---

(385) TJRJ, AI n. 2007.002.16478, Rel. Desembargador José C. Figueiredo, Rio de Janeiro, 10 jul. 2007.

da sentença acarreta para o devedor a incidência da multa prevista no art. 475-J do CPC, que independe de expresso requerimento do devedor. Provimento parcial do recurso, a fim de que a intimação do devedor para cumprimento da sentença seja precedida da apresentação, pelo predor, de memória discriminada e atualizada do cálculo."[386]

"CUMPRIMENTO DE SENTENÇA. MULTA. Art. 475-J, do Código de Processo Civil. Sincretismo processual. Desnecessidade de intimação pessoal do devedor, para começar a fluir o prazo de que trata o dispositivo. *Necessidade, todavia, de apresentação, pelo credor, da planilha de cálculo, a partir de quando iniciar-se-á a fluência do prazo.* Verba honorária que também só incidirá nesta hipótese. Pedido de penhora que não pode ser acolhido, ante a necessidade de oferecer oportunidade à agravada de pagar o débito. Recurso a que se nega seguimento." (Grifou-se)[387]

"AGRAVO DE INSTRUMENTO. CUMPRIMENTO DE SENTENÇA. MULTA PREVISTA NO ART. 475-J DO CÓDIGO DE PROCESSO CIVIL. TERMO *A QUO*. *Não contém o art. 475-J da lei processual, acrescentado pela Lei n. 11232/2005, qualquer referência ao termo inicial do prazo para cumprimento espontâneo do julgado.* Assim, alguns entendem que seu início é na própria data do trânsito em julgado, ou, da publicação da decisão recorrível só no efeito devolutivo (conf. FUX, Luiz, em *A Reforma do Processo Civil*). *Outros, como a decisão recorrida, defendem ser da intimação do advogado, por aplicação analógica do parágrafo primeiro do mesmo dispositivo, interpretação que é a melhor, por garantir o devido processo legal*. Negativa de seguimento ao recurso." (Grifou-se)[388]

13.4.2. A necessidade (ou não) de intimação do devedor para cumprimento da sentença e a maneira de realizá-la: pessoal ou por DO?

A par da celeuma envolvendo a questão de ser ou não necessário requerimento do credor para que tenha início a etapa de cumprimento voluntário, floresceu também controvérsia sobre se seria necessária intimação do executado para fluência do prazo de quinze dias, e, em se entendendo pela necessidade da intimação, a maneira de realizá-la.

Basicamente, portanto, discute-se (i) se a intimação para cumprimento voluntário é exigida ou se fluiria automaticamente, tão logo a decisão se tornasse eficaz, e, ademais disto, (ii) entendendo-se pela necessidade de comunicação ao devedor, a forma pela qual deveria ser feita.

Athos Gusmão Carneiro[389], por exemplo, acredita ser a intimação despicienda. Para o autor, uma vez que a sentença ou a decisão judicial que a substituir[390]

---

(386) TJRJ, AI n. 2007.002.03970, Relª Des. Cássia Medeiros, Rio de Janeiro, 26 jun. 2007.
(387) TJRJ, AI n. 2008.002.07279, Rel. Des. Carlos Eduardo Passos, Rio de Janeiro, 11 mar. 2008.
(388) TJRJ, AI n. 2008.002.07157, Rel. Des. Sergio Lucio Cruz, Rio de Janeiro, 11 mar. 2008.
(389) CARNEIRO, Athos Gusmão. Do cumprimento da sentença, conforme a Lei n. 11.232/2005. Parcial retorno ao medievalismo. Por que não?. In: *Revista Forense*, Rio de Janeiro, n. 385, p. 51 e ss.
(390) Trata-se do efeito substitutivo previsto no art. 512 do CPC.

transite em julgado, ou, então, sendo o recurso interposto contra a decisão judicial cujo cumprimento se pretende recebido apenas no efeito devolutivo, o prazo de 15 (quinze) dias previsto no *novel* art. 475-J começaria a fluir automaticamente, sem necessidade de qualquer comunicação ao devedor:

> "(...) Assim, na sentença condenatória por quantia líquida (ou na decisão de liquidação de sentença), a lei alerta para o *tempus iudicati* de quinze dias, concedido para que o devedor cumpra voluntariamente sua obrigação. Tal prazo passa automaticamente a fluir, independentemente de qualquer intimação, da data em que a sentença (ou o acórdão, art. 512) se torne exequível, quer por haver transitado em julgado, quer porque interposto recurso sem efeito suspensivo."

Apesar de toda a admiração que nutrimos pelo autor, não parece ser esse o melhor caminho. O próprio art. 240 do CPC é claro ao dispor que "salvo disposição em contrário, os prazos (...) contar-se-ão da intimação". Ora, como o art. 475-J é silente a respeito de qualquer outro termo inicial a partir do qual deveria começar a fluir o prazo de 15 (quinze) dias para cumprimento da obrigação, é mesmo da intimação que são contados os quinze dias. A partir de interpretação sistemática do CPC, por falta de disposição expressa em sentido contrário, segue-se a regra geral. Ou seja, o prazo começa a fluir da intimação.

Pela necessidade de intimação do devedor se posiciona parcela significativa da doutrina, tendo sido esta, inclusive, de modo geral, a posição abraçada pelo Tribunal de Justiça fluminense:

> "AGRAVO DE INSTRUMENTO. AÇÃO QUE TEM POR OBJETO ENTREGA DE COISA. RECURSO ESPECIAL INADIMITIDO. AGRAVO DE INSTRUMENTO PERANTE O STJ. EFEITO DEVOLUTIVO. ARTS. 542, § 2º E 497, DO CPC. INTIMAÇÃO NA FORMA DO ART. 475-J, DO CPC. CAUÇÃO. DESNECESSIDADE. A interposição de Agravo de Instrumento, recebido apenas no efeito devolutivo, contra a decisão que inadmitiu o Recurso Especial apresentado pelo agravado não obsta o cumprimento da sentença. A intimação do devedor na forma do art. 475-J do CPC é medida que se impõe como corolário da efetividade processual. Decisão que se reforma. Agravo provido em parte."[391]

> "AGRAVO DE INSTRUMENTO. CUMPRIMENTO DE SENTENÇA. MULTA PREVISTA NO ART. 475-J DO CÓDIGO DE PROCESSO CIVIL. TERMO *A QUO*. Não contém o art. 475-J da lei processual, acrescentado pela Lei n. 11.232/2005, qualquer referência ao termo inicial do prazo para cumprimento espontâneo do julgado. Assim, alguns entendem que seu início é na própria data do trânsito em julgado, ou, da publicação da decisão recorrível só no efeito devolutivo (conf. FUX, Luiz, em *A Reforma do Processo Civil*). Outros, como a decisão recorrida, defendem ser da intimação do advogado, por aplicação analógica do parágrafo primeiro do mesmo dispositivo, interpretação que é a melhor, por garantir o devido processo legal. Negativa de seguimento ao recurso."[392]

---

(391) TJRJ, AI n. 2007.002.2888, Rel. Desembargador Cherubin Helcias Schwartz, Rio de Janeiro, 19 fev. 2008.
(392) TJRJ, AI n. 2008.002.07157, Rel. Desembargador Sérgio Lúcio Cruz, Rio de Janeiro, 11 mar. 2008.

O Superior Tribunal de Justiça, contudo, em recentes decisões sobre o tema, manifestou-se no sentido da desnecessidade de intimação do devedor para início da fluência do prazo de 15 (quinze) dias. Infelizmente, no entender da Corte Superior, o termo *a quo* para cumprimento de sentença seria o trânsito em julgado da decisão judicial:

> "PROCESSUAL CIVIL. AGRAVO REGIMENTAL. LEI 11.232/2005. ART. 475-J, CPC. CUMPRIMENTO DA SENTENÇA. MULTA. TERMO INICIAL. INTIMAÇÃO DA PARTE VENCIDA. DESNECESSIDADE. SÚMULA 83/STJ. 1. 'Transitada em julgado a sentença condenatória, não é necessário que a parte vencida, pessoalmente ou por seu advogado, seja intimada para cumpri-la' (REsp n. 954.859/RS, Rel. Min. Humberto Gomes de Barros, DJU de 27.8.07). O executado deve cumprir espontaneamente a obrigação, no prazo de quinze dias, sob pena de multa de 10% sobre o valor da condenação. 2. Agravo regimental não provido."[393]

> "AGRAVO REGIMENTAL — CUMPRIMENTO DE SENTENÇA — MULTA DO ART. 475-J — INTIMAÇÃO DO DEVEDOR — DESNECESSIDADE — SENTENÇA COM TRÂNSITO EM JULGADO POSTERIOR À LEI 11.232/2005 - APLICABILIDADE — RECURSO IMPROVIDO."[394]

Entre aqueles que acreditam ser necessária intimação do devedor, discute-se acerca da maneira pela qual deve ser feita dita intimação. Sobre a temática, se defrontam duas correntes principais de pensamento: (i) aquela segundo a qual a intimação deve ser feita pessoalmente, por Oficial de Justiça; (ii) e uma outra, de acordo com a qual a intimação deveria ser feita na pessoa do advogado, através de publicação no Diário Oficial. *Alexandre Câmara* é dos que acreditam que a intimação deva ser pessoal[395]. Para o autor, muito embora o CPC elenque

---

(393) STJ, Agravo Regimental no Recurso Especial n. 2008/0015462-6, Rel. Min. Castro Meira, Brasília, 10 out. 2008.

(394) STJ, Agravo Regimental no Recurso Especial n. 2007/0299686-9, Rel. Min. Massame Uyeda, Brasília, 23 set. 2008.

(395) Também é a posição de Rodrigo da Cunha Lima Freire: "Penso que o devedor deve ser intimado pessoalmente, não bastando a publicação na imprensa oficial, por diversas razões: (a) o devedor deve cumprir a sentença, não o advogado; (b) o Código não prevê, para o cumprimento da sentença, a intimação na pessoa do advogado; (c) o Código prevê a intimação na pessoa do advogado apenas do auto de penhora e avaliação (art. 475-J, § 3º), exatamente porque a parte não pode apresentar impugnação sem a participação de seu advogado — falta-lhe capacidade postulatória, conforme o art. 36 do CPC; (d) se a intimação do réu para o cumprimento de uma decisão mandamental é pessoal, por que a intimação do réu para o cumprimento de sentença que o condena ao pagamento de quantia em dinheiro se daria na pessoa de seu advogado?; (e) é possível imaginar a enorme dificuldade prática dos advogados, especialmente dos advogados dativos, em localizarem os devedores e deles obterem a comprovação de que estão cientes do despacho intimando para o cumprimento da sentença; (f) admitindo-se que a intimação se dê pela imprensa oficial, o que deve fazer o advogado que não encontra o devedor no prazo de quinze dias?; (g) e se o advogado renunciar tempestivamente ao mandato que lhe foi outorgado pelo devedor?; (h) e se a procuração for limitada às fases de reconhecimento e de quantificação do direito?; (i) nem tudo se justifica em nome da celeridade processual". FREIRE, Rodrigo da Cunha Lima. O início do prazo para o cumprimento voluntário da sentença e a multa prevista no *caput* do art. 475-J do CPC. In: WAMBIER, Teresa Arruda Alvim *et al.* (Org.). *Execução Civil: Estudos em homenagem ao professor Humberto Theodoro Júnior*. São Paulo: Revista dos Tribunais, 2007. p. 250-253.

expressamente os casos em que é exigida intimação pessoal, o fato de não o ter feito relativamente ao cumprimento das sentenças que reconheçam a existência de obrigação de pagar não impede que a intimação se faça pessoalmente, sempre que o ato a ser praticado tiver de ser cumprido pelo próprio intimado, como ocorre, afirma, quando a comunicação processual contém ordem de pagamento direcionada ao devedor. A ideia principal por trás do argumento é a de que não se pode presumir que a sentença publicada no Diário Oficial tenha chegado efetivamente ao conhecimento da parte que deverá cumpri-la, vez que dirigidas ao advogado as publicações. Veja-se:

> "Estabelece o art. 475-J do CPC: 'Caso o devedor, condenado ao pagamento de quantia certa ou já fixada em liquidação, não o efetue no prazo de quinze dias, o montante da condenação será acrescido de multa no percentual de dez por cento e, a requerimento do credor e observado o disposto no art. 614, inciso II, desta Lei, expedir-se-á mandado de penhora e avaliação'. Trata-se de dispositivo absolutamente inédito no direito processual civil brasileiro, sem qualquer precedente na legislação anterior. Por força desse dispositivo, terá o devedor um prazo de quinze dias para efetuar o pagamento espontâneo do valor da condenação (conste tal valor da própria sentença ou da decisão proferida no incidente de liquidação), sob pena de ver incidir sobre sua dívida uma multa de dez por cento. Por força do que estabelece o dispositivo legal, apenas depois do decurso desse prazo quinzenal é que se poderá dar início ao módulo processual executivo (o que se fará a requerimento do credor). Uma série de questões, porém, têm de ser examinadas, para que se compreenda o exato sentido da norma aqui veiculada. Em primeiro lugar, deve-se buscar estabelecer o termo *a quo* desse prazo quinzenal. Autores há que sustentam que o prazo corre automaticamente, a partir do momento em que a sentença condenatória (ou a decisão do incidente de liquidação) começa a produzir efeitos, o que se dá quando o provimento jurisdicional transita em julgado ou quando se recebe recurso sem efeito suspensivo. Há, também, quem considere que o prazo começa a correr da intimação, que deve ser dirigida ao advogado do devedor. Tenho para mim que nenhuma dessas duas posições é a melhor. Penso que o termo *a quo* desse prazo quinzenal é a intimação pessoal do devedor para cumprir a sentença. Não pode ser mesmo de outro modo. Em primeiro lugar, é expresso o art. 240 do CPC em afirmar que, salvo disposição em contrário, os prazos para as partes correm da intimação. Ora, se não há expressa disposição em contrário no art. 475-J (ou em qualquer outro lugar), o prazo de quinze dias ali referido tem de correr da intimação. Não pode, pois, ser aceita a ideia da fluência automática do prazo, por ser uma opinião, *data venia*, contrária à lei. Isso, porém, não é tudo. Há de se levar em consideração, ainda, o fato de que a fluência desse prazo de forma automática implicaria, a nosso ver, uma violação à garantia constitucional do processo justo, decorrente do princípio do devido processo legal, uma vez que poderia acontecer de a

multa incidir sem que a parte sequer soubesse que já se iniciara o prazo para o pagamento. Basta pensar os casos em que o advogado não comunica à parte o momento inicial da eficácia da sentença ou, pior ainda, aqueles casos em que por alguma razão haja dificuldade em estabelecer com precisão a partir de que momento se deu o início da produção de efeitos da sentença. Não tenho, pois, qualquer dúvida em sustentar a necessidade de intimação pessoal do executado para que pague o valor da dívida, sob pena de incidir a multa referida no art. 475-J do CPC. Intimação pessoal, e não ao seu advogado, pois (...) deve-se intimar a parte pessoalmente sempre que a finalidade da comunicação processual for provocar a prática de um ato que a ela caiba realizar pessoalmente (como, sem qualquer dúvida, é o ato de cumprir a sentença)."[396]

Em que pese a consistência da lição do jovem autor, esta, definitivamente, não parece ser a melhor exegese a ser extraída do contexto da reforma, de inspiração nitidamente instrumental.

O intuito do legislador foi o de simplificar ao máximo o procedimento executivo das obrigações de pagar quantia, a fim de que as decisões judiciais sejam concretizadas no menor intervalo possível de tempo. E, como bem se sabe, citar o devedor sempre foi um dos mais graves problemas da execução.

A Lei n. 11.232/2005, como já se disse em várias passagens desta obra, transformou a execução das obrigações de pagar quantia certa em fase do processo de conhecimento. Assim, além das fases postulatória, saneadora, instrutória e decisória, o processo de conhecimento passa a contar também com a fase de cumprimento de sentença. Como, a partir de agora, só há um único processo, no qual se desenvolvem seguidamente as atividades cognitiva e satisfativa, só haverá necessidade de se citar o devedor uma única vez, no início do processo, a fim de que passe a integrar a demanda e ofereça, se assim desejar, resistência à pretensão.

Integrado ao processo, o réu, a partir daí, evidentemente, não mais precisará ser citado, porque também a atividade executória se desenvolverá no interior do mesmo processo que resultou na formação do título judicial. Logo, sendo a ação exercitada uma única vez, não há mais necessidade de se citar o devedor para que cumpra a decisão judicial. Basta que seja intimado. Trata-se de mero ajustamento da forma de se operar a execução ao modelo sincrético inaugurado.

Intimação ou citação, o fato é que, se pessoal, o devedor, assim como antes, precisaria, em primeiro lugar, ser encontrado. E, como no passado, remanesceria o grave problema de se encontrar o devedor, só que não para citá-lo, mas para intimá-lo, o que, no fim das contas, daria no mesmo...

---

(396) CÂMARA, Alexandre Freitas. *A nova execução de sentença*. 2. ed. Rio de Janeiro: Lumen Juris, 2006. p. 1.113-115.

Se o intuito do legislador fosse o de que a intimação devesse se fazer pessoalmente, o teria mencionado expressamente. A regra é a intimação por D. O. Excepcionalmente, faz-se a intimação pessoalmente. No silêncio do CPC, segue-se a regra geral: intimação mediante publicação no Diário Oficial e não o contrário.

Querendo o advogado resguardar-se de responder civilmente perante o seu cliente, deverá informá-lo da publicação da decisão tempestivamente, a fim de que o condenado possa cumprir a ordem no prazo, evitando-se, com isso, seja o valor da condenação aumentado em mais 10%. Ou melhor, o advogado, tão logo constituído, deverá precaver seu cliente sobre possível acréscimo no valor da condenação, acaso não cumpra a decisão judicial no prazo de 15 (quinze) dias a contar da intimação da publicação para pagamento.

Há um precedente no STJ, mais antigo, no sentido de que a intimação do devedor para cumprimento de sentença deveria fazer-se na pessoa do seu advogado[397]. O posicionamento, todavia, já não mais prevalece junto à Corte Superior, que, hoje, entende pela desnecessidade de intimação do devedor. De todo modo, vale o registro:

> "A questão é nova e interessantíssima. Merece exame célere do Superior Tribunal de Justiça porque tem suscitado dúvidas e interpretações as mais controversas. Há algo que não pode ser ignorado: a reforma da Lei teve como escopo imediato tirar o devedor da passividade em relação ao cumprimento da sentença condenatória. Foi-lhe imposto o ônus de tomar a iniciativa de cumprir a sentença de forma voluntária e rapidamente. O objetivo estratégico da inovação é emprestar eficácia às decisões judiciais, tornando a prestação judicial menos onerosa para o vitorioso. Certamente, a necessidade de dar resposta rápida e efetiva aos interesses do credor não se sobrepõe ao imperativo de garantir ao devedor o devido processo legal. Mas o devido processo legal visa, exatamente, o cumprimento exato do quanto disposto nas normas procedimentais. Vale dizer: o vencido deve ser executado de acordo com o que prevê o Código. Não é lícito subtrair-lhe garantias. Tampouco é permitido ampliar regalias, além do que concedeu o legislador. O Art. 475-J do CPC, tem a seguinte redação: Art. 475-J. Caso o devedor, condenado ao pagamento de quantia certa ou já fixada em liquidação, não o efetue no prazo de quinze dias, o montante da condenação será acrescido de multa no percentual de dez por cento e, a requerimento do credor e observado o disposto no art. 614, inciso II, desta Lei, expedir-se-á mandado de penhora e avaliação. A Lei não explicitou o termo inicial da contagem do prazo de quinze dias. Nem precisava fazê-lo. Tal prazo, evidentemente, inicia-se com a intimação. O Art. 475-J não previu, também, a intimação pessoal do devedor para cumprir a sentença. A intimação — dirigida ao advogado — foi prevista no § 1º do Art. 475-J do CPC, relativamente ao auto de penhora e avaliação. Nesse momento, não pode haver dúvidas, a multa de 10% já incidiu (se foi necessário penhorar, não houve o cumprimento espontâneo da obrigação em quinze dias). Alguns doutrinadores enxergam a exigência de intimação pessoal. Louvam-se no argumento de que não se pode presumir que a sentença publicada no Diário tenha chegado ao conhecimento da parte que deverá cumpri-la, pois quem acompanha as publicações

---

(397) STJ, Resp n. 954859, Rel. Ministro Humberto Gomes de Barros, Brasília 16 ago. 2007.

é o advogado. O argumento não convence. Primeiro, porque não há previsão legal para tal intimação, o que já deveria bastar. Os arts. 236 e 237 do CPC são suficientemente claros neste sentido. Depois, porque o advogado não é, obviamente, um estranho a quem o constituiu. Cabe a ele comunicar seu cliente de que houve a condenação. Em verdade, o bom patrono deve adiantar-se à intimação formal, prevenindo seu constituinte para que se prepare e fique em condições de cumprir a condenação. Se o causídico, por desleixo, omite-se em informar seu constituinte e o expõe à multa, ele deve responder por tal prejuízo. O excesso de formalidades estranhas à Lei não se compatibiliza com o escopo da reforma do processo de execução. Quem está em juízo sabe que, depois de condenado a pagar, tem quinze dias para cumprir a obrigação e que, se não o fizer tempestivamente, pagará com acréscimo de 10%. Para espancar dúvidas: não se pode exigir da parte que cumpra a sentença condenatória antes do trânsito em julgado (ou, pelo menos, enquanto houver a possibilidade de interposição de recurso com efeito suspensivo). O termo inicial dos quinze dias previstos no Art. 475-J do CPC, deve ser o trânsito em julgado da sentença. Passado o prazo da lei, independente de nova intimação do advogado ou da parte para cumprir a obrigação, incide a multa de 10% sobre o valor da condenação. Se o credor precisar pedir ao juízo o cumprimento da sentença, já apresentará o cálculo, acrescido da multa. Esse o procedimento estabelecido na Lei, em coerência com o escopo de tornar as decisões judiciais mais eficazes e confiáveis. Complicá-lo com filigranas é reduzir à inutilidade a reforma processual. Nego provimento ao recurso especial ou, na terminologia da Turma, dele não conheço."

Fredie Didier Jr., em artigo dedicado especificamente a tratar do tema, também sustenta deva a intimação realizar-se na pessoa do advogado:

"(...) A principal discussão doutrinária sobre esse dispositivo relaciona-se com a necessidade ou não de intimação para cumprimento espontâneo da decisão. Explica-se. Se a decisão transitar em julgado, o prazo de quinze dias para cumprimento da obrigação começa a fluir automaticamente, ou é necessário proceder à intimação do devedor, para que cumpra espontaneamente a decisão? Parece que a melhor interpretação é a que exige a intimação do devedor, que pode ser feita pela imprensa oficial, dirigida ao seu advogado, consoante a tendência que se vem firmando em nosso ordenamento (por exemplo: arts. 57, 316, 475-A, § 1º, 475-J, § 1º, 659, § 5º etc.). É possível que, por má-fé, o devedor desconstitua o seu advogado, nos estertores da fase de conhecimento, como estratégia para dificultar o cumprimento da sentença, em razão da necessidade de que a sua intimação seja, então, feita pessoalmente, e não por intermédio do seu patrono. Constatada a má-fé, é caso de aplicação da sanção do art. 18 do CPC. Convém lembrar, porém, que incide no caso a regra do art. 39, parágrafo único, do CPC, que reputa válida intimação feita no endereço constante dos autos, se, tendo havido mudança, o advogado não tiver providenciado comunicá-la ao juízo. Isso porque podem surgir dúvidas sobre a data do trânsito em julgado (se o último recurso não foi conhecido, há grande controvérsia sobre o tema) e sobre o montante da dívida, que, muitas vezes, exige, no mínimo, a elaboração prévia de cálculos aritméticos pelo próprio credor (art. 475-B, do CPC). (...) Enfim, para que a multa do art. 475-J incida, é preciso que, antes, o executado tenha sido intimado para cumprir espontaneamente a obrigação."[398]

Os Tribunais de Justiça, logo ao início de vigência da Lei n. 11.232/2005, na esteira do precedente do STJ, também consagraram, em sua maioria, entendimento segundo o qual a intimação do demandado na pessoa de seu advogado é mesmo o termo inicial de contagem do prazo para cumprimento voluntário da decisão exequenda, salvo, evidentemente, se não houver advogado constituído nos autos ou se o processo correu à revelia na fase de conhecimento, hipóteses em que a intimação continuará, como antes, a ser feita pessoalmente ao devedor. Mais recentemente, contudo, tendo em vista modificação do posicionamento do STJ a respeito do tema, alguns Tribunais locais já vêm decidindo no sentido da desnecessidade de intimação para cumprimento da sentença. Há decisões em todos os sentidos. Confira-se:

> "Vistos, etc. 1. Insurge-se a agravante contra a decisão de 1º grau que nos autos da execução por título judicial, determinara, para os fins de que cuida o art. 475-J do Código de Processo Civil, se processe à intimação da parte na pessoa de seus patronos, sob as penas ali cominadas. 2. É manifesta a improcedência do recurso, na medida em que a decisão agravada, em verdade, pôs-se em perfeita harmonia com o entendimento do Egrégio STJ a propósito do tema, de que dão testemunhos os julgados cujas ementas a seguir se transcreve: 'LEI 11.232/2005. ART. 475-J, CPC. CUMPRIMENTO DA SENTENÇA. MULTA. TERMO INICIAL. INTIMAÇÃO DA PARTE VENCIDA. DESNECESSIDADE.1. A intimação da sentença que condena ao pagamento de quantia certa consuma-se mediante publicação, pelos meios ordinários, a fim de que tenha início o prazo recursal. Desnecessária a intimação pessoal do devedor. 2. Transitada em julgado a sentença condenatória, não é necessário que a parte vencida, pessoalmente ou por seu advogado, seja intimada para cumpri-la. 3. Cabe ao vencido cumprir espontaneamente a obrigação, em quinze dias, sob pena de ver sua dívida automaticamente acrescida de 10%.' (REsp 954859 / RS, STJ, 3ª turma, rel. Min. Humberto Gomes de Barros, DJ 27.8.2007, p. 252)"
>
> "CUMPRIMENTO DE SENTENÇA. DECURSO DO PRAZO PARA CUMPRIMENTO ESPONTÂNEO DO JULGADO. VERBA HONORÁRIA DEVIDA. O adimplemento voluntário da condenação deve ocorrer em 15 dias após o trânsito em julgado da sentença. Nesta fase, não há que se cogitar de intimação do executado ou de seu patrono, pois não há qualquer previsão legal. Noutras palavras, esse prazo flui, automaticamente a partir do momento em que a sentença condenatória começa a produzir efeitos. O agravado deixou escoar o prazo para o cumprimento espontâneo da sentença, incidindo, desta forma, a fixação da verba honorária, em razão da iniciativa da execução intentada pela credora e não pela devedora. Em síntese,

---

(398) JÚNIOR, Fredie Didier. Notas sobre a fase inicial do procedimento de cumprimento da sentença (execução de sentença que imponha pagamento de quantia). In: WAMBIER, Teresa Arruda Alvim *et al.* (Org.). *Execução Civil:* Estudos em homenagem ao professor Humberto Theodoro Júnior. São Paulo: Revista dos Tribunais, 2007. p. 143-147.

decorrido o prazo para o cumprimento espontâneo do julgado, incide o arbitramento de verba honorária sobre o total da condenação. PROVIMENTO PARCIAL DO RECURSO."(399)

"FASE DE CUMPRIMENTO DA SENTENÇA — EXECUÇÃO PROVISÓRIA — POSSIBILIDADE — PENDÊNCIA DE JULGAMENTO DE RECURSO SEM EFEITO SUSPENSIVO — INTIMAÇÃO — LEI NOVA — Será provisória a execução, quando se tratar de sentença impugnada mediante recurso ao qual não foi atribuído efeito suspensivo. Far-se-á, entretanto, no que couber, do mesmo modo que a definitiva, observadas as normas dos incisos I a III, do art. 475-O, do Cód. Proc. Civil, que estabelecem que corre por iniciativa, conta e responsabilidade do exequente. Segundo a regra do art. 1.211, do Cód. Proc. Civil, e reiterada manifestação da jurisprudência, tratando-se de norma de natureza processual, a lei nova tem aplicação imediata, incidindo, desde o momento de sua vigência, sobre os processos que se encontram em curso. Hipótese em que o prazo para cumprimento espontâneo da condenação se inicia com a simples publicação do despacho pelo qual se dá conhecimento ao devedor de que a sentença transitou em julgado. Honorários advocatícios aplicáveis apenas se se instaurar a instância impugnativa. Multa devida, em face de decisão contra a qual recurso não interpôs a devedora. Decisão parcialmente reformada." (grifos nossos)(400)

"AGRAVO INOMINADO NO AGRAVO DE INSTRUMENTO. AÇÃO DE OBRIGAÇÃO DE NÃO FAZER. CUMPRIMENTO DA SENTENÇA. LEI N. 11.232/2005. DESNECESSIDADE DE INTIMAÇÃO PESSOAL. ART. 475-J, DO CPC. A Lei N. 11.232/2005, que alterou substancialmente a fase de execução de sentença, teve como escopo a celeridade, prestigiando o cumprimento espontâneo dos títulos judiciais. Assim, a imposição de intimação pessoal do devedor para cumprimento da obrigação encontra-se em dissonância com o espírito da norma, que é conferir maior rapidez e efetividade à prestação da tutela jurisdicional. Destarte, do trânsito em julgado da sentença, no caso de condenação por quantia certa, emerge o dever da ré em pagar o que é devido à autora, como mero prosseguimento do processo de conhecimento. Decisão monocrática que se mantém. Recurso improvido."(401)

"AGRAVO DE INSTRUMENTO. CUMPRIMENTO DE SENTENÇA. IMPUGNAÇÃO DO DEVEDOR. MULTA PREVISTA NO ART. 475-J, DO CPC. Para que possa incidir multa de 10% sobre a condenação, é necessária a intimação do advogado do devedor; apenas caso não haja procurador constituído, deve a intimação ser pessoal. Na hipótese dos autos, a agravante foi intimada a efetivar o pagamento da condenação na pessoa de seu procurador legalmente constituído. Assim, é de ser mantida a aplicação da multa. Recurso com seguimento negado por ser manifestamente improcedente."(402)

"AGRAVO DE INSTRUMENTO. DIREITO PRIVADO NÃO ESPECIFICADO. CONTRATO DE PARTICIPAÇÃO FINANCEIRA. CUMPRIMENTO DA SENTENÇA. ART. 475-J DO CPC. TERMO INICIAL. O prazo de quinze dias referido no art. 475-J do CPC tem como termo inicial o dia subsequente à intimação do procurador da

---

(399) TJRJ, AI n. 2008.002.35300, Rel. Desembargador Roberto de Abreu e Silva, Rio de Janeiro, 14 nov. 2008.
(400) TJRJ, AI n. 2008.002.17445, Rel. Desembargador Jair Pontes de Almeida, Rio de Janeiro, 11 nov. 2008.
(401) TJRJ, AI n. 2008.002.34097, Rel. Desembargador Cláudio de Mello Tavares, Rio de Janeiro, 12 nov. 2008.
(402) TJRS, AI n. 70023511421, Relª Desembargadora Helena Ruppenthal Cunha, Rio Grande do Sul, 20 mar. 2008.

parte sucumbente, quando esta se encontra devidamente representada nos autos. *In casu*, pertinente a incidência da multa, já que o devedor, intimado através de seu procurador, não efetivou o pagamento do débito no prazo legal. AUSÊNCIA DE DECISÃO QUANTO À QUESTÃO REFERENTE ÀS CUSTAS. Não há como conhecer de recurso em que se postula decisão a respeito de questão não apreciada pelo julgador *a quo*, sob pena de supressão do primeiro grau de jurisdição. Inexistência de decisão interlocutória, o que inviabiliza o conhecimento do Agravo de Instrumento. Agravo de Instrumento parcialmente conhecido e improvido em decisão monocrática."[403]

"AGRAVO DE INSTRUMENTO. EXECUÇÃO POR TÍTULO JUDICIAL. FIXAÇÃO DE MULTA PREVISTA NO ART. 475-J DO CPC E HONORÁRIOS ADVOCATÍCIOS. A jurisprudência majoritária firma-se no sentido do cabimento de honorários de advogado no procedimento de cumprimento da sentença se o devedor não paga o débito no prazo de quinze dias após sua intimação. O prazo para cumprimento voluntário da sentença (art. 475-J do CPC) inicia-se a partir da intimação do devedor, por publicação, na pessoa de seu advogado, onde conste o valor líquido do débito ou menção à planilha de cálculo, discriminada e atualizada, na forma do art. 475-B do CPC. Após o transcurso do prazo quinzenal, se verificada a inadimplência, incidirá a multa de 10%, na forma do art. 475-J do CPC. Provimento do agravo."[404]

"AGRAVO DE INSTRUMENTO. ART 475-J DO CPC. CUMPRIMENTO DE SENTENÇA. MULTA. Desnecessidade de intimação pessoal da parte vencida. Fixação de honorários. Provimento do recurso."[405]

"AGRAVO DE INSTRUMENTO. EXECUÇÃO POR TÍTULO JUDICIAL. REFORMA PROCESSUAL. NOVO PROCEDIMENTO PARA O CUMPRIMENTO DA SENTENÇA. ART. 475-J DO CPC. PRAZO DE 15 DIAS PARA PAGAMENTO DO DÉBITO SOB PENA DE MULTA DE 10% SOBRE O VALOR DA EXECUÇÃO. TERMO INICIAL PARA A CONFIGURAÇÃO DA MORA. DIVERGÊNCIA. EVOLUÇÃO JURISPRUDENCIAL. INTIMAÇÃO PESSOAL DO DEVEDOR. DESNECESSIDADE.Versa a controvérsia sobre a execução por título judicial, o pedido de parcelamento do débito decorrente de sentença líquida transitada em julgado, a incidência de multa de 10%, suspensão da incidência de multa diária, bem como a necessária intimação pessoal do devedor para cumprimento da sentença. A multa somente deve incidir quando o devedor não cumprir espontaneamente a obrigação no prazo de quinze dias estipulado pelo art. 475-J, *caput*, do CPC, após devidamente intimado através de seu advogado, devendo ser afastada a exigência de intimação pessoal do devedor. Precedentes da jurisprudência amplamente majoritária do TJ/RJ e já pacificada no âmbito desta E. 2ª Câmara Cível. Incabível o parcelamento previsto no art. 745-A do CPC, eis que tal benefício é concedido ao devedor na execução fundada em título extrajudicial, não se estendendo à execução por título judicial, sendo o objetivo do legislador compelir o devedor efetuar o pagamento do débito prontamente, sob pena de sanção pecuniária. No entanto, merece prosperar o pedido de suspensão da multa diária, uma vez que o agravante

---

(403) TJRS, AI n. 70023440928, Relª Desembargadora Judith dos Santos Mottecy, Rio Grande do Sul, 20 mar. 2008.

(404) TJRJ, AI n. 2008.002.07799, Relª Desembargadora Leila Mariano, Rio de Janeiro, 18 mar. 2008.

(405) TJRJ, AI n. 2008.002.05278, Relª Desembargadora Lucia Miguel S. Lima, Rio de Janeiro, 6 mar. 2008.

requereu, diversas vezes, ao Juízo *a quo* que fosse designado dia e hora para cumprimento da obrigação de fazer, o que não foi objeto de apreciação. RECURSO PROVIDO, em parte."[406]

"AGRAVO. EXECUÇÃO DE TÍTULO JUDICIAL. Na nova sistemática processual civil introduzida pela Lei n. 11.232/2005, na execução definitiva de título judicial o prazo do art. 475-J do CPC flui automaticamente a partir do trânsito em julgado da sentença condenatória líquida ou da decisão proferida em liquidação, ao passo que na execução provisória o dito prazo flui a contar da intimação feita à executada através do Diário Oficial e na pessoa de seu advogado constituído nos autos, segundo a diretriz geral traçada no § 1º, do art. 475-A do Código de Processo Civil, porque esse tipo de execução depende da iniciativa do credor (art. 475-M). Para receber a intimação para os fins do art. 475-J do CPC o advogado do executado não precisa ter poderes especiais porque a execução não é mais um processo autônomo, sendo mero ato processual consequente ao trânsito em julgado. Execução provisória oriunda de cumprimento de decisão, determinando à empresa agravante cumprir o julgado voluntariamente no prazo de 15 dias, passando a incidir, a partir de então, multa de 10% a teor do disposto do art. 475-J do CPC. Recurso desprovido."[407]

A nosso ver, melhor mesmo o entendimento segundo o qual a intimação do devedor é necessária, mais em decorrência da dificuldade de se precisar o exato momento a partir do qual a sentença (*latu sensu*) passa a irradiar os seus efeitos.

13.4.3. A aplicação do art. 475-J, primeira parte, ao Processo do Trabalho

Aplicando-se o art. 475-J, primeira parte, ao Processo do Trabalho, fica derrogado o art. 880 da CLT. Pela sistemática da CLT, a execução se inicia diretamente com a "citação" do demandado para pagamento em 48 horas ou para que, pretendendo oferecer embargos, garanta o juízo. Uma vez que a sentença (ou acórdão que a substituísse) transitasse em julgado ou, antes disso, fosse recebido recurso sem efeito suspensivo (como soem ser os recursos trabalhistas), iniciava-se, de ofício, ou a requerimento do credor, a execução, com expedição de mandado de citação, penhora e avaliação.

Intimado a cumprir a decisão, o devedor, no prazo de 48 horas, poderia: (i) realizar o pagamento do valor da execução, nos termos do art. 881 da CLT; (ii) depositar o valor do *quantum debeatur*, a fim de garantir o juízo para oposição de futuros embargos (art. 882 da CLT); ou, ainda, (iii) nomear bens à penhora, também com o fito de garantir o juízo para oposição de eventuais embargos à execução (art. 882, da CLT).

Aplicando-se, porém, a primeira parte do art. 475-J do CPC ao Processo do Trabalho, antes que se inicie a execução propriamente dita, haverá uma

---

(406) TJRJ, AI n. 2008.002.03413, Relª Desembargadora Elisabete Filizzola, Rio de Janeiro, 12 mar. 2008.
(407) TJRJ, AI n. 2007.002.29827, Rel. Desembargador Jorge Luiz Habib, Rio de Janeiro, 11 mar. 2008.

etapa precedente para cumprimento voluntário da decisão judicial. O devedor constante do título executivo judicial será intimado a cumprir a decisão judicial no prazo de 8 (oito) dias (e não 15, portanto), sob pena de aplicação da multa do art. 475-J, do CPC.

Alguns autores sustentam a inaplicabilidade do dispositivo, afirmando que a CLL, em seu art. 889[408], remete à Lei de Execução Fiscal a disciplina supletiva da execução trabalhista. Veja-se que tal argumento não pode servir de óbice à aplicação do dispositivo ao Processo Laboral, por uma razão bastante singela: a parte inicial do *caput* do art. 475-J não trata ainda da execução propriamente dita, mas da fase a ela precedente, do cumprimento de sentença, em relação à qual é omissa a CLT. Por conseguinte, como não se está ainda a tratar da execução, a regra da subsidiariedade que se aplica é a do art. 769 do diploma celetista[409], de acordo com a qual, na omissão da CLT, e desde que compatível com a principiologia laboral, será possível aplicação supletiva do Direito Processual Civil.

O CPC dispõe que o devedor terá o prazo de 15 (quinze) dias para cumprimento espontâneo da obrigação consubstanciada no título executivo. Tal prazo não foi escolhido aleatoriamente, mas levou-se em consideração o prazo para interposição de recurso de apelação. Adaptando-se tal disposição à realidade do Processo Laboral, o prazo para cumprimento voluntário será de 8 (oito) dias[410]. Basta definir a partir de quando começa a correr o prazo para cumprimento, seu termo *a quo*. Como bem sintetiza *Júlio César Bebber*[411], "a exigibilidade da sentença constitui o termo inicial para a contagem do prazo para o seu cumprimento".

Por conseguinte, referido prazo inicia-se: (i) da intimação do trânsito em julgado da sentença ou acórdão (líquidos); ou, ainda, (ii) da intimação da decisão de liquidação[412]. A intimação, a nosso ver, é indispensável para deflagração do prazo de 8 (oito) dias.

---

(408) "Art. 889. Aos trâmites e incidentes do processo de execução são aplicáveis, naquilo em que não contravierem ao presente Título, os preceitos que regem o processo dos executivos fiscais para a cobrança judicial da dívida ativa da Fazenda Pública Federal."

(409) "Art. 769 – Nos casos omissos, o direito processual comum será fonte subsidiária do direito processual do trabalho, exceto naquilo em que for incompatível com as normas deste Título."

(410) Há quem entenda que, ainda que se trate do cumprimento voluntário de decisões judiciais trabalhistas, o prazo será, como no CPC, de 15 (quinze) dias, e não 8 (oito). Há ainda quem defenda ser o prazo de 48 horas, aplicando-se o disposto no art. 880 da CLT.

(411) BEBBER, Júlio César. *Cumprimento da sentença no Processo do Trabalho*. 2. ed. São Paulo: LTr, 2007. p. 71.

(412) Não concordamos com a tese sustentada por alguns autores de que possa haver cumprimento de sentenças apenas provisoriamente exequíveis, inclusive com aplicação de multa de 10% em caso de descumprimento da decisão judicial. O TJRJ entende majoritariamente pela possibilidade de aplicação da multa do art. 475-J, inclusive em se tratando do cumprimento de sentenças ainda não transitadas em julgado. Confira-se: "AGRAVO DE INSTRUMENTO. DIREITO PROCESSUAL CIVIL. TÍTULO JUDICIAL. EXECUÇÃO PROVISÓRIA. Multa do art. 475-J do CPC. Cabimento. Aplicação que não depende do trânsito em julgado da decisão. Desnecessidade de intimação pessoal do devedor. Observância aos princípios da efetividade da prestação jurisdicional e da celeridade processual. Precedentes deste Tribunal de Justiça. Recurso a que se nega provimento". TJRJ, AI n. 2008.002.20967, Relª Des. Kátia Torres, Rio de Janeiro, 5 nov. 2008.

13.5. Multa do art. 475-J do CPC: a desejável aplicação à Processualística Laboral

Discute-se muito se a multa do art. 475-J do CPC seria aplicável ao Processo do Trabalho. A doutrina trabalhista não possui posição uníssona a respeito[413][414], tampouco os tribunais. Há decisões em todos os sentidos.

---

(413) Contra a aplicabilidade da multa do art. 475-J do CPC à processualística laboral, dentre outros, NETO, Adhemar Prisco da Cunha. Aspectos da aplicação do Processo Comum ao Processo do Trabalho. In: *Revista LTr*, São Paulo, n. 11, p. 1.340-1.349, nov. 2007: "O primeiro problema, e talvez de maior visibilidade, se refere ao sincretismo do novo Processo Civil. A execução se transformou em fase do processo, o que resultou na dispensa de citação para pagamento. De acordo com o novo art. 475-J, do CPC, o devedor fica obrigado a cumprir a sentença originalmente líquida ou tornada líquida no prazo de quinze dias, sob pena de arcar com multa de 10% sobre o montante da condenação. Além disso, não terá a oportunidade de oferecer bens à penhora, pois o § 3º autoriza o exequente a, desde o início, indicar os bens a serem penhorados. Realizada a penhora, segue a intimação do executado, que pode ser feita na pessoa do advogado, momento em que passa a correr o prazo de quinze dias para o oferecimento de impugnação, tal como descreve o § 1º. Ao mesmo tempo, o art. 880 da CLT permanece formalmente íntegro, inclusive após a alteração introduzida pela Lei n. 11.457/2007, ao dispor sobre a necessidade de citação do executado. O § 2º exige que a citação seja realizada por oficial de justiça e o § 3º, que ela ocorrerá por edital, quando não encontrado. O prazo para o pagamento é de 48 horas e o art. 882 mantém a figura da nomeação de bens à penhora. A CLT não menciona a hipótese de multa pelo não cumprimento, nem a forma de intimação da penhora, mas estabelece o art. 884 o prazo de cinco dias para oposição dos embargos à execução, a contar da garantia da execução. (...) Neste particular, há antinomia entre os conteúdos da CLT e do CPC, sendo certo que alguns juízes refutam a aplicação do CPC, enquanto outros defendem ardorosamente a substituição, por caducidade, da disciplina prevista na CLT. Há, ainda, os que importam do direito material do trabalho, ainda que inconscientemente, noções da teoria da acumulação para justificar o aproveitamento de partes de uma ou outra norma, o que acaba por transformar o processo em uma colcha de retalhos. No meio de tanta indecisão está o jurisdicionado, que enfrenta dificuldade para visualizar com clareza o 'devido processo legal aplicável ao seu caso'. Embora existam argumentos plausíveis independentemente da perspectiva adotada, as ideias defendidas neste estudo me conduzem a sustentar que, sob prisma normativo, a CLT é mais específica. Isso indica sua aplicabilidade, em detrimento das inovações trazidas pelo CPC. O uso desse critério para a solução do problema somente foi possível porque não detectei nesse confronto de conteúdos normativos a hipótese de lacuna, mas de antinomia".

(414) José Augusto Rodrigues Pinto, iniciando pela sua própria, apresenta diversas posições de doutrinadores trabalhistas, algumas contrárias à aplicabilidade da multa do art. 475-J, do CPC, outras favoráveis. Confira-se: "(...) no magistério e na magistratura, o primeiro zelo que se tem que ter é por uma distribuição da justiça, através do processo, com segurança jurídica das partes na defesa de suas pretensões e do juízo na observância das regras para decidi-las. Por isso, não admitimos a substituição a fórceps do procedimento delineado no art. 880 da CLT pelo instituído no art. 475-J do CPC, embora o desejemos pelo caminho seguro da ordem jurídica estabelecida. (...) Igualmente ortodoxo é o sentir de Manoel Antonio Teixeira Filho: 'Ainda que venha a entender que as normas da sobredita Lei são compatíveis (teleológica e ideologicamente) com o Processo do Trabalho, hipótese que se admite apenas por apego à argumentação — isto não será bastante para processar-se a pretendida transubstanciação deste processo sob pena de grave violação de pressuposto fundamental da *omissão*, constante do art. 796 da CLT. Não é inútil observar, a propósito, que sob o aspecto axiológico o requisito da omissão tem preeminência sobre o da compatibilidade, não sendo produto do acaso, por isso, a particularidade de aquela anteceder a este, no mencionado texto legal'. Do mesmo modo pensa Aurélio da Silva: 'O Juiz do trabalho utilizará o novo modelo da execução civil nas hipóteses de sentença condenatória em ação cível proposta por força da ampliação da competência oriunda da EC n. 45/2004, posto que todo processo, desde a fase cognitiva, é regulado pela legislação processual comum. O magistrado, todavia, não aplicará a nova execução civil nas execuções fiscais e na execução trabalhista. Aquelas possuem

O Tribunal Superior do Trabalho, por exemplo, em recentes julgamentos, posicionou-se pela não aplicabilidade do art. 475-J do CPC ao Processo Laboral, sustentando fundamentalmente que a CLT não seria omissa ao regular os efeitos do não adimplemento da condenação ao pagamento de quantia certa. Na primeira decisão da Corte a respeito da temática, tomada pelos Ministros componentes da 3ª Turma, assim restou decidido[415]:

> "(...) Discute-se aplicabilidade do art. 475-J, do CPC, ao Processo do Trabalho. O dispositivo, como referido, diz respeito às consequências jurídicas do não adimplemento espontâneo da condenação em pagamento de quantia certa. Este, portanto, precisamente o fato juricizado pela norma: não pagamento espontâneo de quantia certa advinda da condenação judicial. A verificação da aplicabilidade do dispositivo, como afirmado, depende da investigação da existência, ou não, de tratamento pela legislação processual trabalhista do mesmo fato. Assim que, confirmado que a legislação trabalhista empresta ao mesmo fato outros efeitos, ainda que reduzidos em relação ao paradigma comum, não há falar em ausência legal, mas sim em diversidade de tratamento. Essa precisamente a hipótese em tese. O art. 883 da CLT dispõe precisamente sobre o mesmo fato: o não pagamento espontâneo pelo executado. Confira-se a redação: 'Art. 883 – Não pagando o executado, nem garantindo a execução, seguir-se-á a penhora dos bens, tantos quantos bastem ao pagamento da importância da condenação, acrescida de custas e juros de mora, sendo estes, em qualquer caso, devidos a partir da data em que for ajuizada a reclamação inicial'. Como se vê, no Processo do Trabalho, o mesmo fato que gera efeitos previstos no art. 475-J do CPC importa na penhora dos bens no limite da importância da condenação acrescida de custas e juros de mora. Delimitado no âmbito do Processo do Trabalho os precisos efeitos do fato em discussão, não

---

disciplinamentos especiais estatuídos na Lei n. 6.830/80 e na CLT, art. 880, respectivamente'. Por fim, Francisco Antonio Oliveira preleciona: 'Diferentemente do que comanda o art. 475-J, o Processo do Trabalho determina que o executado seja citado para honrar a obrigação em quarenta e oito horas ou garanta a execução mediante indicação de bens'. (...) Exatamente oposta, a postura do pensamento *reformista radical* é a de que, *se algo melhor surgiu, jogue-se fora simplesmente o que não presta*, mesmo se escondendo atrás dos mais diversos pretextos de *razoabilidade* para compatibilizar sistemas processuais incompatíveis por princípio. É nesta linha que raciocina Wolney de Macedo Cordeiro: 'Como o direito processual do trabalho apresenta-se instrumental em relação a uma disciplina jurídica de caráter tuitivo, é óbvio que a normatização deve considerar os institutos processuais que promovam o regramento mais célere e dinâmico do processo. Daí por que, a atividade do intérprete não deve ser resumida à constatação tópica da omissão legislativa, mas sim do eventual anacronismo em relação aos avanços do Processo Civil'. (...) Idêntico é, sem dúvida, o ideário de outro *reformista radical*, Paulo Henrique Tavares da Silva (...): 'Toda vez que o Código de Processo Civil passa por uma reforma, desencadeia-se um movimento doutrinário no sentido de averiguar se tais inovações são ou não aplicáveis ao Processo do Trabalho. Geralmente, as opiniões dividem-se entre aqueles que denomino de 'puristas', fiéis à tradição da inteireza e perfeição da CLT, e os 'holísticos', ávidos por novidades, sempre apresentando novas alternativas de procedimento (...). O desejável, certamente, seria a criação do nosso Código de Processo Trabalhista (...) Mas, enquanto isso não vem, vale lembrar a lição de Beatrice Buteau: 'Não podemos esperar que os tempos se modifiquem e nós nos modifiquemos junto, por uma revolução que chegue e nos leve em sua marcha. Nós mesmos somos o futuro. Nós somos a revolução." PINTO, José Augusto Rodrigues. A polêmica trabalhista em torno da Lei n. 11.232/2005 – Fase de cumprimento das sentenças no Processo de Conhecimento. In: *Revista LTr*, São Paulo, n. 11, p. 1.296-1.302, nov. 2007.

(415) TST, RR n. 765/2003-008-13-41.8, Relª Min. Maria Cristina Irigoyen Peduzzi, Brasília 5 dez. 2007.

se admite a utilização do dispositivo na legislação supletiva. É importante sublinhar que, nessa hipótese, o silêncio do legislador em relação a qualquer outro efeito — entre eles, a aplicação de multa — deve ser interpretado no contexto do silêncio eloquente, ou seja, da ausência de cominação de multa representa uma opção política do legislador, e não negligência ou imprevidência. (...)".

Em outras oportunidades, o TST voltou a afirmar ser inaplicável ao Processo do Trabalho a multa do art. 475-J do CPC, sempre com supedâneo no argumento simplório da falta de omissão da CLT a respeito do não cumprimento da decisão judicial condenatória. Confira-se:

> "RECURSO DE REVISTA. 1. SÚMULA N. 330/TST. EFICÁCIA LIBERATÓRIA. Afigura-se impossível visualizar qualquer contrariedade à Súmula n. 330 desta Corte, porquanto o Regional consignou que a reclamada não juntou o TRCT homologado pelo sindicato. Recurso de Revista não conhecido. 2. HORAS EXTRAS O Regional fundou-se no conjunto fático-probatório dos autos, emergindo como obstáculo à revisão pretendida a orientação fixada na Súmula n. 126 do TST. Recurso de Revista não conhecido. 3. HONORÁRIOS ADVOCATÍCIOS. Decisão do Regional em consonância com a Súmula de jurisprudência uniforme desta Corte Superior. Óbice do art. 896, § 4º, da CLT. Recurso de Revista não conhecido. 4. ART. 475-J DO CPC. INAPLICABILIDADE AO PROCESSO DO TRABALHO. Consoante o entendimento de que o art. 475-J do CPC é inaplicável ao Processo do Trabalho, por não haver omissão no texto celetista e por possuir regramento próprio quanto à execução de seus créditos, no capítulo V da CLT (arts. 876 a 892), inclusive com prazos próprios e diferenciados, a decisão proferida pelo Tribunal — *a quo* — merece reforma, para excluir da condenação a aplicação de tal dispositivo à futura execução trabalhista Recurso de Revista conhecido e provido."[416]

> "A) AGRAVO DE INSTRUMENTO PATRONAL — CONTRIBUIÇÃO PREVIDENCIÁRIA — QUOTA-PARTE DO EMPREGADO — DIVERGÊNCIA JURISPRUDENCIAL — CONFIGURAÇÃO — PROVIMENTO. Uma vez demonstrada a divergência jurisprudencial no Recurso de Revista, no tópico referente ao recolhimento da parte da contribuição previdenciária devida pelo empregado, a consequência inafastável é a reforma do despacho denegatório do apelo. Dá-se, portanto, provimento ao Agravo de Instrumento, para determinar o processamento do Recurso de Revista. Agravo de Instrumento provido. B) RECURSO DE REVISTA PATRONAL I) CONTRIBUIÇÃO PREVIDENCIÁRIA — QUOTA-PARTE DO EMPREGADO — SÚMULA N. 368, III, DO TST. 1. Consoante enuncia a Súmula 368, III, do TST, — em se tratando de descontos previdenciários, o critério de apuração encontra-se disciplinado no art. 276, § 4º, do Decreto n. 3.048/99, que regulamenta a Lei n. 8.212/91 e determina que a contribuição do empregado, no caso de ações trabalhistas, seja calculada mês a mês, aplicando-se as alíquotas previstas no art. 198, observado o limite máximo do salário de contribuição —. 2. Na hipótese, o Regional entendeu que o art. 33, § 5º, da Lei n. 8.212/91 impõe ao empregador o ônus exclusivo pelo recolhimento da contribuição previdenciária do empregado não descontada na época própria. 3. A decisão carece de reforma, a fim de que prevaleça o entendimento uniformizado nesta Corte, no sentido de

---

(416) TST, RR n. 1069/2007-026-13-00.7, Relª Min. Dora Maria da Costa, Brasília, 7 nov. 2008.

que, sobre o crédito trabalhista, decorrente de condenação judicial, deve incidir a contribuição previdenciária, sendo de se observar as quotas-partes devidas segundo a legislação pertinente, o que se aplica, evidentemente, ao empregado. II) INAPLICABILIDADE DO ART. 475-J DO CPC AO PROCESSO DO TRABALHO — EXISTÊNCIA DE REGRA PRÓPRIA NO PROCESSO TRABALHISTA. 1. O art. 475-J do CPC dispõe que o não pagamento pelo devedor em 15 dias de quantia certa ou já fixada em liquidação a que tenha sido condenado gera a aplicação de multa de 10% sobre o valor da condenação e, a pedido do credor, posterior execução forçada com penhora. 2. A referida inovação do Processo Civil, introduzida pela Lei n. 11.232/05, não se aplica ao Processo do Trabalho, já que tem regramento próprio (arts. 876 e seguintes da CLT) e a nova sistemática do Processo Comum não é compatível com aquela existente no Processo do Trabalho, no qual o prazo de pagamento ou penhora é de apenas 48 horas. Assim, inexiste omissão justificadora da aplicação subsidiária do Processo Civil, nos termos do art. 769 da CLT, não havendo como pinçar do dispositivo apenas a multa, aplicando, no mais, a sistemática processual trabalhista. 3. Cumpre destacar que, nos termos do art. 889 da CLT, a norma subsidiária para a execução trabalhista é a Lei n. 6.830/80 (Lei da Execução Fiscal), pois os créditos trabalhistas e fiscais têm a mesma natureza de créditos privilegiados em relação aos demais créditos. Somente na ausência de norma específica nos dois diplomas anteriores, o Processo Civil passa a ser fonte informadora da execução trabalhista, naqueles procedimentos compatíveis com o Processo do Trabalho (art. 769 da CLT). 4. Nesse contexto, merece reforma o acórdão recorrido, para que seja excluída da condenação a aplicação do disposto no art. 475-J do CPC. Recurso de Revista parcialmente conhecido e provido."[417]

"RECURSO DE REVISTA. MULTA DO ART. 475-J DO CPC. INCOMPATIBILIDADE COM O PROCESSO DO TRABALHO. REGRA PRÓPRIA COM PRAZO REDUZIDO. MEDIDA COERCITIVA NO PROCESSO DO TRABALHO DIFERENCIADA DO PROCESSO CIVIL. O art. 475-J do CPC determina que o devedor que, no prazo de quinze dias, não tiver efetuado o pagamento da dívida, tenha acrescido multa de 10% sobre o valor da execução e, a requerimento do credor, mandado de penhora e avaliação. A decisão que determina a incidência de multa do art. 475-J do CPC, em processo trabalhista, viola o art. 889 da CLT, na medida em que a aplicação do Processo Civil, subsidiariamente, apenas é possível quando houver omissão da CLT, seguindo, primeiramente, a linha traçada pela Lei de Execução fiscal, para apenas após fazer incidir o CPC. Ainda assim, deve ser compatível a regra contida no Processo Civil com a norma trabalhista, nos termos do art. 769 da CLT, o que não ocorre no caso de cominação de multa no prazo de quinze dias, quando o art. 880 da CLT determina a execução em 48 horas, sob pena de penhora, não de multa. Recurso de Revista conhecido e provido, no tema, para afastar a multa do art. 475-J do CPC."[418]

"RECURSO DE REVISTA. MULTA DO ART. 475-J DO CPC. INCOMPATIBILIDADE COM O PROCESSO DO TRABALHO. REGRA PRÓPRIA COM PRAZO REDUZIDO. MEDIDA COERCITIVA NO PROCESSO TRABALHO DIFERENCIADA DO PROCESSO CIVIL. O art. 475-J do CPC determina que o devedor que, no prazo de quinze dias, não tiver efetuado o pagamento da dívida, tenha acrescido multa de

---

(417) TST, RR n. 681/2006-020-21-40.4, Rel. Min. Ives Gandra Martins Filho, Brasília, 31 out. 2008.
(418) TST, RR n. 586/2007-008-21-00.3, Rel. Min. Aloysio Corrêa da Veiga, Brasília, 31 out. 2008.

10% sobre o valor da execução e, a requerimento do credor, mandado de penhora e avaliação. A decisão que determina a incidência de multa do art. 475-J do CPC, em Processo Trabalhista, viola o art. 889 da CLT, na medida em que a aplicação do Processo Civil, subsidiariamente, apenas é possível quando houver omissão da CLT, seguindo, primeiramente, a linha traçada pela Lei de Execução fiscal, para apenas após fazer incidir o CPC. Ainda assim, deve ser compatível a regra contida no Processo Civil com a norma trabalhista, nos termos do art. 769 da CLT, o que não ocorre no caso de cominação de multa no prazo de quinze dias, quando o art. 880 da CLT determina a execução em 48 horas, sob pena de penhora, não de multa. Recurso de Revista conhecido e provido para afastar a multa do art. 475-J do CPC."[419]

"INAPLICABILIDADE DO ART. 475-J DO CPC AO PROCESSO DO TRABALHO. EXISTÊNCIA DE REGRA PRÓPRIA NO PROCESSO TRABALHISTA. 1. O art. 475-J do CPC dispõe que o não pagamento pelo devedor em 15 dias de quantia certa ou já fixada em liquidação a que tenha sido condenado gera a aplicação de multa de 10% sobre o valor da condenação e, a pedido do credor, posterior execução forçada com penhora. 2. A referida inovação do Processo Civil, introduzida pela Lei n. 11.232/05, não se aplica ao Processo do Trabalho, já que tem regramento próprio (arts. 880 e seguintes da CLT) e a nova sistemática do Processo Comum não é compatível com aquela existente no Processo do Trabalho, onde o prazo de pagamento ou penhora é de apenas 48 horas. Assim, inexiste omissão justificadora da aplicação subsidiária do Processo Civil, nos termos do art. 769 da CLT, não havendo como pinçar do dispositivo apenas a multa, aplicando, no mais, a sistemática processual trabalhista."[420]

Fundamentalmente, aqueles que se posicionam contrariamente à aplicabilidade da multa do art. 475-J do CPC ao Processo do Trabalho afirmam que a CLT não é omissa quanto aos efeitos do não cumprimento das decisões judiciais e, ademais, que a aplicação de dispositivo do CPC, na ausência de omissão normativa, traria grave insegurança aos jurisdicionados, pela possibilidade de modificação do procedimento traçado na legislação processual do trabalho. Os efeitos do não cumprimento da decisão, afirmam, viriam disciplinados no art. 883 da CLT, de acordo com o qual, não havendo pagamento ou depósito do valor da condenação no prazo de 48 horas a contar da "citação", é expedido mandado de penhora e avaliação. Com base em tais argumentos, algumas das Turmas dos Tribunais Regionais Trabalhistas vêm negando aplicabilidade do disposto no art. 475-J do Código de Processo Civil ao Processo Laboral[421]. Confira-se:

"MULTA PROCESSUAL PREVISTA NO ART. 475-J DO CPC — INAPLICABILIDADE AO PROCESSO DO TRABALHO. As inovações verificadas no Processo Civil objetivam simplificar e acelerar os atos destinados à efetiva satisfação do direito reconhecido por sentença. Contudo, tais modificações não se aplicam inteiramente

---

(419) TST, RR n. 668/2006-005-13-40, Rel. Min. Aloysio Corrêa da Veiga, Brasília 28 mar. 2008.
(420) TST, RR n. 2/2007-038-03-00, Rel. Min. Ives Gandra Martins Filho, Brasília 23 maio 2008.
(421) Para resumo de demais decisões dos Tribunais Regionais Trabalhistas a respeito do tema da aplicabilidade da multa do art. 475-J do CPC ao Processo do Trabalho, BEBBER, Júlio César. *Cumprimento de sentença no Processo do Trabalho*. 2. ed. São Paulo: LTr, 2007. p. 76-78.

à esfera trabalhista, especificamente a multa do art. 475-J, § 4º, do CPC, uma vez que a CLT possui disposição específica sobre os efeitos do descumprimento da ordem de pagamento, qual seja, o direito à nomeação de bens previsto no art. 882 consolidado. Diante da existência de regramento próprio no Processo do Trabalho para que o devedor seja compelido ao efetivo cumprimento das sentenças proferidas, não há se falar em aplicação supletiva de outra norma, cabível apenas se omissa fosse a legislação específica do trabalho e, ainda assim, se não existisse qualquer incompatibilidade."[422]

"EXECUÇÃO — MULTA PREVISTA NO ART. 475-J DO CPC — PROCESSO DO TRABALHO. Consoante o art. 769 da CLT a aplicação das normas contidas no CPC é sempre subsidiária, em caso de lacuna da legislação trabalhista e desde que haja compatibilidade com os princípios do direito processual do trabalho. Nesse contexto, a multa prevista no art. 475-J do CPC não se aplica ao Processo do Trabalho, pois a CLT possui regramento próprio sobre o assunto, contido no art. 882 da CLT, que dispõe especificamente sobre os efeitos do descumprimento da ordem de pagar."[423]

"MULTA PROCESSUAL — ART. 475-J DO CPC — PROCESSO DO TRABALHO. O art. 475-J do CPC, introduzido pela Lei n. 11.232/2005, que modificou o regime de liquidação e da execução de sentença no Processo Civil, prevê a aplicação de multa processual em caso de descumprimento da sentença no prazo de quinze dias. É certo que a modificação introduzida no Processo Civil teve como finalidade simplificar e acelerar os atos destinados à satisfação do direito reconhecido por sentença. Contudo, as inovações trazidas com a Lei n. 11.232/2005 não se aplicam integralmente ao Processo do Trabalho, especialmente a aplicação da multa prevista no art. 475-J do CPC, uma vez que a Consolidação das Leis do Trabalho tem disposição específica sobre os efeitos do descumprimento da ordem de pagamento, qual seja o direito à nomeação de bens (art. 882/CLT) o que não mais subsiste no Processo Civil. Portanto, *in casu* não se aplica a norma do Processo Civil, ante a existência de regras próprias no Processo do Trabalho para que o devedor seja compelido ao efetivo cumprimento das decisões trabalhistas."[424]

Com efeito, a CLT não é omissa ao regular os efeitos do não cumprimento das decisões judiciais.

Entretanto, inteligido o Processo do Trabalho à luz da constelação principiológica instrumental que deflui do princípio-síntese do devido processo legal, impõe-se ao magistrado trabalhista, ante a constatação da existência de déficit histórico em retocar-se a CLT, aferir da adequação do procedimento executivo trabalhista aos princípios processuais constitucionais.

Trata-se, em síntese, de exercício do controle de constitucionalidade dos procedimentos postos pelo legislador, a partir da principiologia polarizada ao redor do ideário de acesso à Justiça.

---

(422) TRT 3ª Região, RO n. 00920-2007-058-03-00-3, Rel. Desembargador Heriberto de Castro, Minas Gerais, 30 jan. 2008.

(423) TRT 3ª Região, AP n. 00281-2006-016-03-00-3, Rel. Desembargador Wilméia da Costa Benevides, Minas Gerais 6 set. 2007.

(424) TRT 3ª Região, RO n. 00089-2007-078-03-00-4, Rel. Desembargador Júlio Bernardo do Carmo, Minas Gerais, 12 jun. 2007.

Consoante já se viu, na extensão axiológica do *due process of law* encontram-se abrangidos tanto subprincípios vinculados ao valor segurança, quanto aqueles ligados ao valor efetividade. Como o título judicial que se executa deflui de procedimento cognitivo em que contrapostas alegações a provas, há, a respeito da obrigação nele consubstanciada, presunção de certeza, liquidez e exigibilidade. Esta presunção leva à preponderância, *in abstracto*, na fase executiva, da principiologia atrelada ao valor efetividade, a preconizar pela rápida implementação, no mundo concreto, do comando judicial.

Marcelo Abelha Rodrigues, em brilhante exposição acerca dos limites da atuação judicante em execução, afirma ser possível ao magistrado delinear, a partir de juízos ponderativos, o que seja o devido processo legal para cada caso concreto, afastando, inclusive, normas procedimentais que já não mais correspondam às aspirações hodiernas de efetivo acesso à Justiça.

A ideia subjacente é a de que o magistrado tem o dever institucional de selecionar os meios mais adequados a se alcançar os escopos precípuos da jurisdição, e que, em execução, traduzem-se na implementação prática das decisões judiciais, com entrega, em tempo ótimo[425], da tutela jurisdicional àquele que demonstrou ter razão. De acordo com o autor, a abrangência axiológica da principiologia subjacente ao devido processo legal autoriza o magistrado a arquitetar procedimentos executórios à luz de escolhas razoáveis, não mais estando preso ao casuísmo de regras procedimentais abstratas e rígidas. A valorização dos princípios constitucionais do processo e o reconhecimento de sua supremacia normativa remetem, invariavelmente, pela estrutura semântica indefinida que apresentam quanto a seu conteúdo e efeitos[426], à possibilidade de que o magistrado delineie, caso a caso, procedimentos variáveis.

---

(425) A ideia de tempo ótimo, ou tempo razoável, remete invariavelmente à ideia de que o credor deve ser satisfeito o mais rapidamente possível, respeitando-se, entretanto, um mínimo de garantias do executado.

(426) Ana Paula de Barcellos discorre com bastante clareza a respeito dessas duas características dos princípios, em sua obra BARCELLOS, Ana Paula de. *Ponderação, racionalidade e atividade jurisdicional*. Rio de Janeiro: Renovar, 2005: "Uma forma bastante simples de apresentar a questão é a seguinte: as regras descrevem comportamentos, sem se ocupar diretamente dos fins que as condutas descritas procuram realizar. Os princípios, ao contrário, estabelecem estados ideais, objetivos a serem alcançados, sem explicitarem necessariamente as ações que devem ser praticadas para a obtenção desses fins. (...) Uma outra forma de descrever a distinção entre princípios e regras depende da compreensão prévia de dois elementos. Todo enunciado normativo (isoladamente ou associado a outros) pretende produzir efeitos sobre a realidade. Esses efeitos podem ser relativamente simples — impedir que menores de 18 anos trabalhem à noite — ou complexos — assegurar que a Administração Pública trate os particulares de forma isonômica. (...) O segundo dado fundamental envolve as condutas necessárias para realização desses efeitos e que podem ser exigidas. (...) As regras são enunciados que estabelecem desde logo os efeitos que pretendem produzir no mundo dos fatos, efeitos determinados e específicos.(...) Os princípios, todavia, funcionam diversamente. (...) Se há um caminho que liga o efeito às condutas no caso das regras, há uma variedade de caminhos que podem ligar o efeito do princípio a diferentes condutas, sendo que o critério que vai determinar qual dos caminhos escolher não é exclusivamente jurídico ou lógico. (...) Fenômeno semelhante se passa quando, embora o efeito pretendido pelo princípio sobre o mundo dos fatos seja perfeitamente definido, há uma multiplicidade de condutas em tese possíveis e adequadas para atingi-lo, sem que a Constituição tenha optado por qualquer uma delas".

Pela clareza com que expõe o tema, vale reproduzir fragmentos de suas lições[427]:

"(...) *o devido processo legal é a raiz (...) de onde nascem os princípios estruturantes do exercício da função jurisdicional*. Assim, a isonomia, o contraditório, a ampla defesa, a imparcialidade do Juiz, o Juiz natural, o direito de acesso à prova etc., nada mais são do que desdobramentos do devido processo legal, que quando são exercitados no processo, culminam no que se chama de processo justo ou tutela jurisdicional justa. *Portanto, justa é a tutela jurisdicional que consegue pôr em prática todos os princípios do devido processo legal, com o adequado equilíbrio entre eles, de forma a alcançar um resultado que possa ser tido como 'justo'*. (...) Quase que intuitivamente pode-se dizer, à primeira vista, que o processo será justo se a tutela jurisdicional que por via dele foi prestada deu razão a quem tinha razão, enfim, se o resultado final foi outorgado ao litigante que no plano ideal de justiça era realmente quem tinha razão. (...) Entretanto, sabe-se que a tutela justa não é vista apenas no papel, senão porque aí inclui não só o direito de receber a tutela, mas, especialmente, de poder usufruí-la em condições mais próximas possíveis daquelas que se teria, caso não tivesse ocorrido a crise jurídica que teve que ser debelada no Poder Judiciário. (...) Mas ficaria ainda uma pergunta: seria justa esta tutela (segura e efetiva) ofertada a qualquer custo? Passando por cima do contraditório, sem ampla defesa, com injusto sacrifício do litigante perdedor? (...) Ora, certamente que não, e é aí que entra a outra face do conceito de tutela justa. *Tutela justa ou justa tutela é aquela prestada mediante um devido processo legal, com adequação de meios e resultados, seja sob a ótica do autor ou do réu (...). na tutela jurisdicional executiva há de um lado o executado e de outro o exequente, ou, mais precisamente, alguém com direito constitucional à obtenção da efetiva e justa tutela contra alguém que quer preservar ao máximo sua liberdade e patrimônio. Para temperar a relação de poder e sujeição que tipificam claramente a tutela executiva há que se levar em conta as regras imperativas do devido processo legal*. É que se de um lado da balança o processo deve ser justo (devido processo) para dar a efetividade merecida ao direito do exequente, no outro lado da balança existe o executado, que terá o seu patrimônio invadido ou a sua liberdade cerceada para satisfazer o crédito do exequente. Também aí deverá estar presente o devido processo legal, pois é ele que garantirá o justo equilíbrio e razoabilidade do poder estatal sobre o patrimônio do executado, evitando que a tutela executiva vá além daquilo para que serve ou deveria servir e assim impedindo que o devedor saia com seu patrimônio desnecessariamente arrasado após a realização das medidas executivas. (...) com a substituição

---

[427] RODRIGUES, Marcelo Abelha. O devido processo legal e a execução civil. In: WAMBIER, Teresa Arruda Alvim *et al.* (Org.). *Execução Civil:* Estudos em Homenagem ao Professor Humberto Theodoro Júnior. São Paulo: Revista dos Tribunais, 2007. p. 112-116.

do Estado Liberal pelo Estado Social houve mudança do comportamento do Estado-Juiz, que passou a atuar ao invés de ficar inerte. *Se antes a sua atuação, mesmo na execução, era medida, regulada, discriminada e seguidora da regra não é mais assim, já que, com a mudança de paradigma, o Estado Liberal cedeu lugar para o Estado Social, que passou a ter um papel ativo, participativo e atuante de forma a privilegiar o respeito e a credibilidade à jurisdição, no sentido de que o Estado deve dar a efetiva prestação da tutela jurisdicional.* Enfim, se antes, num Estado Liberal, o direito de propriedade deveria ter superlativa proteção e intocabilidade, outorgando ao executado todas as maiores e possíveis oportunidades de retardar ou evitar a expropriação (ou cerceamento da liberdade), hoje já não é mais assim. (...) Nesse passo, *as regras processuais liberais, individuais e privatistas limitadoras da intervenção do Estado na propriedade alheia (limitação da própria atividade executiva), com definições estanques sobre o que o Juiz pode e o que não pode, quais os passos, quais os remédios, qual o ato presente e o respectivo ato futuro, tudo de forma a se ter um máximo de previsibilidade e objetividade possível, hoje dão lugar a interpretações razoáveis do magistrado, com ampla liberdade de escolha de meios e fins executivos que sejam adequados para uma situação posta em juízo. Seria como dizer que hoje não existem regras fixas, gerais e abstratas relativamente aos meios executivos, tendo em vista que a diferença abissal entre as pessoas e respectivos conflitos não pode ser medida pelo legislador, que outorgou ao Juiz, mediante cláusulas abertas, o poder de escolher o meio executivo adequado para cada caso concreto.* (...) desde que haja a real possibilidade de controle dos excessos jurisdicionais, *hoje deve-se dar valor à sensibilidade do magistrado para que este aplique no caso concreto o justo equilíbrio entre os interesses conflitantes na tutela executiva* (...). *A tendência na tutela executiva hoje é que o Juiz seja um verdadeiro protagonista da tutela jurisdicional, atuando sempre em busca da solução justa, o que implica satisfazer o exequente sem que isso represente o arraso completo do executado. Longe de ser uma peça estática e perdida no tabuleiro dinâmico do processo, o magistrado de hoje tem, com fulcro na Constituição Federal de 1988, o dever de driblar algumas engessadas regras liberais do Código de* Processo Civil *para atuar com sua plenitude o devido processo.* (...) Nesse choque entre o interesse do exequente em ver satisfeita a tutela jurisdicional e do executado em fazer com que essa satisfação seja a menos onerosa possível para o seu patrimônio é que se colocam a ponderação e a razoabilidade (o justo equilíbrio) como critérios insuperáveis na efetivação da tutela jurisdicional executiva. *Esse juízo de valor e ponderação do magistrado — de questionar em cada caso concreto os limites da atuação executiva — não precisa ser feito em todos os atos do processo executivo, obviamente, mas nas seguintes hipóteses: (i) quando o legislador outorgou-lhe dose de subjetivismo jurídico para preencher conceitos jurídicos indeterminados em cada caso concreto; (ii) quando a regra processual executiva encontra-se superada e contrária ao devido processo legal (tutela justa), o que acontece muito quando a norma abstrata já não espelha o fato social como ele realmente é, ou então quando a carga ideológica e axiológica que motivou a emolduração daquela regra encontra-se vencida pela evolução dos tempos.*" (grifos nossos)

Veja-se, ademais, que o fato de se aplicar ao Processo do Trabalho a multa prevista no art. 475-J do CPC não afronta a segurança jurídica do executado. Explicamos.

Desejando o executado opor-se à pretensão executiva, o fato de lhe ser aplicável a multa não o impedirá de manejar o meio de defesa que entender conveniente, qualquer que seja ele. Não havendo cumprimento voluntário no prazo de 8 (oito) dias, incide a multa de 10% sobre o valor da condenação. Realizada a penhora, e intimado o devedor, inicia-se o prazo para apresentação de impugnação. Se o executado impugnou o cumprimento da decisão, é porque não houve cumprimento voluntário e a multa de 10%, por conseguinte, a esta altura, já incidiu. O pagamento do valor da condenação exclui a possibilidade de se impugnar. Pois bem...

A ideia do legislador reformista é que o executado somente venha a resistir à pretensão executiva, se, efetivamente, tiver motivos para acreditar no acolhimento das razões ventiladas em sua defesa. Ora, se a impugnação vier a ser acolhida, o executado não responde pelo principal, muito menos pelo acessório. Funciona a multa, assim, como mero freio inibidor da litigância de má-fé, pois que visa a desestimular o devedor que pretenda unicamente protelar o cumprimento da decisão com carga condenatória por meio da utilização de incidentes procrastinatórios, destituídos de qualquer utilidade prática[428]. A multa em nada afeta o direito de defesa do executado, o qual pode, inclusive, antes mesmo de garantido o juízo, manejar exceção de pré-executividade, se for o caso. O que se pretende, simplesmente, é que o devedor pondere antes de continuar resistindo ao cumprimento da obrigação, optando, desde logo, por cumprir a decisão judicial sempre que não houver fundamento hábil a respaldar a resistência à pretensão executória. Em suma, que o devedor entenda preferível atender ao comando judicial a pagar a condenação acrescida de multa do montante de 10%[429][430].

---

(428) Concordamos com aqueles que entendem pela natureza predominantemente coercitiva da multa do art. 475-J do CPC. Por todos, confira-se PRATA, Marcelo Rodrigues. A multa do art. 475-J do Código de Processo Civil e a sua aplicabilidade no processo trabalhista. In: *Revista LTr: Legislação do Trabalho e Previdência Social*, São Paulo, v. 72, n. 7, jul. 2008: "(...) o que o legislador do art. 475-J pretende é induzir o devedor a cumprir a sentença condenatória espontaneamente; o efeito punitivo é apenas secundário. Até mesmo porque o mesmo Digesto prevê que o executado poderá ainda sofrer a *multa por atentatório à dignidade da Justiça*, do art. 601, esta, sim, de caráter eminentemente sancionatório".

(429) No mesmo sentido do texto, LIMA, Fernando Rister de Souza; LIMA, Lucas Rister de Souza. Aspectos práticos e teóricos entre a exceção de pré-executividade e a impugnação no sistema de cumprimento de sentença. In: WAMBIER, Teresa Arruda Alvim. *Execução Civil:* Estudos em homenagem ao professor Humberto Theodoro Júnior. São Paulo: Revista dos Tribunais, 2007. p. 602, *verbis*: "(...) Na hipótese em que cumpre a condenação na primeira oportunidade conferida pelo legislador para tanto (dentro dos 15 dias após o trânsito em julgado), fará o pagamento somente do principal mais juros e correções (segundo o determinado na sentença), sem que incida, por enquanto, a multa de 10% prevista no art. 475-J

Dispõe a Constituição que "ninguém será privado da liberdade ou de seus bens sem o devido processo legal"[431]. A cláusula do devido processo legal, para além de uma concepção estritamente processual, relacionada à garantia da ampla defesa e contraditório, possui também dimensão substantiva, a qual enseja o controle da razoabilidade das normas jurídicas à luz de uma concepção intuitiva do justo. Esta compreensão do *due process* permite ao Judiciário examinar o caráter injusto ou arbitrário do ato legislativo[432]. É evidente que o Legislativo, como poder representativo da vontade soberana do povo, busca transpor para os textos legais o sentimento de justiça pulverizado. Mas, como bem aponta *José Carlos Baptista Puoli*:

> "em algumas oportunidades, seja pela passagem do tempo, seja pela própria inadequação dos termos ou dos objetivos da regra legal, poderá haver um choque entre seus termos e a noção do razoável. Nestas oportunidades é que o Juiz será chamado a atuar com base no princípio do devido processo legal substancial, para, num exercício da chamada 'lógica do razoável' decidir sobre a aplicabilidade ou não da norma."

---

do CPC, bem como a condenação em honorários por conta da instauração de mais esta fase. Nada mais justo, afinal, após exercido o *jus esperneandi* durante todo o processo de conhecimento, agora reconhece sua dívida e não mais pretende movimentar a máquina judiciária por conta de decisão com a qual já se conformou. Já no segundo caso, se a intenção do devedor for procrastinar o desenlace da contenda, como já ocorria usualmente no sistema anterior, a ideia que se deve sempre ter em mente, *a fortiori* agora (após tantas modificações e o manifesto desígnio do legislador em buscar a rapidez na entrega da prestação jurisdicional), é a de quanto maior for a resistência do devedor, maior será o ônus e o custo dessa conduta — *ex vi* do próprio princípio da causalidade —, se ao final se verificar ser ela descabida e injustificada; de molde que executado pense duas, três, quatro vezes antes de se opor à execução, e só o faça quando efetivamente estiver confiante de seus motivos, e não simplesmente para protrair o fim do processo, como ordinariamente ocorre. Óbvio ululante que o legislador, com tantas inovações, tem procurado sempre acentuar e demonstrar ao devedor a diferença entre as duas condutas possíveis referidas, e, indubitavelmente, desaconselhá-lo a trilhar o segundo caminho, diga-se, da única forma realmente eficaz, atacando diretamente o seu bolso; criando agravamentos e majorações na condenação que agem como verdadeiro fator de coação e desestímulo ao devedor, tal como se deu, *v. g.*, quando foram introduzidas em nosso ordenamento as astreintes, com natureza evidentemente intimidatória, que possuem como ideia prevalente a máxima de que 'o devedor deve sentir ser preferível cumprir a obrigação na forma específica a pagar o alto valor da multa fixada pelo Juiz'".

(430) O Professor Estêvão Mallet, tratando da repercussão da Lei n. 11.382/2006 sobre a execução trabalhista, comenta a respeito da tendência das reformas processuais a desestimularem o não cumprimento das decisões judiciais de um ponto de vista econômico. A ideia pode ser aproveitada para se compreender o intuito da previsão da multa do art. 475-J do CPC: "Em várias passagens procura a Lei n. 11.382 estimular o adimplemento da obrigação subjacente ao título executivo, tornando menos interessante, do ponto de vista econômico, a mora do devedor, inclusive com a concessão de vantagens patrimoniais em caso de pagamento. Em alguns pontos, os excessos são manifestos. Em termos gerais, todavia, as providências adotadas justificam-se. (...) Se o descumprimento da decisão é economicamente vantajoso para o devedor, torna-se maior a possibilidade de que ocorra. Quando, ao contrário, se torna mais oneroso, cresce a possibilidade de adimplemento da obrigação". MALLET, Estêvão. Novas modificações no CPC e o processo do trabalho: Lei n. 11.382. In: *Revista Magister de Direito Trabalhista e Previdenciário*, Porto Alegre, v. 3, n. 18, p. 5-31, maio/jun. 2007.

(431) Art. 5º, inciso LIV.

(432) BARROSO, Luis Roberto. *Interpretação e aplicação da Constituição:* Fundamentos de uma dogmática constitucional transformadora. 6. ed. São Paulo: Saraiva, 2006. p. 219.

E complementa o autor:

"Como atividade estatal necessária para pacificação dos conflitos e atuação da lei, a jurisdição acaba por importar na tomada de atos de interferência na esfera de direitos dos jurisdicionados com o objetivo de modificar a realidade e, com isso, obter um resultado, mais próximo quanto possível, daquele que teria sido produzido pelo espontâneo cumprimento do estipulado pela regra de direito material. Como todo ato de poder que interfere nos direitos e na vida dos componentes da sociedade, a atividade jurisdicional encontra limitações nos direitos individuais e no conjunto de garantias constitucionalmente asseguradas. Por tal motivo, surge a necessidade de saber se a função está ou não sendo desenvolvida dentro dos parâmetros fixados, sob pena de seu exercício ser declarado ilegal por abuso de poder. (...) Tais objetivos somente serão atingidos se existir um conjunto de formalidades estatuídas com o objetivo de viabilizar a atividade de fiscalização da medida e da proporcionalidade do poder exercitado para solução de cada caso concreto, concedendo aos interessados as oportunidades adequadas para que estes tentem influenciar o ato de outorga da tutela jurisdicional. (...) É a constatação de que o procedimento é fundamental para legitimação do exercício do poder estatal *sub specie jurisdictionis*. E para que a regulamentação seja mais adequada, deve estar ela previamente formulada pela lei, para que os jurisdicionados tenham a prévia ciência sobre as formalidades condicionantes do exercício da jurisdição e tenham segurança sobre não haver a possibilidade de alterações oportunísticas das regras de rito. (...) Acontece que a dinâmica da vida em sociedade demonstrou que a mera existência de um procedimento legalmente estabelecido não é garantia cabal da realização das finalidades protetivas imaginadas pelo constituinte. Procedimentos que, por exemplo, não permitam tenha o réu um prazo razoável para formulação de sua defesa ou que não imponham ao julgador o dever de motivar suas decisões, não poderão ser tidos como ritos erigidos em plena atenção ao princípio do devido processo legal, entendido este como o conjunto de garantias necessárias para que se tenha um processo justo. É dizer, um procedimento que tenha por ambição a criação de regras absolutamente neutras, as quais deverão retirar seu valor unicamente da lógica formal do modelo criado, será fonte de número incomensurável de injustiças. Daí ser fundamental a consciência sobre os valores teleológicos que tornam imperiosa a criação, modificação ou supressão de cada ato componente da sequência para que se possa erigir um rito mais justo e adequado às diferentes situações da vida. (...) Tudo isso tem repercussão prática consistente na possibilidade, no exame do caso concreto, o Juiz verificar se a regra de procedimento atende ao postulado do *due process*, como condição prévia e *sine qua non* para sua aplicabilidade. E como esse princípio específico (...) não possui um conteúdo único e definitivo, lícito concluir que o poder de preenchimento deste espaço em branco será entregue ao Juiz no momento da decisão sobre o caso concreto."

A CLT despontou em 1943, quando ainda vigia o CPC de 1939. Desde então, nenhuma grande modificação legislativa foi promovida na processualística do trabalho. O Código de Processo Civil de 1939, por sua vez, foi substituído pelo de 1973, o qual, por sua vez, foi alterado por uma série de leis subsequentes. O Processo Civil foi se reformulando em prol do aprimoramento da qualidade da tutela jurisdicional, ao passo que a CLT praticamente não se alterou. Daí a necessidade de o Juiz trabalhista, autorizado pela principiologia constitucional, suplantar esse desnível, transfundindo ao Processo Trabalhista os aspectos da reforma contributivos ao propósito de se assegurar efetivo acesso à Justiça. Como já se teve oportunidade de salientar, um dos aspectos informadores do acesso à Justiça é a prolação de decisões em tempo razoável[433], porque "a demora do processo acaba por não permitir a tutela efetiva do direito"[434]. A multa do art. 475-J do CPC está imbuída de um tal propósito.

---

(433) "(...) não se pode admitir que em um Estado democrático não sejam concedidas oportunidades para que os interessados procurem influenciar o sentido dos atos de exteriorização do poder estatal. Não fogem a esta regra os atos decorrentes do poder jurisdicional. Tal característica está diretamente ligada à própria necessidade de legitimação da atividade jurisdicional e tamanha é sua importância que são diversos os princípios constitucionais do processo que, de forma direta ou indireta, dão reforço a este postulado participativo. São exemplos do que acaba de se afirmar os princípios do devido processo legal, do contraditório, da ampla defesa, entre vários outros dispositivos constitucionais. (...) a oferta de oportunidades e a eventual materialização desses atos participativos exige tempo: tempo necessário para que as partes exponham suas versões parciais de fato e de direito; tempo para que sejam produzidas, a pedido das partes e/ou do Juiz, as provas necessárias para formação do convencimento do órgão responsável pela decisão; tempo para que as partes contraditem as versões e as provas existentes nos autos; tempo para que as decisões intermediárias e/ou definitivas sejam elaboradas e concedidas pelo órgão jurisdicional; e tempo para que as partes possam, eventualmente, questionar o sentido de tais decisões, visando à correção de eventuais deficiências ou erros do ato decisório emanado do órgão jurisdicional. (...) até certa medida, o tempo necessário para que a tutela jurisdicional seja concedida, caracteriza, na linguagem de Cândido Rangel Dinamarco, um 'óbice legítimo' à plena efetividade do sistema. Com efeito, seria absolutamente ilegítimo, em termos genéricos, e inconstitucional, em nosso ordenamento constitucional concretamente considerado, um sistema processual que não resguardasse essas garantias mínimas dos interessados, concedendo-lhes, ainda, o tempo mínimo indispensável para concretização dos atos de materialização de tais direitos. Ocorre que (...) a doutrina liberal fez com que o tempo do processo fosse indevidamente inflado, sob o pretexto de que garantias máximas de participação e influência fossem dadas aos interessados. Tudo em nome de uma busca incessante e desmesurada pela certeza, a qual acabou por importar graves prejuízos para a efetividade do processo e para as possibilidades do sistema dar respostas em tempo condizente com a rapidez inerente à vida moderna. (...) Daí ter sido extraído pela doutrina, com base em mais um desdobramento do princípio do devido processo legal, a existência de um verdadeiro direito a um 'processo sem dilações indevidas', donde ressai o postulado de que o processo deve chegar ao seu fim num tempo razoável, concluindo que todas as dilações que importarem em prolongamento além do razoável deverão ser tidas por indevidas e não queridas pelo sistema, afastadas. (...) hoje, as formas de tutela preconizadas pela lei processual devem, tanto quanto possível, estar predispostas de maneira a assegurar a todas as situações lamentadas respostas adequadas e em tempo razoável. Tudo para que o tempo inerente ao desenrolar do processo volte a ser compreendido apenas como um óbice legítimo à plena efetividade do sistema deixando de, por si só, comprometer o justo solucionamento dos conflitos (como vem ocorrendo em inúmeros casos)." PUOLI, José Carlos Baptista. *Os poderes do juiz e as reformas do Processo Civil.* São Paulo: Juarez de Oliveira, 2002. p. 92 e ss.

(434) MARINONI, Luiz Guilherme. *Efetividade do processo e tutela de urgência.* Porto Alegre: Sérgio Antonio Fabris, 1994. p. 37.

Compreendida a dogmática processual em sua unidade, como ramo do Direito voltado essencialmente à realização do direito material, vislumbra-se ser possível ao magistrado delinear procedimentos consentâneos com a principiologia constitucional imbricada ao ideário de acesso à Justiça, rechaçando aplicabilidade a normas processuais desgastadas pelo decurso do tempo. A fragmentação existente entre Processo Cível e Processo Trabalhista deve-se unicamente à especificidade da relação de direito material que este último propõe-se concretizar: as relações de trabalho. Ambos, porém, tanto o Direito Processual do Trabalho quanto o Direito Processual Civil, visam a solucionar conflitos de forma satisfatória, o que, sem sombra de dúvidas, compreende a realização do que tenha sido decidido em tempo razoável. Razoabilidade, no campo da processualística, remete sempre para ideário ponderativo entre dois valores principais estruturantes da ciência processual, quais sejam, segurança e efetividade, a ser realizado pelo magistrado. Na execução, o valor que prepondera, até pelo fim a que se destina o procedimento, é a efetividade.

A perquirição da razoabilidade do procedimento posto perpassa pela análise de sua adequação aos meios constitucionalmente admitidos, bem como aos fins visados pelo texto constitucional. Processualmente, propugna-se pela duração razoável do processo (fim) por meio de mecanismos que garantam a celeridade de sua tramitação (CF, art. 5º, inc. LXXVIII[435]). A multa prevista no art. 475-J do CPC é meio que busca atingir o fim previsto constitucionalmente, qual seja, o de se assegurar ao cidadão tutela jurisdicional tempestiva, sem que se consiga vislumbrar em sua aplicação qualquer violação à garantia constitucional da ampla defesa.

Sintetiza propósito instrumentalista esperançoso de otimização da atividade jurisdicional executiva, ao propugnar pela obtenção, no menor intervalo de tempo possível, de resultados que alterem o mundo real, do modo mais parecido possível com aquele que se verificaria acaso não fosse preciso se invocar a atuação do Judiciário.

Duração razoável do procedimento executivo inteligida como convivência otimizada entre celeridade, de um lado, e um mínimo de garantias do devedor, do outro, tal qual o respeito aos direitos fundamentais da pessoa humana, e que, em execução, traduzem-se, principalmente, na máxima de que os atos executivos devem se realizar com menor sacrifício possível para o executado.

A multa do art. 475-J do CPC é apenas mais um meio idealizado pelo legislador em prol da maior rapidez para o processo, sem implicar qualquer prejuízo para o executado. Pagando o valor da condenação no prazo, não há incidência da multa. Optando por impugnar a decisão, ao invés de pagar, e saindo vitorioso, tampouco sofrerá sua aplicação. A multa representa apenas

---

(435) Art. 5º, inc. LXXVIII, *verbis*: "a todos, no âmbito judicial e administrativo, são assegurados a razoável duração do processo e os meios que garantam a celeridade de sua tramitação".

um meio de constranger o devedor ao cumprimento da prestação. Apenas reflexamente, em sendo derrotado, uma forma de puni-lo pelo atraso injustificado no cumprimento da sentença.

Iguala-se, assim, a técnica executiva das decisões que imponham o cumprimento de prestação (de fazer, não fazer, entrega de coisa e pagamento de quantia). Ao menos em parte. É que a multa do art. 475-J, do CPC, da mesma forma que as demais medidas de apoio já previstas para o cumprimento das decisões que reconheçam obrigação de fazer, não fazer, entrega de coisa revela-se como mecanismo de pressão sobre a vontade do devedor, forçando-o a cumprir a decisão no prazo, no lugar de ter invadido seu patrimônio pelo Estado-Juiz[436]. O procedimento executivo, por conseguinte, das obrigações pecuniárias vem a sofrer o influxo próprio da técnica executiva aplicável às sentenças mandamentais, em prol da satisfação plena do direito do credor. O intuito é sempre o mesmo: resguardar a efetividade da tutela jurisdicional. E daí por que não se lograr imaginar como é possível aceitar-se pacificamente aplicação das *astreintes* ao Processo Laboral e não se poder dizer o mesmo da multa do 475-J, de idêntica finalidade e natureza daquela[437]. Assim como a multa prevista no art. 461, § 4º, do CPC, a do art. 475-J do CPC pretende compelir o devedor ao cumprimento específico da sentença, pela entrega de certa quantia. Trata-se de simples meio coativo de cumprimento de um comando judicial.

Evidentemente que, provando o devedor não ter como pagar a multa, por, exemplificativamente, faltar liquidez ao seu patrimônio (lembre-se que se está a tratar de procedimento executivo contra devedor solvável), é caso de o Juiz deixar de aplicar a multa, iluminado por um critério de proporcionalidade.

---

(436) CASTELO, Jorge Pinheiro. A execução trabalhista depois da reforma processual civil. In: *Revista do Advogado*, São Paulo, v. 28, n. 97, p. 89-106, maio 2008: "Com efeito, no caso da tutela mandamental ou executiva *lato sensu*, a satisfação do julgado se dá com ordens ao devedor, que deverá observar o comando judicial, sob pena de desobediência. E, ainda, em sendo possível, não se tratando de obrigações infungíveis, a satisfação poderá se fazer por meio de atos de sub-rogação estatal, tais como a busca e apreensão, a remoção, o desfazimento de obra, o despejo. (...) Tratando-se da técnica de execução da tutela condenatória, ainda vinculada à vontade do devedor, não há expedição de mandado de ordem, mas intimação para o adimplemento voluntário, sob pena de agressão ao patrimônio do devedor. (...) Tendo em vista a necessidade de se compelir a vontade do devedor para a satisfação do julgado, há necessidade de intimação (não mais citação) do devedor (ou Advogado) para pagar, no prazo de 15 dias, sob pena de sofrer a execução forçada com agressão ao seu patrimônio, mediante constrição legal e alienação judicial de seu patrimônio. Interessante notar que o art. 475-J fixou uma multa de 10% caso o devedor, voluntariamente, não faça o pagamento fixado pela sentença condenatória. Trata-se de imposição de uma sanção civil (coerção) gravando a condenação para forçar a vontade do devedor a dar cumprimento ao julgado e não, simplesmente, atacar o patrimônio com a execução forçada".

(437) Como nós, pela aplicabilidade da multa do art. 475-J do CPC ao Processo Laboral, GENEHR, Fabiana Pacheco. A aplicação da multa do art. 475-J do CPC e seus reflexos no processo do trabalho: uma análise principiológica. In: *Revista LTr: Legislação do Trabalho e Previdência Social*, São Paulo, v. 72, n. 4, p. 451-457, abr. 2008: "Guarda inexorável lógica a aplicação dessa multa com a estrutura processual trabalhista, até mesmo porque o sistema processual trabalhista adota outras três multas no processo do trabalho que são aplicadas mesmo sem previsão na CLT".

Conforme *Sidney Palharini*:

"Uma situação peculiar é a do devedor que não possui, em espécie, dinheiro para pagamento total da condenação expressa na sentença. Nesse particular, parte da doutrina vem entendendo admissível o afastamento da incidência da multa prevista no *caput* do art. 475-J do CPC, quando o cumprimento da sentença for impossível ou causador de gravame ao devedor de forma expressiva e desproporcional. Assim ocorre, consoante ensina Luiz Rodrigues Wambier, quando o valor da condenação superar o do patrimônio do réu, quando os bens do devedor estiverem indisponíveis ou quando o devedor tiver somente bens móveis e imóveis de difícil alienação. De uma forma ou de outra, não terá o devedor dinheiro para honrar o pagamento da condenação, situação que deverá ser amplamente comprovada pelo devedor. Nesse aspecto, de fato a situação lembra a que se dá com o devedor de alimentos, que poderá eximir-se do cumprimento da prisão civil — meio coercitivo daquela execução — se justificadamente demonstrar impossibilidade de efetuar o pagamento da dívida (art. 733 do CPC). A situação do devedor que possui patrimônio mas não dinheiro em espécie, a nosso ver, deve ser analisada quanto à intenção do devedor. (...) o que afasta a incidência da multa é o pagamento ou, quando menos, a intenção de pagar, sendo esta a situação do devedor que, possuidor de bens outros que não dinheiro, oferece-os em pagamento da dívida apontada na sentença. Assim, se pretender o devedor pagar e a isto se exige abster-se o devedor de provocar situações com o intuito de prorrogar por qualquer meio a entrega da prestação jurisdicional, como apresentar impugnação, por exemplo, parece-nos justo afastar a incidência da multa, uma vez que, dessa forma, na verdade, está o devedor acatando o comando contido na sentença".[438]

É também a opinião de *Maurício Gasparini*:

"Neste cenário de alterações legislativas que primam pela garantia da efetividade, é inegável que o magistrado do trabalho se encontra agora com poderes fortalecidos pelo ordenamento jurídico. Porém, esse repentino aumento de poderes tem gerado uma situação de desconforto para a comunidade jurídica (partes, advogados e até serventuários). Tem sido frequente a penhora sobre bens de família, a desconsideração do limite de dois anos após a saída do ex-sócio da empresa para sua responsabilização pelo crédito devido, a penhora na boca do caixa da empresa, a penhora de salários e proventos de aposentadoria acima do limite razoável (...). Todavia, medidas extremas rompem hierarquias de normas e acabam por ferir um postulado sacro do Estado de Direito — a unidade da Constituição. Esta se faz como norma programática da política do Estado e se pauta pela ponderação e convivência

---

(438) PALHARINI JÚNIOR, Sidney. Algumas reflexões sobre a multa do art. 475-J do CPC. In: WAMBIER, Teresa Arruda Alvim *et al.* (Org.). *Execução Civil:* Estudos em homenagem ao professor Humberto Theodoro Júnior. São Paulo: Revista dos Tribunais, 2007. p. 269-277.

harmônica de todos os princípios nela contidos, conforme a situação posta. As garantias constitucionais de segurança jurídica, como a legalidade, o direito de propriedade e o respeito ao direito adquirido, o ato jurídico perfeito e a coisa julgada (art. 5º, II, XXII, XXXVI), têm sido frequentemente relegadas a uma posição secundária no processo de execução trabalhista. (...) A efetividade que se busca é (i) de celeridade no andamento do processo; (ii) da utilização de meios estritamente legais tendentes à satisfação do crédito do trabalhador; (iii) do respeito à legalidade constitucional, ao direito adquirido, ao ato jurídico perfeito e à coisa julgada; (iv) da consideração de aspectos econômicos e sociais que afetam a maior parte das empresas do país; (v) a utilização ponderada dos poderes que os magistrados detêm neste novo processo de execução do CPC. (...) o caso concreto é que vai dizer da real necessidade de medidas constritivas que sejam, digamos, extremas. O Juiz tem por missão conhecer um pouco mais do devedor antes da tomada de eventual medida drástica, pois, a título de mero exemplo, nem todo salário alto representa para o devedor uma abastança e disponibilidade superior a 30% do seu montante (...). Em verdade, a experiência nacional revela que a regra geral é da escassez de recursos da empresa devedora frente ao crédito exequendo. (...) Há de se amainar o rigor da execução quando quem está do lado devedor é uma micro ou pequena empresa com um quadro pequeno de empregados. (...) É impossível estabelecer uma fórmula que resolva o conflito efetividade X segurança jurídica. Somente o caso concreto e a realidade socioeconômica das partes envolvidas em litígio é que indicarão ao magistrado o norte da interpretação de cunho processual constitucional. E o método a ser seguido consiste na aplicação dos princípios da proporcionalidade e da razoabilidade, avaliando qual das normas constitucionais deve prevalecer, dado que em conflitos de normas de mesma fonte, não é possível se valer do princípio da hierarquia das normas. (...) Sugerimos, para o específico tema deste trabalho (execução trabalhista), que sejam ponderados não apenas os aspectos intrínsecos à pessoa do credor, pois a empresa devedora também deve ser vista e analisada com ponderação".[439]

É também a opinião de *Leonardo Greco*:

"Parece-me que esse dispositivo cria um novo dever processual, o de pagamento espontâneo da condenação ou do débito liquidando no prazo de quinze dias, de cujo descumprimento a referida multa é a correspondente sanção, que incidirá automaticamente pelo simples decurso do prazo, independentemente de expressa imposição pelo juiz. Todo ilícito processual é sempre uma conduta dolosa, salvo disposição expressa em sentido contrário. Assim, o devedor que estiver materialmente impossibilitado de solver a dívida nesse prazo, ou porque não dispõe do dinheiro ou porque não dispõe de bens

---

(439) GASPARINI, Maurício. As tropas de elite e a febre de efetividade na execução trabalhista. In: *Revista LTr: Legislação do Trabalho e Previdência Social*, São Paulo, v. 72 , n. 3, p. 330-336, mar. 2008.

facilmente transformáveis em dinheiro, não poderá ser atingido por essa multa, cuja revelação deverá postular na ulterior execução."[440]

A multa tem por escopo prioritário coibir o devedor de má-fé, que pretenda retardar injustificadamente o cumprimento de decisão judicial desfavorável, e não servir de fonte de enriquecimento ao credor.

O fato de a execução realizar-se de modo célere, inclusive com imposição de multa de 10% sobre o valor do débito, não significa em absoluto que se esteja a trazer insegurança para o réu. Apenas procura-se com tal medida evitar a utilização de incidentes protelatórios pelo executado que, sem motivo, deseje postergar o cumprimento de sua obrigação. O processo é meio de realização de fins públicos mais grandiosos do que os interesses das partes. Procura o Estado-Juiz, no desempenho da função jurisdicional, pacificar conflitos intersubjetivos surgidos, segundo critérios de justiça (escopo social), afirmar a autoridade do direito posto pelo Estado (escopo político) e realizar o direito material (escopo jurídico). Pela forte conotação pública que lhe é ínsita, não pode a função jurisdicional tolerar o desrespeito. Multas como a do art. 475-J do CPC propõe-se a prestigiar a autoridade das decisões judiciais.

Em 2007, por ocasião da realização da Primeira Jornada de Direito Material e Processual do Trabalho, foi aprovado Enunciado de n. 71, de acordo com o qual é plenamente aplicável à processualística do trabalho art. 475-J, do CPC. Confira-se:

> "ART. 475-J DO CPC. APLICAÇÃO NO PROCESSO DO TRABALHO. A aplicação subsidiária do art. 475-J do CPC atende às garantias constitucionais da razoável duração do processo, efetividade e celeridade, tendo, portanto, pleno cabimento na execução trabalhista."

A parcela da jurisprudência que entende pela aplicabilidade da multa do art. 475-J do CPC ao Processo do Trabalho invoca ainda o caráter alimentar das verbas postuladas e a consequente necessidade de se efetivar as sentenças em tempo breve, escopo para o qual foi justamente criada a multa do CPC, em prol da adoção do dispositivo pelos domínios do Processo Laboral. A seguir, são apresentadas algumas decisões favoráveis à incidência do art. 475-J do CPC ao Processo do Trabalho:

> "EFETIVIDADE DO PROCESSO — MULTA POR FALTA DE PAGAMENTO DO CRÉDITO APURADO — APLICABILIDADE DO ART. 475-J do CPC. Nos termos do art. 475-J do CPC, 'caso o devedor, condenado ao pagamento de quantia certa ou já fixada em liquidação, não o efetue no prazo de quinze dias, o montante da condenação será acrescido de multa no percentual de dez por cento e, a requerimento do credor e observado o disposto no art. 614, inciso II, desta Lei, expedir-se-á mandado de penhora e avaliação.' A referida norma, incluída pela Lei n. 11.232/05, quanto à multa, é plenamente aplicável no Processo do Trabalho, porque tem por escopo agilizar a efetividade da prestação jurisdicional, sendo evidente que a celeridade é, ainda mais desejável, na solução das lides sujeitas à Justiça do

---

(440) GRECO, Leonardo. Primeiros comentários sobre a reforma da execução oriunda da Lei n. 11.232/2005. In: *Revista do Advogado*, São Paulo, v. 26, n. 85, p. 97-111, maio 2006.

Trabalho, onde a maioria das ações é destinada à percepção de parcelas de natureza alimentar. Assim, verificado que a Executada incidiu na conduta prevista na norma, não pagando o valor apurado como devido ao Exequente, incide a referida multa, sendo irrelevante que ela tenha oposto embargos à execução e agravo de petição, porque os meios impugnatórios utilizados não desconstituíram o crédito apurado e a parte deve assumir os riscos do exercício do direito de ampla defesa, para se evitar o uso abusivo desse direto, que prejudica não só a parte detentora do crédito, como também o Estado, se considerarmos os custos necessários à manutenção da atividade jurisdicional."[441]

"MULTA DO ART. 475-J DO CPC — APLICAÇÃO NO PROCESSO DO TRABALHO. A imposição de multa, em caso de inadimplência da obrigação judicialmente reconhecida, não se contrapõe à processualística do trabalho, mormente se considerada a natureza alimentar do crédito a ser executado, bem como a celeridade na busca da tutela jurisdicional satisfativa."[442]

"MULTA DO ART. 475-J DO CPC. Multa prevista no art. 475-J do CPC, com redação dada pela Lei n. 11.232/05, aplica-se ao Processo do Trabalho, pois a execução trabalhista é omissa quanto a multas e a compatibilidade de sua inserção é plena, atuando como mecanismo compensador de atualização do débito alimentar, notoriamente corrigido por mecanismos insuficientes e com taxa de juros bem menor do que a praticada no mercado. A oneração da parte em execução de sentença, sábia e oportunamente introduzida pelo legislador através da Lei n. 11.232/05, visa evitar arguições inúteis e protelações desnecessárias, valendo como meio de concretização da promessa constitucional do art. 5º, LXXVIII pelo qual 'A todos, no âmbito judicial e administrativo, são assegurados o tempo razoável do processo e os meios que garantam a celeridade de sua tramitação'. Se o legislador houve por bem cominar multa aos créditos cíveis, com muito mais razão se deve aplicá-la aos créditos alimentares, dos quais o cidadão-trabalhador depende para ter existência digna e compatível com as exigências da vida. A Constituição brasileira considerou o trabalho fundamento da República — art. 1º, IV e da ordem econômica — art. 170. Elevou-o ainda a primado da ordem social — art. 193. Tais valores devem ser trazidos para a vida concreta, através de medidas objetivas que tornem realidade a mensagem ética de dignificação do trabalho, quando presente nas relações jurídicas."[443]

"MULTA PREVISTA NO ARTIGO CPC — APLICABILIDADE AO PROCESSO TRABALHISTA — Entendo que o disposto no art. 475-J do CPC, acrescentado pela Lei n. 11.232/05, é plenamente aplicável na execução trabalhista, uma vez transitada em julgado a decisão homologatória dos cálculos de liquidação, prestigiando a celeridade no cumprimento das condenações impostas por esta Especializada. Ademais, o art. 769 da CLT dispõe que o direito processual comum será subsidiariamente aplicado naquilo em que não for incompatível com as normas de Processo do Trabalho e, no caso, a imposição de multa para a hipótese de inadimplemento da obrigação reconhecida em sentença não se incompatibiliza

---

(441) TRT, 3ª Região, AP n. 00489-2005-003-03-00-5, Rel. Desembargador Luiz Otávio Linhares Renault, Minas Gerais, 30 out. 2007.

(442) TRT 3ª Região, RO n. 00636-2007-063-03-00-2, Rel. Desembargador Paulo Maurício Ribeiro Pires, Minas Gerais, 30 jan. 2008.

(443) TRT 3ª Região, APPS n. 00592-2005-036-03-00-6, Rel. Desembargador Antônio Álvares da Silva, Minas Gerais, 1º dez. 2007.

com quaisquer das regras da execução trabalhista, não havendo, pois, óbice à aplicação da norma em comento."[444]

"APLICAÇÃO DAS NOVAS REGRAS PROCESSUAIS CIVIS — MULTA DO ART. 475-J, DO CPC — POSSIBILIDADE — A par da previsão contida no art. 769 da CLT, a utilização das novas regras processuais civis vai ao encontro da diretriz que norteia o Processo Trabalhista, qual seja, a busca da efetividade do provimento jurisdicional, por se tratar de créditos de natureza alimentar, indispensáveis à sobrevivência daqueles que forneceram a sua força de trabalho e que não receberam a contraprestação pecuniária garantida por lei. Ademais, empresta concretude ao dispositivo constitucional que prescreve "a todos, no âmbito judicial e administrativo, são assegurados a razoável duração do processo e os meios que garantam a celeridade de sua tramitação" (art. 5º, inciso LXXVIII, da CF). O emprego das novas regras processuais que regem a execução civil não representa qualquer afronta à legislação trabalhista, sendo, portanto, plenamente aplicável o disposto no art. 475-J do CPC, que comina multa ao devedor recalcitrante."[445]

"PROCESSO E EFETIVIDADE — SERVIÇO PÚBLICO NÃO MAIS IMPORTANTE DO QUE TANTOS OUTROS COMO A EDUCAÇÃO E A SAÚDE — O processo possui, como todo serviço devido aos cidadãos pelo Estado, qualidades e defeitos. Uma virtude, porém, não lhe pode faltar: a efetividade das decisões. De conseguinte, pode e deve o Juiz do trabalho, a requerimento da parte ou de ofício, com fulcro no art. 878 da CLT, dadas as características socioeconômicas especialíssimas do Processo do Trabalho, caso o devedor não quite o débito líquido e certo, no prazo de quarenta e oito horas, art. 880 da CLT, condená-lo, em qualquer fase da execução, ao pagamento da multa de 10% sobre o valor total do crédito exequendo em favor do empregado. Da mesma forma, a requerimento ou de ofício, pode e deve ainda o Juiz do trabalho determinar a hipoteca judiciária, assim como o levantamento, independentemente de caução, de importância em dinheiro até o limite de sessenta salários-mínimos, quando se tratar de crédito de natureza alimentar ou proveniente de ato ilícito, inclusive, portanto, quando se tratar de indenização trabalhista por danos morais, materiais e estéticos. Inteligência e compreensão hermenêutica; eficácia e efetividade processuais, pela via da aplicação subsidiária, art. 769, da CLT, tendo em vista a omissão, assim como a plena e absoluta compatibilidade, dos arts. 475-J, 466 e 475-O, § 2º, inciso I, do CPC, com o Processo do Trabalho, escassa e avaramente disciplinado pelo legislador, exatamente para que as suas lacunas sejam preenchidas, diuturna e refletidamente pela exata e prudente atuação do Juiz, sensível à dinâmica da vida e às necessidades das relações sociais, fortemente pressionadas pelo histórico, permanente, e intenso dissenso entre os empregados e os empregadores."[446]

"MULTA DO ART. 475-J DO CPC — APLICAÇÃO NO PROCESSO DO TRABALHO. O art. 769 da consolidação Trabalhista dispõe que o direito processual comum será subsidiariamente aplicado naquilo em que não for incompatível com as normas de Processo do Trabalho e, no caso, a imposição de multa para a hipótese de inadimplemento da obrigação reconhecida em sentença não se incompatibiliza

---

(444) TRT 3ª Região, RO n. 00236-2004-063-03-00-4. Rel. Desembargador Jorge Berg de Mendonça, Minas Gerais, 28 nov. 2007.

(445) TRT 3ª Região, RO n. 00745-2007-058-03-00-4, Rel. Desembargador Irapuan de Oliveira Teixeira Lyra, Minas Gerais, 1º nov. 2007.

(446) TRT 3ª Região, RO n. 00366-2007-008-03-00-8, Rel. Desembargador Luiz Otávio Linhares Renault, Minas Gerais, 9 out. 2007.

com quaisquer das regras da execução trabalhista, daí não haver óbice à aplicação da norma em comento."[447]

"MULTA DO ART. 475-J, DO CPC. APLICABILIDADE NO PROCESSO DO TRABALHO. Porque coerente com os princípios que vigoram no direito processual do trabalho e ainda, em face da omissão legislativa constatada na CLT, é perfeitamente aplicável à execução trabalhista a multa de 10% capitulada no *caput* do art. 475-J do CPC, especialmente, porque estimula a celeridade e a efetividade da tutela jurisdicional, com a satisfação do crédito de natureza alimentar. Somente fica isento da multa o devedor que paga espontaneamente a condenação, no prazo de 15 (quinze) dias, dando ensejo ao encerramento do processo; em outras palavras, aquele que deposita o valor da condenação mas interpõe incidente processual, provoca a procrastinação do feito e, por isso, não fica exonerado da multa legal."[448]

"MULTA DO ART. 475-J DO CPC — APLICABILIDADE NA PROCESSUALÍSTICA TRABALHISTA. A reforma processual trazida pela Lei n. 11.232/05, que introduziu o art. 475-J do CPC quanto à possibilidade do juízo da execução aplicar multa de 10% sobre o valor da condenação em desfavor do devedor, que intimado não pague a dívida no prazo de 15 (quinze) dias seguintes ao trânsito em julgado da sentença cognitiva liquidada, não ofende aos trâmites processuais previstos na CLT, haja vista que tal inovação apenas e tão somente buscou acelerar o curso da fase executória, prestigiando sua celeridade sem comprometer a inconteste garantia do contraditório e da ampla defesa assegurada a todos os litigantes. O princípio da celeridade, alçado hodiernamente a nível constitucional, impõe-se no Processo Trabalhista e necessita da utilização de todos os meios mais eficazes para a satisfação do crédito, porque este se reveste de caráter eminentemente alimentar, não podendo ficar submisso às delongas processuais, mais do que o processo comum. Recurso improvido."[449]

"APLICAÇÃO DO ART. 475-J DO CPC NO PROCESSO DO TRABALHO. As regras da Lei n. 11.232/2005 podem perfeitamente ser aplicadas ao Processo do Trabalho sem afronta ao art. 769 da CLT, desde que respeitado o princípio da melhoria contínua da prestação jurisdicional, bem como a principiologia específica do processo juslaboral e, ainda, desde que observado o escopo da norma celetista em análise, qual seja, o de garantir que o Processo do Trabalho seja célere, simples e acessível. Logo, escorreita a decisão monocrática que consignou a possibilidade de aplicação da multa do art. 475-J do CPC em caso de não pagamento do crédito obreiro liquidado em 15 (quinze) dias. Recurso Ordinário da Reclamada não provido."[450]

"MULTA LEGAL. 10%. ART. 475-J DO CPC. APLICÁVEL NA SEARA LABORAL. A multa capitulada no art. 475-J do CPC tem plena incidência na esfera laboral, porque o que se busca na execução trabalhista é verba alimentar, sendo a multa em questão mais um meio coercitivo ao pagamento da obrigação pelo devedor, que vem ao encontro do princípio da celeridade, elevado ao patamar constitucional.

---

(447) TRT 3ª Região, AP n. 01410-2004-004-03-00-9, Rel. Desembargador Márcio Flávio Salem Vidigal, Minas Gerais 3 out. 2007.
(448) TRT 23ª Região, AP n. 00186-2004-003-23-00, Rel. Desembargador Tarcísio Valente, Mato Grosso, 31 jan. 2008.
(449) TRT 23ª Região, RO n. 00660-2003-003-23-00, Rel. Desembargador Osmair Couto, Mato Grosso, 30 nov. 2007.
(450) TRT 23ª Região, AP n. 02009-2003-021-23-00, Rel. Des. Luiz Alcântara, Mato Grosso, 30 nov. 2007.

Assim, todo e qualquer dispositivo legal que venha a abreviar o cumprimento da decisão deve ser adotado pelo Judiciário Trabalhista, ainda mais quando a CLT, em seu art. 769, admite a aplicação subsidiária de dispositivos do Processo Civil no Direito do Trabalho."[451]

"MULTA DO ART. 475-J DO CPC — APLICABILIDADE NA PROCESSUALÍSTICA TRABALHISTA. A reforma processual trazida pela Lei n. 11.232/05, que introduziu o art. 475-J do CPC quanto à possibilidade do juízo da execução aplicar multa de 10% sobre o valor da condenação em desfavor do devedor, que intimado não pague a dívida no prazo de 15 (quinze) dias seguintes ao trânsito em julgado da sentença cognitiva liquidada, não ofende aos trâmites processuais previstos na CLT, haja vista que tal inovação apenas e tão somente buscou acelerar o curso da fase executória, prestigiando sua celeridade sem comprometer a inconteste garantia do contraditório e da ampla defesa assegurada a todos os litigantes. O princípio da celeridade, alçado hodiernamente a nível constitucional, impõe-se no Processo Trabalhista e necessita da utilização de todos os meios mais eficazes para a satisfação do crédito, porque este se reveste de caráter eminentemente alimentar, não podendo ficar submisso às delongas processuais, mais do que o processo comum. Recurso improvido."[452]

O Desembargador do Tribunal Regional do Trabalho da 3ª Região, *Antônio Álvares da Silva*, após apresentar dados alarmantes relacionados à execução trabalhista, defende sejam aplicadas ao Processo do Trabalho as normas do Código de Processo Civil relativas à execução provisória. Ressalve-se que o autor não trata especificamente da aplicabilidade da multa do art. 475-J, do CPC ao Processo do Trabalho. Mas as razões que o levaram a concluir pela aplicabilidade das normas da execução provisória cível ao Processo Trabalhista justificam igualmente a aplicação do art. 475-J. Confira-se:

"Um dos grandes problemas do Processo do Trabalho é a execução. Dados do último Relatório Geral da Justiça do Trabalho, assinado pelo ex-presidente Ronaldo Leal, mostra dados impressionantes: rolam nas Varas trabalhistas do País 1.684.000 processos em execução. Este número, somado ao déficit acumulado, que vem crescendo através de resquícios de processos não julgados dos anos anteriores, atinge a cifra de 2.550.000 processos. É bem provável que a maioria não tenha solução. O empregado, depois de uma luta de vários anos, percorrendo instâncias e esperando a solução de recursos, talvez veja seu direito morrer nas mãos da burocracia e da ineficiência de procedimentos que não foram capazes de dar solução concreta a seu pedido. Isso sem falar nos gastos imensos da burocracia que consome cerca de sete bilhões de reais por ano. Portanto, perde o Estado, porque há o consumo de dinheiro sem resultado; o povo, porque não tem a prometida justiça; e o cidadão porque despende esforço inútil para tornar concreto o direito subjetivo. Uma mudança drástica precisa limpar destes males o Processo do Trabalho, para torná-lo efetivamente um meio de solução e não de procrastinação de controvérsias. (...) O Estado promete justiça, assume a obrigação

---

(451) TRT 23ª Região, RO n. 00294-2006-002-23-00, Relª Des. Leila Calvo, Mato Grosso, 28 set. 2007.
(452) TRT 23ª Região, RO n. 00660-2003-003-23-00, Rel. Desembargador Osmair Couto, Mato Grosso, 28 set. 2007.

de fazê-la, cria as instituições necessárias para realizá-la, gasta soma grandiosa de dinheiro do povo e, ao final, depois de percorridas todas as vias, não dá o golpe final. (...) O que se busca no processo não é um plano das palavras, mas a realidade dos fatos. O que interessa é o resultado e é para isso que o processo existe. Se a convenção feita através do contrato, o mandamento provindo da sentença ou o preceito oriundo da lei não encontram lugar na realidade, contrato, sentença e lei se tornam instituições inúteis e, com sua desmoralização, destroem-se também os fundamentos da ordem jurídica. (...) A cena é sempre a mesma: os autos se perdem em certidões negativas e enchem-se de papéis. O executado não é descoberto. Fraudes e recursos protelatórios tornam-se vil e desprezível rotina. No final, mais um processo sem resultado que se soma aos demais já acumulados, até que se atinja a cifra de quase dois milhões de casos perdidos não só para o autor, mas também para o Estado, que prometeu e não cumpriu seu dever de justiça. (...) Nos processos que se perdem na execução não realizada, o mal é ainda pior. O Estado prometeu a prestação jurisdicional, ofereceu as instituições para realizá-la, abriu suas portas ao cidadão mas no fim não cumpriu a promessa. (...) Se a Justiça abre o canal para julgar a suposta violação de direitos, mas não cumpre o que promete, ao final de muitos anos de expectativa e luta no processo, ela se desmoraliza definitivamente perante o cidadão. (...) Acesso à Justiça, desenvolvimento seguro e rápido do processo e execução do que foi decidido são os pilares básicos da prestação da Justiça, sem a qual não será digno do nome nenhum Estado Democrático de Direito. Garantir constitucionalmente o acesso ao Judiciário, mas não realizar a prestação jurisdicional ou prestá-la em tempo longo e inadequado torna-se uma hipocrisia para o jurisdicionado. (...) É hora de vermos com olhos abertos a realidade."[453]

Destarte, será o devedor intimado a cumprir a decisão judicial no prazo de 8 (oito) dias, contado do momento em que a decisão que o condena a pagar dinheiro tornar-se eficaz, o que se dará quando houver o seu trânsito em julgado, sob pena de aplicação de multa de 10% sobre o valor da condenação. A execução provisória não comporta, a nosso ver, como já tivemos a oportunidade de salientar, fase pretérita de cumprimento, muito menos incidência da multa do art. 475-J, do CPC.

Não efetuando o pagamento no prazo, se procede, de ofício ou a requerimento da parte, à penhora de bens do devedor suficientes à satisfação do crédito, iniciando-se a execução propriamente dita.

13.6. Mandado de penhora e avaliação

Não cumprida a sentença espontaneamente, haverá incidência automática da multa de 10% sobre o valor da condenação. Ao mesmo tempo, a requerimento do credor ou de ofício (no Processo do Trabalho, diferentemente do Processo

---

(453) SILVA, Antônio Álvares da. *Execução Provisória Trabalhista depois da Reforma do CPC*. São Paulo: LTr, 2007. p. 15-17.

Civil, é possível iniciar-se a execução de ofício), é expedido mandado de penhora e avaliação pelo Juiz, iniciando-se a execução propriamente dita, com vistas à satisfação forçada do crédito exequendo. No Processo do Trabalho, expedido mandado de penhora e avaliação, o executado terá o prazo de 5 (cinco) dias para oferecer seus embargos[454], consoante regra específica do art. 884 da CLT[455], que se mantém.

Compete ao credor, a partir de agora, nomear os bens do devedor sobre os quais pretende ver incidir as atividades executivas. Não sendo possível ao credor indicar quais bens irão se sujeitar à atividade expropriatória (por falta de conhecimento a respeito de quais bens integram o patrimônio do devedor, por exemplo), caberá ao executado fazê-lo. Se não o fizer, além de responder pelo pagamento de multa por litigância de má-fé, ficará sujeito à penhora portas adentro.

Já no ato de apreensão, o oficial de justiça deverá realizar a avaliação dos bens penhorados. A regra, novidade no campo do Direito Processual Civil, é velha conhecida do Processo Trabalhista. Sempre, na execução trabalhista, se fez a avaliação conjuntamente com a penhora. Neste aspecto, o Processo Cível foi equiparado ao do Trabalho[456]. Caso o auxiliar do juízo não possa proceder à avaliação, por depender de conhecimentos especializados, o Juiz deverá nomear perito, assinando-lhe breve prazo para apresentação de laudo[457].

(454) No Processo do Trabalho, a CLT ainda se refere aos embargos à execução como sendo o meio de defesa possível de ser utilizado. Mais adiante, trataremos especificamente do tema. Por ora, importa deixar consignado que, independentemente da nomenclatura que se dê, se embargos ou impugnação, o fato é que se propugna que também na execução trabalhista a defesa tenha a natureza de simples incidente e não de ação autônoma. O tema será retomado com mais detalhes adiante.

(455) "Art. 884 – Garantida a execução ou penhorados os bens, terá o executado 5 (cinco) dias para apresentar embargos, cabendo igual prazo ao exequente para impugnação. § 1º – A matéria de defesa será restrita às alegações de cumprimento da decisão ou do acordo, quitação ou prescrição da dívida. § 2º – Se na defesa tiverem sido arroladas testemunhas, poderá o Juiz ou o Presidente do Tribunal, caso julgue necessários seus depoimentos, marcar audiência para a produção das provas, a qual deverá realizar-se dentro de 5 (cinco) dias. § 3º – Somente nos embargos poderá o executado impugnar a sentença de liquidação, cabendo ao exequente igual direito e no mesmo prazo. § 4º Julgar-se-ão na mesma sentença os embargos e as impugnações à liquidação apresentadas pelos credores trabalhista e previdenciário. § 5º Considera-se inexigível o título judicial fundado em lei ou ato normativo declarados inconstitucionais pelo Supremo Tribunal Federal ou em aplicação ou interpretação tidas por incompatíveis com a Constituição Federal."

(456) "A atribuição, ao oficial de justiça, da incumbência de efetuar avaliações, conforme o inciso V, adicionado ao art. 143, do CPC, harmoniza-se com o texto dos arts. 652, § 1º e 680, ambos do CPC, na redação que lhes foi conferida pela mesma Lei n. 11.382, bem como com o art. 475-J, § 2º, introduzido pela Lei n. 11.232. A medida inspira-se no exemplo do processo do trabalho, em que ao oficial de justiça já cabia tal tarefa desde a Lei n. 5.442." MALLET, Estêvão. Novas modificações no CPC e o processo do trabalho: Lei n. 11.382. In: *Revista Magister de Direito Trabalhista e Previdenciário*, Porto Alegre, v. 3, n. 18, p. 5-31, maio/jun. 2007.

(457) "(...) todas as vezes que, para a quantificação pecuniária do bem penhorado, houver a necessidade de conhecimentos técnicos específicos, a avaliação não poderá ser realizada pelo oficial de justiça, restando, por conseguinte, tal ato para um avaliador detentor dos conhecimentos faltantes ao oficial, que será nomeado pelo Juiz (CPC, arts. 475-J, § 2º, e 680)." NOTARIANO JÚNIOR, Antonio. In: WAMBIER, Teresa Arruda Alvim *et al.* (Org.). *Execução Civil:* Estudos em homenagem ao Professor Humberto Theodoro Junior. São Paulo: Revista dos Tribunais, 2007. p. 403-407.

A avaliação tem por escopo precípuo estabelecer o valor dos bens penhorados, para fins de arrematação, adjudicação e remição, e também redução ou ampliação da penhora, sendo, por conseguinte, do interesse do exequente, executado, terceiros, descendentes, ascendentes etc.

Antes da Lei n. 11.232/2005, era o devedor quem nomeava os bens que suportariam as atividades executivas. Citava-se o devedor para em 24 (vinte e quatro) horas pagar ou nomear bens à penhora, a fim de que pudesse, uma vez garantido o juízo, embargar a execução. Pela nova sistemática, como visto, plenamente aplicável à processualística laboral, o devedor será intimado para cumprir a decisão, só nomeando bens à penhora se o credor não puder fazê-lo[458].

Se houve penhora, é porque, evidentemente, a obrigação não foi cumprida voluntariamente, no caso do Processo do Trabalho, no prazo de 8 (oito) dias e, então, haverá o início da execução propriamente dita.

13.6.1. Conceito de penhora

A penhora consiste em ato de apreensão judicial sobre determinados bens do patrimônio do devedor ou eventualmente de terceiros[459], suscetíveis de responderem, direta ou indiretamente, pela satisfação do direito do credor[460]. Compreende-se como sendo devedor não apenas a pessoa que como tal figure no título executivo, mas todos aqueles que vierem a suceder-lhe por ato *inter vivos* ou *causa mortis* na posição de sujeito passivo da relação jurídica obrigacional[461].

---

(458) "Se o devedor não paga, porque não quer ou porque não pode satisfazer seu débito, a atual citação 'para, no prazo de 24 horas, pagar ou nomear bens à penhora', é substituída pela expedição, desde logo, de mandado de penhora e avaliação, a requerimento do credor. Em consequência, será cancelada a atual referência à 'nomeação de bens à penhora', mesmo porque poderá o requerente indicá-los em seu requerimento, obedecendo à ordem preferencial estabelecida no art. 655; ao devedor tocará o ônus, *a posteriori*, de impugnar a penhora, inclusive postulando seu levantamento ou substituição por fiança bancária ou por outro bem, conforme previsto no Livro II, cujas normas aplicar-se-ão subsidiariamente ao cumprimento da sentença. A atual prioridade deferida ao devedor, de nomeação de bens à penhora, tem dado azo a frequentíssimos incidentes — nomeação de bens de valor insuficiente ou de propriedade não comprovada, de bens situados em locais longínquos, de bens litigiosos ou já sem valor (como Títulos do Tesouro Nacional emitidos há mais de um século...), dando causa a grandes retardamentos na marcha dos atuais processos de execução. Estes percalços estão, pois, superados." CARNEIRO, Athos Gusmão. Nova execução. Aonde vamos? Vamos melhorar. In: *Revista Forense*, Rio de Janeiro, v. 379, p. 56-60.

(459) Terceiros como fiadores, os quais, muito embora não participem da relação obrigacional como devedores de uma prestação em favor do credor, respondem pela dívida com seu patrimônio, podendo depois exigirem do devedor primário quanto hajam desembolsado para satisfazer o credor.

(460) A definição encontra inspiração em MOREIRA, José Carlos Barbosa. *O novo Processo Civil brasileiro*. 25. ed. Rio de Janeiro: Forense, 2007. p. 235.

(461) A lembrança é de Barbosa Moreira: "Feita abstração das hipóteses de impenhorabilidade, quaisquer bens do devedor podem ser, em princípio, penhorados, quer se encontrem em suas mãos, quer nas de terceiro (...). Por 'bens do devedor' entendem-se aqui não só os pertencentes à pessoa que como tal figure no título executivo (art. 568, n. I), mas também os de todo aquele que porventura lhe haja sucedido, *causa mortis*, ou por ato *inter vivos*, na posição de sujeito passivo da relação jurídica obrigacional (art. 568, n. II e III), pois esse é, agora, o devedor. No caso de sucessão *causa mortis*, convém

Em síntese, pode-se dizer que a penhora delimita a responsabilidade patrimonial, canalizando a atividade expropriatória para bens individualizados do patrimônio do executado (devedor principal ou terceiro responsável pelo pagamento da dívida). Trata-se de afetação de certos bens à satisfação do crédito exequendo, em preparação à futura expropriação do bem constrito.

Há alguns bens do patrimônio do executado que não podem sofrer penhora em qualquer hipótese, ditos por isso absolutamente impenhoráveis (CPC, art. 649), e outros que somente serão penhorados na falta de outros bens do devedor suscetíveis de sofrerem atos de constrição, denominados relativamente impenhoráveis (CPC, art. 650). Por vezes, a razão da impenhorabilidade reside na impossibilidade legal de se alienar determinado bem, eis que simplesmente inútil a apreensão de bem que posteriormente não poderá ser vendido; ora, como se verá, na proteção de um mínimo considerado indispensável à subsistência do devedor e de sua família.

A execução é toda ela perpassada, inclusive no que tange à penhora, que há de ser sempre necessária (nunca excessiva ou diminuta), pela lógica ponderativa, funcionalmente imbricada à efetivação otimizada de direitos fundamentais. Em execução, é verdade, há uma relação apriorística e abstrata de precedência axiológica do valor celeridade sobre o valor segurança, tendo em vista tratar-se de procedimento de desfecho único, voltado à satisfação do credor. O que, entretanto, não significa dizer que a execução possa levar à ruína o devedor. Daí as regras de impenhorabilidade. De um lado, o direito do exequente de receber seu crédito (princípio da vedação à proteção insuficiente). Do outro, o do executado, em ver-se realizar a execução da maneira que lhe seja a menos gravosa possível (vedação do excesso). As próprias normas executivas de proteção ao devedor — impenhorabilidades, sustação da execução tão logo seja satisfeito o credor, individualização de parcela do patrimônio para fins de responsabilização patrimonial, possibilidade de defender-se etc., refletem a humanização do procedimento executivo ao longo do tempo[462].

---

observar que 'o espólio responde pelas dívidas do falecido; mas feita a partilha, cada herdeiro responde por elas na proporção da parte que na herança lhe coube' (art. 597). No que concerne aos bens de terceiro, pode a penhora incidir sobre eles quando a lei atribua responsabilidade executiva ao respectivo dono. É o que se dá com o fiador judicial (...); com o sócio, nas hipóteses legalmente previstas (art. 592, n. II), ressalvado o direito, que lhe assiste, de 'exigir que primeiro sejam excutidos os bens da sociedade', desde que os nomeie, 'sitos na mesma comarca, livres e desembaraçados, quantos bastem para pagar o débito (...)." *Ibidem*, p. 239.

(462) "Hospedado no art. 591 do CPC, esse princípio [da responsabilidade patrimonial, acrescentamos] quer significar que a regra no sistema brasileiro é que os atos executivos alcançam tão somente o patrimônio (e não a pessoa) do executado. (...) A responsabilidade patrimonial ou executiva, se trata, pois, de consagração, no direito moderno, da evolução da conquista inicialmente alcançada no direito romano, por meio da *lex poetelia papiria*, no ano 326 a. C., que deu início ao processo de humanização da tutela executiva. A regra, de acordo com esse princípio, é que todo o patrimônio do devedor responde por suas obrigações. Ocorre, porém, que a evolução dos direitos humanos desde longa data vem lançando luzes sobre os ordenamentos jurídicos dos países, de modo a fazer com que sejam incorporadas regras que põem limites à atuação da tutela executiva. (...) As limitações políticas à tutela executiva, por

Retomando o fio da meada, o que se quer dizer é que a penhora há de recair sobre bens do patrimônio do devedor *suficientes* a se assegurar a satisfação do crédito, não podendo ser excessiva, a ponto de sacrificar em demasia o devedor, tampouco insubsistente, de tal modo que impeça o adimplemento da prestação. A penhora deve compatibilizar uma mínima proteção ao direito de propriedade do executado com a satisfação a mais rápida possível e plena do direito do credor (o seu direito ao efetivo acesso à tutela jurisdicional). Daí a disposição do CPC segundo a qual "não se levará a efeito a penhora, quando evidente que o produto da execução dos bens encontrados será totalmente absorvido pelo pagamento das custas da execução".[463]

Diz-se que a satisfação é direta quando o próprio bem apreendido é empregado na satisfação do crédito exequendo, sem necessidade de convertê-lo em dinheiro. O bem é transferido diretamente do patrimônio do devedor para o do credor, se este assim o desejar. É o que se dá na adjudicação.

Indireta, quando o bem penhorado é expropriado e convertido em dinheiro, entregando-se ao credor a quantia obtida até o limite do crédito exequendo. Trata-se da forma mais comum de pagamento observada nesta espécie de procedimento, podendo ocorrer tanto pela atuação do próprio credor (alienação particular), quanto por alienação em leilão, tratando-se de bem móvel, ou em praça pública, em sendo imóvel o bem penhorado.

13.6.2. Intimação da penhora

Decorrido o prazo de 8 (oito) dias sem que o devedor tenha cumprido espontaneamente sua prestação, dar-se-á início à etapa de execução propriamente dita, a requerimento do credor ou por iniciativa do Juiz. Expede-se, então, mandado de penhora e avaliação. O executado deverá ser intimado da penhora na pessoa do seu advogado. Apenas se não tiver advogado constituído nos autos é que a intimação se fará pessoalmente. A partir da intimação, um prazo de 5 (cinco) dias é deflagrado para apresentação, pelo executado (o devedor principal ou terceiro responsável), de sua defesa, consoante regra específica da CLT (art. 884), que, a nosso ver, se mantém.

13.6.3. Efeitos da penhora

Da penhora decorrem alguns efeitos importantes, sobre os quais se passa a discorrer brevemente.

óbvio, impedem o desapossamento de certos bens do executado." NASCIMENTO, Bruno Dantas; KÖHLER, Marcos Antônio. Aspectos jurídicos e econômicos da impenhorabilidade de salários no Brasil: contribuição para um debate necessário. In: WAMBIER, Teresa Arruda Alvim *et al.* (Org.). *Execução Civil*. Estudos em homenagem ao professor Humberto Theodoro Júnior. São Paulo: Revista dos Tribunais, 2007. p. 445.

(463) Art. 659, § 2º.

13.6.3.1. Garantia do juízo

A penhora, em se tratando de procedimento executivo das obrigações de pagar quantia fundado em título executivo judicial, pontua, no processo cível, o início de contagem do prazo de quinze dias para impugnação ao cumprimento (repita-se, forçado!) de sentença. Em se tratando de execução fundada em título executivo extrajudicial já não se exige mais garantia do juízo para que o executado possa embargar a execução.

No caso, porém, de execução por quantia certa fundada em título executivo judicial, continua a ser necessária garantia do juízo para que o devedor possa impugnar o cumprimento da sentença[464]. No Processo Trabalhista, o prazo para apresentação de defesa deverá ser de 5 (cinco) dias, contados da intimação da penhora.

A penhora recai sobre bens do patrimônio do executado suficientes a se assegurar a satisfação não apenas do principal, mas também dos juros, correção monetária, custas, honorários advocatícios e ainda da multa de 10%, que a essa altura já incidiu[465]. Se houve penhora, é porque, evidentemente, não foi cumprida a obrigação no prazo de 15 (quinze) dias, e, portanto, o débito foi majorado, *ex vi legis*, em mais 10%.

A penhora não pode ser inútil ou excessiva, mas deve recair apenas sobre parcela do patrimônio do devedor, repita-se, *suficiente* a se assegurar o pagamento do principal e acessórios.

A inutilidade há de ser aferida pelo próprio Oficial de Justiça no momento de cumprimento do mandado, tanto mais hoje, quando é ele quem, em princípio, se encarrega da avaliação dos bens a serem penhorados. Verificando o Oficial de Justiça que o produto da expropriação dos bens suscetíveis de serem penhorados será todo ele absorvido pelo pagamento de despesas processuais, não deverá realizar a penhora.

Tampouco pode ser excessiva a penhora, o que se dá quando o valor dos bens penhorados é assaz superior ao do crédito exequendo.

O procedimento executivo em comento volta-se contra o devedor solvente, isto é, aquele que possui ativo maior do que passivo, isto é, bens suficientes ao

---

(464) O entendimento, porém, não é pacífico. Autores há que entendem que, mesmo no procedimento executivo fundado em título judicial, não seria necessária garantia do juízo para que se pudesse oferecer defesa (impugnação ao cumprimento de sentença). Logo, o prazo de 15 (quinze) dias, contado da intimação da penhora, pontuaria apenas o termo final para apresentação da impugnação, nada impedindo que fosse apresentada antes do início daquele prazo. Não concordamos com tal posição, pois entendemos que para oferecimento da impugnação é mister a garantia prévia do juízo. Voltaremos a tratar da polêmica mais adiante, quando do estudo dos meios de defesa do executado.

(465) É o que dispõe o art. 659, *caput*, do CPC, *verbis*: "A penhora deverá incidir em tantos bens quantos bastem para o pagamento do principal atualizado, juros, custas e honorários advocatícios".

cumprimento de todas as obrigações contraídas. O que a penhora pretende é unicamente assegurar que o patrimônio do devedor (que é solvente!) mantenha-se intacto até satisfação integral do credor. Busca-se evitar que se frustre a execução, por exemplo, pela entrega do bem penhorado a um depositário judicial, o qual permanecerá com a posse direta do bem até que se iniciem os atos de expropriação ou, então, até que a coisa seja liberada do encargo que sobre ela recai, em virtude, por exemplo, do pagamento da dívida. Pode ser, porém, e a não ser que o exequente se oponha, que o guardião do bem seja o próprio executado.

Trata-se, enfim, do chamado efeito cautelar da penhora, consistente em assegurar a eficácia do procedimento executivo[466].

13.6.3.2. Individualização dos bens (do devedor ou de terceiro) que sofrerão a atividade executiva

Em princípio, e salvo os bens absolutamente impenhoráveis, todo o patrimônio do devedor (e, eventualmente de terceiro, responsável pelo pagamento da dívida), composto dos seus bens presentes e futuros, assim considerados aqueles bens existentes no patrimônio do executado ao início da fase de execução e também os que venham a ser adquiridos no curso do procedimento, bem como dos bens passados, que tenham sido alienados fraudulentamente antes do início da etapa executiva, se sujeitam aos atos de execução. O patrimônio do devedor é a garantia dos credores e por isso a impenhorabilidade de bens é sempre exceção.

Causaria, porém, ao devedor grave incômodo se todo o seu patrimônio ficasse sujeito à responsabilização patrimonial. Se é certo, como se verá, que o devedor não perde, com a penhora, o domínio dos seus bens, fato é que, na prática, torna-se bem mais difícil a realização de atos de alienação ou oneração de bem sobre o qual incide o gravame. A alienação de bem penhorado, muito embora válida, é inoponível ao credor, que poderá buscar o bem penhorado no patrimônio de quem quer que seja, a fim de expropriá-lo e satisfazer-se. Consoante lição do Ministro do Superior Tribunal de Justiça, *Luiz Fux*:

> "em razão da afetação dos bens penhorados, qualquer ato que desvie o destino dos bens é ineficaz em relação ao processo. Assim é que, alienado o bem penhorado, nem por isso a execução se altera. Os atos executivos

---

(466) "(...) Caso todas as tutelas que se fundam em perigo e, por isto mesmo, são lastreadas em cognição sumária, pudessem ser definidas como cautelares, não haveria como diferenciar (...) o 'provimento urgente' da urgência do provimento. (...) Na execução por quantia certa, 'o oficial de justiça, não encontrando o devedor, arrestar-lhe-á tantos bens quantos bastem para garantir a execução' (art. 653, CPC). Este arresto é um ato da execução. Ele substitui a penhora, como ato integrante do procedimento destinado à satisfação do direito, em razão de o oficial de justiça não ter encontrado o devedor – arresto para segurança. Tal arresto, como ato da própria execução, difere do arresto cautelar, que se dirige apenas a assegurar a execução ou a tutela do crédito'." MARINONI, Luiz Guilherme; ARENHART, Sérgio Cruz. *Processo cautelar*. 3. ed. São Paulo: Revista dos Tribunais, 2008. v. 4, p. 32.

posteriores e, em consequência, a expropriação incidirão sobre o patrimônio do adquirente, uma vez que a alienação foi engendrada em 'fraude de execução'. A ineficácia que se traduz na insensibilidade processual daquela alienação significa que a venda 'não restou nula nem anulável, mas apenas indiferente para o processo'. Em consequência, se o bem alienado for substituído por outro a consenso das partes ou se houver pagamento do débito, a alienação reputar-se-á perfeita, acabada e sem vícios."[467]

Visando a evitar que o patrimônio do executado ficasse integralmente sujeito a sofrer os atos de expropriação, busca-se com a penhora individualizar aqueles bens, dentre todos os que compõem o patrimônio do devedor, que se sujeitarão às atividades executivas, observando-se, em princípio, ordem estipulada no art. 655 do CPC, a qual se inicia por bens mais facilmente conversíveis em dinheiro passando àqueles de menor liquidez. A possibilidade de sujeição do patrimônio do responsável pela dívida — que pode ou não ser o devedor, aos atos de execução — meios de coerção e de sub-rogação, é circunscrita pela penhora. Os bens penhorados ficam afetados aos atos de expropriação.

E, portanto, somente os bens penhorados serão empregados na satisfação do crédito e não os demais que componham o patrimônio do devedor[468], podendo, no entanto, haver reforço da penhora, caso se tornem insuficientes os bens originalmente apreendidos para a satisfação do credor.

13.6.3.3. Direito de preferência (se e enquanto não sobrevier insolvência do devedor)

Sobre um mesmo bem é possível que recaia mais de uma penhora, a fim de se satisfazer diferentes dívidas. Trata-se da chamada multiplicidade de penhoras sobre um mesmo bem, desde que, evidentemente, este o comporte. O devedor pode estar sendo executado por diferentes credores e, como é um só o patrimônio que responde por todas as suas obrigações, é preciso estabelecer uma ordem de pagamento. À míngua de disposição legal em sentido expresso, todo o patrimônio do devedor é penhorável, inclusive bens gravados com ônus reais. Como muito bem colocado pelo já citado Ministro *Luiz Fux*:

"A *multiplicidade de penhoras* sobre o mesmo bem, desde que este comporte, implica o recebimento por cada credor penhorante, do seu crédito, como verba

---

(467) FUX, Luiz. *O Novo Processo de Execução:* O Cumprimento de Sentença e a Execução Extrajudicial. Rio de Janeiro: Forense, 2008. p. 150.

(468) "A execução por quantia certa, quer seja por cumprimento de sentença que reconheça a obrigação desta natureza, quer se fundamente em título extrajudicial, tem como finalidade expropriar bens do devedor para satisfazer o direito do credor; por isso que também é denominada 'execução por expropriação'. Os *bens* submetidos ao sacrifício da alienação não são todos os que compõem o patrimônio do executado, senão aqueles *suficientes* para esse fim. Desta sorte, há uma *fase no processo de execução* para obtenção de quantia certa em que se 'individualizem os bens' e o 'meio de afetá-los ao processo denomina-se penhora'." *Idem.* (grifos no original)

fruto da venda judicial do bem de acordo com a 'prioridade de penhora'" (grifos no original) (FUX, 2008. p. 155).

Aqui, diferentemente do que ocorre no procedimento falimentar ou de insolvência civil, em que há créditos privilegiados uns relativamente a outros, satisfaz-se aquele credor que primeiro tenha penhorado o bem. Na execução individual, excute-se o bem de acordo com a ordem de realização da penhora. Evidentemente que, em se tratando de procedimento executivo engendrado em face de devedor solvente, é de se esperar que seu patrimônio possua solvabilidade suficiente a responder por todas as suas obrigações. Isto é, que comporte todas as possíveis execuções. Assim sendo, o credor que primeiro houver realizado a penhora terá direito de preferência no recebimento do dinheiro em que o bem se converterá depois de ser expropriado. Em seguida, receberá o credor que houver realizado a segunda penhora e assim por diante[469].

Não é mister a averbação da penhora de bens imóveis para sua constituição, tampouco para o fim de definir preferência no recebimento nos casos de concurso. A penhora se aperfeiçoa com a mera lavratura do ato. O registro é fundamentalmente medida que visa a conferir-lhe publicidade, protegendo terceiros[470].

Vale lembrar que o direito de preferência gerado com a penhora não afasta preferências surgidas anteriormente, em decorrência, por exemplo, de hipoteca[471]. A preferência no recebimento do preço, em se tratando de penhora sobre bens gravados com ônus real, pressupõe que o gravame seja anterior à penhora, distribuindo-se o saldo remanescente, se houver, entre os credores quirografários, os quais concorrem no seu recebimento segundo a ordem de realização da penhora[472].

Sobrevindo a decretação de insolvência civil do devedor, as preferências geradas pela penhora não subsistem. Os credores, tenham ou não realizado a penhora, devem todos participar do concurso universal em igualdade de condições, observando-se precedência no pagamento em razão da natureza do crédito

---

(469) "(...) Tampouco ficam imunes a nova penhora bens acaso já penhorados; incide a norma do art. 613, conservando cada credor penhorante o seu título de preferência, segundo a ordem cronológica das penhoras (...)." MOREIRA, José Carlos Barbosa. *O novo Processo Civil brasileiro*: Exposição sistemática do procedimento. 25. ed. Rio de Janeiro: Forense, 2007. p. 236.

(470) De mesma opinião é MALLET, Estêvão. Novas modificações no CPC e o processo do trabalho: Lei n. 11.382. In: *Revista Magister de Direito Trabalhista e Previdenciário*, Porto Alegre, v. 3, n. 18, p. 5-31, maio/jun. 2007: "Não se fixou prazo para a realização da averbação. Daí entender-se, acertadamente, que pode ela ser feita a qualquer tempo, enquanto não registrada, pelo mesmo exequente, a penhora, momento a partir do qual desaparece o interesse na medida. A averbação não confere, todavia, preferência sobre o bem, efeito que é próprio da penhora, permanecendo em vigor a regra dos arts. 612 e 613, do CPC. Assim, formalizada a averbação pelo exequente A, sobrevindo penhora em favor do exequente B, terá o último preferência sobre o produto da alienação do bem, independentemente da pretérita averbação".

(471) Pela hipoteca destaca-se um bem do patrimônio do devedor para servir de garantia para uma obrigação específica. O bem gravado responde pelo pagamento de uma dívida do devedor.

(472) Art. 711, do CPC.

titularizado. O que significa dizer que o direito de preferência gerado com a penhora apenas subsiste enquanto solvente o devedor.

13.6.3.4. Perda, pelo devedor, da posse direta do bem penhorado

A penhora, já se disse, consiste em ato de apreensão judicial do bem com vistas à satisfação de um direito de crédito. Estando o bem apreendido pelo Estado-Juiz, evidente que o devedor será privado da posse[473] direta da coisa, muito embora conserve a posse indireta. Preservando, porém, a posse indireta, é possível que o devedor se utilize das medidas judiciais cabíveis para a defesa da posse.

Explica-se, assim, o desdobramento da posse em direta e indireta. O proprietário que tem o bem penhorado mantém a posse indireta sobre a coisa, muito embora o Estado-Juiz a conserve em seu poder, temporariamente, a fim de impedir que se frustre a execução. O depositário judicial é o auxiliar da justiça a quem toca o dever de conservar a coisa, evitando o seu perecimento e deterioração.

Geralmente, porém, é o próprio executado que exercerá a função de depositário do bem penhorado, a não ser que o exequente se oponha fundamentadamente à manutenção do bem com o devedor. Indaga-se se haveria também nesses casos, em que o bem permanece com o devedor, a perda da posse direta da coisa. Parcela significativa da doutrina entende que não, afirmando ter havido unicamente alteração do título da posse. "O executado, que antes da penhora tinha a posse direta da coisa em razão do domínio, agora teria a posse direta por ser o depositário do bem penhorado[474]."

Vertente dissonante afirma, entretanto, que muito embora o executado seja o depositário da coisa, não tem ele a posse direta, mas tão somente a sua detenção, já que tem a coisa em nome do Estado, no exercício da função de auxiliar da justiça. Assim, o Estado-Juiz é que teria a posse direta da coisa, sendo o executado mero detentor, a quem caberia conversar a coisa incólume, a bem da execução.

O TST entende que a investidura do devedor no cargo de fiel depositário depende da aceitação, mediante assinatura do termo de compromisso[475].

---

[473] A posse, no direito brasileiro, consiste na mera visibilidade do domínio (a chamada aparência da propriedade). O possuidor é aquele que age como se proprietário fosse, com aparência de dono. Não se exige, para a caracterização da posse, a intenção de dono (*animus domini*), tampouco a detenção física da coisa.

[474] CÂMARA, Alexandre Freitas. *Lições de Direito Processual Civil*. 14. ed. v. II. Rio de Janeiro: Lumen Juris, 2007. p. 311.

[475] "OJ N. 89 DA SDI-II/TST — *HABEAS CORPUS* — DEPOSITÁRIO — TERMO DE DEPÓSITO NÃO ASSINADO PELO PACIENTE — NECESSIDADE DE ACEITAÇÃO DO ENCARGO — IMPOSSIBILIDADE DE PRISÃO CIVIL. A investidura do encargo de depositário depende da aceitação do nomeado, que deve assinar Termo de Compromisso no auto de penhora, sem o que é inadmissível a restrição do seu direito de liberdade."

13.6.3.5. Ineficácia dos atos de alienação ou oneração dos bens penhorados relativamente ao credor

Como já dito, a penhora não implica a perda da propriedade do bem pelo devedor. Tampouco possui a penhora o condão de tornar indisponível o bem. É possível que o executado, validamente, aliene ou mesmo grave de ônus real o bem penhorado. Não há que se falar, portanto, em nulidade ou anulabilidade do ato de disposição ou oneração do bem constrito. Apesar disso, o bem continuará sujeito à responsabilidade patrimonial. Ou seja, o bem, apesar de não mais integrar o patrimônio do executado (ou de ter sido instituído ônus real sobre ele), continuará penhorado, sujeito a sofrer os atos executivos. A alienação (ou oneração) é válida e produz efeitos entre alienante e adquirente, tanto que, se, após a expropriação e pagamento do credor, sobrar dinheiro, o remanescente é entregue ao adquirente do bem penhorado e não ao executado, mas é inoponível ao credor, pois que o bem penhorado continuará, ainda que transferido ao patrimônio de terceiro de boa-fé, afetado ao fim principal da execução, qual seja, a realização do direito de crédito. A penhora persegue o bem onde quer que esteja. Alienado, os atos de execução que se realizarão incidirão sobre o patrimônio do terceiro adquirente.

Para que o ato seja reputado ineficaz relativamente ao exequente, basta que o bem alienado ou gravado de ônus reais já estivesse, ao tempo da alienação ou oneração, penhorado, não havendo se cogitar de fraude ou redução do devedor à insolvência.

O terceiro poderá liberar o bem da penhora que sobre ele recai, pela remição, efetuando o pagamento do montante da dívida ao credor e, *a posteriori*, voltando-se contra o devedor originário para receber de volta o que tenha pago.

13.6.4. Bens impenhoráveis

Como regra, todo o patrimônio do devedor responde pelas obrigações que houver contraído. Excepcionalmente, por um sem número de razões, o legislador exclui do campo de incidência da responsabilidade patrimonial determinados bens, ou porque os reputa insuscetíveis de serem alienados, ou porque os considera indispensáveis à sobrevivência minimamente digna do devedor e de sua família, ou, ainda, porque entende possuir o bem valor afetivo muito mais que econômico[476]. A Lei n. 11.382/2006 trouxe inúmeras alterações para a temática das impenhorabilidades.

O projeto (PL n. 4.497/2004) que resultou na referida Lei continha proposta de se limitar o valor de imóveis e de salários para fins de impenhorabilidade. Ou

---

(476) Sobre A nova disciplina da impenhorabilidade no direito brasileiro, ASSIS, Araken. In: WAMBIER, Teresa Arruda Alvim *et al.* (Org.). *Execução Civil:* Estudos em homenagem ao professor Humberto Theodoro Júnior. São Paulo: Revista dos Tribunais, 2007. p. 408-419.

seja, se aprovado o projeto de lei em sua versão original, deixariam os salários (compreendido aqui em acepção ampla) e o único imóvel residencial do devedor de serem absolutamente impenhoráveis, acima de um determinado patamar.

Assim, o devedor que morasse em imóvel luxuoso de elevado valor de mercado poderia ter o bem residencial penhorado até o limite permitido, satisfazendo-se o credor sem violar direitos fundamentais do executado. Da mesma forma, seria possível penhora de até quarenta por cento do valor do salário que ultrapassasse o patamar de 20 (vinte) salários-mínimos. O projeto, porém, nesta parte, foi vetado pelo Presidente da República. Uma pena[477][478]... Eis as razões do

---

(477) Registre-se que, apesar do veto, a jurisprudência, na esteira do que preconiza a doutrina mais moderna, já vem admitindo a penhora de parte do salário do executado, quando de elevado valor, a fim de satisfazer-se o credor. Após fazerem alusão brevemente à norma do CPC que trata da responsabilidade patrimonial, bem como à sua evolução ao longo do tempo, Bruno Dantas Nascimento e Marcos Antônio Köhler dão notícias de algumas decisões judiciais que, inobstante a regra da impenhorabilidade absoluta de salários, admitiram a constrição de parte da remuneração do executado. Confira-se: "A jurisprudência do STJ jamais se afastou da letra da lei para piorar a situação do devedor. Ao contrário, elasteceu, a nosso ver corretamente, o conceito de salário contido na norma, de modo a compreender também comissões e honorários de profissionais liberais. Apesar disso, cresce na doutrina hodiernamente movimento no sentido de flexibilizar tais regras em favor do credor. O sentimento que imbui os defensores, *de lege lata*, da flexibilização das regras de absoluta impenhorabilidade vigentes no Brasil é o de que o legislador, quando protege indevidamente um bem do executado, acaba por negar justiça ao exequente, violando preceito constitucional. (...) Tal entendimento doutrinário já tem encontrado eco na jurisprudência, como revela o recente e brilhante voto da lavra do Des. José Jacinto Costa Carvalho, do TJDF, profundo conhecedor do direito processual civil, na qualidade de relator do AgIn n. 10.618-8, cujo excerto vale ser transcrito: 'Não se desconhece, outrossim, a regra da impenhorabilidade de salário, expressa no art. 649 do CPC, contudo entendo que a sua aplicação apenas se dará quando demonstrada que tal constrição venha a comprometer a total subsistência material da parte devedora. Ora, na hipótese, há que se prestigiar a eficácia da execução (fulcrada, repita-se, em título executivo judicial), a qual não pode 'cair no vazio', sem qualquer resultado efetivo, máxime quando se nota que o agravante é detentor de expressiva renda, disso resultando que o bloqueio de parte dela, na ordem de 30%, não colocará em xeque a sua sobrevivência, ainda lhe remanescendo parte considerável de seu salário para honrar as demais despesas que lhe são usuais, enquanto que, por outro lado, satisfará, ainda que gradualmente, o crédito do agravado. Reafirmo, pois, não ignorar o preceito da impenhorabilidade, entretanto a mesma tem de ser temperada em hipóteses excepcionais. Nesse palmilhar, considero factível a penhora incidente sobre verba salarial, desde que restrita a determinado percentual e quando caracterizada situação atípica, como é o caso dos autos, onde o próprio agravante afirma, textualmente, não possuir qualquer bem passível de sofrer constrição. (...)' Movimentos deste jaez nada têm de inéditos. Eles ocorrem todas as vezes que o direito legislado, por anacronismo, se afiguram em desacordo com os valores que orientam uma sociedade, e são recorrentes na história." NASCIMENTO, Bruno Dantas; KÖHLER, Marcos Antônio. Aspectos jurídicos e econômicos da impenhorabilidade de salários no Brasil: contribuição para um debate necessário. In: WAMBIER, Teresa Arruda Alvim *et al*. (Org.). *Execução Civil:* Estudos em homenagem ao professor Humberto Theodoro Júnior. São Paulo: Revista dos Tribunais, 2007. p. 446-447.

(478) Quem também lamenta o veto é MALLET, Estêvão. Novas modificações no CPC e o processo do trabalho: Lei n. 11.382. In: *Revista Magister de Direito Trabalhista e Previdenciário*, Porto Alegre, v. 3, n. 18, p. 5-31, maio/jun. 2007: "A ampliação da impenhorabilidade de rendimentos produzidos pelo trabalho, ante a referência, introduzida no inciso IV, do art. 649, a 'ganhos de trabalhador autônomo', e a 'honorários de profissional liberal', agravada pelo caráter ilimitado da restrição, diante do veto aposto ao § 3º, que se pretendia inserir no mesmo art. 649, é um despropósito ainda maior do que a regra já criticada do inciso X, do mesmo preceito. Era perfeitamente justificável a ideia do preceito vetado, de admitir a penhora, mesmo de salários ou outros rendimentos produzidos pelo trabalho, 'até

veto: "O projeto de lei quebra o dogma da impenhorabilidade absoluta de todas as verbas de natureza alimentar, ao mesmo tempo em que corrige discriminação contra os trabalhadores não empregados ao instituir impenhorabilidade dos ganhos de autônomos e de profissionais liberais. Na sistemática do projeto de lei, a impenhorabilidade é absoluta apenas até vinte salários-mínimos líquidos. Acima desse valor, quarenta por cento poderá ser penhorado. A proposta parece razoável porque é difícil defender que um rendimento líquido de vinte vezes o salário mínimo vigente no País seja considerado como integralmente de natureza alimentar. Contudo, pode ser contraposto que a tradição jurídica brasileira é no sentido da impenhorabilidade, absoluta e ilimitada, de remuneração. Dentro desse quadro, entendeu-se pela conveniência de apor veto ao dispositivo para que a questão volte a ser debatida pela comunidade jurídica e pela sociedade em geral".

Apesar disso, a reforma trouxe mudanças positivas ao cenário das impenhorabilidades em prol de maior efetividade para a execução, as quais se propugna sejam aplicadas inteiramente à processualística do trabalho.

Procurou-se incluir no campo da responsabilidade patrimonial aqueles bens que, ainda quando de uso pessoal ou destinados a guarnecer o imóvel residencial do executado, denotem ostentação, principalmente por seu elevado valor. Inspirado em ideário ponderativo de conciliação de interesses dialéticos do credor e devedor, o legislador buscou tornar intocáveis apenas aqueles bens que proporcionem existência minimamente digna, ao introjetar ao dispositivo que trata das impenhorabilidades absolutas noção de proporcionalidade como vetor exegético a permitir ao Juiz, em acurada análise casuística, invadir o patrimônio do devedor para buscar todos os bens que possam ser suprimidos sem tangenciar o núcleo essencial da dignidade da pessoa humana. A ideia é a de que sempre que o bem perder o caráter de subsistência (ou alimentar) possa ser penhorado.

Há bens absoluta e relativamente impenhoráveis[479]. Os primeiros não podem ser penhorados em hipótese alguma, ainda que não existam outros bens no patrimônio do devedor capazes de responder pelo crédito exequendo. Os bens relativamente impenhoráveis, por seu turno, são aqueles que só serão penhorados à falta de outros bens suficientes a se assegurar o pagamento do valor devido.

Saliente-se, porém, que, mesmo os bens absolutamente impenhoráveis estarão sujeitos aos atos de constrição judicial para satisfação do débito contraído em sua

---

40% (quarenta por cento) do total recebido mensalmente acima de 20 (vinte) salários-mínimos'. (...) Como, no atual estágio da civilização, proclamar a impenhorabilidade absoluta e total dos honorários do médico, do arquiteto ou do advogado, seja qual for o valor recebido, impedindo-se, com isso, a satisfação até de créditos mínimos devidos a empregado que para qualquer deles tenha prestado serviços, sem receber, contudo, salário? É algo que dificilmente se harmoniza com a ordem de valores posta pela Constituição".

(479) De acordo com MOREIRA, José Carlos Barbosa. *O novo Processo Civil brasileiro:* Exposição sistemática do procedimento. Rio de Janeiro: Forense, 2007. p. 236: "Impenhoráveis são apenas os bens que a lei *taxativamente* enumera como tais: a regra é a da penhorabilidade, e as exceções têm de ser expressas".

aquisição (art. 649, § 1º[480]). A renda de pessoa natural, como regra, absolutamente impenhorável, poderá sofrer desconto percentual para satisfação de prestação de alimentos.

13.6.4.1. Bens absolutamente impenhoráveis

Consideram-se absolutamente impenhoráveis os bens insuscetíveis de serem alienados por lei, e aqueles imunes à execução por ato de vontade (CPC, art. 649, inc. I). Em síntese, não se pode penhorar bens inalienáveis. É que, como a penhora é ato preparatório da expropriação, não haveria qualquer utilidade para o processo em se penhorar bens que não poderão ser subtraídos ao patrimônio do devedor futuramente.

O testador também pode gravar os bens de seu patrimônio que serão transferidos, uma vez aberta a sucessão, com as cláusulas restritivas da propriedade, dentre elas a inalienabilidade e também impenhorabilidade. A inalienabilidade acarreta impenhorabilidade pela razão óbvia de não se poder penhorar um bem insuscetível de alienação. O mesmo não se podendo dizer do inverso. Ou seja, a impenhorabilidade não implicará inalienabilidade, apenas tornará o bem insuscetível de sofrer os atos de constrição, mas não impedirá a sua alienação pelo devedor, por exemplo. A inalienabilidade paralisa o bem no patrimônio do beneficiário, ao passo que a impenhorabilidade torna o bem imune à ação dos credores[481].

O inciso II, do art. 659, dispõe o CPC serem absolutamente impenhoráveis "os móveis, pertences e utilidades domésticas que guarnecem a residência do executado, salvo os de elevado valor ou que ultrapassem as necessidades comuns correspondentes a um médio padrão de vida". Logo, equipamentos eletrônicos sofisticados não estão abrigados pela garantia de impenhorabilidade. Já móveis e eletrodomésticos como cama, geladeira, fogão etc. estarão protegidos da ação do exequente. O critério norteador da impenhorabilidade é o da essencialidade do bem para a vida familiar[482][483]. O STJ possui entendimento pacífico no sentido

---

[480] "Art. 649, § 1º. A impenhorabilidade não é oponível à cobrança do crédito concedido para a aquisição do próprio bem."

[481] Araken de Assis explica muito bem a distinção entre ambos os conceitos. Confira-se: "Não se confundem as noções da inalienabilidade e da impenhorabilidade. Inalienável é o bem que o próprio obrigado não pode dispor e, conseguintemente, tampouco responderá pelo cumprimento de obrigações contraídas no comércio jurídico. (...) Ao invés, o bem impenhorável submete-se à plena disposição do proprietário, sem responder, todavia, pelo cumprimento da obrigação; em outras palavras, nenhum credor poderá expropriá-lo em seu proveito. (...) Em síntese, a impenhorabilidade se encontra implícita na inalienabilidade". ASSIS, Araken. A nova disciplina da impenhorabilidade no direito brasileiro. In: WAMBIER, Teresa Arruda Alvim et al. (Org.). *Execução Civil:* Estudos em homenagem ao professor Humberto Theodoro Júnior. São Paulo: Revista dos Tribunais, 2007. p. 408-409.

[482] "Objetivando coibir excessos, a doutrina vem afirmando que a impenhorabilidade de bens móveis que guarnecem a residência da família ou entidade familiar deve restringir-se àqueles bens indispensáveis à vida da família, respeitando-se, assim, o princípio constitucional da dignidade da pessoa humana, excluindo-se da proteção, por consequência, os bens supérfluos, de mero deleite, ou que não sejam absolutamente indispensáveis à manutenção e sobrevivência dos que ali residem." SARAIVA, Renato. *Curso de Direito Processual do Trabalho.* 5. ed. São Paulo: Método, 2008. p. 631.

da impenhorabilidade do único aparelho de televisão que guarnece o imóvel residencial do devedor[484].

Em seguida, salvaguarda o CPC "os vestuários, bem como os pertences de uso pessoal do executado, salvo se de elevado valor". Evidentemente, caberá ao Juiz verificar, no caso concreto, quais bens de uso pessoal ou vestimentas já não mais correspondem a um médio padrão de vida, para aferir de sua (im)penhorabilidade. Assim, por exemplo, é possível que vestidos de alta-costura sejam penhorados[485].

---

(483) "O art. 649, II, do CPC, na redação da Lei n. 11.382/2006, declara impenhoráveis os bens móveis (por exemplo, a mesa da sala de jantar), os pertences ou pertenças (por exemplo, as cadeiras da mesa da sala de jantar) e as utilidades domésticas (por exemplo, o faqueiro) que guarnecem a residência do executado. A menção a 'utilidades domésticas' abrange, preponderantemente, os aparelhos eletrodomésticos (refrigerador, ar-condicionado, *freezer*, adega climatizada e assim por diante) e eletroeletrônicos (computadores, televisão de plasma). É imperioso que os bens aludidos no art. 649, I, guarneçam a residência do executado. Situados em outro local, como o escritório (exceto tratando-se de peça integrada à residência) e a casa de veraneio, comportam penhora. Há pessoas que desempenham suas atividades profissionais em vários locais e, principalmente, utilizam locais diferentes para lazer, conforme a época do ano. Não é incomum, entre pessoas abastadas, além da residência principal, o uso de casa na praia, durante o verão; de sítio de lazer, no curso do ano; de casa na serra, no inverno. Os imóveis em si, conforme a disciplina da Lei n. 8.009/90, bem como os respectivos móveis, pertenças e utilidades domésticas, situadas nesses locais de ocupação transitória ou periódica, são plenamente penhoráveis. E mesmo os móveis, as pertenças e as utilidades domésticas localizadas na residência principal, ocupada permanentemente, admitirão penhora em duas hipóteses: em primeiro lugar, sendo de grande valor; ademais, ultrapassando as necessidades correspondentes a um médio padrão de vida." ASSIS, Araken de. A nova disciplina da impenhorabilidade no direito brasileiro. In: WAMBIER, Teresa Arruda Alvim *et al.* (Org.). *Execução Civil:* Estudos em homenagem ao professor Humberto Theodoro Júnior. São Paulo: Revista dos Tribunais, 2007. p. 413.

(484) "PROCESSUAL CIVIL E TRIBUTÁRIO. EXECUÇÃO FISCAL. PENHORA. APARELHO DE AR-CONDICIONADO E DE TELEVISÃO. POSSIBILIDADE QUANTO AO PRIMEIRO. BEM ÚTIL, MAS NÃO NECESSÁRIO. 1. Tem este Superior Tribunal de Justiça entendimento pacífico no sentido da impenhorabilidade do único aparelho de televisão que guarnece a moradia familiar. 2. O aparelho de ar-condicionado, conquanto seja bem útil, não é indispensável para uma digna manutenção do *modus vivendi* da família. 3. Impenhorabilidade do condicionador de ar afastada. 4. Recurso especial parcialmente conhecido e, nessa parte, provido. REsp 173810 / RS. Ministra LAURITA VAZ. DJ 07.10.2002 p. 207. T2 – SEGUNDA TURMA. PROCESSUAL CIVIL. EXECUÇÃO. BENS MÓVEIS QUE GUARNECEM A RESIDÊNCIA DOS DEVEDORES. ACÓRDÃO REGIONAL QUE OS CONSIDERA IMPENHORÁVEIS E NÃO SUPÉRFLUOS, ALÉM DE EXPRESSÃO ECONÔMICA ÍNFIMA. SÚMULA N. 7-STJ. INCIDÊNCIA. I. Os aparelhos de televisão, videocassete e som, utilitários da vida moderna atual, são impenhoráveis quando guarnecem a residência dos devedores, na exegese que se faz do art. 1º, § 1º, da Lei n. 8.009/90. II. Duplicidade, no caso, de televisores, o que, entretanto, dado ao ínfimo valor encontrado na avaliação, e o montante da dívida atual, não recomenda a incidência da penhora sobre o segundo aparelho, consoante a fundamentação do aresto *a quo*, na apreciação dos fatos da causa, que não têm como ser revistos em sede especial. III. Recurso especial não conhecido." STJ, Resp n. 584188, Rel. Ministro Aldir Passarinho Junior, Brasília, 5 set. 2005, p. 416.

(485) "O art. 649, III, do CPC tornou impenhoráveis as peças de vestuário (por exemplo, a fatiota dos homens, os vestidos de gala das mulheres) e os pertences de uso pessoal do executado (por exemplo, o relógio de pulso, a filmadora, o aparelho de telefone celular). Excepciona tal impenhorabilidade a cláusula final da regra, ou seja, 'o elevado valor do bem'. Assim, mostrar-se-ão penhoráveis: (a) o vestido confeccionado pelo estilista célebre, e adquirido em Paris na época de prosperidade familiar; (b) o relógio Rolex e o aparelho de telefonia celular, lavrados em ouro e brilhantes, ícones do consumo socialmente injusto. Idêntico é o destino das joias de grande valor (anéis e colares), inclusive da aliança de brilhantes travestida de anel nupcial". ASSIS, Araken de. A nova disciplina da impenhorabilidade no direito brasileiro. In: WAMBIER, Teresa Arruda Alvim *et al.* (Org.). *Execução Civil:* Estudos em homenagem ao professor Humberto Theodoro Júnior. São Paulo: Revista dos Tribunais, 2007. p. 413.

O inciso IV, do art. 659 trata da impenhorabilidade das diversas formas de contraprestação relacionadas à subsistência do devedor e de sua família, decorrentes, fundamentalmente, do trabalho humano e ainda de valores doados por terceiros destinados à sobrevivência do executado e de seus familiares. Os vencimentos, subsídios, soldos, salários, remunerações, proventos de aposentadoria, pensões, pecúlios e montepios, as quantias recebidas por liberalidade de terceiro e destinadas ao sustento do devedor e de sua família, os ganhos do trabalhador autônomo e os honorários de profissional liberal estão abrangidos pela proteção da impenhorabilidade. A única exceção diz respeito à execução de prestação alimentícia, em que salários (e rendas análogas, como vencimentos de servidores públicos e soldos de militares etc.) poderão sofrer atos executivos, sendo bastante comum, na prática, que o pagamento dos alimentos ocorra mediante desconto em folha, com a entrega do valor devido diretamente ao alimentando.

Veja-se que a lei não estabeleceu um patamar a partir do qual a renda deixaria de possuir caráter alimentar, podendo, por conseguinte, ser penhorada. O projeto que resultou na Lei n. 11.382/2006, como já tivemos oportunidade de destacar, continha tal previsão, inclusive relativamente ao bem de família, o qual, a partir de certo valor (mil salários-mínimos) poderia ser penhorado, mas foi vetado, nesta parte, pelo Presidente da República[486]. Apesar disto, na Justiça Cível,

---

(486) Renato Saraiva discorre sobre o tema, criticando veementemente o veto aposto ao PL: "Vale mencionar que, infelizmente, ao sancionar a Lei n. 11.382/2006, o Presidente da República vetou o § 3º do art. 649 e o parágrafo único do art. 650, ambos do CPC, que permitiriam, respectivamente, a penhora de rendimentos do executado, provenientes de salários, subsídios, vencimentos, soldos etc. (art. 649, IV, do CPC), limitados a 40% do total recebido mensalmente acima de 20 salários-mínimos, bem como de imóvel considerado bem de família cuja avaliação superasse 1.000 salários-mínimos, caso em que, apurado o valor em dinheiro, a quantia até aquele limite seria entregue ao executado, sob cláusula de impenhorabilidade. Os dois incisos vetados, caso aprovados, sem dúvida, fortaleceriam o princípio da proporcionalidade, implicitamente previsto na CF/1988. O princípio da proporcionalidade decorre do próprio princípio da dignidade da pessoa humana, atuando como fonte restritiva ao poder discricionário do legislador e aplicador da norma, permitindo, efetivamente, uma compatível distribuição dos direitos fundamentais. A pura e simples impenhorabilidade de salários, vencimentos, subsídios, sem levar em consideração os valores de tais rendimentos percebidos mensalmente, gera evidente desequilíbrio na Justiça. Não se nega que o executado tem direito fundamental à propriedade e à dignidade pessoal. Porém esse direito não é absoluto. Os direitos fundamentais do executado não podem ofender o princípio da efetividade e da isonomia. O exequente, em especial o credor trabalhista, também deve gozar do direito à proteção à sua dignidade pessoal, mormente se estiver em dificuldades financeiras que impossibilitem a sua sobrevivência digna. Não parece razoável, justo, proporcional, que um Juiz, um Procurador, um Deputado Federal, um profissional liberal bem-sucedido, um alto assalariado, não possam ter parte de seus generosos rendimentos bloqueados pela Justiça para satisfação de um crédito de natureza trabalhista, logo, de caráter alimentar. Da mesma forma, não parece razoável que o executado concentre toda a sua fortuna num único bem suntuoso, por exemplo um imóvel avaliado em milhões de reais, e seja protegido, posteriormente, por dispositivos infraconstitucionais, em total afronta aos princípios que integram a Carta Maior, entre eles os princípios da dignidade da pessoa humana, da razoabilidade e da proporcionalidade. O veto presidencial, com certeza, apenas protegeu os mais favorecidos, os privilegiados. Deu-se ampla relevância aos direitos fundamentais do executado, esquecendo da proteção dos direitos mínimos fundamentais do exequente, principalmente do credor trabalhista. Em suma, afrontou-se o princípio da dignidade da pessoa humana, da proporcionalidade e da razoabilidade, em especial no que atine à correta distribuição dos direitos fundamentais, premiando-se o rico, o poderoso, o fraco, em detrimento do pobre, do necessitado, do hipossuficiente". SARAIVA, Renato. *Curso de Direito Processual do Trabalho*. 5. ed. São Paulo: Método, 2008. p. 628-629.

e, principalmente, na Justiça do Trabalho, tendo em vista natureza essencialmente alimentar dos créditos exequendos, vem-se permitindo penhora dos rendimentos do executado em percentual que não inviabilize o seu sustento. É o que se extrai do Enunciado de n. 70, aprovado, recentemente, na Primeira Jornada de Direito Material e Processual na Justiça do Trabalho, *verbis*:

> "EXECUÇÃO. PENHORA DE RENDIMENTO DO DEVEDOR. CRÉDITOS TRABALHISTAS DE NATUREZA ALIMENTAR E PENSÕES POR MORTE OU INVALIDEZ DECORRENTES DE ACIDENTE DO TRABALHO. PONDERAÇÃO DE PRINCÍPIOS CONSTITUCIONAIS. POSSIBILIDADE. Tendo em vista a natureza alimentar dos créditos trabalhistas e da pensão por morte ou invalidez decorrente de acidente do trabalho (CF, art. 100, § 1º), o disposto no art. 649, inciso IV, do CPC deve ser aplicado de forma relativizada, observados o princípio da proporcionalidade e as peculiaridades do caso concreto. Admite-se, assim, a penhora dos rendimentos do executado em percentual que não inviabilize o seu sustento."

São também absolutamente impenhoráveis "os livros, as máquinas, as ferramentas, os utensílios, os instrumentos ou outros bens móveis necessários ou úteis ao exercício de qualquer profissão". O instrumental empregado no exercício de uma profissão está abrigado pela garantia de intocabilidade, à luz da ideia de que a principal (quando não a única) fonte de subsistência humana provém do trabalho. Logo, o veículo de um taxista, a máquina de costura de uma costureira etc. não podem ser penhorados. O intuito da lei foi o de permitir o livre exercício da profissão, não se admitindo fosse suprimido ao devedor os meios de que se utiliza para sobreviver[487]. *A contrario sensu*, portanto, plenamente viável que um profissional aposentado, que não mais exerça seu mister, tenha seus equipamentos de trabalho apreendidos. A profissão a que se refere a lei há de ser, evidentemente, atual, já que não há sentido em se deixar de penhorar um bem em nome da proteção ao livre exercício de uma profissão que já não é mais exercida.

É também intangível o seguro de vida (CPC, art. 649, VI). Quis o legislador aqui se referir, evidentemente, à indenização recebida pelo beneficiário do seguro em virtude da ocorrência do sinistro.

A lei ressalva também da penhora os materiais necessários à consecução de obras em andamento (CPC, art. 649, VII), salvo se a obra em seu conjunto for penhorada. Entendeu o legislador que o prejuízo advindo da penhora de materiais a serem empregados em determinada construção seria muito maior do que os benefícios (muito diminutos) que dela decorreriam. Quis o legislador

---

[487] De acordo com Araken de Assis, "basta que tais bens sejam úteis. Não é necessário que, simultaneamente, sejam imprescindíveis, o que reduziria de modo considerável o âmbito de incidência da regra. Assim, o computador pessoal do advogado, conquanto não se revele imprescindível — a rigor, o advogado pode peticionar à mão, o que talvez conviria à brevidade e, portanto, à inteligibilidade das petições... —, revela-se impenhorável, pois a lei não exige que seja indispensável para o exercício da profissão." ASSIS, Araken de. A nova disciplina da impenhorabilidade no direito brasileiro. In: WAMBIER, Teresa Arruda Alvim *et al.* (Org.). *Execução Civil*: Estudos em homenagem ao professor Humberto Theodoro Júnior. São Paulo: Revista dos Tribunais, 2007. p. 413.

poupar o devedor de sofrer enorme prejuízo em troca da obtenção, pelo credor, de uma ínfima vantagem. Estando, porém, a obra penhorada, incluem-se no ato de constrição também os acessórios.

A pequena propriedade rural, assim definida em lei, desde que trabalhada pela família é também imune à execução. Discute-se se seria o módulo rural, previsto no Estatuto da Terra (Lei n. 4504/1964) como sendo a fração mínima de parcelamento do solo (a menor parcela de fracionamento do solo rural) fixada em cada Município pelo INCRA, ou o módulo fiscal, referido na Lei n. 8.629/1993 como o parâmetro para fins de incidência do ITR[488] que definiria o conceito de pequena propriedade rural do inciso VIII, do art. 649 do CPC. A nosso ver, parece mais apropriado estender-se a proteção da impenhorabilidade aos imóveis com até um módulo fiscal, pois, como sabido, nenhum imóvel rural poderá ser inferior a um módulo rural e, portanto, despender a proteção da impenhorabilidade aos imóveis de até um módulo rural seria o mesmo que nada. Repare-se, ainda, que o CPC não faz distinção, para fins de impenhorabilidade, entre a origem da dívida, se contraída em razão da atividade produtiva desenvolvida na pequena propriedade ou em razão de outro motivo qualquer, apenas exigindo que o imóvel seja trabalhado pelo proprietário e sua família, que dali retiram o seu sustento. Ou seja, o CPC protege o bem imóvel rural de todas as execuções, diferindo nesse aspecto da própria Constituição Federal, que apenas ressalva da penhora a dívida se contraída em razão da atividade produtiva desenvolvida. A única exceção diz respeito à hipoteca para fins de financiamento do próprio imóvel, consoante se extrai do disposto no § 1º, do art. 649 do CPC[489].

Ademais, ultrapassando o imóvel rural as dimensões que o qualificam como pequena propriedade rural, só poderá ser penhorada a área que exceder do módulo, porque protegida agora pela impenhorabilidade do bem de família a parcela do solo habitada pelo devedor e seus familiares.

As quantias depositadas em cadernetas de poupança até o limite de 40 (quarenta) salários-mínimos são também inalcançáveis pelos atos de força do Estado. Sendo o executado titular de várias contas de poupança, cada qual com

---

(488) Referida Lei prevê que a pequena propriedade rural é todo imóvel rural de área entre 1 e 4 módulos fiscais. Em seu art. 4º define o que seja o módulo fiscal, *verbis*: "O módulo fiscal de cada município, expresso em hectares, será fixado pelo INCRA, através de Instrução Especial, levando-se em conta os seguintes fatores: a) o tipo de exploração predominante no município; I – hortifrutigranjeira; II – cultura permanente; III – cultura temporária; IV – pecuária; V – florestal; b) a renda obtida no tipo de exploração predominante; c) outras explorações existentes no município que, embora não predominantes, sejam expressivas em função da renda ou da área utilizada; d) o conceito de "propriedade familiar", constante do art. 4º, item II, da Lei n. 4504, de 30 de novembro de 1964. § 1º. Na determinação do módulo fiscal da cada município. O INCRA aplicará metodologia, aprovada pelo Ministro da Agricultura, que considere os fatores estabelecidos neste artigo, utilizando-se dos dados constantes do Sistema Nacional de Cadastro Rural. § 2º. O módulo fiscal fixado na forma deste artigo será revisto sempre que ocorrerem mudanças na estrutura produtiva, utilizando-se os dados atualizados do Sistema Nacional de Cadastro Rural".
(489) "Art. 649 (...) § 1º. A impenhorabilidade não é oponível à cobrança de crédito concedido para a aquisição do próprio bem."

valores iguais ou menores do que 40 (quarenta) salários-mínimos, a impenhorabilidade, por certo, não abrangerá cada uma das poupanças, mas incidirá até o limite máximo de 40 (quarenta) mínimos[490].

Por fim, os recursos públicos recebidos por instituições privadas para aplicação compulsória em saúde, educação ou assistência social são também impenhoráveis.

13.6.4.2. Bens relativamente impenhoráveis

Um único dispositivo do CPC trata dos bens relativamente impenhoráveis. Nos termos do art. 650 do CPC são relativamente impenhoráveis "os frutos e rendimentos dos bens inalienáveis, salvo se destinados à satisfação de prestação alimentícia". Diz-se serem relativamente impenhoráveis, pois que só sofrerão atividade executiva em não havendo outros bens no patrimônio do devedor livres ou capazes de responder pela dívida em sua integralidade. Pontue-se que se os bens passíveis de penhora não forem suficientes para satisfazer o débito *in totum*, é possível que os bens relativamente impenhoráveis sejam também constritos a fim de se assegurar a plena satisfação do credor.

Sendo os próprios frutos ou rendimentos dos bens absolutamente impenhoráveis (como, por exemplo, os aluguéis de um imóvel inalienável) gravados com cláusula de impenhorabilidade, não poderão ser alvo da ação dos credores.

A partir da Lei n. 11.382/2006, que reformulou a execução de títulos executivos extrajudiciais, as imagens e os objetos de culto religioso, outrora relativamente impenhoráveis em sendo de grande valor, passaram a ser plenamente penhoráveis.

13.6.4.3. Impenhorabilidade provisória

Se, por direito de retenção, o credor estiver na posse de bem do devedor, só poderão ser penhorados outros bens de seu patrimônio (ou, eventualmente,

---

(490) Estêvão Mallet critica com ímpeto a disposição, não vendo sentido em se permitir que o executado mantenha sua poupança se é devedor, principalmente se se tratar de execução de crédito alimentar: "A criação de nova hipótese de impenhorabilidade, para as aplicações de até 40 salários-mínimos em caderneta de poupança (art. 649, X), não faz nenhum sentido, muito menos no processo do trabalho. Qual a razão para dar ao devedor o direito de não pagar seus credores e permanecer com investimentos financeiros? Se o que se quis foi estimular ainda mais a aplicação em caderneta de poupança, investimento que já conta com larga preferência entre muitas pessoas, o caminho escolhido não poderia ser pior. Leva à inadimplência das obrigações legitimamente assumidas, com enfraquecimento do vínculo jurídico obrigacional. A regra, como proclama invariavelmente a doutrina, é a penhorabilidade dos bens do devedor, conforme arts. 391, do Código Civil, e 591 do CPC. A impenhorabilidade mostra-se excepcional e assim deve e tem de ser tratada, até mesmo pelo legislador, sem abusiva introdução de novos casos, sob pena, inclusive, de inconstitucionalidade, por conta de criação de obstáculo desproporcional e não razoável à tutela processual do credor". MALLET, Estêvão. Novas modificações no CPC e o processo do trabalho: Lei n. 11.382. In: *Revista Magister de Direito Trabalhista e Previdenciário*, Porto Alegre, v. 3, n. 18, p. 5-31, maio/jun. 2007.

de terceiro sujeito à responsabilidade executiva), depois de expropriado aquele. É a hipótese versada no art. 594 do CPC[491]. Se, porém, o valor do bem em poder do credor se revelar, após avaliação, menor que o do crédito exequendo, a regra não subsiste. Outrossim, pelo caráter dispositivo da norma, o executado pode concordar desde logo em que outro bem de sua propriedade seja penhorado.

13.6.4.4. Bem de família e Processo do Trabalho

A Lei n. 8.009/1990 trata da impenhorabilidade do único bem imóvel que sirva de residência à entidade familiar, bem como dos móveis que o guarneçam, excluídos apenas os veículos, obras de arte e bens móveis de elevado valor, que não atendam às necessidades vitais básicas da família. Apenas o que seja essencial à sobrevivência digna do devedor e de seus familiares deve ser preservado.

Há na própria Lei n. 8.009/1990 algumas exceções à dita impenhorabilidade. No art. 3º do referido diploma legal, estão enumerados casos em que será possível a penhora do único imóvel residencial do devedor, ainda quando existam em seu patrimônio outros bens suscetíveis de constrição[492], como ocorre nas hipóteses de execução de créditos de trabalhadores da própria residência e das respectivas contribuições previdenciárias.

Nem toda a doutrina trabalhista aceita a regra da impenhorabilidade do bem de família, em se tratando de execução de créditos derivados da legislação do trabalho, e que não digam respeito, evidentemente, às relações laborais desenvolvidas em âmbito doméstico. Defendem que, na exceção de que trata o art. 3º, inciso III, da Lei n. 8.009/1990 (que fala em "pensão alimentícia"), estariam abrangidas as verbas trabalhistas.

Ora, com o devido respeito pelas opiniões em contrário, dispondo a norma em referência acerca de limitação a direito fundamental (o direito à moradia), há que ser interpretada restritivamente. Referindo-se o dispositivo apenas à pensão alimentícia, não é possível compreender como estando abrangida pela expressão verbas de cunho trabalhista, decorrentes das relações de trabalho.

---

(491) "Art. 594. O credor, que estiver, por direito de retenção, na posse de coisa pertencente ao devedor, não poderá promover a execução sobre outros bens senão depois de excutida a coisa que se achar em seu poder."

(492) "Art. 3º A impenhorabilidade é oponível em qualquer processo de execução civil, fiscal, previdenciária, trabalhista ou de outra natureza, salvo se movido: I – em razão dos créditos de trabalhadores da própria residência e das respectivas contribuições previdenciárias; II – pelo titular do crédito decorrente do financiamento destinado à construção ou à aquisição do imóvel, no limite dos créditos e acréscimos constituídos em função do respectivo contrato; III – pelo credor de pensão alimentícia; IV – para cobrança de impostos, predial ou territorial, taxas e contribuições devidas em função do imóvel familiar; V – para execução de hipoteca sobre o imóvel oferecido como garantia real pelo casal ou pela entidade familiar; VI – por ter sido adquirido com produto de crime ou para execução de sentença penal condenatória a ressarcimento, indenização ou perdimento de bens; VII – por obrigação decorrente de fiança concedida em contrato de locação."

Melhor saída, nos casos em que o executado só possua em seu patrimônio um único bem imóvel que lhe sirva de morada, é que o Juiz, caso a caso, afira da possibilidade de penhorar o imóvel até limite indispensável à que o executado, após excutido o bem, possa vir a adquirir outro imóvel, onde possa residir só ou com seus familiares dignamente. Trata-se de realização de verdadeiro juízo ponderativo pelo magistrado, com auxílio do princípio da proporcionalidade.

Interessante observar que a Lei n. 8.009/1990 dispõe apenas acerca da impenhorabilidade do imóvel residencial das *entidades familiares*, não tendo incluído explicitamente em seu âmbito de proteção o imóvel do devedor que vive só, o que vem gerando acirrada polêmica na doutrina e na jurisprudência acerca de ser ou não penhorável a morada do chamado devedor solitário. Com todo o respeito pelas opiniões em contrário, entendemos pela proteção legal também ao devedor que more sozinho e pelas seguintes razões.

Em dispositivo meramente exemplificativo, elenca a Constituição Federal algumas espécies do gênero entidade familiar. Assim, a sociedade formada pelo casamento, a comunidade de pessoas ligadas por laços consanguíneos, a união estável entre pessoas de sexos opostos estão abrangidos pelo conceito. Também o parentesco socioafetivo e o civil, este último decorrente da adoção, são reconhecidamente merecedores de proteção, por estarem incluídos no conceito família. Discute-se, porém, a respeito de ser ou não o devedor que vive sozinho família, para o fim de recebimento da proteção legal constante do art. 1º, da Lei n. 8.009/90. Entendemos que sim.

Não há dúvidas de que uma vida digna pressupõe o direito a uma moradia, direito este que se instrumentaliza pela propriedade de um imóvel, sem se adentrar aqui na discussão a respeito de condições mínimas de habitabilidade, infraestrutura etc. Só isso já é suficiente a que se vede, observadas, é claro, as exceções legais, a penhora do único imóvel daquele que é devedor e vive só.

O lar é o espaço mais importante de proteção da esfera de privacidade e intimidade do homem. É o abrigo em que projetada sua personalidade. Pela funcionalidade inerente à moradia, e a partir de interpretação conforme à Constituição Federal, não se pode excluir da esfera de proteção da Lei n. 8.009/1990 o imóvel do devedor solitário.

É evidente que a lei não consegue acompanhar as transformações sociais em toda a sua rapidez e complexidade. Ademais, naturalmente impossível que o legislador consiga prever todas as situações da vida que devam ser, de alguma maneira, reguladas.

Como aos juízes não é dado deixar de decidir, alegando lacuna na lei, compete-lhes criar a norma para o caso concreto, a partir de interpretação que seja constitucionalmente adequada. Não é consentâneo à sistemática constitucional deixar que se penhore o único teto do devedor, pelo simples fato de que mora só. A proteção foi deferida à *pessoa* e não ao número de pessoas. É, portanto, qualitativa e não quantitativa.

Realmente, não faria qualquer sentido que o legislador entendesse serem merecedoras de proteção duas pessoas casadas, um pai e um filho, por exemplo, e tenha querido excluir da proteção legal aquele viúvo que perdeu a esposa, e passou a morar só, ou aquele mesmo filho, cujo pai faleceu. É que, note-se, a discussão não gira em torno do estado civil da pessoa, mas do fato de morar sozinha ou não. O solteiro que mora com o pai, ninguém discute, é família para os fins da Lei n. 8.009/90.

Mas, e se esse filho vier a falecer, o pai poderia ter penhorada sua casa, posto que, a partir de agora, mora só? A proteção só dura enquanto coabitem? Só juntos é que estão resguardados de uma penhora? Sozinhos não? Evidente que não foi este o intuito do legislador.

E, por que, então, seria diferente com o solteiro que vive só? Só porque é solteiro não merece proteção do Estado? Não se teria, aí, discriminação injustificada? Afinal de contas, a finalidade da lei é uma só: proteger a pessoa, tornando imune à execução o imóvel em que mora. O solteiro que reside sozinho também merece tal proteção, da mesma forma que o pai que perdeu seu filho.

E ainda que se sustente não estar na Lei n. 8.009/90 a proteção necessária ao imóvel residencial do devedor solitário, por tratar referido diploma apenas do bem das entidades familiares, a proteção ao que vive sozinho pode ser extraída, nada mais, nada menos, do que diretamente da própria Constituição Federal, a partir da conjugação de seu art. 1º, inciso III, e art. 6º, matriz, aliás, em que o legislador fundamentou a proteção ao imóvel onde reside a família em suas mais variadas formações[493].

Mas, como bem lembra *Renato Saraiva*[494]:

"Não se beneficiará do disposto na lei em destaque o devedor que, sabendo-se insolvente, adquire de má-fé imóvel mais valioso para transferir a residência familiar anterior, desfazendo-se ou não da moradia antiga, podendo o magistrado, nesse caso, na respectiva ação movida pelo credor, transferir a

---

(493) O já tantas vezes citado Ministro Luiz Fux comunga da opinião, apenas fazendo referência ao imóvel do solteiro. Confira-se: "(...) A finalidade da Lei n. 11.282/2006, [acrescentamos] foi a um só tempo dilargar os bens penhoráveis e proteger, por equidade, aqueles que não deveriam ser constritos, razão pela qual, à luz de uma interpretação teleológica, há de se manter a orientação de que a tutela do bem de família, na sua essência, não se aplica apenas ao abrigo da entidade familiar, mas à habitação do ser humano, como forma de defesa da dignidade humana. Assim é que, perfazendo um balanceamento dos interesses em jogo, há de se preservar tanto o imóvel residencial de pessoa solteira quanto ao que se destina aos conviventes em união estável, ou de parentes próximos que residem juntos etc." FUX, Luiz. *O Novo Processo de Execução:* O cumprimento da sentença e a execução extrajudicial. Rio de Janeiro: Forense, 2008. p. 154.

(494) SARAIVA, Renato. *Curso de Direito Processual do Trabalho.* 5. ed. São Paulo: Método, 2008. p. 632.

impenhorabilidade para a moradia familiar anterior, ou anular-lhe a venda, liberando a mais valiosa para execução ou concurso, conforme a hipótese (art. 4º, § 1º, da Lei n. 8.009/1990)."

O único imóvel residencial do fiador também poderá ser penhorado, como decidido, pelo STF, no RE n. 407.688-SP.

13.6.5. Ordem dos bens a serem penhorados

Há no CPC uma ordem de penhora que deve ser observada pelo credor ao indicar os bens do patrimônio do devedor que pretende respondam pelo cumprimento da prestação objeto da execução o dispositivo merece ser aplicado na Justiça do Trabalho. Diversamente do que ocorria anteriormente, em que o devedor era citado para pagar ou nomear bens à penhora, após reformulação sofrida pelo CPC passa a ser do credor, em princípio, a faculdade de indicar os bens do devedor, que irão sujeitar-se aos atos expropriatórios. O devedor, por conseguinte, poderá pedir a substituição da penhora acaso não observada a ordem legal[495]. No caso de a execução iniciar-se por impulso oficial, também o Oficial de Justiça deverá observar, preferentemente, a ordem do art. 655 do CPC.

Não conhecendo o credor quais bens do patrimônio do devedor podem sofrer ou comportem penhora, o Juiz determinará ao devedor que indique onde podem ser encontrados bens livres e de sua propriedade, ainda que na posse de terceiros[496], capazes de responder pelo pagamento da dívida, observando-se, também o executado, a ordem estipulada no art. 655 do CPC[497]. É direito do exequente ver realizar-se a penhora consoante a ordem prevista na lei, a qual principia por bens de maior liquidez (em ordem decrescente), com o claro propósito de facilitar o recebimento da quantia devida, e culmina com bens mais difíceis de serem convertidos em dinheiro, sendo-lhe facultado requerer a substituição da penhora no caso de inobservância da gradação legal[498]. Apenas se a ordem mostrar-se, no caso concreto, violatória da dignidade humana do executado, é que poderá o juiz, a seu pedido, certificando-se da gravidade da medida, deferir a substituição, fazendo recair a penhora sobre outro bem.

---

(495) "Art. 656. A parte poderá requerer a substituição da penhora: I – se não obedecer à ordem legal (...)."
(496) É o que se depreende do disposto no art. 659, § 1º, do CPC, *verbis*: "Efetuar-se-á a penhora onde quer que se encontrem os bens, ainda que sob a posse, detenção ou guarda de terceiros".
(497) Art. 656, § 1º, do CPC: "É dever do executado (art. 600), no prazo fixado pelo Juiz, indicar onde se encontram os bens sujeitos à execução, exibir a prova de sua propriedade e, se for o caso, certidão negativa de ônus, bem como abster-se de qualquer atitude que dificulte ou embarace a realização da penhora (art. 14, parágrafo único)".
(498) Em sentido contrário, entendendo que o exequente não está adstrito à observância da ordem legal, MALLET, Estêvão. Novas modificações no CPC e o processo do trabalho: Lei n. 11.382. In: *Revista Magister de Direito Trabalhista e Previdenciário*, Porto Alegre, v. 3, n. 18, p. 5-31, maio/jun. 2007.

A Lei n. 11.382/2006 produziu sensível modificação no tocante à ordem de penhora. Confira-se:

Redação originária	Redação alterada
"Art. 655. Incumbe ao devedor, ao fazer a nomeação de bens, observar a seguinte ordem: I – dinheiro; II – pedras e metais preciosos; III – títulos da dívida pública da União ou dos Estados; IV – títulos de crédito, que tenham cotação em bolsa; V – móveis; VI – veículos; VII – semoventes; VIII – imóveis; IX – navios e aeronaves; X – direitos e ações."	"Art. 655. A penhora observará, preferencialmente, a seguinte ordem: I – dinheiro, em espécie ou em depósito ou aplicação em instituição financeira; II – veículos de via terrestre; III – bens móveis em geral; IV – bens imóveis; V – navios e aeronaves; VI – ações e quotas de sociedades empresárias; VII – percentual do faturamento de empresa devedora; VIII – pedras e metais preciosos; IX – títulos da dívida pública da União, Estados, Distrito Federal com cotação em mercado; X – títulos e valores mobiliários com cotação em mercado; XI – outros direitos."

Intuitivo que uma tal ordem há de ser inteligida em conjunto com as limitações à penhora de bens de que antes se tratou. Assim é que a penhora de dinheiro depositado em conta-corrente, por exemplo, só será possível se não constituir salário ou qualquer outro tipo de contraprestação pelo trabalho, como os vencimentos ou subsídios de servidores públicos; ou, então, que o bem imóvel, destinando-se a servir de morada ao devedor, não seja único; ainda, que os bens móveis não sejam instrumentos de trabalho indispensáveis ao exercício de profissão e assim por diante.

Como se está a tratar de procedimento executivo de obrigação de pagar quantia em dinheiro, natural que o dinheiro em espécie, ou, e aí já se trata de inovação legal, depositado e também aplicações em instituições financeiras, encabecem a listagem. Não será sequer preciso transformar o bem em dinheiro. Satisfaz-se o credor especificamente com a entrega da quantia devida, sem necessidade de realização de qualquer ato expropriatório, abreviando-se, destarte, o procedimento executório. Para tanto, o Juiz, a requerimento do credor, requisita às instituições financeiras informações acerca da existência de ativos em nome do executado, podendo determinar, no mesmo ato, sua indisponibilidade, até o montante do valor devido. As informações restringem-se a saber se há ou não ativos suficientes a cobrir o valor da execução. É ônus do executado comprovar que o dinheiro alvo do ato de apreensão é impenhorável.

Em seguida, afirma o CPC serem passíveis de penhora os veículos de via terrestre, o que abrange carros, bicicletas, caminhões, motos etc., excetuados, evidentemente, veículos utilizados no exercício profissional, como o táxi do taxista, ambulâncias de hospitais etc.[499].

---

(499) "A redação dada ao art. 655 envolve pelo menos duas novidades importantes. Em primeiro lugar, explicita a penhorabilidade de cotas sociais e ações (inciso VI), referendando a jurisprudência dominante. Em segundo lugar, atualiza a ordem de preferência, que deve corresponder à liquidez decrescente dos bens, o que explica ocuparem agora os veículos, sujeitos à mais fácil alienação, com amplo mercado e avaliação em jornal, a segunda posição, logo após o 'dinheiro, em espécie ou aplicação em instituição financeira'."

Quanto aos navios e aeronaves, é possível que operem normalmente, desde que o executado contrate seguro contra riscos.

No atinente a ações e cotas de sociedades empresárias, pôs a lei pá de cal em discussão que por muito tempo atormentou doutrina e jurisprudência, ao dispor ser possível a penhora de parcelas do capital social de pessoas jurídicas, ainda quando se tratar de sociedades de pessoas e não apenas de capital.

Durante muito tempo, argumentou-se não ser possível penhora de cotas de propriedade de sócios de sociedades de pessoas por seus credores particulares, posto que a sua expropriação levaria ao ingresso de terceiro estranho à composição originária da pessoa jurídica, desprestigiando a *affectio societatis*. Uma maravilha para o devedor, que possuía polpudo patrimônio sob a forma de cotas e não pagava aos seus credores. A fim de corrigir tal disparate, o legislador chegou a um meio-termo: ao invés do ingresso de pessoa estranha à sociedade, o arrematante da cota em hasta pública fará jus aos haveres correspondentes. É possível, inclusive, adjudicação da cota pelo próprio exequente, desde que garantido aos sócios remanescentes o direito de preferência na aquisição das cotas penhoradas.

É ainda possível a penhora sobre o faturamento da empresa. O ato de constrição judicial, entretanto, deve ser precedido de criteriosa análise por parte do Juiz acerca da viabilidade de se proceder à apreensão de parte do capital de giro da empresa, tomando o cuidado para não "sufocar" a pessoa jurídica em seu funcionamento. Indispensável a preservação da empresa, até para que possa auferir renda suficiente à quitação dos débitos e, claro, à continuidade da sua atividade econômica. A já existência de penhoras anteriores sobre o mesmo faturamento, por exemplo, deverá ser levado em consideração pelo Juiz para o fim de se aferir da conveniência da medida[500]. Ademais, havendo outros bens passíveis de penhora, é sempre preferível proceder à sua constrição do que a do capital de giro da pessoa jurídica[501]. O TST sedimentou tal entendimento na OJ

MALLET, Estêvão. Novas modificações no CPC e o processo do trabalho: Lei n. 11.382. In: *Revista Magister de Direito Trabalhista e Previdenciário*, Porto Alegre, v. 3, n. 18, p. 5-31, maio/jun. 2007.

(500) Como relata Carreira Alvim, o STJ consolidou jurisprudência bastante razoável no pertinente à penhora do faturamento da empresa. Confira-se: "(...) a sua jurisprudência [do STJ, acrescentamos] vem se firmando no sentido de restringir a penhora sobre faturamento da empresa, podendo, no entanto, esta ser efetivada, unicamente, quando observados, impreterivelmente, os seguintes procedimentos essenciais, sob pena de frustrar a pretensão constritiva: i) a verificação de que, no caso concreto, a medida é inevitável, de caráter excepcional; ii) a inexistência de outros bens a serem penhorados ou, de alguma forma, frustrada a tentativa de haver o saldo devido na execução; iii) o esgotamento de todos os esforços na localização de bens, direitos ou valores, livres e desembaraçados, que possam garantir a execução, ou seja, os indicados de difícil alienação; iv) a observância às disposições contidas nos arts. 677 e 678 (necessidade de ser nomeado administrador judicial), com a devida apresentação da forma de administração e esquema de pagamento; v) a fixação de percentual que não inviabilize a atividade econômica da empresa." ALVIM, José Eduardo Carreira. Penhora de renda ou faturamento da empresa. Uma reflexão que se impõe. In: *Revista da EMERJ*, Rio de Janeiro, v. 9 , n. 36, p. 247-261, out./dez. 2006.

(501) Assim também pensa ALVIM, José Eduardo Carreira. Penhora de renda ou faturamento da empresa. Uma reflexão que se impõe. In: *Revista da EMERJ*, Rio de Janeiro, v. 9 , n. 36, p. 247-261, out./dez. 2006: "Se a penhora de faturamento não se presta senão para 'garantir' o juízo (art. 737), não podendo

n. 93, da SDI-II[502]. Ao ser determinada a penhora de percentual sobre o faturamento da empresa, o valor é depositado em conta judicial, geralmente cabendo ao diretor financeiro, nomeado depositário pelo juiz, a incumbência.

Também poderá a penhora recair sobre o próprio estabelecimento comercial, industrial ou agrícola. Competirá a administração do estabelecimento ao depositário nomeado pelo Juiz, o qual deverá apresentar-lhe, no prazo de dez dias, a forma de administração, ou a terceiro escolhido pelas próprias partes.

Procede-se à chamada "penhora no rosto dos autos" quando o exequente, não possuindo em seu patrimônio bens suficientes à satisfação do débito, possa vir a obter um acréscimo patrimonial em razão de possível vitória em demanda na qual disputa uma coisa ou um direito, como uma indenização, por exemplo.

Na Justiça do Trabalho é muito comum a realização da chamada penhora *on-line*, pelo sistema *Bacen-Jud*[503]. Mediante convênio firmado entre o Tribunal

---

ser utilizado para fins de pagamento do débito, antes de finda a execução, a única utilidade imediata dessa constrição é a de retirar da empresa parte (ou até a totalidade) do seu capital de giro, obrigando-a a buscar, no mercado financeiro, a reposição a juros escorchantes, a repassá-los aos preços, perdendo competitividade no mercado. Aliás, não é nada ético que a receita ou faturamento da empresa seja depositado numa 'conta judicial', corrigida pelos índices de caderneta de poupança, utilizável pelo ente público mantenedor da Justiça (União ou Estado), por tempo indeterminado — porque ninguém nesse país, nem o próprio Juiz, sabe quando a execução por quantia certa chega a seu termo — dispondo a empresa de bens de outra natureza (imóveis, veículos, máquinas e equipamentos) para garantir a execução (ou cumprimento) da sentença. Diversa é a hipótese quando o executado não disponha de outros bens, senão o seu próprio faturamento para a satisfação do débito, mas, mesmo nesse caso, deve a constrição do faturamento obedecer a um critério de razoabilidade, para não prejudicar o capital de giro da empresa, porque a penhora se destina, a essa altura, à simples garantia do juízo e não ao pagamento do débito".

(502) "OJ N. 93 DA SDI-II/TST — MANDADO DE SEGURANÇA — POSSIBILIDADE DA PENHORA SOBRE PARTE DA RENDA DE ESTABELECIMENTO COMERCIAL. É admissível a penhora sobre a renda mensal ou faturamento de empresa, limitada a determinado percentual, desde que não comprometa o desenvolvimento regular de suas atividades."

(503) Sobre o tema da penhora *On-Line*, BEZERRA LEITE, Carlos Henrique. *Curso de Direito Processual do Trabalho*. 3. ed. São Paulo: LTr, 2005. p. 732-734: "É sabido que o 'calcanhar de aquiles' do Processo do Trabalho reside na morosidade da execução, já que ela dá ao exequente aquela sensação de que 'ganhou, mas não levou', sendo certo que tal morosidade acaba comprometendo a própria imagem da Justiça do Trabalho perante a sociedade. Nessa ordem, recebendo os influxos da pós-modernidade, caracterizada principalmente pela informatização, a Justiça do Trabalho vem procurando adaptar a prestação jurisdicional aos fatos que se sucedem em velocidade espantosa no chamado mundo virtual, visando, sobretudo, à efetivação dos créditos dos trabalhadores reconhecidos nas sentenças. Uma das soluções encontradas, aplaudidas por alguns e recriminadas por outros, foi a celebração do Convênio BACEN JUD entre o TST e o Banco Central. Este convênio de cooperação técnico-institucional prevê a possibilidade de o TST, o STJ e os demais Tribunais signatários, dentro de suas áreas de competência, encaminhar às instituições financeiras e demais instituições autorizadas a funcionar pelo BACEN ofícios eletrônicos contendo solicitações de informações sobre a existência de contas correntes e aplicações financeiras, determinações de bloqueios e desbloqueios de contas envolvendo pessoas físicas e jurídicas clientes do Sistema Financeiro Nacional, bem como outras solicitações que viessem a ser delineadas pelas partes. De posse dessas informações, esclarece o Min. Vantuil Abdala, 'os usuários do sistema (exclusivamente magistrados) poderão expedir ordens de bloqueio de numerário existente nessas contas diretamente às instituições financeiras, de modo a satisfazer os créditos trabalhistas dos exequentes. Dessa forma, ainda que as empresas executadas não possuam bens suficientes para a quitação de seus

Superior do Trabalho e o Banco Central, é possível ao Juiz trabalhista realizar bloqueio, até o valor do crédito exequendo, dos numerários disponíveis na conta-corrente do executado. O bloqueio não poderá exceder, em hipótese alguma, o valor da execução. Se isto ocorrer, o Juiz deverá determinar imediata liberação, por meio de alvará, do valor excedente, sem prejuízo da possibilidade de apresentação de impugnação, com fundamento em excesso de penhora. As empresas que possuam diversas contas bancárias em inúmeras instituições financeiras do País poderão indicar aquela sobre a qual desejam ver realizados os bloqueios pelo sistema referido. Não possuindo a conta numerário suficiente a suportar a ordem de bloqueio, o Juiz da execução deverá determinar que a penhora recaia em qualquer conta-corrente da empresa devedora e comunicará o fato imediatamente à Corregedoria-Geral da Justiça do Trabalho, para que seja feito o descadastramento da conta bancária[504]. A ordem de bloqueio só poderá ser expedida depois de transcorrido o prazo para cumprimento da decisão judicial.

O exequente que seja titular de direito real de garantia, como uma hipoteca, penhor etc., está obrigado a excutir, em primeiro lugar, o bem gravado, só podendo penhorar outro bem se renunciar à garantia ou, evidentemente, em reforço da penhora, nos casos em que a garantia já não seja suficiente a assegurar o pagamento integral do débito.

Também são suscetíveis de penhora os créditos do executado ainda pendentes de recebimento (trata-se da chamada penhora de crédito), mediante apreensão do documento que os consubstancie. Inviável a apreensão do documento, mas confessando o devedor do executado a existência da dívida, considera-se penhorado o montante, sendo o terceiro depositário da importância. O terceiro só se exonera da obrigação, depositando em juízo a quantia devida ao executado. Negando o terceiro a existência da dívida em conluio com o devedor principal, considera-se inoponível ao exequente quitação posterior que a ele vier a ser dada.

Admite-se, ainda, penhora de bem indivisível de casal, recaindo a meação do cônjuge a quem a dívida não aproveite e a ela alheio, sobre o produto da alienação, evitando-se, com isso, um condomínio indesejável[505].

---

débitos trabalhistas, as ordens de bloqueio de numerário disponível nas contas correntes permitirão dar efetividade às decisões judiciais".
(504) *Ibidem*, p. 733.
(505) Assim também MALLET, Estêvão. Novas modificações no CPC e o processo do trabalho: Lei n. 11.382. In: *Revista Magister de Direito Trabalhista e Previdenciário*, Porto Alegre, v. 3, n. 18, p. 5-31, maio/jun. 2007: "(...) A norma consolida solução dada a antiga controvérsia, sobre a alienação de bem indivisível. Havia precedentes, amparados em alguma doutrina, no sentido de que a alienação só poderia ser de fração ideal. Certa feita foi-se ainda além, para afirmar-se a impenhorabilidade do bem em sua totalidade, ante a impossibilidade de penhora parcial, por conta da indivisibilidade. Ficaram tais precedentes superados por decisões em que se afirmou 'Os bens indivisíveis, de propriedade comum decorrente do regime de comunhão no casamento, na execução podem ser levados à hasta pública por inteiro, reservando-se à esposa a metade do preço alcançado. Alienação de fração ideal não faz, na prática, sentido. Desvaloriza o bem e cria condomínio insustentável, fomentando novos litígios (...). Do mesmo modo, não se justifica a ideia de impenhorabilidade do bem havido em comunhão. A Lei n. 11.382

Estando os bens passíveis de penhora em outra comarca que não a abrangida pela jurisdição praticada pelo Juiz da execução, expede-se carta precatória, solicitando ao juízo competente da comarca da situação da coisa a efetivação da penhora por intermédio de oficial de justiça destacado para a realização do ato exceto se comarcas contíguas ou pertinentes à mesma região metropolitana.

Pratica ato atentatório à dignidade da jurisdição o executado que, intimado, não indica ao Juiz, em 5 (cinco) dias, quais são e onde se encontram os bens sujeitos à penhora e seus respectivos valores[506] ou que, de alguma maneira, atrapalha o processamento da execução.

13.6.6. Forma de realização da penhora

A penhora se aperfeiçoa com a apreensão de bens capazes de assegurar o pagamento da dívida, e posterior depósito da coisa apreendida. Pode ser que o próprio devedor permaneça com a coisa, em nome do Estado. Discute-se se, nos casos de bens imóveis, haveria necessidade de registro da penhora no RGI para o fim de sua constituição.

Tratando-se de bens imóveis bastará lavratura do auto de penhora para que o imóvel seja considerado constrito. Havendo necessidade de se buscar os bens que serão apreendidos, a penhora far-se-á por meio de oficial de justiça, o qual lavrará auto de penhora e avaliação. Compete ao auxiliar do juízo, no ato de realização da penhora, proceder, se possível, à avaliação dos bens que se submeterão à atividade executiva. Não possuindo o oficial de justiça meios de realizar a adequada avaliação dos bens, será nomeado perito pelo juízo da execução.

Resistindo o executado ou quem quer que seja à entrada no local onde se encontram os bens passíveis de serem penhorados, como, por exemplo, a sede de uma empresa ou a residência do devedor, o oficial de justiça comunica o fato ao Juiz, que determina, se preciso com o auxílio de força policial, o arrombamento de portas, armários, gavetas etc. A diligência será toda ela lavrada em auto circunstanciado, assinado, obrigatoriamente, por duas testemunhas presentes ao ato. O auto de penhora indicará a data de realização da apreensão, o local em que realizada a diligência, o nome do devedor e do credor, a especificação dos bens apreendidos, bem como o depositário do bem penhorado.

Como regra, o depositário do bem será o próprio devedor, exceto se o credor opuser resistência à permanência da coisa com o executado, hipótese em que se fará o depósito em agência da Caixa Econômica Federal, do Banco do Brasil

---

andou bem, portanto. Deveria, contudo, ter ido além, e generalizado a proposição nela contida, que é acertada. Não há razão para falar-se apenas em meação do cônjuge, conquanto seja o caso mais frequente de copropriedade sobre bem indivisível'".

(506) Art. 600, inciso IV, do CPC.

ou em qualquer instituição financeira em que o Estado detenha mais da metade do capital social integralizado, ou, ainda, na falta destes, qualquer estabelecimento de crédito designado pelo Juiz, se a coisa penhorada for dinheiro, pedras e metais preciosos ou papéis de crédito; se bens móveis ou imóveis urbanos, com o depositário judicial e com depositário particular, nas demais hipóteses.

Realizada a penhora, será o executado intimado na pessoa do seu advogado por intermédio de publicação no Diário Oficial, ou pessoalmente (se não tiver advogado constituído), iniciando-se, então, o prazo de 5 (cinco) dias para apresentação de embargos (a CLT refere-se ainda a embargos do devedor).

13.6.7. Substituição, ampliação e redução da penhora

Como visto, a penhora delimita a parcela do patrimônio do devedor que sofrerá os atos executivos. Como regra, "uma vez realizada, a penhora subsiste, com o mesmo objeto, até que se consume a expropriação do bem (ou bens) sobre que incidiu".[507] Entretanto, causas posteriores ao ato de apreensão judicial podem dar ensejo à sua alteração tanto qualitativa, fazendo, neste caso, recair a penhora sobre bem distinto daquele originariamente constrito, quanto quantitativa, a fim de se alcançar bens que inicialmente não haviam sido afetados à execução ou mesmo para livrar da responsabilidade patrimonial bens que haviam sido apreendidos. Na primeira hipótese tem-se a substituição da penhora; na segunda o que há é a sua ampliação ou redução, conforme o caso.

O CPC arrola os casos em que haverá modificação da penhora em seu art. 656, *verbis*:

> "Art. 656. A parte poderá requerer a substituição da penhora: I – se não obedecer à ordem legal; II – se não incidir sobre os bens designados em lei, contrato ou ato judicial para o pagamento; III – se, havendo bens no foro da execução, outros houverem sido penhorados; IV – se, havendo bens livres, a penhora houver recaído sobre bens já penhorados ou objeto de gravame; V – se incidir sobre bens de baixa liquidez; VI – se fracassar a tentativa de alienação judicial do bem; ou VII – se o devedor não indicar o valor dos bens ou omitir qualquer das indicações a que se referem os incisos I a IV do parágrafo único do art. 668 desta Lei."

A alteração do objeto primitivo da penhora por outro bem tanto pode se dar por iniciativa do exequente como do executado.

É lícito ao exequente requerê-la quando se descobrir que os bens penhorados são litigiosos ou estavam gravados por penhora anterior, arresto ou outro ônus. Neste caso, o credor desiste da primeira penhora realizada e requer a sua substituição

---
(507) MOREIRA, José Carlos Barbosa. *O novo Processo Civil brasileiro*. 25. ed. Rio de Janeiro: Forense, 2007. p. 244.

para fazê-la incidir sobre bem ou bens do patrimônio do executado passíveis de penhora e livres de gravame.

Também será possível a substituição da penhora a pedido do exequente, quando se verificar que o(s) bem (ou bens) penhorado(s) é (são) insuficiente(s) para cobrir o débito em sua integralidade, havendo no patrimônio do executado bem(ns) de maior valor. Por fim, também será possível a transferência da penhora de um bem para outro, quando o bem perecer ou já não mais puder suportar a atividade executiva (como se dá, por exemplo, em caso de desapropriação).

O executado poderá requerer a substituição em duas hipóteses. A primeira, quando o valor do(s) primeiro(s) bem (ou dos bens) apreendido(s) for superior ao crédito exequendo. Poderá, então, como alternativa à redução, requerer a transferência da penhora para um bem ou outros bens de menor valor, também capazes de satisfazer o credor integralmente. Em segundo lugar, quando demonstrar que a alteração não trará qualquer prejuízo ao exequente, sendo-lhe menos onerosa. O devedor só poderá oferecer bem imóvel em substituição à primeira penhora realizada com anuência do cônjuge, qualquer que seja o regime de bens do matrimônio.

Quantitativamente, a penhora poderá ser reduzida ou ampliada. Ocorrerá a redução quando se verificar que o valor do(s) bem (ou dos bens) penhorado(s) é significativamente superior ao crédito exequendo, sendo possível limitar a penhora a um ou mais bens suficientes à satisfação do crédito. Será ampliada se se constatar a insuficiência do(s) bem (ou bens) apreendido(s) em satisfazer na integralidade o direito do credor, havendo outro(s) bem (ou bens) no patrimônio do devedor que, conjuntamente com aquele(s), cubra(m) a integralidade do débito.

13.7. Defesa do executado no Processo do Trabalho: (os velhos) embargos do executado ou (a nova) impugnação ao cumprimento de sentença?

13.7.1. Considerações iniciais

O modelo originário do Código de Processo Civil previa os embargos do executado como único meio de defesa possível de ser manejado pelo executado, tanto em se tratando de execução fundada em título judicial, quanto extrajudicial. Como cediço, de acordo com a concepção original do CPC de 1973, a execução seguia o mesmo procedimento, independentemente de basear-se em título executivo judicial ou extrajudicial. Desenvolvida em processo autônomo, a atividade executiva deflagrava-se por impulso da parte interessada, a qual veiculava sua pretensão executiva por meio de petição inicial. Citado, o demandado possuía o prazo de 24 horas para pagar ou nomear bens à penhora. Realizada a penhora, o executado era intimado, iniciando-se contagem do prazo de 10 (dez) dias para apresentação de embargos, os quais suspendiam a execução. Da sentença que julgasse os embargos, cabia apelação, que era recebida no duplo efeito acaso julgados procedentes os embargos. Se improcedentes os embargos, a apelação era recebida apenas no efeito devolutivo.

Os embargos do executado possuíam natureza de ação autônoma de cognição, incidente ao processo executivo. Inauguravam, portanto, novo processo de conhecimento, em plena execução.

Além dos embargos do executado, consagrou-se, na prática, possibilidade de se manejar outro meio de defesa, conhecido por "exceção de pré-executividade", em que arguíveis matérias de ordem pública relativas à própria admissibilidade procedibilidade da execução, passíveis de serem conhecidas de ofício pelo Juiz, e utilizável apenas antes de realizados atos de constrição judicial. Isto é, antes de realizada a penhora.

Como salienta *Leonardo José Carneiro da Cunha*[508],

"basicamente, a diferença que havia entre a execução fundada em título judicial e a execução fundada em título extrajudicial residia no objeto dos embargos do devedor. Se o título fosse judicial, o executado somente poderia alegar, em seus embargos, as matérias relacionadas no art. 741 do CPC. Tratando-se de execução fundada em título extrajudicial, não havia limitação, podendo o executado alegar toda e qualquer matéria (CPC, art. 745)."

Por conseguinte, tanto nas execuções baseadas em títulos judiciais, quanto naquelas fundadas em títulos extrajudiciais, a defesa do executado fazia-se por embargos, os quais possuíam natureza de ação incidental. Em síntese, eram os embargos verdadeiro processo autônomo, incidente à execução, de natureza cognitiva, pelos quais se apreciava a pretensão manifestada pelo executado (em não ser executado).

A Lei n. 11.232/2005, porém, alterou a vetusta sistemática no tocante à execução de títulos judiciais.

Substituiu os antigos embargos do executado pela denominada impugnação ao cumprimento de sentença. É que, sendo o cumprimento de sentença mera fase do processo sincrético, consectariamente, a defesa deverá ser deduzida como incidente. Logo, em se tratando de execução de títulos judiciais, o executado poderá oferecer, por meio de simples petição, sua defesa[509]. A denominada

---

(508) CUNHA, Leonardo José Carneiro da. As defesas do executado. In: WAMBIER, Teresa Arruda Alvim *et al.* (Org.). *Execução Civil:* Estudos em homenagem ao professor Humberto Theodoro Júnior. São Paulo: Revista dos Tribunais, 2007. p. 645-662.

(509) "Com a implantação do cumprimento como fase subsequente, a defesa do demandado foi alterada, passando a ser feita mediante impugnação, em regra sem efeito suspensivo, *ex vi* do art. 475-M do CPC. (...) Ainda há certa controvérsia sobre a natureza jurídica da impugnação. Seria instrumento de defesa via ação, à semelhança dos embargos do devedor, mero incidente processual, como a objeção de pré-executividade, ou teria natureza própria; ou seja, impugnação como impugnação? Defende-se natureza de incidente processual, pelo natural sincretismo processual consagrado pelas reformas do CPC." ARAÚJO, José Henrique Mouta. Notas sobre as modalidades de defesa do executado no cumprimento interno de decisão judicial e na execução autônoma. In: *Revista Forense*, Rio de Janeiro, v. 104, n. 395, p. 639-648, jan./fev. 2008.

impugnação ao cumprimento de sentença, que, ao contrário dos embargos, não possui natureza de ação incidental, mas de mero incidente[510]. Assim é porque a sentença passa a ser objeto de simples cumprimento.

Em se tratando, porém, de execução contra a Fazenda Pública, independentemente de qual seja o título executivo, ou contra devedor insolvente, continua o executado a defender-se pela via autônoma dos embargos.

Desenvolvendo-se a atividade executiva em processo autônomo, ainda quando fundada em título executivo judicial, como ocorre com a sentença penal condenatória transitada em julgado, sentença arbitral e sentença estrangeira homologada, também segue-se o procedimento do cumprimento de sentença, devendo o executado valer-se da impugnação. Ao que pese tratar-se de processo autônomo, o procedimento a ser seguido é o dos arts. 475-I e seguintes do CPC.

13.7.2. Intimação

A impugnação será ofertada no prazo de 15 (quinze) dias, a contar da intimação do mandado de penhora e avaliação. No Processo do Trabalho, o prazo será de 5 (cinco) dias.

O termo inicial de contagem do prazo variará em consonância com a forma com que se tenha procedido à intimação. Como regra, a intimação é feita na pessoa do advogado do executado. Destarte, correrá o prazo da data da intimação, se feita por Diário Oficial. Não havendo circulação do Diário Oficial na comarca em que tramita a execução, pelo correio, com aviso de recebimento, se o domicílio profissional do advogado situar-se fora da jurisdição abrangida pelo juízo da execução, ou pessoalmente, quando domiciliado na sede do juízo. Na falta de advogado, a intimação far-se-á pessoalmente, por mandado ou correio.

Se a intimação fez-se por publicação no Diário Oficial, o prazo de 15 (quinze) dias (na Justiça do Trabalho, cinco dias) conta-se imediatamente, observando a regra geral de exclusão do primeiro dia. Feita pelo correio ou por oficial de justiça, da juntada aos autos da carta ou do mandado de intimação devidamente cumprido.

Tendo em vista derivar o título executivo de fase cognitiva desenvolvida em contraditório pleno, há uma limitação natural à plêiade de matérias suscetíveis

---

(510) "Outra inovação relevante trazida pela Lei n. 11.232 consiste na modificação da via utilizável para impugnar a execução, em sua primeira etapa. Essa via era, em princípio, a dos embargos do devedor, verdadeira *ação incidental*, em que o executado passava a autor, e o exequente a réu. O grande inconveniente de tal sistemática residia no efeito, que surtia o recebimento dos embargos, de suspender o curso da execução, retardando-lhe o término. O mencionado diploma legal estatui que o executado, se quiser impugnar a execução, oferecerá simples impugnação, no prazo de 15 dias (art. 475-J, § 1º, *fine*). (...) o *processo incidente* dos embargos se converte aqui em mero *incidente do processo* unificado." (grifos no original) MOREIRA, José Carlos Barbosa. *O novo Processo Civil brasileiro:* Exposição sistemática do procedimento. 25. ed. Rio de Janeiro: Forense, 2007. p. 197-198.

de serem alegadas na impugnação⁽⁵¹¹⁾⁽⁵¹²⁾. Em princípio, apenas fatos supervenientes à sentença é que poderão ser suscitados em defesa, pois os anteriores já ficaram suplantados, como regra, pela eficácia preclusiva da coisa julgada.

13.7.3. O tratamento da matéria na CLT: o que muda?

A CLT trata da defesa do executado em seu art. 884⁽⁵¹³⁾, referindo-se a embargos.

Antes ainda do advento da Lei n. 11.232/2005, uma corrente minoritária entendia que tais embargos eram mero incidente processual, sem natureza de ação, pois não originavam processo autônomo e eram processados nos mesmos autos da execução. Majoritariamente, entretanto, sempre se entendeu serem os embargos ação de conhecimento incidental ao processo de execução, na qual o executado figurava como autor e o exequente como réu. Exemplificativamente, confira-se a posição de *Carlos Henrique Bezerra Leite*⁽⁵¹⁴⁾:

---

(511) O rol de matérias possíveis de serem alegadas em execução vem descrito no art. 475-L, do CPC, *verbis*: "Art. 475-L. A impugnação somente poderá versar sobre: I – falta ou nulidade da citação, se o processo correu à revelia; II – inexigibilidade do título; III – penhora incorreta ou avaliação errônea; IV – ilegitimidade das partes; V – excesso de execução; VI – qualquer causa impeditiva, modificativa ou extintiva da obrigação, como pagamento, novação, compensação, transação ou prescrição, desde que superveniente à sentença. § 1º Para efeito do disposto no inciso II do *caput* deste artigo, considera-se também inexigível o título judicial fundado em lei ou ato normativo declarados inconstitucionais pelo Supremo Tribunal Federal, ou fundado em aplicação ou interpretação da lei ou ato normativo tidas pelo Supremo Tribunal Federal como incompatíveis com a Constituição Federal. § 2º Quando o executado alegar que o exequente, em excesso de execução, pleiteia quantia superior à resultante da sentença, cumprir-lhe-á declarar de imediato o valor que entende correto, sob pena de rejeição liminar dessa impugnação".

(512) "(...) se o cumprimento é apenas fase procedimental subsequente, já tendo sido garantido o direito de defesa sem qualquer restrição cognitiva na fase de conhecimento, não seria razoável permitir novas arguições de matérias já atingidas pela preclusão e pela própria eficácia preclusiva da coisa julgada (...). Três são as principais modificações implementadas na impugnação: a) o encerramento da defesa via ação; b) a limitação das matérias que podem ser deduzidas; c) a alteração do efeito suspensivo automático". ARAUJO, José Henrique Mouta. Notas sobre as modalidades de defesa do executado no cumprimento interno de decisão judicial e na execução autônoma. In: *Revista Forense*, Rio de Janeiro, v. 104, n. 395, p. 639-648, jan./fev. 2008.

(513) "Art. 884. Garantida a execução ou penhorados os bens, terá o executado 5 (cinco) dias para apresentar embargos, cabendo igual prazo ao exequente para impugnação. § 1º – A matéria de defesa será restrita às alegações de cumprimento da decisão ou do acordo, quitação ou prescrição da dívida. § 2º – Se na defesa tiverem sido arroladas testemunhas, poderá o Juiz ou o Presidente do Tribunal, caso julgue necessários seus depoimentos, marcar audiência para a produção das provas, a qual deverá realizar-se dentro de 5 (cinco) dias. § 3º – Somente nos embargos à penhora poderá o executado impugnar a sentença de liquidação, cabendo ao exequente igual direito e no mesmo prazo. § 4º – Julgar-se-ão na mesma sentença os embargos e as impugnações à liquidação apresentadas pelos credores trabalhista e previdenciário. § 5º – Considera-se inexigível o título judicial fundado em lei ou ato normativo declarados inconstitucionais pelo Supremo Tribunal Federal ou em aplicação ou interpretação tidas por incompatíveis com a Constituição Federal."

(514) BEZERRA LEITE, Carlos Henrique. *Curso de Direito Processual do Trabalho*. 3. ed. São Paulo: LTr, 2005. p. 752-753.

"A necessidade de desvendar a natureza jurídica dos embargos do devedor ou, de maneira genérica, os embargos à execução não é meramente acadêmica. Há inúmeras consequências processuais de ordem prática, que dependerão exatamente da posição doutrinária que se adote a respeito da natureza jurídica dos embargos do devedor. Só para citar uma, lembramos a questão do prazo para oposição dos embargos pelas pessoas jurídicas de direito público. Admitida a natureza de defesa, o seu prazo deverá ser contado em quádruplo; caso contrário, isto é, admitida a natureza de ação, o seu prazo será idêntico ao das demais pessoas jurídicas de direito privado. Embora haja posições doutrinárias respeitáveis que interpretam literalmente o art. 884, § 1º, da CLT, isto é, consideram os embargos à execução mera 'defesa' do executado, parece-nos que os embargos do devedor constituem verdadeira ação de cognição, incidental ao processo de execução. Afinal, a execução não é um processo dialético, pois sua índole não se mostra voltada para o contraditório. Na verdade, na execução trabalhista o devedor é citado não para responder, e sim para cumprir a obrigação constante de título judicial ou extrajudicial. Caso não cumpra a obrigação, sofrerá constrição de seus bens, nos termos do art. 880 da CLT. Vê-se, assim, que no processo de execução propriamente dito não há lugar para contraditório. Exatamente por essa razão é que surgem os embargos à execução — gênero de que são espécies os embargos do devedor, à penhora, à adjudicação, de terceiro etc., como verdadeira ação incidental de conhecimento."

Apesar de majoritária a corrente segundo a qual os embargos constituem-se em ação autônoma de conhecimento, incidental ao processo executivo, na prática, os embargos jamais foram tratados como tal, mas como verdadeiro incidente processual. Isto porque não são exigidos requisitos da petição inicial para seu conhecimento; seu processamento ocorre nos mesmos autos da execução; e as matérias passíveis de serem ventiladas em sede de embargos também podem ser declinadas em exceção de pré-executividade.

Ora, se assim é, não se vê razão para não se aplicar ao Processo do Trabalho a sistemática prevista no CPC para a impugnação ao cumprimento de sentença, sobretudo por se tratarem de normas mais simples, as quais permitem ao executado deduzir sua defesa mediante simples petição, devendo ser observadas apenas algumas peculiaridades do Processo Laboral, como, por exemplo, o prazo mais reduzido para sua apresentação, de 5 (cinco) dias.

Mais importante, porém, independentemente da nomenclatura que se venha a empregar — se embargos ou impugnação, é introduzir-se ao Processo Trabalhista a sistemática simplificada do CPC no tocante aos meios de defesa do executado[515].

---

(515) Também entendendo pela defesa do executado como incidente processual no Processo do Trabalho, mas por razões diversas das aqui expostas, CASTELO, Jorge Pinheiro. A execução trabalhista depois da reforma processual civil. In: *Revista do Advogado*, São Paulo, v. 28, n. 97, p. 89-106, maio 2008: "Tendo em vista que, também para o processo do trabalho, a execução perde seu caráter de ação

Como salienta *Júlio César Bebber*[516]:

"A ideia de remeter a uma ação autônoma (embargos) a discussão de toda a matéria de defesa do executado (a pretexto de manter a pureza da atividade predominantemente material da execução) ostenta apenas aparente racionalidade, sendo, por isso, anacrônica. (...) Além disso, embora a CLT tenha denominado de embargos o instrumento de defesa do executado, a realidade da vida forense, há muito, convive com o sistema de impugnação. Os embargos não são tratados como ação autônoma (embora o sejam). Entre outros, não são exigidos requisitos para a petição inicial, são processados nos autos da execução, desafiam recurso de agravo de petição e todas as matérias que lhes são pertinentes podem, observadas certas circunstâncias, ser objeto de exceção de pré-executividade."

Diferentemente do previsto no CPC, entretanto, o prazo para o oferecimento dos embargos será de 5 (cinco) dias, a contar da ciência da formalização da penhora, e não de 15 (quinze) dias. O embargado-exequente terá mesmo prazo para oferecimento de sua resposta. Logo, é só depois de garantido o juízo pela penhora, que poderá o executado apresentar embargos.

Em síntese, pode-se afirmar que referido meio de defesa presta-se a infirmar o crédito consubstanciado no título, o próprio título executivo ou, ainda, o processo por vício de forma.

13.7.4. Matérias passíveis de alegação em embargos (ou impugnação)

As matérias possíveis de serem suscitadas na defesa do executado vêm arroladas no art. 884, § 1º, da CLT, bem como art. 475-L, do CPC.

A doutrina trabalhista, mesmo aquela contrária à aplicabilidade das inovações do CPC ao Processo do Trabalho, sempre entendeu pela necessidade de aplicação supletiva do CPC à processualística laboral no tocante ao rol de matérias passíveis de serem arguidas pelo executado. Se a execução trabalhista se baseasse em título executivo judicial, aplicava-se supletivamente o disposto no art. 741 do CPC[517]. Tratando-se de execução fundada em título executivo extrajudicial, o art. 745[518].

---

autônoma diante da alteração do conceito de sentença, não é mais possível entender que o remédio para atacar a liquidação ou a execução seja uma ação autônoma como os embargos, mas sim uma medida incidental como a impugnação".

(516) BEBBER, Júlio César. *Cumprimento da sentença no Processo do Trabalho*. 2. ed. São Paulo: LTr, 2007. p. 100-101.

(517) "Art. 741. Na execução contra a Fazenda Pública, os embargos só poderão versar sobre: I – falta ou nulidade da citação, se o processo correu à revelia; II – inexigibilidade do título; III – ilegitimidade das partes; IV – cumulação indevida de execuções; V – excesso de execução; VI – qualquer causa impeditiva, modificativa ou extintiva da obrigação, como pagamento, novação, compensação, transação ou prescrição, desde que superveniente à sentença; VII – incompetência do juízo da execução, bem como suspeição ou impedimento do Juiz."

(518) "Art. 745. Nos embargos, poderá o executado alegar: I – nulidade da execução, por não ser executivo o título apresentado; II – penhora incorreta ou avaliação errônea; III – excesso de execução ou

Anteriormente à Lei n. 11.232/2005, o Processo Civil não fazia distinção, para fins de defesa do executado, entre embargos e impugnação ao cumprimento de sentença. O devedor deveria declinar sua defesa em embargos, fosse a execução fundada em título executivo judicial ou extrajudicial. Com a Lei n. 11.232/2005, a impugnação ao cumprimento de sentença torna-se o meio de defesa apropriado às execuções baseadas em títulos judiciais, distinta dos embargos, os quais passam a ser utilizados apenas nas execuções de títulos extrajudiciais. O leque de matérias arguíveis em impugnação vem, agora, disposto no art. 475-L do CPC[519].

Logo, tratando-se de execução trabalhista fundada em título executivo judicial passa-se a aplicar subsidiariamente o disposto no art. 475-L, do CPC, e não mais, como outrora, o art. 741.

A seguir, passa-se a discorrer sinteticamente acerca de cada uma das matérias possíveis de serem aduzidas pelo devedor trabalhista. Com exceção da falta ou nulidade da citação e da alegação de coisa julgada inconstitucional, ao executado não é possível alegar matérias anteriores à sentença, limitando-se a suscitar matérias que digam respeito à própria execução ou que sejam posteriores ao título executivo judicial, isto é, ao trânsito em julgado. Isto porque as matérias anteriores à decisão exequenda ou já foram alcançadas pela preclusão ou pela coisa julgada material, não podendo voltar a ser rediscutidas em execução. Assim, eventual prescrição a ser arguida em impugnação só pode ser aquela referente à pretensão executória, e não aquela relativa à pretensão de direito material, hipótese esta, no entanto, que dificilmente se verificará no âmbito laboral, pois possível início da execução pelo próprio magistrado.

13.7.4.1. Falta ou nulidade de citação, se o processo correu à revelia (CPC, art. 475-L, inc. I)

Tratando-se a execução (ou cumprimento forçado de sentença) de procedimento inserido no bojo de um processo sincrético, a citação só ocorrerá uma única vez, ao início do processo, objetivando integrar o réu à relação processual, a fim de que participe do processo em contraditório.

---

cumulação indevida de execuções; IV – retenção por benfeitorias necessárias ou úteis, nos casos de título para entrega de coisa certa (art. 621); V – qualquer matéria que lhe seria lícito deduzir como defesa em processo de conhecimento."

(519) "Art. 475-L. A impugnação somente poderá versar sobre: I – falta ou nulidade da citação, se o processo correu à revelia; II – inexigibilidade do título; III – penhora incorreta ou avaliação errônea; IV – ilegitimidade das partes; V – excesso de execução; VI – qualquer causa impeditiva, modificativa ou extintiva da obrigação, como pagamento, novação, compensação, transação ou prescrição, desde que superveniente à sentença. § 1º Para efeito do disposto no inciso II do *caput* deste artigo, considera-se também inexigível o título judicial fundado em lei ou ato normativo declarados inconstitucionais pelo Supremo Tribunal Federal, ou fundado em aplicação ou interpretação da lei ou ato normativo tidas pelo Supremo Tribunal Federal como incompatíveis com a Constituição Federal. § 2º Quando o executado alegar que o exequente, em excesso de execução, pleiteia quantia superior à resultante da sentença, cumprir-lhe-á declarar de imediato o valor que entende correto, sob pena de rejeição liminar dessa impugnação."

Estado, autor e réu são os sujeitos que compõem a estrutura mínima de qualquer relação jurídica processual, sendo certo que outras pessoas poderão vir a participar do processo (como terceiros intervenientes, MP, auxiliares do juízo etc.).

O réu ingressa no processo por meio da citação, que tem por efeito, portanto, angularizar a relação jurídica processual. Sendo um só o processo do qual participa (processo sincrético), uma só será a citação. É por intermédio deste ato que adquire o réu a qualidade de parte do processo.

Logo, ao se iniciar a fase de cumprimento de sentença, o réu não será citado, como antes, a cumprir a obrigação consubstanciada no título, mas intimado. Portanto, a citação de que fala o dispositivo só pode ser aquela realizada ao início da fase de conhecimento, antes ainda da prolação da sentença.

A citação válida é pressuposto de desenvolvimento regular do processo. A validade dos demais atos que venham a ser praticados no processo, inclusive a sentença de mérito, depende da validade daquele ato de comunicação. A ausência de citação ou a sua nulidade, entretanto, são supridas pelo comparecimento espontâneo do demandado à audiência.

Nula que seja a citação ou não realizada, poderá o demandado invocar a falha em sede de impugnação.

No Processo do Trabalho, entretanto, diferentemente do que ocorre no processo cível, o demandado revel é intimado da sentença. Logo, se a revelia decorreu de eventual nulidade da citação, o demandado deverá aventar a irregularidade na primeira oportunidade que tiver para se manifestar no processo, seja por meio de embargos de declaração, ao juízo do primeiro grau, ou diretamente ao Tribunal Regional do Trabalho, por meio de recurso próprio ou ação rescisória, sob pena de preclusão[520][521].

---

(520) "(...) a sentença proferida em processo em que a citação se realizou em desconformidade com o modelo legal será sempre nula (CPC, art. 247). Variam, entretanto, os efeitos da nulidade, segundo a participação e o momento da participação do réu no processo. Se a citação se realizou em desacordo com o modelo legal: a) e não houve revelia, ou, ocorrendo esta o réu interveio no processo posteriormente à fase postulatória, mas antes de ser proferida a sentença, a nulidade terá de ser por este arguida na primeira oportunidade que tiver para se manifestar nos autos, sob cominação de preclusão (CLT, art. 795, *caput*; CPC, art. 245, *caput*). Verificada esta (preclusão), o ato nulo convalescerá, impedindo insurgência posterior; b) e houve revelia, tendo o réu tomado ciência da ação apenas quando intimado da sentença (essa situação é típica do *Processo do Trabalho*, uma vez que o art. 852, 2ª parte, da CLT exige a intimação da sentença ao réu revel), a nulidade terá de ser por este arguida (i) ao próprio juízo de primeiro grau por meio dos embargos de declaração; ou, (ii) diretamente à instância superior por meio de recurso próprio ou por ação rescisória (CPC, art. 485, V). Vale lembrar que sobre a sentença nula, diferentemente do que se passa com a sentença inexistente, *pesa a autoridade de coisa julgada, ex vi* dos incisos II e V, do art. 485 do CPC." BEBBER, Júlio César. *Cumprimento da sentença no processo do trabalho*. 2. ed. São Paulo: LTr, 2007. p. 106-107.

(521) "(...) no processo laboral, no momento em que o réu toma ciência da sentença quando o processo correu integralmente à sua revelia, poderá interpor Recurso Ordinário no prazo de oito dias contados da sua inequívoca ciência. E tal interposição recursal poderá se dar caso a notificação da sentença

13.7.4.2. Inexigibilidade da obrigação (CPC, art. 475-L, inc. II)

O CPC fala em inexigibilidade do título. É ruim a redação do dispositivo. Trata-se, na verdade, de inexigibilidade da obrigação consubstanciada no título e não do título propriamente dito. Toda execução pressupõe o descumprimento de uma obrigação certa, líquida e exigível, consubstanciada em um título. A obrigação é exigível quando seu cumprimento não esteja sujeito a termo ou condição.

Enquadra-se no dispositivo em tela, outrossim, a alegação de inadimplemento da obrigação do exequente, quando o cumprimento da obrigação é condição indispensável a que possa exigir a realização da prestação pela outra parte[522].

Considera-se também inexigível, nos termos do art. 741, parágrafo único do CPC, "o título judicial fundado em lei ou ato normativo declarados inconstitucionais pelo Supremo Tribunal Federal, ou fundado em aplicação ou interpretação da lei ou ato normativo tidas pelo Supremo Tribunal Federal como incompatíveis com a Constituição Federal". Evidentemente, a exigibilidade do título só será afetada em sendo a inconstitucionalidade proferida em sede de controle por via de ação direta ou principal ou, em se tratando de controle pela via incidental, quando suspensa, nos termos do art. 52, inc. X, da CF, a eficácia do dispositivo legal ou ato normativo impugnado pelo Senado Federal. Ademais, a declaração de inconstitucionalidade deve ser anterior à própria prolação da sentença. Sendo posterior, a sentença já estará coberta pela autoridade da coisa julgada material, não se admitindo a desconstituição da decisão judicial, ainda que o STF venha a imprimir eficácia retroativa (*ex tunc*) à declaração de inconstitucionalidade[523].

13.7.4.3. Penhora incorreta ou avaliação errônea (CPC, art. 475-L, inc. III)

O inciso trata de duas hipóteses distintas, quais sejam, a invalidade e o excesso de penhora.

---

também tenha sido nula, a partir do momento que teve conhecimento, ainda que formalmente já se esteja no procedimento de execução." CASTELO, Jorge Pinheiro. A execução trabalhista depois da reforma processual civil. In: *Revista do Advogado*, São Paulo, v. 28, n. 97, p. 89-106, maio 2008.

(522) "Inadimplente o devedor, a execução de título judicial torna-se realizável, em regra, logo que a sentença passe em julgado ou contra ela seja recebido recurso de efeito meramente devolutivo. Em certas hipóteses, contudo, a exequibilidade fica retardada, cabendo falar-se aí de execução diferida. É o que acontece quando a exigibilidade da prestação depende do implemento de condição (suspensiva) ou do advento de termo (caso em que 'o credor não poderá executar a sentença sem provar que se realizou a condição ou que ocorreu o termo' (art. 572); e também quando o próprio credor está obrigado a uma contraprestação e por isso impossibilitado de exigir o cumprimento da obrigação do devedor antes de cumprir, ele próprio, a sua." MOREIRA, José Carlos Barbosa. *O novo Processo Civil brasileiro*: Exposição sistemática do procedimento. 25. ed. Rio de Janeiro: Forense, 2007, p. 208-209.

(523) A respeito da temática, consulte-se MOREIRA, José Carlos Barbosa. Consideração sobre a chamada 'relativização' da coisa julgada material. In: *Temas de Direito Processual*. Rio de Janeiro: Saraiva, 2007. p. 235-264 e CARNEIRO, Paulo Cezar Pinheiro Carneiro. Desconsideração da coisa julgada. Sentença inconstitucional: In: *Revista Forense*, Rio de Janeiro, n. 384, p. 229-241.

Assim, recaindo a penhora sobre bem absolutamente impenhorável, poder-se-á alegar a nulidade nos embargos do devedor. Ademais, tendo em vista que a avaliação dos bens que sofrerão os atos executivos se faz concomitantemente à penhora, eventual excesso poderá ser ventilado nos embargos[524].

Também a discussão a respeito do valor atribuído aos bens penhorados poderá ser aventada, pouco importando que o erro seja do Oficial de Justiça ou do avaliador nomeado pelo Juiz.

Discute-se na seara laboral se, além dos embargos à execução (aqui, compreendidos como sinônimo de impugnação ao cumprimento de sentença), haveria também embargos à penhora. Isto porque, enquanto o *caput* do art. 884 fala em embargos à execução, o § 3º do mesmo dispositivo legal fala em embargos à penhora. A corrente majoritária entende que enquanto os embargos à execução foram reservados a impugnar o próprio título executivo, os embargos à penhora dirigem-se a impugnar os atos de constrição judicial. Entendemos, porém, que ambas as expressões são sinônimas, devendo o executado impugnar o ato de apreensão de bens também por meio de embargos do devedor (ou impugnação ao cumprimento de sentença).

13.7.4.4. Ilegitimidade das partes (CPC, art. 475-L, inc. IV)

Já se tratou em pormenores da legitimidade tanto ativa quanto passiva para a execução, de maneira que se remete o leitor para o Capítulo 5, da presente obra. De todo modo, vale registrar que se configura a hipótese de ilegitimidade ativa e passiva, respectivamente, quando a execução é promovida por quem não esteja apto a tanto ou contra quem não tenha responsabilidade executiva, primária ou secundária[525]. Saliente-se que eventual discussão a respeito da ilegitimidade da parte para figurar como ré na fase de conhecimento, uma vez formado o título executivo judicial, não mais poderá ser suscitada em execução.

A hipótese de que trata o dispositivo em foco é de ilegitimidade para promover a própria execução ou para figurar como executado (responder pela dívida), verificável a partir do que consta do título executivo judicial.

---

(524) "De acordo com literalidade do art. 886, § 2º, da CLT, se não for ajuizada ação de embargos, ou se esta for rejeitada, deveria o Juiz determinar a realização da avaliação dos bens penhorados. Na prática, porém, não é assim que ocorre, na medida em que os oficiais de justiça, no Processo do Trabalho, exercem cumulativamente a função de avaliadores, a teor do art. 721, § 3º, da CLT. Disso resulta que, ao proceder à penhora, o oficial de justiça já promove, de imediato, a avaliação do bem constrito, o que muito agiliza o processo de execução." BEZERRA LEITE, Carlos Henrique. *Curso de Direito Processual do Trabalho*. 3. ed. São Paulo: LTr, 2005. p. 768.

(525) É a conclusão de MOREIRA, José Carlos Barbosa. *O novo Processo Civil Brasileiro:* Exposição sistemática do procedimento. 25. ed. Rio de janeiro: Forense, 2007. p. 198.

13.7.4.5. Excesso de execução (CPC, art. 475-L, inc. V)

O inciso V, do art. 475-L, do CPC prevê a possibilidade de a parte alegar em impugnação ao cumprimento de sentença excesso de execução. Os casos de excesso de execução encontram-se arrolados no art. 743 do CPC[526][527].

Considera-se ter havido excesso de execução quando a parte pleiteia quantia superior à definida no título executivo judicial, hipótese em que o executado deverá, juntamente com a impugnação, indicar, desde logo, o valor que entende devido. Ao referir-se à quantia, o CPC quis significar não apenas o somatório em dinheiro que se entenda devido, como na hipótese de o credor postular o pagamento de cem mil reais e o devedor entender que só são devidos cinquenta mil, mas também a quantidade de coisas que devem ser entregues ao credor, como no caso de o credor entender devidas cinquenta sacas de café e o devedor considerar como estando obrigado a entregar apenas trinta.

Como, em se tratando do cumprimento de sentença, não deverá haver mais liquidação por cálculo do contador, cabendo ao credor apresentar memória de cálculo, pode ser que o devedor queira discutir em impugnação os valores cobrados. Se, outrossim, por caso de gratuidade de justiça e valer-se o juiz dos serviços do contador judicial, também poderão os valores apurados serem discutidos em embargos.

Entendendo o Juiz pelo excesso de execução, determinará a sua redução, prosseguindo-se a execução pela quantia efetivamente devida.

Outra hipótese de excesso se verifica quando a execução recai sobre bem diverso daquele declarado no título. Assim ocorre, por exemplo, quando, estando o executado obrigado a entregar um barco, é intimado a entregar um automóvel.

Alegando o executado que o exequente pleiteia quantia superior à devida, deverá, desde logo, sob pena de rejeição liminar da impugnação, declarar o valor que entende devido. Assim sempre foi no Processo Trabalhista (CLT, art. 879, § 2º).

13.7.4.6. Causas impeditivas, modificativas ou extintivas da obrigação, desde que supervenientes à sentença (CPC, art. 475-L, inc. VI)

O dispositivo contém grave impropriedade, tendo em vista ser impossível a ocorrência de causa impeditiva da obrigação superveniente à sentença. Toda

---

(526) "Art. 743. Há excesso de execução: I – quando o credor pleiteia quantia superior à do título; II – quando recai sobre coisa diversa daquela declarada no título; III – quando se processa de modo diferente do que foi determinado na sentença; IV – quando o credor, sem cumprir a prestação que lhe corresponde, exige o adimplemento da do devedor (art. 582); V – se o credor não provar que a condição se realizou."

(527) Entende Barbosa Moreira, a nosso ver com razão, que as hipóteses referidas nos incisos IV e V, do art. 743 do CPC, já não se enquadram na hipótese do inciso V, do art. 475-L, mas na de inexigibilidade do título. *O novo Processo...*, cit., p. 199.

causa impeditiva é concomitante ou anterior ao próprio surgimento da relação jurídica obrigacional. Como bem lembra *Barbosa Moreira*, o que pode ocorrer é alguma causa impeditiva da execução singular, como, por exemplo, a decretação de falência do executado[528].

São causas extintivas ou modificativas passíveis de serem alegadas em impugnação, por exemplo, o pagamento e a novação, desde que posteriores à sentença. Assim, muito embora a sentença de mérito tenha reconhecido a existência do direito, algum fato posterior poderá extingui-lo ou modificá-lo. Acolhida a impugnação com fundamento em causas extintivas ou modificativas, o Juiz extinguirá o processo, proferindo sentença.

A quitação da dívida a que se refere o art. 884, § 1º, da CLT é causa extintiva passível de ser invocada na defesa do devedor.

A compensação e a retenção, porém, não poderão ser alegadas em impugnação ao cumprimento de sentença, eis que tais matérias, de acordo com o disposto no art. 767 da CLT, deverão ser arguidas ainda na fase de conhecimento, em contestação, sob pena de preclusão.

No tocante à prescrição, como possível matéria de defesa a ser arguida, desde que posterior ao trânsito em julgado da decisão exequenda, afigura-se remota tal possibilidade em âmbito trabalhista. Isto porque, a execução trabalhista pode ser iniciada de ofício pelo próprio magistrado[529].

Note-se que não se está a tratar, aqui, evidentemente, da prescrição da pretensão que constitui o mérito da causa. Uma vez formada a coisa julgada material, não há mais possibilidade de que tal matéria venha a ser suscitada, nem mesmo pela via da ação rescisória. Trata-se, evidentemente, da prescrição da pretensão executiva.

13.7.5. Os embargos do executado continuarão a possuir efeito suspensivo no Processo do Trabalho?

O oferecimento de impugnação não possui mais o condão de sustar automaticamente a marcha normal da execução, tal como se passava com os antigos embargos do devedor. Reza o CPC que a impugnação será recebida, em regra, sem efeito suspensivo[530].

---

(528) *Idem.*
(529) O TST, inclusive, por meio do Enunciado de Súmula n. 114, já firmou entendimento no sentido da inexistência de prescrição intercorrente no Processo do Trabalho.
(530) "Art. 475-M. A impugnação não terá efeito suspensivo, podendo o Juiz atribuir-lhe tal efeito desde que relevantes seus fundamentos e o prosseguimento da execução seja manifestamente suscetível de causar ao executado grave dano de difícil ou incerta reparação. § 1º Ainda que atribuído efeito suspensivo à impugnação, é lícito ao exequente requerer o prosseguimento da execução, oferecendo e prestando caução suficiente e idônea, arbitrada pelo Juiz e prestada nos próprios autos. § 2º Deferido efeito

Poderá, contudo, o Juiz, inclusive de ofício, atribuir tal efeito à execução (efeito suspensivo *ope judicis*, portanto), desde que presentes os requisitos do *fumus boni iuris* e *periculum in mora*[531]. Exemplo citado pelo doutrina para justificar a concessão de efeito suspensivo à execução é o de haver o demandado efetuado o pagamento posteriormente à sentença, juntando aos autos o recibo de pagamento.

A CLT preconiza que os embargos do executado serão sempre recebidos no efeito suspensivo. Isto porque, no Processo do Trabalho, como sabido, em regra, o exequente é o trabalhador hipossuficiente, o qual postula por verbas de índole eminentemente alimentar. Dificilmente, uma vez satisfeita a obrigação alimentícia, com o pagamento do valor devido, lograria o exequente restituir o montante recebido, se porventura acolhidos os embargos do devedor. Daí a cautela do legislador de 1943 em atribuir aos embargos o efeito de sustar o curso da execução.

Mas, faltaria congruência ao presente trabalho sustentar, como fizemos, que, em sede de execução provisória de verbas alimentares de até 60 (sessenta) salários-mínimos, possam ser ultimados atos de satisfação do direito do credor, inclusive com levantamento de depósito em dinheiro e prática de atos que importem alienação do domínio, dispensada prestação de caução, e não se pudesse, tratando-se de execução definitiva, outorgar-se à parte tutela jurisdicional definitiva. Como ir até o fim em execução de título ainda suscetível de ser alterado e não poder fazer o mesmo quando se trate de sentença imutável?! De fato: não faria o menor sentido entregar-se ao credor tutela jurisdicional plena em execução provisória e não ser possível satisfazê-lo quando o título já se revista do atributo da inalterabilidade.

Por isso é que, uma vez transitada em julgado a sentença e sendo ela líquida, os embargos que venham a ser apresentados pelo executado não transformarão em provisória a execução.

Nesse passo, por questão de lógica e coerência, nos casos de execuções trabalhistas de até 60 (sessenta) salários-mínimos, os embargos do executado não terão efeito suspensivo. Os mesmos fundamentos de que nos valemos no Capítulo 7 para sustentar a possibilidade de outorga definitiva da prestação jurisdicional com base em sentença ainda não transitada em julgado (diz-se execução provisória completa), aqui se aplicam com muito mais força.

---

suspensivo, a impugnação será instruída e decidida nos próprios autos e, caso contrário, em autos apartados. § 3º A decisão que resolver a impugnação é recorrível mediante Agravo de Instrumento, salvo quando importar extinção da execução, caso em que caberá apelação."

(531) "(...) se antes das modificações processuais o efeito suspensivo dos embargos era *ope legis*, passou a ser *ope iudicis*. Dependerá, portanto, de apreciação judicial a concessão ou não de tal efeito, nos termos do art. 475-M do CPC." ARAUJO, José Henrique Mouta. Notas sobre as modalidades de defesa do executado no cumprimento interno de decisão judicial e na execução autônoma. In: *Revista Forense*, Rio de Janeiro, v. 104, n. 395, p. 639-648, jan./fev. 2008.

Inverte-se, portanto, a regra. Doravante, também no Processo do Trabalho apenas excepcionalmente os embargos do executado serão recebidos com efeito suspensivo[532].

Tratando-se de condenação superior a 60 (sessenta) salários-mínimos, desde que o executado comprove que a continuidade da execução lhe acarretará dano grave de difícil ou impossível reparação e, principalmente, que há fundamento plausível para que as razões ventiladas em sua impugnação venham a ser acolhidas, deverá o Juiz atribuir efeito suspensivo aos embargos, postergando para depois do seu julgamento a expedição de alvará com ordem de levantamento da quantia depositada a título de garantia do juízo. Como cediço, no Processo do Trabalho, os depósitos realizados ao longo da fase de conhecimento, para fins de interposição de recurso, servem de garantia à futura satisfação do débito. De maneira que o Juiz poderá (e normalmente o faz) convolar em penhora os depósitos realizados. Se os valores do depósito não alcançarem a totalidade do valor exequendo, o devedor deverá depositar em juízo o restante ou terá bens penhorados até o limite do saldo remanescente.

Na primeira Jornada de Direito Material e Processual do Trabalho, realizada no ano de 2007, foi aprovado Enunciado a respeito especificamente dos efeitos dos embargos do executado:

> "EMBARGOS À EXECUÇÃO (IMPUGNAÇÃO). EFEITO SUSPENSIVO. Em razão da omissão da CLT, os embargos à execução (impugnação) não terão efeito suspensivo, salvo quando relevantes seus fundamentos e o prosseguimento da execução seja manifestamente suscetível de causar ao executado grave dano de difícil ou incerta reparação (art. 475-M do CPC)."

No Processo Civil, mesmo tendo sido atribuído efeito suspensivo à impugnação, a execução poderá prosseguir, desde que o exequente preste caução suficiente e idônea. Tal a dicção do art. 475-M.

A regra, entretanto, não terá aplicação no Processo do Trabalho, pois, como visto, em geral, o trabalhador não possui condições econômicas de prestar contra-cautela. Logo, deferido efeito suspensivo pelo Juiz trabalhista, não poderão ser ultimados atos de satisfação do credor, haja vista o risco de grave e irreparável dano ao executado.

Recebida a impugnação, o Juiz do trabalho deverá ofertar, por observância ao princípio da paridade de armas, prazo de 5 (cinco) dias, para que o exequente se manifeste. A não manifestação do exequente não implicará presunção de veracidade a respeito dos fatos alegados pelo executado. A presunção de certeza,

---
(532) "(...) a concessão de efeito suspensivo na impugnação dependerá, além do requisito objetivo (garantia do juízo), da demonstração dos requisitos subjetivos (relevância dos fundamentos e grave dano ao executado), garantindo-se a contracautela com a continuidade dos atos executórios mediante caução suficiente e idônea, arbitrada pelo Juiz e prestada nos próprios autos pelo exequente (art. 475-M, § 1º, do CPC)."

liquidez e exigibilidade do título judicial (*rectius*: da obrigação nele embutida) milita em favor do exequente, cabendo ao executado a prova de suas alegações. Após manifestação do exequente (ou transcorrido o prazo para que ele se manifeste, sem que o tenha feito), o Juiz, entendendo necessária instrução probatória, deverá designar audiência de instrução e julgamento. Não havendo necessidade de outras provas além daquelas presentes nos autos, o Juiz decidirá de plano.

Observa *Barbosa Moreira* que se "a execução for suspensa, a impugnação será instruída e processada nos mesmos autos. No caso contrário, processar-se-á em autos apartados (art. 475-M, § 2º), a fim de não tumultuar os da execução, que prossegue".[533]

Da decisão dos embargos (ou impugnação, não importando o *nomen iuris* que se dê), qualquer que seja ela, caberá agravo de petição, no prazo de oito dias, consoante regra específica da CLT (art. 897, $a^{(534)}$). No CPC, a decisão de impugnação é, como regra, agravável de instrumento, exceto nas hipóteses em que acarretar a extinção da execução, quando, então, terá natureza de sentença, e, portanto, desafiará apelação.

13.7.6. E a "exceção de pré-executividade"? Acabou?

Classicamente, a "exceção de pré-executividade" surgiu como forma de o devedor defender-se de uma execução absolutamente infundada, sem que, para tanto, precisasse ter de ver parte de seu patrimônio penhorado[535].

Como cediço, pela sistemática originária do Código de Processo Civil de 1973, apenas depois de garantido o juízo, pela constrição de bens, é que poderia o devedor defender-se em execução, manejando, independentemente de a execução basear-se em título judicial ou extrajudicial, os embargos do executado. Logo, para defender-se, o juízo precisaria, necessariamente, estar garantido pela penhora. Disto decorriam situações práticas absurdas, como a de o executado, mesmo

---

(533) MOREIRA, José Carlos Barbosa. *O novo Processo Civil brasileiro:* Exposição sistemática do procedimento. Rio de Janeiro: Forense, 2007. p. 199.

(534) "Art. 897. Cabe Agravo, no prazo de 8 (oito) dias: a) de petição, das decisões do Juiz ou Presidente, nas execuções."

(535) "Como é cediço, na sistemática do processo de execução, em regra, a defesa dos direitos do executado era realizada mediante a ação incidental de embargos à execução. Ocorre que essa defesa era sempre possibilitada ao executado que tivesse seus bens penhorados e, assim, deveria ele sofrer uma constrição de seus bens para se opor, muitas vezes, a execuções totalmente infundadas ou injustas. (...) Assim, (...) era perfeitamente possível e de acordo com o sistema, que o executado apresentasse, por simples petição, alegações passíveis de conhecimento de ofício pelo Juiz, demonstrando que o título executivo era inexigível antes que o executado sofresse uma constrição injusta. Era o início do que se chamava até então de exceção de pré-executividade." GUIMARÃES, Rafael Oliveira. A objeção de pré-executividade após as reformas do processo de execução. In: WAMBIER, Teresa Arruda Alvim *et al.* (Org.). *Execução Civil:* Estudos em homenagem ao professor Humberto Theodoro Júnior. São Paulo: Revista dos Tribunais, 2007. p. 689.

quando absolutamente descabida a execução, por prescrita a pretensão de direito material ou mesmo por ter sido realizado o pagamento do débito (todos fatos extintivos do direito do exequente demonstráveis de plano), não poder deduzir tais matérias senão pela via dos embargos, isto é, apenas depois de seguro o juízo. Ficava, assim, o executado sujeito aos atos de constrição judicial por longo tempo, até que, afinal, pudesse comprovar o descabimento da pretensão executória pela via dos embargos destinados a infirmar a presunção de certeza, liquidez e exigibilidade do título judicial (ou melhor, da obrigação nele inserida). O que fazer, então, o devedor que, vendo-se diante de execução absolutamente infundada, não possuísse em seu patrimônio um único bem passível de constrição? Não se defendia?[536]

Nesse contexto, exsurge, como fruto de criação doutrinária, a denominada "exceção de pré-executividade", meio de defesa intraprocessual (verdadeiro incidente ao processo de execução), em que se permitia ao executado arguir matérias cognoscíveis de ofício pelo Juiz, atinentes à existência e validade da própria execução ou de seus atos (por exemplo, condições da ação executiva, pressupostos processuais executivos, nulidades dos atos da execução etc.). Posteriormente, além das questões processuais de ordem pública, passou-se a admitir também fossem suscitadas em "exceção" questões atinentes à própria pretensão de direito material (à lide, ao mérito do processo), desde que passíveis de serem demonstradas de plano, sem necessidade de dilação probatória. Isto é, exceções materiais, extintivas ou modificativas do direito do exequente[537][538].

---

[536] A problemática é referida também por LIMA, Fernando Rister de Souza e LIMA, Lucas Rister de Souza. Aspectos práticos e teóricos da distinção entre a exceção de pré-executividade e a impugnação no sistema de cumprimento de sentença. In: WAMBIER, Teresa Arruda Alvim *et al.* (Org.). *Execução Civil:* Estudos em homenagem ao professor Humberto Theodoro Júnior. São Paulo: Revista dos Tribunais, 2007. p. 589 e ss.: "(...) Eram os embargos, portanto, o único momento reservado ao executado para discutir e arguir eventuais vícios, nulidades ou quaisquer outras contingências suficientes a deslustrar e macular a presunção de certeza/liquidez/exigibilidade do título. O problema, no entanto, situava-se no plano do cabimento de tal ação impugnativa, porquanto era peremptoriamente exigida a prévia segurança do juízo (e continua a ser na nova impugnação) a fim de que o executado, independentemente da matéria ou vício arguido, pudesse eventualmente opor-se ao cumprimento da pretensão expropriatória. Defluia daí o seguinte problema: muitos devedores, por exemplo, mesmo já tendo pago a dívida, não podiam sequer acostar aos autos o recibo de pagamento da mesma, senão pela via dos embargos — e, por corolário, a anterior garantia do juízo —; tal contingência, no plano empírico, gerava toda a sorte de inconvenientes ao excutido, principalmente quando este não tinha um único bem para oferecer à penhora (hipótese que então ficaria impedido de opor embargos), ou, ainda, naqueles casos em que mesmo se tratando de vício flagrante e que efetivamente saltasse aos olhos de tão manifesto, o devedor era obrigado a ficar com seu bem constrito por anos a fio, sem dele poder dispor, até que se ultimasse a discussão e fosse efetivamente chancelada pelo Judiciário sua inocência. Diante de tais peculiaridades, pouco a pouco a doutrina e jurisprudência foram verificando que a manutenção de tal exigência (garantia do juízo), em alguns casos, realmente gerava situações absurdas e sobremaneira injustas na prática, ferindo inclusive o princípio constitucional do amplo acesso à justiça, e, bem assim, o primado que determina dever processar-se a execução do modo menos gravoso ao devedor. Se assim não fosse, caso este, *v. g.*, não dispusesse de bens para oferecer em garantia, não poderia, pois, ver-se livre daquela indevida pendência em seu nome, que de há muito poderia já estar prescrita ou até mesmo paga".

[537] "O processo de execução, tal como a fase executiva de cumprimento de sentença, não tem por objeto a cognição exauriente de um mérito; não se presta à produção de uma sentença de mérito, apta à

Assim, em algumas hipóteses bem restritas, que visavam a atacar o próprio título judicial que fundamentava o processo executivo, poderia o devedor, antes ainda da penhora, por simples petição, defender-se por meio da denominada "exceção de pré-executividade". Consagrou-se, na prática, utilização de meio de defesa que, entretanto, jamais esteve positivado no Código processual.

A denominação "exceção de pré-executividade" sempre foi criticada pela doutrina de uma forma geral, embora seu uso tenha se consagrado na prática forense. É que "exceção" remete sempre a matérias de defesa que devem ser suscitadas pela parte. Portanto, não cognoscíveis de ofício. E "pré-executividade" dá ideia de algo que seja anterior à própria execução ou ao título executivo. Trata-se, porém, o incidente de defesa utilizada no interior do próprio processo (e hoje, também, fase) de execução, no qual arguíveis matérias de ordem pública, suscetíveis de serem conhecidas *ex officio* pelo Juiz. E, por isso, a denominação "exceção de pré-executividade" não retrata com fidelidade a natureza jurídica do instituto. Um nome mais apropriado seria, pois, objeção (defesa arguível a todo tempo) na execução[539]. Ou, objeção de não executividade, ao invés de "pré-executividade"[540][541].

---

produção da coisa julgada material. Tanto o processo executivo quanto a fase de cumprimento destinam-se essencialmente à realização de um resultado material de satisfação do credor. Daí que as questões dentro deles conhecidas o são para fins estritamente processuais — mesmo quando tais questões possam ser também qualificadas como de mérito, conforme visto acima. Quando rejeita ou acolhe uma defesa arguível na própria execução, o Juiz está apenas rejeitando ou acolhendo a arguição de um defeito processual na execução ou de um motivo processual para sua extinção — não mais do que isso. Sua decisão, seja em que sentido for, não serve como — e não tem valor nenhum de — decisão de cognição exauriente de mérito. Por isso, nunca faz coisa julgada material." TALAMINI, Eduardo. A objeção na execução ('exceção de pré-executividade') e as Leis de Reforma do Código de Processo Civil. In: WAMBIER, Teresa Arruda Alvim *et al.* (Org.). *Execução Civil:* Estudos em homenagem ao professor Humberto Theodoro Júnior. São Paulo: Revista dos Tribunais, 2007. p. 584.

(538) Acerca das matérias passíveis de conhecimento pela via da "exceção de pré-executividade", Leonardo José Carneiro da Cunha apresenta panorama interessante: "Na verdade, o que passou a servir de critério para se admitir a exceção de pré-executividade foi a verificação da necessidade ou não de prova pré-constituída. Com efeito, há três casos que são identificados pela doutrina, dos quais dois deles permitem a exceção de pré-executividade, restando o terceiro como hipótese privativa dos embargos do executado: a) matérias de ordem pública, que devem ser conhecidas de ofício pelo Juiz (nulidade da execução, carência de ação, falta de pressupostos processuais: *cabível a exceção de pré-executividade*; b) matérias que não devem ser conhecidas de ofício pelo Juiz, devendo a parte alegá-las, sendo, porém, desnecessária qualquer dilação probatória: *cabível a exceção de pré-executividade*; c) matérias que não devem ser conhecidas de ofício pelo Juiz, devendo a parte alegá-las e comprová-las por meio de instrução probatória, exigindo-se, pois, a dilação probatória: *cabíveis, apenas, os embargos do devedor, não se admitindo a exceção de pré-executividade*". CUNHA, Leonardo José Carneiro da. As defesas do executado. In: WAMBIER, Teresa Arruda Alvim *et al.* (Org.). *Execução Civil:* Estudos em homenagem ao professor Humberto Theodoro Júnior. São Paulo: Revista dos Tribunais, 2007. p. 657.

(539) Neste mesmo sentido, TALAMINI, Eduardo. A objeção na execução ('exceção de pré-executividade') e as Leis de Reforma do Código de Processo Civil. In: WAMBIER, Teresa Arruda Alvim *et al.* (Org.). *Execução Civil:* Estudos em homenagem ao professor Humberto Theodoro Júnior. São Paulo: Revista dos Tribunais, 2007. p. 584 e ss.: "À possibilidade de o devedor formular defesas (que seriam conhecíveis de ofício) dentro da própria execução, independentemente de embargos ou impugnação ao cumprimento, tem-se dado o nome de 'exceção de pré-executividade'. Coube a Pontes de Miranda uma formulação pioneira a respeito da possibilidade de o executado alegar determinadas matérias no

Na sua concepção originária, a "exceção" possuía momento certo para ser apresentada. Entre a citação do devedor e a penhora. Depois de garantido o juízo, o devedor deveria defender-se, independentemente do título judicial que portava, pela via dos embargos à execução (ou embargos do devedor[542]).

Com a superveniência das Leis ns. 11.232/2005 e 11.382/2006, que alteraram, respectivamente, a execução fundada em título executivo judicial e extrajudicial, muito se discutiu (e ainda se discute) a respeito da necessidade prática de se continuar fazendo uso da "exceção de pré-executividade". E, para os que entendem

bojo da própria execução. (...) o nome 'exceção de pré-executividade' não é apropriado. Primeiro, porque se trata da alegação de matérias conhecíveis de ofício pelo Juiz. Portanto, é uma objeção (*i. e.*, defesa que versa sobre tema cognoscível *ex officio*) e não exceção (defesa atinente à matéria que depende de arguição pela parte interessada em momento oportuno). Ademais, tal alegação ocorre já no curso do próprio procedimento executivo, a todo tempo, inclusive depois de praticados atos de execução propriamente dita".

(540) "(...) Logicamente, 'pré-executividade' deveria designar algo anterior, precedente, anteposto à executividade. Como entender a noção, aplicada ao processo executivo ou ao título? Teremos de conceber, em vez de um processo executivo, um processo 'pré-executivo' e, em vez de um título executivo, um título 'pré-executivo'? Mas que sentido poderão ter semelhantes locuções? Se o título é judicial, o que existe antes da execução é, em regra, a sentença condenatória, proferida em processo de conhecimento. Fará sentido, por isso, apelidar tal processo de 'pré-executivo'? E que existirá, antes de instaurar-se a execução, se se trata de título extrajudicial? Poderá haver o próprio título; mas esse ou já é executivo (não simplesmente 'pré-executivo'), ou nada será que interesse diretamente à execução. A verdade é que o adjetivo 'pré-executivo' não convive harmoniosamente nem com o substantivo 'processo', nem com o substantivo 'título'. Não há cogitar, pois, de uma 'pré-executividade' referida a qualquer dos dois. (...) o que se pretende é *negar* à executividade, aí, direitos de cidadania. Não se está pensando em qualquer coisa que a preceda, que lhe seja anterior: o que se pretende dizer, em última análise, é que ela, apesar das aparências, *não existe*. Melhor seria, então, falar em 'não executividade' que em 'pré-executividade' — locução desprovida de força negativa e impregnada de uma conotação temporal capaz de induzir em falsa pista o comum dos mortais. O problema não é de 'antes' ou 'depois': é de 'sim' ou 'não', e é essa alternativa, não a outra, que tem de refletir-se na nomenclatura." MOREIRA, José Carlos Barbosa. Exceção de pré-executividade: uma denominação infeliz. In: *Revista Forense*, Rio de Janeiro, v. 351, p. 585-586, jul./ago./set. 2000.

(541) É verdade que, atualmente, admitida a possibilidade de arguição de exceções materiais na própria defesa interna ao processo sincrético, a nomenclatura já não aparece como de todo desapropriada. A esse respeito, consulte-se ABREU, Antonio Ricardo Santos de. Exceção de pré-executividade. In: *Revista dos Tribunais*, São Paulo, v. 96, n. 856, p. 729-757, fev. 2007.

(542) A denominação embargos do devedor é preferida por Alexandre Freitas Câmara, *verbis*: "(...) Preferimos, aqui, todavia, falar em 'embargos do executado'. É preciso, hoje, que se explique esta opção. Não nos parece adequado falar-se em embargos do devedor, pois a demanda aqui estudada pode ser interposta por quem não seja o devedor. Referimo-nos, com esta afirmação, a duas hipóteses distintas: em primeiro lugar, pode o responsável não devedor (assim, por exemplo, o fiador), uma vez executado, opor embargos. Não serão, obviamente, embargos do devedor, pois quem propõe a demanda não tem tal condição. Em segundo lugar, temos de admitir a possibilidade de o executado 'apontado como devedor' oferecer embargos exatamente com o intuito de demonstrar que nada deve — alegando, *e. g.*, já ter efetuado o pagamento da dívida —, hipótese em que se teria um paradoxo na afirmação de que os 'embargos do devedor' foram oferecidos por quem não era devedor. A outra denominação 'embargos à execução', também não parece adequada. Isto porque, como se verá ao longo desta exposição, os embargos nem sempre se destinam a atacar o processo executivo como um todo, podendo se restringir a impugnar um certo ato executivo (assim, por exemplo, os embargos fundados na alegação de nulidade da penhora)". CÂMARA, Alexandre Freitas. *Lições de Direito Processual Civil*. v. II. 14. ed. Rio de Janeiro: Lumen Juris, 2007. p. 410.

pela sua permanência, a maneira como irá se compatibilizar, seja com a impugnação ao cumprimento de sentença (no caso de execução deflagrada a partir de título executivo judicial), seja com os embargos do executado (nas hipóteses de execução baseadas em títulos extrajudiciais)[543]. Para nós, interessa apenas a análise da "exceção de pré-executividade" no contexto do procedimento executivo iniciado por título executivo judicial (também denominado cumprimento de sentença *lato sensu*).

Pois bem. Como se viu, o art. 475-J, § 1º, do CPC[544], já na redação impressa pela Lei n. 11.232/2005, dispõe que, não cumprida a obrigação em 15 (quinze) dias, serão penhorados bens do patrimônio do devedor suficientes à satisfação do débito, sendo o devedor intimado para, no prazo de 15 (quinze) dias, querendo, impugnar o cumprimento da sentença.

Diante dessa redação, parcela da doutrina passou a sustentar que, sendo ainda necessária a garantia do juízo para que a impugnação pudesse ser oferecida, a exceção de pré-executividade continuaria a poder ser utilizada no procedimento executivo fundado em título judicial, o mesmo não se podendo dizer do processo de execução baseado em título extrajudicial[545]. É que, neste, para oferecimento dos

---

[543] Panorama interessante é trazido por ARAUJO, José Henrique Mouta. Notas sobre as modalidades de defesa do executado no cumprimento interno de decisão judicial e na execução autônoma. In: *Revista Forense*, Rio de Janeiro, v. 104, n. 395, p. 639-648, jan./fev. 2008: "Derradeiro aspecto a ser enfrentado refere-se à manutenção do cabimento da objeção de pré-executividade tanto no cumprimento quanto na execução autônoma. Uma observação inicial deve ser feita: as reformas processuais desestimularam sua utilização, ao permitirem, *v. g.*, apresentação de impugnação e embargos do devedor logo no início do procedimento e sem necessidade de prévia penhora. (...) apesar da existência de entendimento em sentido contrário, é razoável admitir a apresentação de impugnação sem prévia penhora em algumas situações específicas. Nesse fulgor, estaria esvaziada a objeção de pré-executividade, apenas admitida em caso de perda de prazo para apresentação do incidente previsto no art. 475-L do CPC, ou para suscitar matéria superveniente de ordem pública não preclusa com prova pré-constituída. Por outro lado, prevalecendo o entendimento de que a penhora é requisito para apresentação da impugnação, ganha mais força a utilização prática da objeção, com o intuito de levantar questões de ordem pública antes da constrição patrimonial. Por fim, na execução autônoma, a Lei n. 11.382/2006 também procurou esvaziar a utilização da objeção, exatamente pela desnecessidade de garantia do juízo para apresentação dos embargos. A penhora, como antes analisado, passou a ser requisito para obtenção do efeito suspensivo, ficando ainda possível o manejo da objeção para as mesmas hipóteses do sistema do cumprimento, a saber: a) a perda de prazo para os embargos; e b) alegação de matéria não preclusa, sujeita à prova pré-constituída.

[544] "Art. 475-J, § 1º Do auto de penhora e de avaliação será de imediato intimado o executado, na pessoa de seu advogado (arts. 236 e 237), ou, na falta deste, o seu representante legal, ou pessoalmente, por mandado ou pelo correio, podendo oferecer impugnação, querendo, no prazo de 15 (quinze) dias."

[545] "(...) a garantia do juízo é requisito para a apresentação da impugnação ou apenas para subsidiar o requerimento de efeito suspensivo? Aqui, deveria o legislador ter utilizado raciocínio único, dispensando a garantia do juízo também para o oferecimento da impugnação incidental. O prazo fixado no art. 475-J, § 1º, do CPC, portanto, seria o termo final para sua apresentação, mas não necessariamente indicativo de obrigatoriedade da penhora como condição para oferecimento da impugnação. Este entendimento é absolutamente razoável, inclusive levando em conta que há casos de inexistência de bem a penhorar, não podendo ficar o executado privado do direito de exercer o contraditório no cumprimento (sem efeito suspensivo). Isto inclusive iria esvaziar a utilização da exceção de pré-executividade (...). Contudo, a interpretação literal deste dispositivo pode levar a outra conclusão. O art. 475-J, § 1º, ao tratar do

embargos, consoante o disposto no art. 736, do CPC[546], não há mais necessidade de garantia prévia do juízo, de modo que não haveria sentido em se continuar a utilizar a "exceção de pré-executividade". Tudo quanto o devedor pode alegar na "exceção", passa a poder deduzir também nos embargos, sem necessidade de penhora, depósito ou caução. Para os que assim entendem, no procedimento para cumprimento de sentença continuaria a ser possível a utilização da exceção de pré-executividade[547]. Já no processo executivo autônomo, seu uso não mais teria lugar[548]. Com a devida vênia aos que assim pensam, não parece ser esta a melhor opinião.

início do cumprimento, já estabelece que do auto de penhora e avaliação será de intimar o executado, na pessoa do advogado, para apresentar impugnação em 15 dias. Este raciocínio também pode ser razoavelmente defendido, inclusive se for levado em conta que, no caso de cumprimento de decisão transita em julgado, já terá ocorrido a superação de todas as etapas da fase de conhecimento, com a garantia do contraditório pleno e sem qualquer constrição judicial. Portanto, por força de lei, pressupõe-se já ocorrida a constrição patrimonial no momento em que ocorrer a apresentação da impugnação, em que pese esta não ser requisito instransponível para aquela, especialmente nas hipóteses de inexistência de bens a penhorar." ARAUJO, José Henrique Mouta. Notas sobre as modalidades de defesa do executado no cumprimento interno de decisão judicial e na execução autônoma. In: *Revista Forense*, Rio de Janeiro, v. 104, n. 395, p. 639-648, jan./fev. 2008.

(546) Tal a redação do art. 736 do CPC: "O executado, independentemente de penhora, depósito ou caução, poderá opor-se à execução por meio de embargos".

(547) Assim entende GRECO, Leonardo. Primeiros comentários sobre a reforma da execução oriunda da Lei n. 11.232/2005. In: *Revista do Advogado*, São Paulo, v. 26, n. 85, p. 97-111, maio 2006: "O prazo para o oferecimento da impugnação é de 15 dias, a partir da intimação da penhora (art. 475-J, § 1º). Duas questões precisam ser elucidadas: 1. se a penhora é pressuposto de admissibilidade da impugnação, como hoje em razão do art. 737-I; e 2. se a impugnação somente pode ser oferecida no prazo de quinze dias da intimação da penhora, sob pena de preclusão. Lamentavelmente, parece-me que não só a redação do preceito em comento, mas também a aplicação subsidiária das regras da execução de título extrajudicial (art. 475-R), pelo menos enquanto estas não forem modificadas, induzem à conclusão de que a garantia do juízo através da penhora continua a ser um pressuposto de admissibilidade da impugnação. (...) antes da penhora não será cabível o exercício da defesa do devedor através da impugnação, ainda que este, antes da penhora ou diante da impossibilidade da sua efetivação, resolva intervir no processo e alegar alguma matéria de defesa que continuará a ser possível através da chamada exceção de pré-executividade que, assim, sobreviverá".

(548) É a opinião manifestada pelo Ministro do STJ, Luiz Fux. Confira-se: "(...) A primeira novidade pertine à dispensa de penhora para oferecimento dos embargos. Consoante a exposição de motivos, 'nas execuções por título extrajudicial a defesa do executado — que não mais dependerá da 'segurança do juízo' — far-se-á através de embargos, de regra sem efeito suspensivo (a serem opostos nos quinze dias subsequentes à citação), seguindo-se a instrução probatória e sentença; com tal sistema, desaparecerá qualquer motivo para a interposição da assim chamada (mui impropriamente) 'exceção de pré-executividade', de criação pretoriana e que tantos embaraços e demoras atualmente causa ao andamento das execuções.' O que o legislador pretendeu foi oferecer ao executado a possibilidade de alegar tudo quanto aduziria no processo de conhecimento, conforme dicção do art. 745, inciso V, independentemente de penhora e sem criar embaraços procedimentais. Consequentemente, mesmo as matérias não enumeradas mas que se refiram a temas cognoscíveis de ofício, antes veiculados em exceção de pré-executividade ou exceção de executividade ou objeção de executividade, como, *v. g.*, condição da ação, incompetência absoluta, pagamento *prima facie* comprovado, outras formas de extinção das obrigações, prescrição etc., podem ser suscitados em embargos independentemente de penhora. É cediço que em processo, o que é desnecessário é proibido. Consequentemente, extraindo-se a razão de ser do dispositivo, juntamente com a interpretação histórica a que conduz a exposição de motivos, veda-se ao executado a apresentação de peças informais nos autos da execução para provocação acerca desses temas,

É que, veja-se. Mesmo nos casos de execução de título extrajudicial, em que se torna, doravante, despicienda a penhora para oferecimento de defesa pelo executado (agora, o oferecimento de embargos ocorrerá no prazo de 15 dias da juntada aos autos do comprovante de citação, tendo-se desvinculado da penhora, por conseguinte), em algumas situações, a exceção de pré-executividade continuará a exercer papel valioso. Pense-se, por exemplo, naqueles casos em que os embargos do executado tenham sido oferecidos antes ainda de realizada a penhora. Pela nova sistemática, introduzida pela Lei n. 11.382/2006, passa a ser plenamente possível que venham a ocorrer casos desse tipo. Pergunta-se, então: de que meio se valerá o executado para apontar eventuais defeitos na avaliação e penhora? Note-se que, dentre as matérias suscetíveis de serem ventiladas em embargos do devedor, continua a constar do inciso II, do art. 745, do CPC justamente a penhora incorreta ou avaliação errônea. Ora, poder-se-ia argumentar, afirmando que ao executado seria possível declinar tais matérias de defesa nos embargos de segunda fase (apresentados após realização dos atos expropriatórios, abrangendo embargos à arrematação, adjudicação e alienação). Seria, porém, razoável esperar até a fase expropriatória para que, só então, pudessem ser alegados vícios na penhora e/ou avaliação? Parece-nos que não[549]. Nestes casos,

---

anteriormente enquadráveis na denominada exceção de pré-executividade. Interpretação diversa é notoriamente contra a *mens legis*". *O novo processo de execução*. O cumprimento da sentença e a execução extrajudicial. Rio de Janeiro: Forense, 2008. p. 409.

(549) É também a opinião de TALAMINI, Eduardo. A objeção na execução ("exceção de pré-executividade") e as Leis de Reforma do Código de Processo Civil. In WAMBIER, Teresa Arruda Alvim *et al.* (Org.). *Execução Civil:* Estudos em homenagem ao professor Humberto Theodoro Júnior. São Paulo: Revista dos Tribunais, 2007. p. 584 e ss., para quem a "exceção de pré-executividade" continuará convivendo com os embargos do executado. Confira-se: "A penhora não é mais o marco relevante para a propositura dos embargos: os embargos à execução (ou de primeira fase) estão atrelados à citação; os embargos à arrematação, adjudicação ou alienação (ou de segunda fase), ao ato expropriatório. Eliminou-se a íntima vinculação que havia entre embargos (de primeira fase) e penhora. Agora, no momento dos embargos à execução, pode nem ter havido ainda penhora. O inc. II, do art. 745 inclui entre as matérias alegáveis em embargos à execução a 'penhora incorreta ou avaliação errônea'. Contudo, como indicado, é possível que no momento da oposição dos embargos ainda não existam no processo penhora e avaliação. Quando isso ocorrer, qual via deverá empregar o executado para apontar defeitos na penhora e na avaliação? Por um lado, poderá valer-se dos embargos de segunda fase (embargos à arrematação, à alienação ou à adjudicação) — a despeito de o art. 746 indicar que tal modalidade de embargos serve para a alegação de defeito 'superveniente à penhora'. (...) Na verdade, a alusão à 'penhora' no art. 746 é um resquício do regime anterior à Lei n. 1.382/2006. Tal lei até deu nova redação ao art. 746, mas o aspecto em exame passou despercebido ao legislador. Cabe assim interpretar sistematicamente o art. 746. 'Superveniente à penhora' deve ser compreendido como superveniente ao momento de interposição dos embargos de primeira fase. Mas não é razoável exigir que o executado aguarde até a expropriação executiva para só então poder impugnar a validade da penhora ou avaliação. Imagine-se como exemplo o caso em que lhe é penhorado um bem absolutamente impenhorável. Seria um despropósito, à luz do devido processo legal, exigir que o executado esperasse a arrematação, alienação ou adjudicação do bem para só então poder arguir a impenhorabilidade. (...) Eis então uma razão pela qual a nova disciplina pode vir a ampliar o número de objeções à execução. (...) Agora, diante da desvinculação entre penhora e embargos, as novas penhoras não conferem mais ao executado a oportunidade de novos embargos, nem mesmo para apontar defeitos específicos dessa nova penhora. Daí que se aplica, em linhas gerais, a solução indicada acima para a primeira questão: caberá ao executado arguir tais defeitos ou mediante objeção no processo executivo ou em embargos de segunda fase".

como se vê, é possível ao executado valer-se da "exceção de pré-executividade", mesmo no processo executivo fundado em título extrajudicial[550]. Agora, vindo a suscitar a matéria em "exceção", não poderá, *a posteriori*, em embargos de segunda fase, voltar a repisá-la, porque aí já se terá operado a preclusão consumativa, sendo defeso ao Poder Judiciário voltar a apreciar ponto já resolvido. Veja-se que o fato de a matéria poder ser arguida em qualquer momento do processo não significa possa sê-lo a todo tempo. Do contrário, estar-se-ia instando o Poder Judiciário a se manifestar sobre questão já decidida uma, duas, três, repetidas vezes... Não faz o menor sentido. A opinião, porém, não é pacífica na doutrina[551].

Uma vez, porém, suscitada a questão em embargos ou impugnação ao cumprimento da sentença, e tendo sido a alegação rejeitada pelo Judiciário, não se poderá, posteriormente, voltar a alegá-la pelo canal da "exceção"[552]. Há precedente do STJ[553] a esse respeito.

Uma segunda corrente de opinião — que, a nosso ver, parece mesmo ser a melhor, sustenta, por outro lado, a sobrevivência da exceção de pré-executividade, tanto em se tratando de procedimento de cumprimento de sentença, quanto no processo autônomo executivo, calcado em título extrajudicial. A dúvida que se coloca diz respeito precisamente aos efeitos da decisão da "exceção" sobre a impugnação. Isto é: a decisão do incidente de exceção de pré-executividade produziria eficácia preclusiva relativamente à eventual impugnação a ser apresentada? A decisão de "exceção" produziria coisa julgada material? Vejamos.

---

(550) O mesmo pode ser dito com relação ao procedimento do cumprimento de sentença, em que o executado poderá valer-se da exceção de pré-executividade para suscitar algum vício posterior à penhora, decorrentes, por exemplo, da arrematação.

(551) Para parcela expressiva da doutrina, tendo em vista que as matérias arguíveis em "exceção de pré--executividade" referem-se a questões processuais de ordem pública, cognoscíveis de ofício a qualquer tempo pelo Poder Judiciário, poderia a parte interessada argui-las a todo o momento, não se operando a seu respeito a preclusão. É a opinião de TALAMINI, Eduardo. A objeção na execução ("exceção de pré-executividade") e as Leis de Reforma do Código de Processo Civil. In: WAMBIER, Teresa Arruda Alvim *et al.* (Org.). *Execução Civil:* Estudos em homenagem ao professor Humberto Theodoro Júnior. São Paulo: Revista dos Tribunais, 2007. p. 584 e ss. Confira-se: "(...) todas as matérias que podem ser alegadas na própria execução, independentemente de embargos ou impugnação, podem sê-lo a todo tempo. A razão para tanto é óbvia. Trata-se precisamente daquelas matérias que devem ser conhecidas de ofício e a qualquer tempo pelo Juiz. Portanto, podem ser igualmente a todo tempo arguidas pelo interessado. Em outras palavras, a possibilidade de o executado suscitar tais questões no curso do procedimento executivo não se submete à preclusão temporal".

(552) Também concorda em que, após apresentação de embargos ou impugnação, não poderá a parte voltar a alegar a matéria em "exceção de pré-executividade", TALAMINI, Eduardo. Ibidem, p. 583, *verbis*: "O único limite que se põe à formulação de tais defesas dentro da própria execução concerne à hipótese em que elas já tenham sido alegadas e rejeitadas em embargos de executado ou impugnação, ou ainda em ação autônoma. Se o devedor já as alegou em uma dessas vias e foi derrotado, não pode reiterar a alegação depois, dentro da própria execução. Nessa hipótese, o óbice não deriva de uma preclusão, mas da coisa julgada decorrente da decisão de improcedência dos embargos ou da impugnação ao cumprimento da sentença".

(553) STJ, REsp n. 705.352, 3ª T., Relª Min. Nancy Andrighi, Brasília, 11 dez. 2006.

A decisão que julga a exceção não se propõe a resolver o mérito do processo, a lide. Todo o contraditório em execução, envolvendo questão diretamente vinculada à pretensão de direito material, só tem lugar à luz das consequências processuais práticas que, de sua análise, possam resultar. Ocorre que, em algumas situações, dependendo da matéria veiculada, a decisão de exceção liga-se diretamente à pretensão de direito material, revestindo, destarte, por aplicação do disposto no *novel* art. 162 CPC c/c art. 269 do mesmo diploma legal, natureza jurídica de sentença. É possível, destarte, que, em "exceção", seja veiculada, ainda que indiretamente, decisão a respeito do objeto litigioso. Assim ocorre, por exemplo, em havendo pagamento do débito antes de realizada a penhora e depois do trânsito em julgado. Ora, nesse caso, sendo suscitada em eventual "exceção" fato extintivo do direito do credor (o pagamento) ter-se-á prolação de decisão que irá extinguir a fase de execução, declarando satisfeito o credor. Esta decisão, não há dúvidas, possuirá natureza jurídica de sentença, sendo possível falar-se, destarte, em formação de coisa julgada material.

No mesmo sentido do texto, entendendo pela possibilidade de que a decisão de "exceção de pré-executividade" poderá revestir-se de autoridade de coisa julgada material, *Fernando Rister de Souza Lima* e *Lucas Rister de Souza Lima*[554]:

"Em razão de sempre se ter visto a exceção de pré-executividade como instrumento hábil a provocar extinção do processo de execução (com a ventilação de questões internas e prejudiciais), cuja cognição sempre foi tida por superficial e limitada, entendia-se, por isso, que eventual acolhimento/desacolhimento daquela não teria o colorido da coisa julgada. Como a cognição seria restrita, ou seja, sem a profundidade necessária à estabilidade da decisão, o que somente poderia ocorrer em outra sede, a *res judicata* não constituiria qualidade das decisões proferidas no processo de execução. Tal posicionamento, no entanto, *data venia*, hoje não mais se compagina integralmente com a abrangência e pujança conferida ao instituto com o passar dos anos, quando já se tem admitido, em larga escala, até mesmo a discussão de questões atinentes ao próprio direito material, com quase a mesma intensidade, diga-se que a ocorrida no processo de conhecimento. (...) Neste prisma, como bem destaca José Roberto dos Santos Bedaque, 'ainda que não exauriente, a cognição nesses casos é *suficiente* à declaração de inexistência do direito material. Se o Juiz pode indeferir a inicial, mediante a sentença de mérito, por decadência e prescrição (CPC, arts. 295, IV e 269, IV), por que não teria a mesma sentença que acolhe a alegação feita pelo executado?'. E tal entendimento se justifica, *a fortiori*, pois nem sempre a cognição será sumária tão somente porque realizada *intraprocessualmente*.

---

(554) LIMA, Fernando Rister de Souza; LIMA, Lucas Rister de Souza. Aspectos práticos e teóricos da distinção entre exceção de pré-executividade e a impugnação no sistema de cumprimento de sentença. In: WAMBIER, Teresa Arruda Alvim *et al.* (Org.). *Execução Civil:* Estudos em homenagem ao professor Humberto Theodoro Júnior. São Paulo: Revista dos Tribunais, 2007. p. 589-611.

Basta imaginar *quaestiones juris*, como a decadência e a prescrição, v. g., que sendo reconhecidas, deverão invariavelmente produzir coisa julgada material. Nada obsta, pois, que tal ilação albergue também as decisões proferidas incidentalmente no processo de execução, desde que tenha havido exame de aspectos da relação material. Na esteira das considerações *supra*, e em sentido diverso do pensamento de Araken de Assis (que não admite a ocorrência da coisa julgada no processo executivo), propugnamos, pois, com José R. dos S. Bedaque, 'pela eficácia material e pela possível imutabilidade das sentenças que, acolhendo defesas substanciais admitidas na execução, ponham termo ao processo. Pretender que o resultado fique restrito ao âmbito processual constitui solução tímida e contrária à visão instrumentalista. Já que, embora em caráter excepcional, tem-se admitido alegações de mérito na própria execução, não há razões para limitar o alcance e a força da respectiva decisão. Nesses casos, a alegação do executado configura verdadeiro pedido contraposto, implicando ampliação do objeto do processo'".[555]

Afinal, se assim não fosse, quais efeitos, então, decorreriam da decisão de "exceção de pré-executividade" sobre possível impugnação ao cumprimento de sentença? Nenhum?!!

Para parcela da doutrina, como visto, de fato, nenhum: as matérias arguíveis em "exceção" poderiam ser repetidas em eventual impugnação. Com todo o respeito, assim não nos parece...

Não é possível que a atividade jurisdicional engendrada quando do julgamento do incidente em nada afete a execução. Não é possível que a decisão de exceção seja um nada jurídico. Francamente, o Poder Judiciário não pode se dar ao luxo de decidir repetidamente acerca de uma mesma questão. E é neste sentido que se sustenta que a decisão de "exceção de pré-executividade", exceto quando rejeitada liminarmente, ou quando venha a ser recusada por necessitar o exame

---

(555) Veja-se, porém, que com relação a possível alegação de prescrição, na fase de cumprimento de sentença de processo sincrético, não será possível falar-se na prescrição da pretensão de direito material, pois já preclusa a questão pela formação de coisa julgada material. O título executivo judicial funciona, como já dito, como anteparo à possível alegação vinculada à lide, que seja anterior, portanto, à sua formação. Logo, só será possível alegação de prescrição intercorrente, isto é, da própria pretensão executiva. Diferentemente, entretanto, ocorre no caso de execução de título executivo extrajudicial, em que não há fase de conhecimento anterior. Nestes casos, a alegação, por exemplo, de prescrição da pretensão de direito material, acolhida em "exceção de pré-executividade", revestirá, sim, a autoridade de coisa julgada material. Neste sentido, decidiu a 4ª T. do STJ, Resp. n. 666637, rel. Ministro Jorge Scartezzini, Brasília, 26 jun. 2006. Confira-se trechos do voto do Ministro Relator, *verbis*: "Trata-se da hipótese dos autos, na medida em que, a uma, o aresto rescindendo, extintivo da execução de título extrajudicial proposta pelo ente bancário, conquanto prolatada em sede de exceção de pré-executividade, bem poderia tê-lo sido em embargos à execução, pelo que de rigor a respectiva equiparação para fins de produção da coisa julgada material e sua rescindibilidade; ademais, o tema objeto de cognição, introduzido nos autos da execução mediante exceção de pré-executividade, implicou a apreciação da própria relação de direito material, consubstanciando-se, sim, *decisum* meritório, suscetível, pois, de desconstituição via Ação Rescisória".

da questão de mérito de um mínimo de dilação probatória, deva operar eficácia preclusiva com relação à eventual impugnação ao cumprimento de sentença que se queira apresentar. As matérias lá arguidas, que tenham sido decididas, ainda que contrariamente ao executado, não poderão ser repisadas em impugnação, pena de desperdício de atividade jurisdicional. É importante evitar que a exceção de pré--executividade transforme-se em mais um meio de o devedor atrasar o cumprimento da sentença. Fundamental racionalizar sua utilização. É direito do exequente que o processo transcorra sem dilações indevidas[556].

Não tendo o executado, por qualquer razão, se valido da impugnação (perda do prazo, por exemplo) ou, então, fundamentado sua defesa em apenas uma das causas de pedir do art. 475-L, do CPC, não poderá, mesmo em se tratando de questões de ordem pública, apresentar "exceção de pré-executividade", pois ter-se-á operado preclusão. A posição, entretanto, não é pacífica!

Ademais, dizendo respeito à alegação a fatos extintivos ou modificativos do próprio direito material, só poderão ser alegados em "exceção", se supervenientes à decisão exequenda. Do contrário, ter-se-á operado preclusão, sendo impossível revolver a questão em sede executória. Isto porque constitui-se o título executivo em anteparo ao exame das matérias anteriores à sua formação[557].

---

[556] "E se assim não for, entendendo-se fungíveis as duas vias, uma pela outra, não se limitando o seu uso, uma vez mais se estará desdenhando dos direitos do credor e abonando a conduta do devedor habitual: afinal, se todas as matérias só alegáveis em sede de impugnação passarem também a serem admitidas em sede de exceção de pré-executividade, alargando-se ainda mais a abrangência desta, o sistema, como um todo, estará inexoravelmente comprometido e fadado ao insucesso, caminhando nitidamente em sentido diametralmente oposto ao por todos almejado, acabando por autorizar, *contra legem*, toda a sorte de resistências opostas pelo executado, sem que disso advenham maiores consequências a ele no plano empírico. Desta forma, para que se possa admitir eventual discussão incidental no processo de execução, independentemente de constrito algum bem do executado, segundo nos parece, necessariamente deverá esta versar exclusivamente sobre as matérias cognoscíveis no incidente de exceção de pré-executividade, sob pena de, se assim não for, relegar a nada as palavras e a vontade do legislador quando exigiu a garantia do juízo nas hipóteses de impugnação, além de banalizar o manejo desta e da própria exceção, que passarão a ser usualmente utilizadas como se fossem a mesma coisa, antes mesmo da penhora (como inclusive já vem ocorrendo) e para toda e qualquer matéria, contrariando a própria natureza do processo de execução e proporcionando verdadeira desordem no andamento do feito. Assim, pouco importando o posicionamento adotado acerca da natureza da impugnação, se de incidente ou não (e também acerca das tantas outras divergências instauradas com a nova lei), sempre que se for interpretar qualquer dispositivo da incipiente norma é preciso ter os olhos voltados à sua interpretação teleológica e, bem assim, à ideia de que jamais colimaria o legislador piorar ainda mais a situação do credor, criando novos e protelatórios incidentes (e, com isso, fomentando a própria resistência do devedor), principalmente no momento em que mais se fala em celeridade na entrega da prestação jurisdicional, a qual foi inclusive recentemente elevada a *status* de garantia constitucional com a EC 45." LIMA, Fernando Rister de Sousa; LIMA, Lucas Rister de Souza. Aspectos práticos e teóricos da distinção entre a exceção de pré-executividade e a impugnação no sistema de cumprimento de sentença. In: WAMBIER, Teresa Arruda Alvim *et al.* (Org.). *Execução Civil:* Estudos em homenagem ao professor Humberto Theodoro Júnior. São Paulo: Revista dos Tribunais, 2007. p. 603-604.

[557] A observação final é de TALAMINI, Eduardo. A objeção na execução ("exceção de pré-executividade") e as Leis de Reforma do Código de Processo Civil. In: WAMBIER, Teresa Arruda Alvim *et al.* (Org.). *Execução Civil:* Estudos em homenagem ao professor Humberto Theodoro Júnior. São Paulo: Revista dos Tribunais, 2007. p. 584 e ss. O autor ilustra o ponto com exemplo bastante esclarecedor: "a

Por fim, não poderíamos deixar de registrar que há uma parcela da doutrina que entende pela desnecessidade de garantia do juízo para que o executado possa apresentar impugnação. Entendem que o prazo de 15 (quinze) dias é apenas o termo *ad quem* para se impugnar o cumprimento da sentença. Nada impediria, porém, que antes de iniciado o prazo, e, portanto, antes ainda da realização da penhora, o executado pudesse se defender, resistindo à pretensão executória pela via da impugnação[558]. Neste sentido, propugnam pela desnecessidade da exceção de pré-executividade também com relação ao procedimento executivo de título judicial (cumprimento de sentença), pelo menos, até antes de realizada a penhora[559].

---

ilegitimidade de parte no *processo executivo*, além de ser matéria de embargos, pode ser conhecida na própria execução, pois é matéria de ordem pública logicamente posterior ao título. Já se a parte era ilegítima no processo de conhecimento e, apesar disso, formou-se o título executivo, a questão — que era de ordem pública no processo cognitivo — não poderá ser conhecida como tal na execução. Nesse caso, o título executivo tem existência e eficácia, e a legitimidade de partes para a execução é definida a partir daquilo que está previsto no título".

(558) É a opinião de CUNHA, Leonardo José Carneiro da. As defesas do executado. In: WAMBIER, Teresa Arruda Alvim *et al.* (Org.). *Execução Civil:* Estudos em homenagem ao professor Humberto Theodoro Júnior. São Paulo: Revista dos Tribunais, 2007. p. 645-662: "Sem embargo de opiniões em contrário, a impugnação não depende de penhora; não é necessário que o juízo esteja garantido para que se possa apresentar a impugnação. Segundo dispõe o § 1º do art. 475-J do CPC, o prazo final para apresentação da impugnação é de quinze dias, a contar da intimação da penhora. O que a regra estabeleceu foi um limite temporal para o oferecimento da impugnação, valendo dizer que a impugnação deve ser apresentada *até* o final do prazo de quinze dias após a intimação da penhora. A penhora não constitui requisito necessário e suficiente ao ajuizamento da impugnação; esta pode, então, ser oferecida antes mesmo da penhora".

(559) É também a opinião de GUIMARÃES, Rafael de Oliveira. A objeção de pré-executividade após as reformas do processo de execução. In: WAMBIER, Teresa Arruda Alvim *et al.* (Org.). *Execução Civil:* Estudos em homenagem ao professor Humberto Theodoro Júnior. São Paulo: Revista dos Tribunais, 2007. p. 689-698, *verbis*: "Com as Leis ns. 11.232/2005 e 11.382/2006, adveio a principal alteração no processo executivo, qual seja, a não suspensão da execução com a simples apresentação de embargos ou impugnação conforme o caso. Com tal mudança, passou-se a ventilar se é necessária a segurança do juízo para a apresentação da defesa na execução, seja a impugnação ao cumprimento de sentença, ou ainda os embargos à execução de título extrajudicial. Na sistemática do cumprimento de sentença, por exemplo, estabelece o art. 475-J que, caso o devedor condenado ao pagamento de quantia não efetue este em 15 dias, expedir-se-á mandado de penhora, e, somente após a expedição deste mandado de penhora, segundo o parágrafo primeiro, é que começará a correr o prazo para a impugnação de sentença. (...) Já na sistemática da execução de título extrajudicial, o procedimento se difere sensivelmente de acordo com a Lei n. 11.382/2006. O devedor será citado, e se em três dias não se efetuar o pagamento, far-se-á o auto de penhora. Mas somente após a juntada da citação correm 15 dias para a apresentação de embargos à execução. Na execução extrajudicial vê-se que a lavratura do auto de penhora não interfere na contagem do prazo para a apresentação de embargos, tanto o é que o art. 736 afirma textualmente que os embargos poderão ser oferecidos independentemente de penhora. Com isso, a defesa na execução de título extrajudicial poderá ser feita antes da constrição, por meio de embargos à execução, ficando a objeção de pré-executividade em seu caso típico, sem utilidade. Não é o mesmo que dizer que a defesa intraprocessual é vedada. Pode o executado opor-se mediante objeção de pré-executividade na primeira oportunidade que tiver de falar nos autos, no entanto, poderá o magistrado receber tal incidente como embargos à execução como já fazia o STJ nos casos de execução contra a Fazenda Pública em que, pela inexistência de penhora, a rigor, a objeção não teria interesse em existir. Ou seja, constata-se que a Lei n. 11.382/2006, conforme afirma Priscyla Costa, legaliza a doutrina da pré-executividade na execução extrajudicial, pois possibilita nos embargos a

Ora, se a exceção não pode ser manejada, ou melhor, mostra-se inútil, até pelo menos antes de realizada a penhora, muito menos será necessária ou mesmo possível de ser utilizada depois... Explica-se.

O espectro de matérias suscetíveis de serem veiculadas em impugnação é muito mais extenso do que o rol de matérias cognoscíveis pela via estreita da "exceção de pré-executividade". Nesta, apenas matérias que não admitem dilação probatória poderão ser declinadas. Pois bem. Não tendo o executado alegado as matérias de defesa que entendia pertinentes em impugnação, não poderá, *a posteriori*, suscitá-las por intermédio de "exceção", ainda quando se trate de questões de ordem pública. Do contrário, o processo seria o tempo todo tumultuado pela alegação de questão que o executado supostamente "esqueceu-se" de alegar, nunca chegando a um termo final.

Por conseguinte, se, até a penhora, como sustentam os partidários desta última vertente, só é cabível impugnação (ou, pelo menos, não é necessária utilização de "exceção de pré-executividade"), o executado deve alegar tudo quanto entenda pertinente desde logo em sua peça de defesa. Não poderá, depois de apresentada a impugnação, versar matéria de ordem pública, que já poderia ter declinado, em "exceção de pré-executividade", ao argumento de serem cognoscíveis a todo tempo. Se a questão, *podendo* ter sido suscitada em impugnação, deixou de ser por qualquer razão, não poderá voltar a ser discutida posteriormente, agora em "exceção de pré-executividade".

Assim como nós, mas referindo-se aos embargos do executado, o Professor *Fredie Didier* entende também pela impossibilidade de se discutir em exceção a respeito de matéria que, podendo ter sido aduzida em embargos, não foi.

---

defesa anterior aos autos de penhora, sendo desnecessária a objeção de pré-executividade na referida modalidade de execução. Mas uma questão ainda persiste. Será possível a apresentação da impugnação ao cumprimento da sentença sem a garantia do juízo? De acordo com o já trazido nos pensamentos de eminentes processualistas, a possibilidade inexiste. Com todo respeito aos mesmos, pensa-se de modo diverso. Hodiernamente, a impugnação ao cumprimento da sentença não está mais atrelada à suspensão da execução, nem à garantia do juízo como anteriormente. A apresentação de impugnação não influi no andamento da fase executiva (cumprimento da sentença), podendo aquela ser perfeitamente apresentada no momento em que for o devedor intimado para pagamento. Não procede a alegação de que a apresentação de impugnação *deve* ser precedida de penhora, somente porque esta e a avaliação são matérias passíveis de discussão em impugnação. Entende-se possível a apresentação de impugnação assim que intimado o devedor para pagamento, afinal não há vedação legal à apresentação daquela anteriormente à realização do auto de penhora. (...) A nova sistemática do processo de execução tem o intuito de agilizar ao máximo o cumprimento da sentença. Não seria crível aguardar novamente a penhora para a apresentação da impugnação. (...) As matérias ali discutidas [na impugnação, acrescentamos] são as mesmas que são ventiladas em objeção de pré-executividade. É um desrespeito ao sistema admitir a apresentação da ora analisada objeção antes da penhora, e das matérias ali não ventiladas (ou muitas vezes as mesmas) serem objeto de impugnação após a constrição. Propõe-se aqui a defesa na execução judicial em momento único, por impugnação. Ou se apresenta a mesma logo após intimação para pagamento (momento mais adequado), ou após a intimação para a penhora. Se assim não for, em muito pouco terá inovado a Lei n. 11.232/2005, e permanecerá o devedor ainda com muitos meios para impedir o bom desenvolvimento do cumprimento da sentença. Portanto, entende-se por possível a aplicação do art. 736 ao cumprimento de sentença judicial como meio de dar mais efetividade ao mesmo".

Utiliza-se, porém, de outro fundamento que não apenas a eficácia preclusiva para justificar sua posição. Confira-se:

> "Não obstante se diga que os embargos têm natureza jurídica de ação (demanda), substancialmente os embargos são a defesa do executado. Assim, como defesa, o regime da eficácia preclusiva da coisa julgada dos embargos deve ser semelhante ao da eficácia para o demandado (...). Ou seja, cabe ao executado deduzir, nos embargos à execução, todas as matérias de defesa que até então poderiam ter sido arguidas (que formalmente virão deduzidas como causas de pedir, embora sejam substancialmente defesas), sob pena de a coisa julgada da decisão final desses embargs implicar a preclusão do direito de alegá-las."[560]

Evidente que, tratando-se de vício surgido posteriormente à penhora, quando já, então, apresentada impugnação, nenhum empecilho haverá a que seja suscitado em "exceção de pré-executividade". Esta poderá ser apresentada apenas para tratar de matéria referente a fatos ocorridos depois de realizada a penhora. Qualquer assunto a ela anterior, já terá, a esta altura, precluído.

13.8. Atos de encerramento da execução: expropriação e pagamento

13.8.1. Adjudicação

No procedimento executivo por quantia certa contra devedor solvente, avaliados os bens constritos e resolvidos eventuais incidentes (como o pedido de ampliação, redução ou substituição da penhora), haverá expropriação desses bens, com o fim de satisfazer-se o direito do credor.

A adjudicação é a forma preferencial de expropriação dos bens do devedor, pois consiste na própria entrega do bem (ou bens) apreendido(s) ao exequente ou a terceiros interessados, sem que haja necessidade de levá-los à hasta pública para convertê-los em dinheiro. Os bens penhorados são transferidos diretamente para o patrimônio do adjudicante, satisfazendo-se a obrigação.

De acordo com *Carlos Henrique Bezerra Leite*, "o credor tem direito à adjudicação, mesmo se o bem já tiver sido arrematado por outrem, desde que formule requerimento ao Juiz antes da assinatura do respectivo auto de arrematação".[561]

Além do exequente, o credor com garantia real, credores concorrentes que hajam penhorado o mesmo bem, o cônjuge, companheiro, ascendentes e

---
(560) DIDIER JR., Fredie; BRAGA, Paula Surno; OLIVEIRA, Rafael. *Curso de direito processual civil.* v. 2, 4. ed. Bahia, Jus Podivm, 2009. p. 430.
(561) BEZERRA LEITE, Carlos Henrique. *Curso de Direito Processual do Trabalho.* 3. ed. São Paulo: LTr, 2005. p. 774.

descendentes do executado também podem exercer o direito de adjudicação. Tanto bens móveis quanto imóveis poderão ser adjudicados. Havendo mais de um interessado em adjudicar o bem, é feita uma licitação entre eles, e passa a titularizar o domínio do bem aquele que oferecer o maior preço, nunca inferior ao valor da avaliação.

Em se tratando de penhora de cotas de sociedade limitada, sendo o exequente pessoa estranha à sociedade, será intimada da penhora a sociedade, garantindo-se aos demais sócios o exercício do direito de preferência, os quais poderão adjudicar as cotas para si.

Adjudicados os bens pelo próprio exequente, sendo o seu crédito superior ao valor da avaliação, prossegue a execução pelo saldo remanescente, com a constrição de novos bens do executado. Sendo o crédito menor do que o valor dos bens adjudicados, o credor deverá depositar de imediato a diferença, a qual ficará à disposição do executado.

Imprescindível que haja requerimento da parte interessada para a validade do pagamento por adjudicação, não se admitindo que o Juiz, de ofício, adjudique bem ao exequente.

A doutrina trabalhista não se opõe à aplicabilidade dos dispositivos do CPC que tratam da adjudicação à processualística laboral.

13.8.2. Alienação particular

Não tendo havido requerimento de adjudicação, é possível que o credor requeira ao Juiz sejam os bens penhorados alienados por sua própria iniciativa ou por intermédio de corretor credenciado perante o Judiciário.

Tal modo de expropriação prefere à hasta pública, em decorrência da possibilidade de se obter um melhor preço para os bens apreendidos, o que atende ao princípio de que a execução deve se realizar da maneira menos gravosa possível para o devedor.

Feito o requerimento de alienação por iniciativa particular, o Juiz deverá fixar o prazo dentro do qual o bem deverá ser alienado, o preço mínimo de venda (que não poderá ser inferior ao da avaliação), as condições de pagamento, eventuais garantias a serem prestadas, no caso de não ser realizado o pagamento à vista, e, ainda, se for o caso, a comissão do profissional responsável pela venda.

13.8.3. Arrematação

Finalmente, não tendo os bens apreendidos sido adjudicados ou alienados por iniciativa particular, serão levados à hasta pública. Tal ato consiste em uma espécie de licitação, em que o interessado que der a maior oferta pelos bens adquire sua propriedade. A praça é a hasta pública de bens imóveis, ao passo que o leilão o é dos bens móveis.

Evidentemente que, tendo a penhora recaído sobre dinheiro, não haverá necessidade de licitação, bastando que se levante o valor à disposição do juízo.

Nos termos do art. 888 da CLT, a hasta pública será anunciada por meio de edital, afixado na sede do juízo ou tribunal e publicado em jornal de circulação local, se houver, com antecedência mínima de 20 (vinte) dias. O edital conterá, obrigatoriamente, o dia, hora e o local da hasta pública; a descrição dos bens que serão vendidos, com os seus característicos e, tratando-se de imóvel, a situação e as divisas, com remissão à matrícula e aos registros; o valor da avaliação, o lugar onde estiverem os móveis, veículos e semoventes; e, sendo direito e ação, os autos do processo em que foram penhorados e, ainda, a menção da existência de ônus, recurso ou causa pendente sobre os bens a serem arrematados.

Enquanto no Processo Civil são duas as licitações que poderão vir a ocorrer[562], no Processo do Trabalho, por força do disposto no art. 888, § 1º, da CLT a hasta pública é única, sendo os bens desde logo vendidos àquele licitante que oferecer o maior lance, ainda que a oferta não atinja o valor da avaliação. Isso não significa, contudo, que os bens podem ser vendidos por preço vil. Se não houver licitantes, e o exequente não manifestar a intenção de adjudicar os bens penhorados, poderão os mesmos ser vendidos por leiloeiro nomeado pelo Juiz, consoante o disposto no art. 888, § 3º, da CLT.

O executado deverá ser intimado do dia, hora e local de realização da alienação judicial por intermédio do seu advogado, ou, se não tiver advogado constituído nos autos, por meio de mandado, carta registrada, edital ou outro meio idôneo. Deverão ser intimados também, por qualquer meio idôneo e com pelo menos 10 (dez) dias de antecedência, o usufrutuário do bem penhorado, os credores com garantia real ou com penhora anterior sobre o mesmo bem e o senhorio direto.

Consequência de essas pessoas não serem intimadas é a ineficácia relativa da arrematação. Isto é, a arrematação é válida, mas não produz efeitos relativamente ao titular do direito ou garantia. Assim, por exemplo, alienado um bem gravado por uma hipoteca, sem que o credor hipotecário tenha sido comunicado da hasta pública, a garantia continuará a onerar o bem, ainda que passe a integrar o patrimônio do terceiro, em vez de incidir, como ocorreria se tivesse havido a intimação, sobre o dinheiro obtido com a expropriação. O arrematante poderá, todavia, observada a ineficácia, requerer o desfazimento da arrematação.

---

(562) Na primeira hasta, não se aceita lance inferior ao valor da avaliação realizada. Se, porém, não for oferecido nenhum lanço com valor igual ou superior ao da avaliação, é realizada uma segunda licitação, no dia e hora já apontados no edital, em que o bem apreendido poderá ser expropriado pelo maior lanço, ainda que inferior ao valor da avaliação. Neste caso, entretanto, só não se aceita que a alienação se dê por preço vil, não havendo o legislador estabelecido parâmetro objetivo que explicite o que seja preço vil.

Realizada a hasta pública, o bem será vendido ao licitante que oferecer o maior lance (ou preço), o qual deverá assegurar a arrematação com sinal não inferior a 20% do seu valor. Se o arrematante ou seu fiador não pagarem em 24 horas o preço da arrematação, perdem, em benefício da execução, o sinal dado em garantia, realizando-se nova hasta pública.

O próprio exequente poderá arrematar os bens levados à hasta pública, inclusive por preço inferior ao da avaliação. Em tal hipótese, se o valor do bem (ou dos bens) arrematado exceder seu crédito, terá o exequente o prazo de 3 (três) dias para depositar a diferença, sob pena de desfazimento da arrematação, sendo os bens novamente levados à praça ou leilão.

Aponte-se que, muito embora o Processo Laboral, diferentemente do processo cível, admita se aliene os bens penhorados logo na primeira hasta pública ainda que por preço inferior ao da avaliação, não se poderia admitir que a expropriação se desse por preço vil. Isto porque a execução deve se realizar da maneira menos gravosa para o devedor. Assim, não será válida arrematação realizada por preço muito inferior ao da avaliação ou ao de mercado. Logo, no Processo do Trabalho a regra é a de que os bens podem ser alienados pelo melhor preço, desde que o lanço não seja vil. Trata-se de aplicabilidade do princípio da proporcionalidade, já antes referido, à execução laboral.

O procedimento formaliza-se com lavratura do auto de arrematação no prazo de 24 (vinte e quatro) horas, contado da realização da hasta pública. Neste ínterim, poderá o devedor remir a sua dívida e o exequente adjudicar os bens arrematados.

A Lei n. 11.382/2006 trouxe inovação importante para o tema da arrematação. Procurando estimular a venda dos bens imóveis por preço compatível com os do mercado, admitiu o parcelamento em sua aquisição. Assim, o interessado em arrematá-lo poderá, na própria praça, oferecer 30% do valor da avaliação, à vista, sendo o restante garantido por hipoteca realizada sobre o próprio imóvel. A medida é perfeitamente conciliável com a prática trabalhista.

Estêvão Mallet sustenta, ainda, que a previsão do lance parcelado deveria ter sido estendida também aos bens móveis. Na visão do Autor[563]:

"Poder-se-ia ter ido além, para admitir a medida mesmo em caso de bens móveis, constituindo-se, para garantia do pagamento, depósito do bem em favor do arrematante, enquanto pendente de liquidação o valor total a ser pago."

Em caso de serem opostos embargos à arrematação, faculta a Lei ao arrematante desistir da aquisição, recebendo de volta o preço pago pelo bem. Com isso, evita-se que o licitante tenha de depositar em juízo o valor oferecido como lance, ficando privado da posse do bem por largo período. Mas, contestando os embargos, não mais poderá desistir, porque, aí, já se terá operado a preclusão lógica.

---

(563) MALLET, Estêvão. Novas modificações no CPC e o processo do trabalho: Lei n. 11.382. In: *Revista Magister de Direito Trabalhista e Previdenciário*, Porto Alegre, v. 3, n. 18, p. 5-31, maio/jun. 2007.

CONCLUSÃO

O momento metodológico instrumentalista vivenciado pelo Processo Cível e refletido na execução, inspirado em compreensão do processo como instrumento de efetivação do direito material com justiça, resultou em profunda alteração na maneira de se efetivar as decisões judiciais, em prol da produção de resultados práticos pelo processo, em intervalo de tempo otimizado.

O Processo do Trabalho, contudo, pouco se alterou desde 1943, ano de edição da CLT. Símbolo de um modelo processual de vanguarda, a CLT, aos poucos, perde o caráter progressista que lhe era peculiar.

Em sua gênese, o Processo do Trabalho foi pensado para resolver conflitos envolvendo direitos que se propunham reequilibrar relações jurídicas díspares, envolvendo fortes e fracos.

Contudo, na medida em que novos direitos de índole igualitária são introduzidos à Constituição Federal, especialmente direitos sociais — que não trabalhistas, e direitos coletivos *lato sensu*, percebeu-se a flagrante inaptidão da processualística clássica, erguida sobre premissa individual-liberalista, em concretizá-los satisfatoriamente, o que, na prática, traduzia-se na incapacidade de o Estado cumprir com sua promessa de assegurar acesso à Justiça por meio do processo.

A partir daí, o Processo Civil passa por uma série de reformulações, dentre elas aquela relativa à execução de sentenças que reconhecem obrigações de pagar quantia certa contra devedor solvente. Torna-se, então, em muitos aspectos, mais moderno que o próprio Direito Processual do Trabalho.

A CLT, então, exemplo de pioneirismo, passa a se apresentar, em certos aspectos, mais burocrática que o Processo Civil. A processualística laboral, que sempre influenciou o Processo Comum, precisa, destarte, a fim de se outorgar ao jurisdicionado tutela jurisdicional efetiva, valer-se do Processo Civil. Invertem-se os papéis. É o Processo Comum que passa a influenciar a processualística laboral, não mais o contrário.

Há, todavia, o problema da subsidiariedade. Em princípio, só podem ser aplicadas ao Processo do Trabalho as normas do CPC, quando omisso o diploma celetista. E, ademais, se compatíveis com o Processo Laboral. Em se tratando de execução de título executivo judicial, a CLT possui regramento próprio.

Logo, se interpretada literalmente, a regra trabalhista de colmatação de lacunas acabaria "barrando" a possibilidade de absorção de muitas das inovações ocorridas na execução cível pelo Processo Laboral. Isto porque, a CLT, ainda que de modo insatisfatório, regula vários dos aspectos da execução que foram reformados, não se podendo dizer que haja omissão normativa apta a autorizar a aplicação subsidiária do CPC. E, por isso, no Capítulo 1 da presente obra, o esforço metodológico empreendido na tentativa de suplantar a barreira representada pela regra da supletividade.

Procurou-se demonstrar que interpretação da norma celetista abstraída do contexto histórico em que forjada poderia conduzir a resultado oposto ao pretendido pelo legislador de 1943: naquele momento, o intuito dos idealizadores da CLT era justamente o de preservar o Processo Laboral da influência das normas do Código Processual Civil então vigente, simplesmente porque sabidamente menos eficazes do que as próprias disposições trabalhistas ao propósito de se outorgar ao cidadão tutela jurisdicional em tempo razoável.

Viu-se, assim, que se a *mens legis* era justamente a de se impedir que o Processo do Trabalho pudesse sofrer a influência de normas processuais civis menos arrojadas, evidente que, tendo o Processo Civil sido profundamente reformulado, nenhum empecilho deve haver à sua aplicabilidade na seara trabalhista. E, assim, a regra da supletividade teria de ser interpretada no sentido de só se impedir aplicabilidade do Código de Processo Civil, quando o Processo Trabalhista ainda hoje se mostrasse mais efetivo do que o processo comum.

Demonstramos, ademais, que o Processo do Trabalho, muito embora ramo do Direito autônomo, não é estanque, mas, ao revés, integra-se à dogmática processual, cujas raízes, por sua vez, remontam à principiologia constitucional que deflui do princípio-síntese do devido processo legal, formando polo principal comum em que se insere Processo Civil e Laboral, verdadeira teoria geral.

Neste sentido, propugnamos pela possibilidade de controle da constitucionalidade dos procedimentos legais pelo Juiz, a partir da aferição de sua compatibilidade com a principiologia constitucional imbricada ao ideário de acesso à Justiça. Defendemos que cada lei processual há de ser interpretada à luz do sistema constitucional de normas processuais. E, destarte, dever-se-ia, também com relação ao procedimento executivo trabalhista, confrontá-lo às disposições constitucionais emanadas do *due process of law*. A abordagem, portanto, assim empreendida, desemboca em compreensão constitucionalizada do Direito Processual do Trabalho. E, pois, a proteção despendida pela Constituição Federal ao trabalho deve refletir-se também naquele que é o instrumento de realização dos direitos dos trabalhadores: o Processo Laboral.

Não logrando, no atual estágio de desenvolvimento da dogmática processual, ofertar ao trabalhador a concretização do seu direito, reconhecido em título executivo judicial, em tempo hábil, é preciso repensar a execução trabalhista, com reestruturação de seus procedimentos, a partir de confecção de juízos ponderativos iluminados pela noção da razoável duração do processo. Destarte, se há no processo comum instrumental capaz de assegurar cumprimento de sentença em tempo otimizado, salutar se mostra sua adoção pelo Processo Laboral. Especialmente porque se trata de processo em que em disputa verbas de cunho essencialmente alimentar. Daí, o presente trabalho. Uma tentativa esperançosa de, a partir das adaptações sofridas pelo CPC nos últimos tempos, relativamente à tutela executiva, reformular a execução trabalhista no seu modo de ser, em prol de um efetivo acesso à Justiça. Em prol da efetivação dos direitos trabalhistas pelo canal do devido processo legal.

O projeto mostrou-se cativante, não só pela abordagem focada em linha metodológica instrumentalista, mas também pelo caráter sugestivo e inovador, revelado em proposta de revisitação de institutos intocados da dogmática Processual Trabalhista desde 1943.

Propôs-se, em síntese, a possibilidade de que, feitas as devidas adaptações, as inovações aportadas ao Processo Civil adentrem ao Processo do Trabalho, ainda quando haja norma específica na CLT, sempre que a importação implique melhora de qualidade na prestação de justiça.

Nesse sentido, tratou-se, ponto a ponto, do influxo exercido pela onda renovatória produzida no CPC sobre o Processo do Trabalho, no que toca à execução de sentença. Delineou-se, assim, uma nova e interessante execução trabalhista, em que abordados temas afetos:

(i) à compreensão da execução trabalhista de título executivo judicial como fase de um processo sincrético (Capítulo 13, item 13.2.);

(ii) ao reconhecimento de eficácia executória às sentenças declaratórias e constitutivas de obrigações de fazer, não fazer, entregar coisa, pagar quantia etc., que passariam, destarte, a constitui-se em títulos judiciais (em verdadeiras sentenças exequíveis) e não apenas às sentenças condenatórias (Capítulo 6, item 6.1.2.);

(iii) à possibilidade de outorga da prestação jurisdicional definitiva mesmo em sede de execução provisória (Capítulo 7);

(iv) à intimação do executado para cumprimento da decisão judicial em 8 (oito) dias, a requerimento do credor e não mais citação (Capítulo 13, item 13.4.);

(v) à aplicabilidade da multa do art. 475-J ao Processo Laboral (Capítulo 13, item 13.5.);

(vi) à possibilidade de o exequente, logo em seu requerimento, indicar os bens do devedor sobre os quais deseja ver incidir atividade estatal de constrição (penhora), observada a ordem do art. 655 do CPC (Capítulo 13, item 13.6.);

(vii) à observância, no Processo Trabalhista, da ordem legal de penhora estipulada no art. 655 do CPC (Capítulo 13, item 13.6.5.);

(viii) à avaliação dos bens no ato de realização de penhora (prática já velha conhecida da Justiça do Trabalho);

(ix) à caracterização dos embargos do devedor (ou impugnação ao cumprimento de sentença, conforme nomenclatura do CPC) como mero incidente processual e não mais como ação autônoma incidental à execução (Capítulo 13, item 13.7.3.);

(x) à racionalização da utilização da exceção de pré-executividade em conjunto com a impugnação do executado, em prol da celeridade na entrega da prestação jurisdicional (Capítulo 13, item 13.7.6.);

(xi) à preferência à prática da adjudicação e alienação particular, antes ainda da alienação dos bens em hasta pública (Capítulo 13, item 13.8.).

A proposta possui o intuito instrumental esperançoso de racionalizar a tutela executiva em prol da obtenção, pelo trabalhador brasileiro, da tão sonhada tutela jurisdicional efetiva. De um universal acesso à Justiça. Afinal, "quem tem fome, tem pressa".

BIBLIOGRAFIA

ABREU, Antonio Ricardo Santos de. Exceção de pré-executividade. In: *Revista dos Tribunais*, São Paulo, v. 96, n. 856, p. 729-757, fev. 2007.

ALMEIDA JÚNIOR, Jesualdo Eduardo de. A terceira onda de reforma do Código de Processo Civil: Leis 11.232/2005, 11.277/2006, 11.276/2006 e Lei 11.280/2006. In: *Juris Plenum*, Porto Alegre, v. 2 , n. 9, p. 29-62, maio/jun. 2006.

ALMEIDA, Marcelo Pereira de. A reforma do processo de execução: comentários à Lei n. 11.232/2005. In: *Revista da EMERJ*, Rio de Janeiro, v. 9, n. 35, p. 195-220, jul./set. 2006.

ALVIM, Eduardo Pellegrini de Arruda. Elenco das fulminantes nulidades que contaminam o processo de execução — da imperiosidade do seu conhecimento — matérias que podem ser conhecidas a qualquer tempo, inclusive de ofício. In: *Revista Forense*, Rio de Janeiro, v. 103, n. 393, p. 223-247, out. 2007.

_____; ALVIM, Angélica Arruda. Aspectos atinentes ao cumprimento da sentença que estipule o pagamento de quantia certa. In: *Revista Forense*, Rio de Janeiro, v. 103 , n. 390, p. 105-123, mar./abr. 2007.

ALVIM, José Eduardo Carreira. Penhora de renda ou faturamento da empresa. Uma reflexão que se impõe. In: *Revista da EMERJ*, Rio de Janeiro, v. 9 , n. 36, p. 247-261, out./dez. 2006.

ANDRIGHI, Fátima Nancy. A gênese do sistema "penhora *on line*". In: WAMBIER, Teresa Arruda Alvim *et al.* (Org.). *Execução Civil*: Estudos em homenagem ao professor Humberto Theodoro Júnior. São Paulo: Revista dos Tribunais, 2007. p. 386-388.

ARAUJO, José Henrique Mouta. Notas sobre as modalidades de defesa do executado no cumprimento interno de decisão judicial e na execução autônoma. In: *Revista Forense*, Rio de Janeiro, v. 104 , n. 395, p. 639-648, jan./fev. 2008.

ASSIS, Araken de. A nova disciplina da impenhorabilidade no direito brasileiro. In: WAMBIER, Teresa Arruda Alvim *et al.* (Org.). *Execução Civel*: Estudos em homenagem ao professor Humberto Theodoro Júnior. São Paulo: Revista dos Tribunais, 2007. p. 408-419.

BARBOSA, Rafael Vinheiro Monteiro. A penhora *on line* após o advento da Lei n. 11.382/2006. In: *Revista de Processo*, São Paulo, v. 32 , n. 154, p. 135-155, dez. 2007.

BARCELLOS, Ana Paula de. *Ponderação, Racionalidade e Atividade Jurisdicional*. Rio de Janeiro: Renovar, 2005.

BARROSO, Luís Roberto. *Interpretação e Aplicação da Constituição*: Fundamentos de uma Dogmática Constitucional Transformadora. 6. ed. São Paulo: Saraiva, 2006.

_____. *O Controle de Constitucionalidade no Direito Brasileiro*. 2. ed. Rio de Janeiro: Saraiva, 2006.

_____. *O Direito Constitucional e a Efetividade de suas Normas*. Limites e possibilidades da Constituição Brasileira. 8. ed. Rio de Janeiro: Renovar, 2006.

BEBBER, Júlio César. *Cumprimento da Sentença no Processo do Trabalho*. 2. ed. São Paulo: LTr, 2007.

BEDAQUE, José Roberto dos Santos. Algumas considerações sobre o cumprimento da sentença condenatória. In: *Revista do Advogado*, São Paulo, v. 26, n. 85, p. 63-77, maio 2006.

BEZERRA LEITE, Carlos Henrique. *Curso de Direito Processual do Trabalho*. 3. ed. São Paulo: LTr, 2005.

BORGES, Marcos Afonso. Cumprimento da Sentença. In: WAMBIER, Teresa Arruda Alvim *et al.* (Org.). *Execução Civil*: Estudos em homenagem ao professor Humberto Theodoro Júnior. São Paulo: Revista dos Tribunais, 2007. p. 230-234.

BOTELHO, Marcos Cesar. Comentários às alterações da Lei n. 11.232/2005. In: *Juris Plenum*, Porto Alegre, v. 2, n. 10, p. 59-76, jul. 2006.

BUENO, Cassio Scarpinella. Execução provisória: a caução e sua dispensa na Lei n. 11.232/2005. In: *Revista do Advogado*, São Paulo, v. 26, n. 85, p. 44-56, maio 2006.

CÂMARA, Alexandre Freitas. *Lições de Direito Processual Civil*. v. II, 14. ed. Rio de Janeiro: Lumen Juris, 2007.

_____. *A Nova Execução de Sentença*. 2. ed. Rio de Janeiro: Lumen Juris, 2006.

_____. As recentes reformas do Código de Processo Civil. In: *Forum: Debates sobre justiça e cidadania /Continuação de/ RMRJ*, Rio de Janeiro, v. 5, n. 18, p. 26-27, ago./out. 2006.

CALLEGARI, José Antônio. Execução: inovações no âmbito do direito do trabalho. In: *Revista LTr: Legislação do Trabalho e Previdência Social*, São Paulo, v. 72, n. 2, p. 154-166, fev. 2008.

CAPPELLETTI, Mauro; GARTH, Bryant. *Acesso à Justiça* (trad. de Ellen Gracie Northfleet). 1. ed. Porto Alegre: Sérgio Antonio Fabris, 1988.

CARNEIRO, Athos Gusmão. As novas Leis de Reforma da Execução: algumas questões polêmicas. In: *Revista IOB de Direito Civil e Processual Civil /Continuação de/ RSDC*, São Paulo, v. 8, n. 48, p. 74-99, jul./ago. 2007.

_____. Do cumprimento da sentença, conforme a Lei n. 11.232/2005. Parcial retorno ao medievalismo? Por que não?. In: *Revista do Advogado*, São Paulo, v. 26, n. 85, p. 13-35, maio 2006.

_____. Nova Execução. Aonde vamos? Vamos melhorar. In: *Revista Forense*, Rio de Janeiro, v. 379, p. 56-60.

_____. O princípio *sententia habet paratam executionem* e a multa do art. 475-J do CPC. In: *Revista Magister de Direito Civil e Processual Civil*, Porto Alegre, v. 5, n. 25, p. 5-21, jul./ago. 2008.

CARNEIRO, Diogo Ciuffo. A constitucionalização do processo e as recentes alterações no processo de execução. In: *Revista de Processo*, São Paulo, v. 33, n. 159, p. 35-64, maio 2008.

CARNEIRO, Paulo Cézar Pinheiro. *Acesso à Justiça:* Juizados especiais cíveis e ação civil pública. Uma Nova Sistematização da Teoria Geral do Processo. 2. ed. Rio de Janeiro: Forense, 2000.

_____. Desconsideração da coisa julgada. Sentença inconstitucional. In: *Revista Forense*. Rio de Janeiro, v. 384, p. 229-241.

CARVALHO, Fabiano. Técnica da liquidação por artigos no Código de Processo Civil. In: WAMBIER, Teresa Arruda Alvim *et al.* (Org.). *Execução Civil:* Estudos em homenagem ao professor Humberto Theodoro Júnior. São Paulo: Revista dos Tribunais, 2007. p. 527-536.

_____. Liquidação de sentença: determinação do valor por cálculo aritmético, de acordo com a Lei n. 11.232/2005. In: *Revista Jurídica: Órgão Nacional de Doutrina, Leg. e Crítica Judiciária*, Porto Alegre, v. 54, n. 344, p. 45-54, jun. 2006.

CASTELO, Jorge Pinheiro. A execução trabalhista depois da reforma processual civil. In: *Revista do Advogado*, São Paulo, v. 28, n. 97, p. 89-106, maio 2008.

CINTRA, Antonio Carlos de Araújo. Breves considerações sobre os arts. 475-J e 652 do Código de Processo Civil. In: *Revista do Advogado*, São Paulo, v. 26, n. 88, p. 7-12, nov. 2006.

CINTRA, Antônio Carlos de Araújo; GRINOVER, Ada Pellegrini; DINAMARCO, Cândido Rangel. *Teoria Geral do Processo*. 21. ed. São Paulo: Malheiros, 2005.

COELHO, Fábio Ulhoa. *Comentários à Nova Lei de Falências e de Recuperação de Empresas* (Lei n. 11.101, de 9-2-2005). 4. ed. São Paulo: Saraiva, 2007.

_____. *Manual de Direito Comercial*. 16. ed. São Paulo: Saraiva, 2005.

CÔRTES, Osmar Mendes Paixão. A impugnação ao cumprimento de sentença, do art. 475-L do CPC, e a relativização da coisa julgada. In: WAMBIER, Teresa Arruda Alvim et al. (Org.). *Execução Civil:* Estudos em homenagem ao professor Humberto Theodoro Júnior. São Paulo: Revista dos Tribunais, 2007. p. 663-675.

COSTA, Daniel Carnio. O novo processo de execução de sentença, à luz das alterações promovidas pela Lei n. 11.232/2005. In: *Revista IOB de Direito Civil e Processual Civil /Continuação de/ RSDC*, São Paulo, v. 7 , n. 41, p. 97-118, maio/jun. 2006.

CRUZ, Luana Pedrosa de Figueiredo. As Modificações no Conceito de Sentença à Luz dos Princípios do Sincretismo e da *Nulla Executio Sine Titulo* — Alterações em face da Lei 11.232/2005. In: WAMBIER, Teresa Arruda Alvim et al. (Org.). *Execução Civil:* Estudos em homenagem ao professor Humberto Theodoro Júnior. São Paulo: Revista dos Tribunais, 2007. p. 192-203.

CUNHA, Leonardo José Carneiro da. *A Fazenda Pública em Juízo.* 5. ed. São Paulo: Dialética, 2007. 575p.

_____. As defesas do executado. In: WAMBIER, Teresa Arruda Alvim *et all* (Org.). *Execução Civel:* Estudos em homenagem ao professor Humberto Theodoro Júnior. São Paulo: Revista dos Tribunais, 2007. p. 645-662.

DIDIER JÚNIOR, Fredie Souza. Impugnação do executado: Lei Federal n. 11.232/2005. in: *Revista Jurídica: Órgão Nacional de Doutrina, Leg. e Crítica Judiciária*, Porto Alegre, v. 55 , n. 354, p. 27-52, abr. 2007.

_____. Notas sobre a Fase Inicial do Procedimento de Cumprimento da Sentença: Execução de Sentença que Imponha Pagamento de Quantia. In: WAMBIER, Teresa Arruda Alvim *et all* (Org.). *Execução Civil:* Estudos em homenagem ao professor Humberto Theodoro Júnior. São Paulo: Revista dos Tribunais, 2007, p. 143-147.

DIDIER JÚNIOR, Fredie; BRAGA, Paula; OLIVEIRA, Rafael. *Curso de direito processual civil.* 4. ed. Bahia: Jus Podivm, 2009, v. 2, p. 430.

DINAMARCO, Cândido Rangel. *A Instrumentalidade do Processo.* 12. ed. São Paulo: Malheiros, 2005.

_____. *Instituições de Direito Processual Civil.* v. I, 4. ed. São Paulo: Malheiros, 2004.

FAGUNDES FILHO, Henrique. Ensaio sobre as "impugnações" à efetivação da sentença. In: WAMBIER, Teresa Arruda Alvim et al. (Org.). *Execução Civil:* Estudos em homenagem ao professor Humberto Theodoro Júnior. São Paulo: Revista dos Tribunais, 2007. p. 612-625.

FILARDI, Hugo. Cumprimento de sentença: comentários sobre a Lei 11.232/2005. In: *Revista de Processo*, São Paulo, v. 32, n. 149, p. 139-156, jul. 2007.

FORNACIARI JUNIOR, Clito. Questionamentos em torno do art. 475-J do Código de Processo Civil. In: *Revista do Advogado*, São Paulo, v. 26 , n. 88, p. 44-55, nov. 2006.

_____. A sobrevivência da exceção de pré-executividade. In: *Revista do Advogado*, São Paulo, v. 27, n. 92, p. 109-112, jul. 2007.

FREIRE, Rodrigo da Cunha Lima. O Início do Prazo para o Cumprimento Voluntário da Sentença e a Multa Prevista no *Caput* do art. 475-J do CPC. In: WAMBIER, Teresa Arruda Alvim et al. (Org.). *Execução Civil:* Estudos em homenagem ao professor Humberto Theodoro Júnior. São Paulo: Revista dos Tribunais, 2007. p. 250-253.

FRIAS, Jorge Eustácio da Silva. A multa pelo descumprimento da condenação da sentença (execução de sentença que imponha pagamento de quantia). In: WAMBIER, Teresa Arruda Alvim et al. (Org.). *Execução Civil:* Estudos em homenagem ao professor Humberto Theodoro Júnior. São Paulo: Revista dos Tribunais, 2007. p. 148-172.

FUX, Luiz. *O Novo Processo de Execução:* O cumprimento da sentença e a Execução Extrajudicial. Rio de Janeiro: Forense, 2008.

_____. Impugnação ao cumprimento da sentença. In: WAMBIER, Teresa Arruda Alvim et al. (Org.). *Execução Civil:* Estudos em homenagem ao professor Humberto Theodoro Júnior. São Paulo: Revista dos Tribunais, 2007. p. 204-211.

GAJARDONI, Fernando da Fonseca. Reflexões sobre a nova liquidação de sentença. In: WAMBIER, Teresa Arruda Alvim et al. (Org.). *Execução Cível:* Estudos em Homenagem ao Professor Humberto Theodoro Júnior. São Paulo: Revista dos Tribunais, 2007. p. 537-550.

GARCIA, Gustavo Filipe Barbosa. Lei n. 11.232/05: reforma da execução civil e direito processual do trabalho. In: *Revista Magister de Direito Trabalhista e Previdenciário,* Porto Alegre, v. 2 , n. 11, p. 74-85, mar./abr. 2006.

_____. Tutela jurisdicional específica e sua execução no direito processual do trabalho. In: *Revista LTr: Legislação do Trabalho e Previdência Social,* São Paulo, v. 72 , n. 5, p. 570-575, maio 2008.

GASPARINI, Mauricio. As tropas de elite e a febre de efetividade na execução trabalhista. In: *Revista LTr: Legislação do Trabalho e Previdência Social,* São Paulo, v. 72 , n. 3, p. 330-336, mar. 2008.

GENEHR, Fabiana Pacheco. A aplicação da multa do art. 475-J do CPC e seus reflexos no processo do trabalho: uma análise principiológica. In: *Revista LTr: Legislação do Trabalho e Previdência Social,* São Paulo, v. 72 , n. 4, p. 451-457, abr. 2008.

GRECO, Leonardo. *Estudos de Direito Processual.* Campos dos Goytacazes: Editora Faculdade de Direito de Campos, 2005.

_____. Primeiros comentários sobre a reforma da execução oriunda da Lei n. 11.232/2005. In: *Revista do Advogado,* São Paulo, v. 26 , n. 85, p. 97-111, maio 2006.

GRINOVER, Ada Pellegrini. Mudanças estruturais do processo civil brasileiro. In: *Revista IOB de Direito Civil e Processual Civil /Continuação de/ RSDC,* São Paulo, v. 8, n. 44, p. 35-55, nov./dez. 2006.

_____; MENDES, Aluisio Gonçalves de Castro; WATANABE, Kazuo. *Direito Processual Coletivo e o anteprojeto de Código Brasileiro de Processos Coletivos.* São Paulo: Revista dos Tribunais, 2007.

GUSMÃO, Bráulio Gabriel. Reforma da execução civil: Lei n. 11.232/2005 e sua repercussão no direito processual do trabalho: efeitos práticos. In: *Revista LTr: Legislação do Trabalho e Previdência Social,* São Paulo, v. 72 , n. 1, p. 62-64, jan. 2008.

HAESER, Moacir Leopoldo. A multa de 10% prevista no art. 475-J do CPC. In: *AJURIS,* Porto Alegre, v. 35, n. 110, p. 397-401, jun. 2008.

HERTEL, Daniel Roberto. A execução provisória e as inovações das recentes reformas processuais. In: WAMBIER, Teresa Arruda Alvim et al. (Org.). *Execução Civil:* Estudos em homenagem ao professor Humberto Theodoro Júnior. São Paulo: Revista dos Tribunais, 2007. p. 723-731.

JORGE, Flavio Cheim. Impugnação do executado: um enfoque sobre natureza jurídica, procedimento e honorários advocatícios. In: *Revista de Processo,* São Paulo, v. 32, n. 150, p. 255-261, ago. 2007.

JORGE, Mario Helton. Cumprimento da Sentença – Execução por Quantia Certa: em Busca da Efetividade da Prestação Jurisdicional. In: WAMBIER, Teresa Arruda Alvim et al. (Org.). *Execução Civil:* Estudos em homenagem ao professor Humberto Theodoro Júnior. São Paulo: Revista dos Tribunais, 2007. p. 235-240.

KÖHLER, Marcos Antônio; NASCIMENTO, Bruno Dantas. Aspectos jurídicos e econômicos da impenhorabilidade de salários no Brasil: contribuição para um debate necessário. In: WAMBIER, Teresa Arruda Alvim et al. (Org.). *Execução Civil:* Estudos em homenagem ao professor Humberto Theodoro Júnior. São Paulo: Revista dos Tribunais, 2007.

LIMA, Fernando Rister de Souza; LIMA, Lucas Rister de Souza. Aspectos práticos e teóricos da distinção entre a exceção de pré-executividade e a impugnação no sistema de cumprimento de sentença. In: WAMBIER, Teresa Arruda Alvim et al. (Org.). *Execução Civil:* Estudos em homenagem ao professor Humberto Theodoro Júnior. São Paulo: Revista dos Tribunais, 2007. p. 589-611.

LIMA, Juarez Duarte. Impossibilidades de aplicação supletiva em bloco da Lei n. 11.232/2005, quanto à execução de sentença no âmbito do processo trabalhista. In: *Revista LTr: Legislação do Trabalho e Previdência Social,* São Paulo, v. 72 , n. 8, p. 973-978, ago. 2008.

LIMA, Marcio Kammer de. O princípio da proporcionalidade na execução civil. In: *Revista dos Tribunais*, São Paulo, v. 95, n. 848, p. 66-88, jun. 2006.

LISBOA, Celso Anicet. Lei n. 11.232/05: uma nova filosofia para a execução da sentença. In: *AJURIS*, Porto Alegre, v. 33 , n. 103, p. 31-68, set. 2006.

LOPES, João Batista. Princípios do contraditório e da ampla defesa na reforma da execução civil. In: WAMBIER, Teresa Arruda Alvim *et al.* (Org.). *Execução Civil:* Estudos em homenagem ao professor Humberto Theodoro Júnior. São Paulo: Revista dos Tribunais, 2007. p. 80-82.

_____. Reforma da execução civil e efetividade do processo. In: *Revista do Advogado*, São Paulo, v. 27, n. 92, p. 32-37, jul. 2007.

MACEDO, Elaine Harzheim. Penhora *on line*: uma proposta de concretização da jurisdição executiva. In: WAMBIER, Teresa Arruda Alvim *et al.* (Org.). *Execução Civel:* Estudos em homenagem ao professor Humberto Theodoro Júnior. São Paulo: Revista dos Tribunais, 2007. p. 465-475.

MALLET, Estêvão. Novas modificações no CPC e o processo do trabalho: Lei n. 11.382. In: *Revista Magister de Direito Trabalhista e Previdenciário*, Porto Alegre, v. 3, n. 18, p. 5-31, maio/jun. 2007.

_____. O processo do trabalho e as recentes modificações do Código de Processo Civil. In: *Revista do Advogado*, São Paulo, v. 26, n. 85, p. 197-205, maio 2006.

MARINONI, Luiz Guilherme Bittencourt. Classificação das sentenças que dependem de execução. In: *Revista Jurídica: Órgão Nacional de Doutrina, Leg. e Crítica Judiciária*, Porto Alegre, v. 55 , n. 351, p. 57-84, jan. 2007.

_____. *Efetividade do Processo e Tutela de Urgência*. Porto Alegre: Sérgio Antonio Fabris, 1994.

MARINONI, Luiz Guilherme; ARENHART, Sérgio Cruz. *Processo cautelar.* 3. ed. São Paulo: Revista dos Tribunais, 2008. v. 4.

MARQUES, Wilson. A nova execução. Primeira parte: a liquidação. Arts. 475-A a 475-H do CPC. Lei n. 11.232, de 22.12.2005. In: *Revista da EMERJ*, Rio de Janeiro, v. 9, n. 34, p. 39-59, 2006.

MAZZEI, Rodrigo. A "liquidação" por cálculos após as (últimas) reformas (Leis 11.232/2005 e 11.382/2006). In: WAMBIER, Teresa Arruda Alvim *et al.* (Org.). *Execução Civel:* Estudos em homenagem ao professor Humberto Theodoro Júnior. São Paulo: Revista dos Tribunais, 2007. p. 551-562.

MEDAUAR, Odete. *Direito Administrativo Moderno*. 11. ed. São Paulo: Revista dos Tribunais, 2007.

MEIRELES, Edilton. A extinção da ação de execução da CLT. In: *Revista LTr: Legislação do Trabalho e Previdência Social*, São Paulo, v. 72 , n. 6, p. 675-682, jun. 2008.

MELLO, Rogério Licastro Torres de. O Início do Prazo para Cumprimento de Sentença. In: WAMBIER, Teresa Arruda Alvim *et al.* (Org.). *Execução Civil:* Estudos em homenagem ao professor Humberto Theodoro Júnior. São Paulo: Revista dos Tribunais, 2007. p. 254-259.

MESQUITA, José Ignácio Botelho de. Metamorfose dos embargos. In: *Revista do Advogado*, São Paulo, v. 26, n. 85, p. 57-62, maio 2006.

MOLLICA, Rogério. O efeito suspensivo e os embargos à execução na Lei n. 11.382/2006. In: *Revista IOB de Direito Civil e Processual Civil /Continuação de/ RSDC*, São Paulo, v. 9, n. 54, p. 69-82, jul./ago. 2008.

MONNERAT, Fabio Victor da Fonte. Execução de títulos judiciais que reconhecem obrigação de pagar quantia. In: *Revista de Processo*, São Paulo, v. 32, n. 151, p. 26-58, set. 2007.

MONTENEGRO NETO, Francisco. A nova execução e a influência do processo do trabalho no processo civil. In: *ADV: Advocacia Dinâmica — Seleções Jurídicas*, São Paulo , n. 2, p. 5-8, fev. 2006.

MORAES, José Rubens de. Cumprimento de sentença e execução: uma breve abordagem histórica. In: *Revista do Advogado*, São Paulo, v. 26, n. 85, p. 78-88, maio 2006.

MOREIRA, José Carlos Barbosa. Observações sobre a estrutura e a terminologia do CPC após as reformas das Leis 11.232/2005 e 11.382/2006. In: *Revista de Processo*, São Paulo, v. 32, n. 154, p. 11-21, dez. 2007.

_____. Breves observações sobre a execução de sentença estrangeira à luz das recentes reformas do CPC. In: *Revista IOB de Direito Civil e Processual Civil /Continuação de/ RSDC*, São Paulo, v. 7, n. 42, p. 46-54, jul./ago. 2006.

_____. Os Poderes do Juiz na Direção e na Instrução do Processo. In: *Revista Brasileira de Direito Processual*, Rio de Janeiro, n. 48, p. 111 – 118, 4º Trimestre 1985.

_____. Reformas Processuais e Poderes do Juiz. In: *Revista Jurídica*. Rio de Janeiro, n. 306, p. 7-18, abr. 2003.

_____. A Nova Definição de Sentença. In: *Revista IOB*, Rio de Janeiro, n. 41, p. 51-60, maio/jun. 2006.

_____. *O novo Processo Civil brasileiro*: Exposição sistemática do procedimento. 25. ed. Rio de Janeiro: Forense, 2007.

_____. *Comentários ao Código de Processo Civil*. v. V, 12. ed. Rio de Janeiro: Forense, 2005.

_____. Sentença Executiva? In: *Revista Síntese de Direito Civil e Processual Civil*, Rio de Janeiro, n. 27, p. 5-19, jan./fev. 2004.

_____. "Cumprimento" e "Execução" de Sentença: Necessidade de Esclarecimentos Conceituais. In: *Revista Jurídica: Órgão Nacional de Doutrina, Leg. e Crítica Judiciária*, Porto Alegre, v. 54, n. 346, p. 11-26, ago. 2006.

_____. *Temas de Direito Processual*. 9. ed. Rio de Janeiro: Saraiva, 2007.

_____. Exceção de pré-executividade. Uma denominação infeliz. In: *Revista Forense*, Rio de Janeiro, v. 96, n. 351, p. 585-586, jul./set. 2000.

NASSAR, Marcos. Lei 11.232/2005: possibilidade de haver sentença executiva nos casos de obrigação pecuniária? In: *Revista de Processo*, São Paulo, v. 32, n. 149, p. 29-51, jul. 2007.

NETO, Adhemar Prisco da Cunha. Aspectos da Aplicação do Processo Comum ao Processo do Trabalho. In: *Revista LTr*, São Paulo, n. 11, p. 1.340-1.349, nov. 2007.

NOTARIANO JÚNIOR, Antonio. Breves apontamentos sobre a avaliação dos bens penhorados. In: WAMBIER, Teresa Arruda Alvim *et al.* (Org.). *Execução Civil*: Estudos em homenagem ao professor Humberto Theodoro Júnior. São Paulo: Revista dos Tribunais, 2007. p. 403-407.

PALHARINI JÚNIOR, Sidney. Algumas Reflexões sobre a Multa do art. 475-J do CPC. In: WAMBIER, Teresa Arruda Alvim *et al.* (Org.). *Execução Civil*: Estudos em homenagem ao professor Humberto Theodoro Júnior. São Paulo: Revista dos Tribunais, 2007. p. 267-277.

PASSOS, J. J. Calmon de. Reflexões, fruto do meu cansaço de viver ou de minha rebeldia? In: WAMBIER, Teresa Arruda Alvim *et al.* (Org.). *Execução Civil*: Estudos em homenagem ao professor Humberto Theodoro Júnior. São Paulo: Revista dos Tribunais, 2007. p. 831-840.

PEREIRA, Caio Mário da Silva. *Instituições de Direito Civil*: Teoria Geral das Obrigações. 20. ed. Rio de Janeiro: Forense, 2004.

_____. *Instituições de Direito Civil*: Direitos Reais. 19. ed. Rio de Janeiro: Forense, 2006.

PESSOA, Roberto. A efetividade das decisões da justiça do trabalho. In: *Revista LTr: Legislação do Trabalho e Previdência Social*, São Paulo, v. 71, n. 8, p. 939-943, ago. 2007.

PINTO, José Augusto Rodrigues. A Polêmica Trabalhista em torno da Lei n. 11.232/05 — Fase de Cumprimento das Sentenças no Processo de Conhecimento. In: *Revista LTr*, São Paulo, n. 11, p. 1.296-1.302, nov. 2007.

PRATA, Marcelo Rodrigues. A multa do art. 475-J do Código de Processo Civil e sua aplicabilidade no processo trabalhista. In: *Revista LTr: Legislação do Trabalho e Previdência Social*, São Paulo, v. 72, n. 7, jul. 2008.

PUOLI, José Carlos Baptista. *Os Poderes do Juiz e as Reformas do Processo Civil*. São Paulo: Juarez de Oliveira, 2002.

REINALDO FILHO, Demócrito Ramos. A penhora *on line*: a utilização do sistema *Bacen-Jud* para constrição judicial de contas bancárias e sua legalidade. In: *Revista Magister de Direito Empresarial, Concorrencial e do Consumidor*, Porto Alegre, v. 2 , n. 8, p. 5-21, abr./maio 2006.

RIGHI, Eduardo Camargo. O direito fundamental a efetividade da tutela jurisdicional e a nova execução da sentença. In: *Revista Jurídica: Órgão Nacional de Doutrina, Leg. e Crítica Judiciária*, Porto Alegre, v. 55, n. 360, p. 67-92, out. 2007.

_____. A influência da nova execução e o Direito Fundamental à efetividade da tutela jurisdicional (Lei n. 11.232/2005). In: *Revista Forense*, Rio de Janeiro, v. 103, n. 389, p. 481-490, jan./fev. 2007.

RODRIGUES, Marcelo Abelha. O devido processo legal e a execução civil. In: WAMBIER, Teresa Arruda Alvim *et al*. (Org.). *Execução Civil*: Estudos em homenagem ao professor Humberto Theodoro Júnior. São Paulo: Revista dos Tribunais, 2007. p. 112-115.

ROMITA, Arion Sayão. Desconstruir a execução trabalhista? In: *Revista LTr: Legislação do Trabalho e Previdência Social*, São Paulo, v. 72 , n. 8, p. 907-912, ago. 2008.

SANTOS, Guilherme Luiz Quaresma Batista. Análise da nova execução civil de títulos judiciais. In: *Revista Forense*, Rio de Janeiro, v. 103, n. 390, p. 125-141, mar./abr. 2007.

SANTOS, Juliana Cavalcante dos. Sentenças declaratórias; um debate sobre sua possível execução. In: *Consulex. Revista Jurídica*, Brasília, v. 12, n. 269, p. 63-65, mar. 2008.

SARAIVA, Renato. *Curso de Direito Processual do Trabalho*. 5. ed. São Paulo: Método, 2008.

SCARTEZZINI, Ana Maria Goffi Flaquer. Breves considerações sobre a imperiosa ampliação da admissibilidade da objeção de pré-executividade. In: WAMBIER, Teresa Arruda Alvim *et al*. (Org.). *Execução Civil*: Estudos em homenagem ao professor Humberto Theodoro Júnior. São Paulo: Revista dos Tribunais, 2007. p. 572-575.

SCHIAVI, Mauro. Novas reflexões sobre a aplicação do art. 475-J do CPC ao processo do trabalho à luz da recente jurisprudência do TST. In: *Revista LTr: Legislação do Trabalho e Previdência Social*, São Paulo, v. 72 , n. 3, p. 271-276, mar. 2008.

SILVA, Antônio Álvares da. *Execução Provisória Trabalhista depois da Reforma do CPC*. Rio de Janeiro: LTr, 2007.

SILVA, Ovídio Araújo Baptista da. Execução obrigacional e mandamentalidade. In: *Revista Magister de Direito Civil e Processual Civil*, Porto Alegre, v. 3, n. 17, p. 26-42, mar./abr. 2007.

_____. Sentença condenatória na Lei 11.232. In: *Revista Jurídica: Órgão Nacional de Doutrina, Leg. e Crítica Judiciária*, Porto Alegre, v. 54 , n. 345, p. 11-20, jul. 2006.

SILVA, Vanderlei Arcanjo da. Impugnação ao cumprimento da sentença: controvérsias e repercussões. In: *Revista Jurídica: Órgão Nacional de Doutrina, Leg. e Crítica Judiciária*, Porto Alegre, v. 55 , n. 355, p. 71-86, maio 2007.

SILVEIRA, Bernardo Bastos. A multa do art. 475-J do CPC na execução provisória: possibilidade de aplicação? In: *Revista de Processo*, São Paulo, v. 33, n. 155, p. 208-222, jan. 2008.

SOUSA, José Augusto Garcia de. A nova execução civil: o que falta mudar. In: *Revista da EMERJ*, Rio de Janeiro, v. 10, n. 39, p. 40-77, 2007.

SOUZA, Gelson Amaro de. Defesa do executado no cumprimento da sentença. In: *Revista IOB de Direito Civil e Processual Civil /Continuação de/ RSDC*, São Paulo, v. 8, n. 47, p. 64-77, maio/jun. 2007.

SÜSSEKIND, Arnaldo; MARANHÃO, Délio; VIANNA, Segadas; TEIXEIRA, Lima. *Instituições de Direito do Trabalho*. v. II, 22. ed. São Paulo: LTr, 2005.

TALAMINI, Eduardo. A objeção na execução ("exceção de pré-executividade") e as leis de reforma do Código de Processo Civil. In: WAMBIER, Teresa Arruda Alvim *et al*. (Org.). *Execução Civil*: Estudos em homenagem ao professor Humberto Theodoro Júnior. São Paulo: Revista dos Tribunais, 2007. p. 576-588.

_____. Sentença que reconhece obrigação como título executivo: CPC, art. 475-N, I. Acrescido pela Lei 11.232/2005. In: *Revista Jurídica: Órgão Nacional de Doutrina, Leg. e Crítica Judiciária*, Porto Alegre, v. 54, n. 344, p. 19-43, jun. 2006.

TEIXEIRA, Guilherme Puchalski. O art. 461 do CPC e a ruptura do paradigma conhecimento/execução. In: *Revista Jurídica: Órgão Nacional de Doutrina, Leg. e Crítica Judiciária*, Porto Alegre, v. 54, n. 342, p. 53-74, abr. 2006.

TEIXEIRA FILHO, Manuel Antônio Teixeira. *Execução no Processo do Trabalho*. 7. ed. São Paulo: LTr, 2001.

TESHEINER, José Maria Rosa. Execução de sentença: regime introduzido pela Lei n. 11.232/2005. In: *Revista Jurídica: Órgão Nacional de Doutrina, Leg. e Crítica Judiciária*, Porto Alegre, v. 54, n. 343, p. 17-24, maio 2006.

THEODORO JÚNIOR, Humberto. As vias de execução do Código de Processo Civil brasileiro reformado. In: *Revista Magister de Direito Civil e Processual Civil*, n. 12, p. 56.

_____. *Curso de Direito Processual Civil*: Processo de Execução e Cumprimento da Sentença. Processo Cautela e Tutela de Urgência. 42. ed. Rio de Janeiro: Forense, 2008.

_____. Os embargos do devedor após as reformas do CPC efetuadas pelas Leis ns. 11.232 e 11.382. In: *Revista IOB de Direito Civil e Processual Civil /Continuação de/ RSDC*, São Paulo, v. 8, n. 46, p. 7-33, mar./abr. 2007.

_____. Execução por quantia certa: regime renovado pelas Leis ns. 11.232/2005 e 11.382/2006. In: *Revista Jurídica: Órgão Nacional de Doutrina, Leg. e Crítica Judiciária*, Porto Alegre, v. 56, n. 369, p. 11-42, jul. 2008.

_____. Oposição à execução: embargos, impugnação e exceção de pré-executividade. In: *Revista Magister de Direito Civil e Processual Civil*, Porto Alegre, v. 4, n. 23, p. 20-38, mar./abr. 2008.

TUCCI, José Rogério Cruz e. O art. 475-J e o STJ. Consulex. In: *Revista Jurídica*, Brasília, v. 11, n. 260, p. 50-52, nov. 2007.

TUPINAMBÁ, Carolina. *Competência da Justiça do Trabalho à Luz da Reforma Constitucional*. Rio de Janeiro: Forense, 2006.

_____. *A Fazenda Pública e o Processo do Trabalho*. Rio de Janeiro: Forense, 2007.

_____. A nova execução do processo civil e o processo trabalhista. In: *Revista LTr*, São Paulo, v. 70, n. 8, p. 977-985, ago. 2006.

VIANA, Juvêncio Vasconcelos. Notas acerca da impugnação ao cumprimento da sentença. In: *Revista do Advogado*, São Paulo, v. 26, n. 85, p. 89-96, maio 2006.

_____. A defesa do executado na reforma processual brasileira: a impugnação e os embargos à execução. In: *Revista de Processo*, São Paulo, v. 33, n. 159, p. 148-171, maio 2008.

WAMBIER, Luiz Rodrigues. Algumas considerações sobre o cumprimento da sentença que determina o pagamento de quantia em dinheiro, de acordo com a Lei n. 11.232/2005. In: *Revista Jurídica: Órgão Nacional de Doutrina, Leg. e Crítica Judiciária*, Porto Alegre, v. 54, n. 343, p. 11-16, maio 2006.

_____; SANTOS, Evaristo Aragão Ferreira dos. Liquidação e execução depois da Lei 11.232/2005: reflexões sobre o âmbito de aplicação do art. 475-B no cumprimento das sentenças individual e coletiva. In: *Revista Jurídica: Órgão Nacional de Doutrina, Leg. e Crítica Judiciária*, Porto Alegre, v. 56, n. 370, p. 41-58, ago. 2008.